"社区中国与基层善治"丛书

天津市重点出版扶持项目

实践民主

——当代中国基层民主发展的历史与逻辑

汪仲启 / 著

天津出版传媒集团

天津人民出版社

图书在版编目（ＣＩＰ）数据

实践民主：当代中国基层民主发展的历史与逻辑 /
汪仲启著. —— 天津：天津人民出版社，2020.12
（"社区中国与基层善治"丛书）
ISBN 978-7-201-16589-9

Ⅰ.①实… Ⅱ.①汪… Ⅲ.①基层组织—社会主义民
主—建设—研究—中国 Ⅳ.①D638

中国版本图书馆 CIP 数据核字(2020)第 217182 号

实践民主：当代中国基层民主发展的历史与逻辑
SHIJIAN MINZHU

出　　版	天津人民出版社	
出 版 人	刘　庆	
地　　址	天津市和平区西康路35号康岳大厦	
邮政编码	300051	
邮购电话	（022）23332469	
电子信箱	reader@tjrmcbs.com	

策划编辑　　王　康
责任编辑　　王　玸
装帧设计　　明轩文化·李晶晶

印　　刷　　天津新华印务有限公司
经　　销　　新华书店
开　　本　　710毫米×1000毫米　1/16
印　　张　　27
插　　页　　2
字　　数　　340千字
版次印次　　2020年12月第1版　2020年12月第1次印刷
定　　价　　98.00元

"社区中国与基层善治"丛书编委会

主　编:刘建军

编委会成员(以姓氏笔画排序):

孔繁斌　刘建军　吴晓林　何艳玲　范　斌

罗　峰　唐亚林　唐皇凤　景跃进

总　序

　　马克思在《资本论》第一版序言中说道:"以货币形式为完成形态的价值形式,是极无内容和极其简单的。然而,两千年来人类智慧对这种形式进行探讨的努力,并未得到什么结果,而对更有内容和更复杂的形式的分析,却至少已接近于成功。为什么会这样呢?因为已经发育的身体比身体的细胞容易研究些。并且,分析经济形式,既不能用显微镜,也不能用化学试剂。二者都必须用抽象力来代替。而对资产阶级社会说来,劳动产品的商品形式,或者商品的价值形式,就是经济的细胞形式。在浅薄的人看来,分析这种形式好像是斤斤于一些琐事。这的确是琐事,但这是显微解剖学所要做的那种琐事。"①马克思解剖资本主义的终极秘密是从商品入手的,因为商品是资本主义体系的细胞。就像他在《资本论》第一篇"商品和货币"开头说的一句话:"资本主义产生方式占统治地位的社会的财富,表现为'庞大的商品堆积',单个的商品表现为这种财富的元素形式。因此,我们的研究就从分析商品开始。"②在很多时候,对宏大议题的主观化、简单化处理要比解剖一个细胞容易得多,因为可以任意裁剪历史,随意舍弃材料。

　　更为重要的是,马克思对商品这一细胞的解剖,并不止于窥一斑,而

---

① 《马克思恩格斯文集》(第五卷),人民出版社,2009年,《资本论》第一版序言第7~8页。
② 同上,第47页。

是要见资本主义的全貌。就像他在《资本论》第一版序言中所说的："本书的最终目的就是揭示现代社会的经济运动规律，它还是既不能跳过也不能用法令取消自然的发展阶段。但是它能缩短和减轻分娩的痛苦。"①要想探究一种文明的秘密，要想洞悉一个国家治理的秘诀，无怪乎三种路径：一是自下而上和自上而下，二是由内向外和由外向内，三是由近及远和由远及近。马克思对商品的解剖兼具了由内向外和自下而上两种路径。资本主义的终极秘密，就这样在马克思抽丝剥茧式的剖析中，一丝不挂地全盘呈现了。

我们这套"社区中国与基层善治"丛书也是从国家治理体系和社会治理体系的"细胞"入手的，这个细胞就是一个个的社区与基层治理单元。但是中国社会中的"治理细胞"与西方社会中的"治理细胞"又有着迥然不同的属性和定位。与西方社会并行分立的、相互并不隶属的成千上万个自治单元不同的是，作为社会有机体之细胞的社区和基层治理单元，是支撑整个国家治理体系和社会治理体系的基石。借用马克思的概念来说，互不隶属、并行林立的细胞构成的像是一个不坚实的"社会结晶体"，支撑整个治理体系的细胞构成的是一个经常处于变化的"社会有机体"。如果说西方社会试图通过宗教和各种公益组织的力量去填补分立单元之间的空隙，那么中国则是依靠纵向的互动和横向的联结，不断推动国家治理和社会治理的整合效应和联动效应。

这就直接牵引出了我们分析中国基层治理时的四种基本范式：一是有机统一的政治，二是关联主义的政治，三是良性互动的政治，四是生活政治。这是我们秉承"从政治理解社会""从社会理解政治"这一方法论和辩证法的延续。因为我们今天所说的经济、政治、文化、社会乃是人为制造的

---

① 《马克思恩格斯文集》（第五卷），人民出版社，2009年，《资本论》第一版序言第10页。

话语系统与概念系统,但不是世界和生活本身,建构话语、发明概念的过程其实也是一个远离真相的过程。正是基于这一反思,我们才把中国的基层治理置于社会与政治的关联体系中来审视。

当代中国政治体系不是板块式、机械式、反映不同利益集团政治诉求的三权分立,也不是神高国低的政教合一政权,而是一种有机统一的政治。有机统一的政治背后实际上就是一种政治合成、一种政治创造、一种政治发明。政治的有机统一性就体现在党的领导、人民当家作主和依法治国的统一之中。对有机统一性的捍卫与发扬则使当代中国政治文明充满活力。反之,有机统一性的破裂和被遗忘则使当代中国政治文明陷入无序和危机。有机统一政治形态落实到基层,就是党建引领、居民(村民)自治与社会秩序的有机统一。

从一定意义上来说,中国的构造原理既不是个人主义的,也不是集体主义的,而是关联主义的。关联主义讲究的是个人与家庭、社区、单位、城市与国家的情感纽带、文化纽带与利益纽带。明末清初的大儒顾炎武先生曾经有著名的"亡国"与"亡天下"之辩。他说:"有亡国,有亡天下,亡国与亡天下奚辩?曰:易姓改号谓之亡国。仁义充塞,而至于率兽食人,人将相食,谓之亡天下。是故知保天下,然后知保其国。保国者,肉食者谋之;保天下者,匹夫之贱与有责焉耳矣。"①所谓"天下兴亡、匹夫有责"就是揭示了普通人与天下国家的关联。古代统治者不管是与豪族共天下,还是与士人共天下,只能强化"保国"传统的延续。只有治理者与人民共天下的时候,才能催生出顾炎武所说的"保天下"。人民当家作主就是构建了每个人与国家的关联。所以中国的基层治理不是在个人主义、权利主义的轨道上划出一道泾渭分明的界线,以此确立互不侵犯的分立领地,而是在各种关联纽

---

① 顾炎武:《日知录集释》,岳麓书社,1994年,第471页。

带的构建中最大限度地开发各种关系资源。以个人主义为原点的治理和以关联主义为原点的治理,乃是中西基层治理的最大分野。

如果说党的领导、人民当家作主与依法治国的有机统一是理解当代中国国家治理体系的理论基点,那么"政府治理、社会调节与居民自治的良性互动"就是我们理解中国基层治理的制度起点。良性互动的政治作为中国基层治理的基本范式之一,其最大的理论价值在于对"国家–社会"二元框架的突破与超越。国家与社会的分野是西方经济制度和宗教背景下的理论发明。马克思在《论犹太人问题》一文中非常清楚地道出了其中的根蒂:"犹太精神随着市民社会的完成而达到自己的顶点;但是市民社会只有在基督教世界才能完成。基督教把一切民族的、自然的、伦理的、理论的东西变成对人来说是外在的东西,因此只有在基督教的统治下,市民社会才能完全从国家生活分离出来,扯断人的一切类联系,代之以利己主义和自私自利的需要,使人的世界分解为原子式的相互敌对的个人的世界。"[1]原子式的个人要能够产生并且构成市民社会,就必须使得一切血缘的、半血缘的,伦理的、半伦理的,宗法的、半宗法的关系彻底解体,只有到这时才能说产生了原子式的个人,从而市民社会方得以成立。[2]

西方人在资本主义体系中发明出来的"社会"就是典型的基督教社会、原子式的个人社会、追逐私利的市民社会。正如马克思断言的:"这种利己生活的一切前提继续存在于国家范围以外,存在于市民社会之中,然而是作为市民社会的特性存在的。"[3]这样的社会当然要拒绝国家的介入和资源的再分配。但是在中国,无论是传统的乡土社会,还是后来的单位社会,以及改革开放后出现的以社区为基本单元的新型社会空间, 都是与国家

---

① 《马克思恩格斯文集》(第一卷),人民出版社,2009年,第54页。
② 参见吴晓明:《1978年之后中国出现了"市民社会"吗?》,《中华读书报》,2014年12月10日。
③ 《马克思恩格斯文集》(第一卷),人民出版社,2009年,第30页。

相伴共生的。这既是由中国的文化基因和制度基因决定的,也是由中国的社会主义性质决定的。所以我们才会看到,波及千家万户的老旧小区改造会成为最高决策层中央政治局的会议议题。良性互动的背后不是谁决定谁的问题,也不是像波兰尼所说的将社会抛置荒野,更不是父爱主义的施舍与馈赠。良性互动是对各方主体性的充分尊重。这是不断变化、不断创新、不断突破的"社会有机体"思想在基层社会治理中的重要体现。

习近平说:"我们的人民热爱生活,期盼有更好的教育、更稳定的工作、更满意的收入、更可靠的社会保障、更高水平的医疗卫生服务、更舒适的居住条件、更优美的环境,期盼孩子们能成长得更好、工作得更好、生活得更好。人民对美好生活的向往,就是我们的奋斗目标。"[①]中国社会治理的最终落脚点是对人民美好生活的缔造。西方的古典政治学可以被界定为"政体政治学",西方的现代政治学可以被界定为"国家政治学"。政体政治学尽管指向善的政治生活,但是这里的政治生活是带有古典政治属性的,是服从于"人天生是政治动物或城邦动物"这一命题要求的。因此,在古典政治学视野中的生活是被想象出来的、排他性的、纯粹的、透明的、未经过经济染指的公共生活。现代政治学被锁定在人类社会最为重要的政治发明——现代国家的领地之内,将丰富多彩的市民生活留给了社会学和经济学。

在马克思断言的人类经过政治解放之后,在政治领域中实现平等的同时,则将不平等留在了市民社会之中。在这里,已经预设了政治与生活的分离。现代政治学之所以专注于国家权力,就是因为生活的非国家化、非政治化。但是在我们对现代政治学所鄙视的生活场景中,我们发现了完全不同于国家政治但又与国家政治有着千丝万缕关系的生活政治领域。在这个特殊的生活政治领域中,尽管没有大规模的阶级对抗,但是一个简

---

① 《人民对美好生活的向往,就是我们的奋斗目标》(2012年11月15日),《十八大以来重要文献选编》(上),中央文献出版社,2014年,第70页。

单的生活议题可能会被引爆为国家政治动荡的前奏。也就是说，专注于公共权力、阶级政治、大人物政治的国家政治学，实际上是处于弥散性的生活政治的包围之中的。从这个角度来说，国家政治、阶级政治不能完成对生活政治的替代，相反，生活政治恰恰是国家治理极为重要的投射空间。西方人宣称的"自由民主制度"依靠隐蔽的技术与技巧将生活政治排除在外，并把生活政治议题还原为一个个市场能力议题，从而把冷酷的外在统治结构消融在难以觉察的"无意识"之中。这一统治策略的最终结果必然是社会的衰败与分裂。当这一社会后果突破了政治体系所能容纳的极限时，资本主义体系的危机与困境也就降临了。如果说剩余价值是资本主义经济体系的终极秘密，那么依靠市场逻辑完成对生活政治的吞噬和消解，则是资本主义统治体系的终极秘密。"社区中国与基层善治"丛书就是在超越西方政治话语的基础上，试图把中国基层丰富多彩的生活场景、生活美学、生活艺术以及生活意义呈现在大家面前。

总之，有机统一的政治缔造了中国基层治理的理论原点，关联主义的政治提供了中国基层治理的运行轴线，良性互动的政治塑造了基层治理权、责、利相统一的制度安排，生活政治规定了基层治理的价值指向。一言以蔽之，社会治理是拯救现代性危机、克服现代性困境的最后一道底线。揭示这四重范式的理论魅力和实践智慧是这套丛书得以立足的基础。

目前，本丛书的所有作者要么是我的合作者，要么是我的学生。我感谢他们。感谢他们把如此精彩的成果列入本丛书之中。顺便说一句，我们这套丛书是开放的，不是封闭的。我们渴望有更高水平的成果能够进入这套丛书。

是为序！

刘建军

2020 年 5 月 1 日于复旦大学

目 录

第一章 导 论

　　人类的政治发展史就像一条奔腾不息的大河,波澜壮阔,跌宕起伏。时至今日,这条大河的走向已然清晰,那就是像托克维尔所说:"民主即将在全世界范围内不可避免地和普遍地到来。"① 自 1840 年始,在西方列强坚船利炮的轰击下,中国国门洞开,从此也不可避免地被裹挟进了这股浩浩荡荡的世界民主大潮,中国历史从此成为"世界现代化进程的一部分"②。彼时以来的仁人志士,无不以追求民主为基本政治目标,无不以政治民主为解放劳苦大众的"灵丹妙药"。

　　1917 年,孙中山在《建国路径之三:民权初步》一文中说:"盖国民为一国之主,为统治权之所出;而实行其权者,则发端于代议士。倘能按部就班,以渐而进,由幼稚而强壮,民权发达,则纯粹之民国可指日而待也。"③

　　1919 年,陈独秀在《新青年》杂志上发表文章《〈新青年〉罪案之答辩书》说:"西洋人因为拥护德、赛两先生,闹了多少事,流了多少血,德、赛两

---

① [法]托克维尔:《论美国的民主》(上卷),董果良译,商务印书馆,1991 年,第 1 页。
② 江泽民:《论党的建设》,中央文献出版社,2001 年,第 314 页。
③ 《孙中山全集》(第六卷),中华书局,1981 年,第 413 页。

先生才渐渐从黑暗中把他们救出，引到光明世界。我们现在认定只有这两位先生，可以救治中国政治上道德学术上思想上一切的黑暗。若因为拥护这两位先生，一切政府的迫压，社会的攻击笑骂，就是断头流血，我们都不推辞。"①

1945 年，毛泽东在延安窑洞会见民主人士黄炎培时说："我们已经找到新路，能跳出这周期率。这条新路，就是民主。只有让人民来监督政府，政府才不敢松懈。只有人人起来负责，才不会人亡政息。"②

1949 年，《中国人民政治协商会议共同纲领》第一条声明："中华人民共和国为新民主主义即人民民主主义的国家，实行工人阶级领导的、以工农联盟为基础的、团结各民主阶级和国内各民族的人民民主专政，反对帝国主义、封建主义和官僚资本主义，为中国的独立、民主、和平、统一和富强而奋斗。"③

上述背景，构成理解和审视当代中国政治发展特别是民主发展的基本前提。只有认识到这一点，我们在分析当代中国民主发展的道路时才能保有一种历史感与空间感，而不至于迷失坐标。也就是说，民主发展是当代中国政治现代化的基本目标和方向；民主机制的探索、民主制度的进步、民主程序的优化、民主活动的规范化，则构成了当代中国民主政治发展的基本内容。

---

① 陈独秀：《〈新青年〉罪案之答辩书》，《新青年》第六卷 1 号 1919 年 1 月。
② 朱洸：《毛泽东与黄炎培话"周期率"》，《光明日报》1993 年 1 月 20 日。
③ 《人民日报》1949 年 9 月 30 日。

第一节 问题的提出：当代中国的民主发展

新中国成立以来，特别是 1978 年改革开放以来，中国特色社会主义民主政治体系不断完善，不仅建构起了人民代表大会制度、中国共产党领导的多党合作和政治协商制度、民族区域自治制度、基层群众自治制度，以及"一国两制"等基本民主制度，更涌现了一大批旨在优化民主制度、扩大公民参与、规范民主运行的民主体制机制创新和实践。以基层选举、民主决策、干部选任、公共预算等为代表的民主制度创新和实践，大部分都属于"技术层面"的民主发展。这些具体层面的民主创新和实践，极大丰富了中国特色社会主义民主的内涵，使得中国特色社会主义民主的制度化水平和规范化程度不断提高。然而不可否认的是，这些民主实践形态并非只是简单的线性发展，而是有可能经历困难、挫折、反复，甚至中断。亟待回答的问题是：这些具体的民主实践，在何种意义上是"民主"的？我们能否透过它们复杂的面相，找到推动或制约它们发展的基本规律，从而提炼出有关当代中国民主发展的"中层理论"？

一、当代中国民主发展的背景与历程

"民主化"是近代以来世界政治文明发展的基本趋势。二战以后，民主成了一种时代精神。在观念层面，"在世界史上，第一次没有任何理论是作为反民主的理论提出"[1]；在政治层面，民主则代表着"一种为不同国家的

---

① R.McKeon.ed.*Democracy in a World of Tension：A Symposium Prepared by UNESCO*,Chicago：University of Chicago Press.1951.p.522.

人民所共享的情绪，即一种特定（形式的政治）体制是最值得追求的"①。在这样的时代精神笼罩下，没有一个现代政体会公开宣称自己是反民主的。② 政治民主化理想也激励了数代中国人，从革命先行者孙中山先生提出"三民主义"，到中国共产党致力于发展中国特色社会主义民主，民主建设始终是近现代中国政治文明发展的主旋律。然而各个国家民主发展的步骤和具体方式，却因其历史文化条件等方面的差异，显得多种多样。

可以说，作为一种价值观的民主，在中国已经得到方方面面的认同，而作为一种正式制度和政治运作方式的民主，尚在探索、发展和完善之中。人们对于"应当发展民主"已有共识，但对于"发展怎样的民主"及"怎样发展民主"尚存争议。在一些西方民主理论研究者和观察家看来，中国并没有在全球第三波民主化浪潮中完成转型，因此并非是一个"民主国家"③。但不容否认的是，当代中国一直没有停止过探索民主发展路径的步伐，政治形态转型正成为当代中国政治发展的核心主题，而"民主化是这种转型的基本方向"④。

当代中国的民主进程，虽然在新中国成立后就进行了一些探索，并初步形成了人民代表大会制度、中国共产党领导的多党合作与政治协商制度、民族区域自治制度等基本民主制度。但由于"反右""大跃进"和"文化大革命"等政治运动，上述基本政治制度并未得到很好的落实，而其他更为具体的、中微观层面的民主机制更是付诸阙如。因此，我们可以说当代中国真正开始制度化的民主建设，是在1978年十一届三中全会之后。

1978年，十一届三中全会前夕，邓小平在中央工作会议上强调，"民主

---

① ［美］拉里·戴蒙德：《民主的精神》，张大军译，群言出版社，2013年，第5页。
② 参见刘军宁编：《民主与民主化》，商务印书馆，1999年，第1页。
③ 比如2014年"自由之家"（freedom house）把中国和俄罗斯评为7分，即最不自由的国家。
④ 林尚立：《当代中国政治形态研究》，天津人民出版社，2000年，第465页。

是解放思想的重要条件"，"因为在过去一个相当长的时间内，民主集中制没有真正实行，离开民主讲集中，民主太少"，"要切实保障工人农民个人的民主权利，包括民主选举、民主管理和民主监督"，"必须使民主制度化、法律化"。邓小平的这个讲话将"文化大革命"的发生同民主政治建设不完善直接联系起来，这为此后中国民主发展"拨乱反正"奠定了政治基础。1980年，邓小平在中央政治局扩大会议上讲话时再一次指出，改革党和国家领导制度及其他制度，在政治上就是要"充分发扬民主，保证全体人民真正享有通过各种有效形式管理国家、特别是管理基层地方政权和各项企业事业的权力，享有各项公民权利，健全革命法制"。这些讲话精神融入了1981年的《关于建国以来党的若干历史问题的决议》之中，《决议》正式以党的文件的形式提出："在基层政权和基层社会生活中逐步实现人民的直接民主。"上述讲话和《决议》不仅为接下来的民主发展奠定了思想和政治基础，也为具体的民主实践指出了相对明确的方向。对于这一基本方向，我们可以简要概括为"民主集中制""民主建设与法制建设并重""保障民主选举、民主管理和民主监督各项权利"。"民主集中制"强调发扬民主与保证党的集中领导相结合；"民主建设与法制建设并重"强调民主实践应制度化、法制化；"保障民主选举、民主管理和民主监督各项权利"，则表明中国的民主实践既包括民主选举，更强调民主管理和监督等直接民主权利。实际上，这三条原则成为此后三十余年中国基层民主实践的基本指导原则，并且塑造了此后各类民主实践的基本形态。

随着民主发展思想上、政治上的障碍被扫清，地方和基层的民主建设纷纷提上政治议程，各类民主实践如雨后春笋般涌现。[1]在全国各地开展

---

① 据作者统计，以自治、选举、议事、公开、问责为标准，仅在2002年到2014年，由中央编译局主办的"地方政府创新奖"获奖案例中，就有民主方面的创新案例39个，占所有创新案例的1/4左右。参见汪仲启：《建构还是生成：中国地方民主发展路径分析》，《复旦政治学评论》（第15辑），复旦大学出版社，2015年，第322页。

的形形色色的民主探索，涉及民主制度的方方面面，既有为西方民主理论家所喜见的民主选举，也有带着浓郁中国特色的"基层群众自治""民主协商""民主恳谈""两票制""公推公选""开放式决策""人民听证会""公民议事会"等。这一民主发展的浪潮对中国政治的影响是不可低估的，通过形形色色的民主实践，"越来越多的人开始体会到，民主不仅仅是一种价值观念，更重要的还是一种政治实践；只有通过民主政治实践，才能了解中国社会可能发展出什么样的民主政治，以及如何进一步改进已有的民主政治实践"①。

二、当代中国民主发展的诸多"迷思"

我们将人民代表大会制度、中国共产党领导的多党合作和政治协商制度、民族区域自治制度、基层群众自治制度，以及"一国两制"等基本民主制度之外的、更为具体的民主制度称为"中观层面的民主制度"。"中观层面的民主制度"的发展，构成当代中国民主发展的主要形式。

谈到 1978 年以来的改革开放，人们往往容易记得安徽凤阳小岗村"包产到户"的创举，但对基层民主自治制度的开创者——广西合寨村，往往知道的人并不多。"中国的许多历史性创造往往产生于不经意之中。"②谁也不曾想到，这个广西西部偏远地区的小山村，为了解决人民公社体制瓦解之后，农村基本公共产品供给的严重不足，而自发通过村民选举，组织村民自治团体的做法，最后竟会得到中央的肯定，并上升到宪法和法律

---

① 郑永年：《地方民主、国家建设与中国政治发展模式——对中国政治民主化的现实估计》，美国《当代中国研究》1997 年第 2 期。

② 徐勇：《最早的村委会诞生追记：探访村民自治的发源地——广西宜州合寨村》，《炎黄春秋》2000 年第 9 期。

的层面,推广到全国各地。

20 世纪末,由四川遂宁等地开启的乡镇领导干部选举改革热潮同样起源于农村。乡镇领导干部改革中涌现出的"公推直选""公推公选""两票制"等一些重要的民主形式,曾在许多地方得以实践,然而它们所经历的发展过程却要曲折得多。20 世纪 90 年代,在四川的一些地方,乡镇债务高企,"全省乡镇总债务高达 250 亿元,每个乡镇平均负债 480 多万元,最高的达 1200 多万元"①。一些地方的村民由于不堪重负,冲击政府机关,因为税费负担问题引发的群体性事件已经威胁到基本政治和社会安全。一方面为了化解基层群众在政治参与中的"无力感",另一方面也希望通过民主形式将真正能干事且受到群众认可的干部选拔上来,一些地方的基层政府开始尝试创新乡镇干部的选举机制。同村民自治制度一样,乡镇干部的选举机制改革也有强烈的现实推动因素,基层群众参与选举的积极性也非常高。但与之不同的是,乡镇干部的选举机制改革并未能像村民自治一样顺利上升为国家制度。这一由地方发起的民主实践,在经历了乡镇长"公推直选"到"公推公选"的社会民主探索后,最终落实的制度形态是得到中央认可的党内民主制度——乡镇党委成员"公推公选"。为什么基层群众自治制度得以迅速制度化,而乡镇领导干部直选则经历波折?

另外,《选举法》自 1953 年颁布以来,前后经历过六次修改,在城乡居民选举权重、直接选举的范围、候选人的产生方式、投票方式等许多方面经历了重大修改。《选举法》的出台和修改都是在中央的推动和主导下进行的,总体是朝着选举权平等化、选举活动有效化趋势发展的。特别值得一提的是 1954 年人大代表的第一次全国普选。此前,大部分中国农民从未见过选票的模样,更遑论选举的实际经验。为了筹建国家权力机关,落

---

① 李俊:《推进农村基层民主政治建设的一个有效尝试》,《理论与改革》2004 年第 2 期。

实人民的选举权利,中央政府前后主动进行了长达近两年的民主宣传、普及和训练。而与此相对的是,1980 年以来,全国各地反复出现的"自主参选人"①现象,在曾有人顺利当选且并未明显冲击现有制度的情况下,却于2011 年被全国人大法工委以"没有法律依据"②为由明确叫停。为什么中央一面会主动完善《选举法》,主动"落实"公民的选举权利,而另一面却"叫停"公民寻求落实选举权利的行为和诉求?

在民主参与和民主决策方面,由浙江温岭乡镇"社会主义教育论坛"演化而来的"民主恳谈"在当地政府、学术界和媒体的共同推动下,从临时性的干群谈话机制演化为具有制度属性的民主恳谈和参与式预算。这一制度在全国许多地方被复制和推广,在很多地方已经取得较为明显的治理效果,却没有像村民自治一样上升为国家制度。这是为什么呢?民主恳谈和参与式预算既可以在市场经济高度发达、民营资本实力雄厚、居民教育水平及综合素质较高的浙江生根发芽;也可以在经济落后、环境闭塞、以农民为主的云南盐津、四川巴中落地开花,背后有无共同的作用机制?

上述事实表明,我国各地的民主实践虽然形式多样,但发展进程和最终结果却差异甚大。从动力来看,有的民主实践源于中央试点,有的源于地方政府的促动,也有的源于社会和民众的追求。从结果来看,有的民主实践起自基层,但得以上升为国家制度,在全国范围内推广,有的则被中央明确"叫停";有的民主实践得到其他地方的模仿与复制,有的则经过反复修正与调适,最后形成新的制度样式;有的民主实践影响甚广,成为典型,有的却因为种种原因无疾而终。为什么发生在不同地域和不同层级、

---

① "自主参选人"这一概念的使用存有争议。我国《选举法》当中没有"自主参选人"这一概念,它是指基层人大代表选举中,本未得到提名,但自主参加人大代表选举并争取当选的现象。相关概念辨析请见本书第四章。

② 《没有所谓的"独立候选人"》,《广州日报》2011 年 6 月 9 日。

不同形式的民主实践,过程和结果呈现巨大差异,有的发展顺利①,有的则面临波折甚至中断？是经济社会文化条件的不同造成了它们发展路径的差异？还是中国政治本身的某些结构性因素决定了它们各自不同的展开方式和最终归宿？

西方民主发展史上有一个基本经验,即民主政治首先诞生于城市。实际上,人类历史上最古老的民主政治体就是古希腊的城邦,而一批自由城市则在漫长的中世纪为欧洲近代以来的民主转型保存了火种。正所谓"城市的空气使人自由"②,法国历史学家基佐甚至将"城市的自治"归结为现代欧洲文明的三大历史源泉。③农村,在西方经验中则向来被认为是民主的"化外之地"。④而为什么中国的民主发展,却走了一条"农村包围城市"的道路？⑤比如,基层自治、乡镇领导干部选举改革、民主恳谈、参与式预算等许多有代表性的民主实践,都是首先产生于农村。很明显,中西方民主发展的过程呈现许多差异化面相,这是否也意味着二者之间在规律层面也存在不同呢？

对这些问题的回答,或许有助于我们发现有关当代中国民主发展的中层理论。

---

① 我们用两个标准衡量一项民主实践是否发展顺利,一为"制度化",即该民主实践的具体做法在《立法法》所规定的法律法规层面或执政党的正式文件层面得以确定;二为"实效化",即推动该民主实践启动的初始行动者退出后,该民主机制仍继续运转。与之相反,未能制度化和实效化的民主实践被认为是中断的。

② 欧洲谚语:Stadt Luft macht frei!

③ 参见[法]基佐:《欧洲文明史》,程洪逵、沅芷译,商务印书馆,2009年。

④ 比如阿尔蒙德等人关于公民文化的研究就明确表示,同积极参与政治并作为民主主体的"公民"不同,眼光和生活经验局限于乡村的"地域民"向来是民主的消极因素。参见[美]加布里埃尔·阿尔蒙德、西德尼·维巴:《公民文化》,张明澍译,商务印书馆,2014年,第17~23页。

⑤ 何增科认为,中国民主选举的突破口在乡村,村委会的民主选举带动了村党支部的"两票制"选举,进而对乡镇领导选举制度提出了要求,并推动了乡镇领导干部"公推直选""公推公选"改革。参见何增科:《民主化:政治发展的中国道路》,《中共天津市委党校学报》2004年第2期。

三、研究价值与创新之处

民主实践是最近几十年来发生在中国的最具意义的政治实践,而且中国的民主实践富于"原创性"和"争议性",很有进行研究与总结的必要。同时,由于这是一项关于"民主"的研究,我们还必须同成熟的民主理论和民主经验进行对话,并为之提供一些补充性或批判性的视角。因此,我们在与西方主流民主理论进行批判性对话的基础上,建构起有关当代中国民主发展的分析框架(中层理论),且以当代中国民主发展的实践经验为分析对象,因而这是一项具有较强理论自觉性的实证研究。对于这一研究的理论和现实意义,我们从如下方面进行总结:

(一)概念:从"民主转型"到"民主发展"

西方主流民主理论的核心概念是"民主化"(Democratization)或"民主转型"(Democratic Transition)。民主化或民主转型理论对于一个国家的民主状况,往往秉持"全有"或"全无"的判断[1];大多从形式方面定义民主,往往将民主等同于选举,而较少用动态视角和整体视角,着眼于政治系统的输入、转换、输出等整个过程。更重要的是,民主转型理论假设,一个政治体的民主化过程必然遵循一个所谓"从威权政体崩溃到民主政体建立和巩固"的"公式"。因此,秉持这一论点的研究者,往往只关注高层政治,只关心政体变迁,甚至只关心中央政权在形式上的更迭,[2]而忽视了具体而

---

[1] 当然也有像查尔斯·蒂利、罗伯特·达尔这样的民主理论大家主张从"程度"上看待一个政治体的民主状况。

[2] 比如,亨廷顿认为,民主的精髓是最高决策者通过普选产生,民主化进程的关键就是用一个自由、开放和公正的选举途径产生的政府取代一个并非由这一途径产生的政府。参见[美]亨廷顿:《第三波:20世纪后期的民主化浪潮》,欧阳景根译,中国人民大学出版社,2013年,第4页。

微的民主政治实践和民主发展过程。进而"民主转型"或"民主化"理论只能考察国家的整体"转型",而无法考察具体的民主进步。

我们提出,用"民主发展"(Democratic Development)概念来描述和解释一个政治体在民主"程度"方面的变化。民主程度的变化,大到一个国家政体形态的变迁,小到具体的民主进步,涵盖面更广。所以民主发展的概念既可以用于描述和解释一个国家的"民主转型"过程,也可以描述和解释尚达不到林茨等人设定的"民主转型"标准[1]的国家的民主进步,甚至还可以描述和解释非国家政治体民主政治的进步。所以民主发展概念有着更强的适用性,而较少受到意识形态的约束。我们认为,用"民主发展"概念,替代"民主转型"(Democratic Transition)或"民主化"(Democratization)概念来观察、描述和解释当代中国的民主实践,可以避免有关"中国是否达到民主门槛"这一类意识形态问题的纠结。

不论采取何种民主定义,民主的核心本质是"人民主权",即"人民有权管理自己的事务"。从理论上来说,人民管理自己事务之"权",既是一种"权力"(Power),也是一种"权利"(Right),权力与身份相联系,权利则与机制相联系。因此,要实现"人民主权",必须具备两个基本支柱:"身份平等"和"政治参与"。身份平等涉及政治体的成员资格,政治体成员的身份越平等,则越具有实现民主的政治基础;政治参与涉及落实民主权利的机制,政治参与的机制越具体有效,则越具有实现民主的制度条件。高水平的民主,身份平等和机制化的参与缺一不可。因此,所谓民主发展,就是指政治体在身份平等和政治参与两方面的扩大。这是一个过程性概念,侧重从"过程"而非"结构"的角度来观察和解释民主实践。一个政治体,只要其公

---

① 参见[美]胡安·林茨、阿尔弗莱德·斯泰潘:《民主转型与巩固的问题——南欧、南美和后共产主义欧洲》,孙龙等译,浙江人民出版社,2008 年,第 3 页。

民身份走向平等,或者公民合法的政治参与渠道扩大、政治影响力增强,就属于民主发展。

我们认为,概念的转变意味着研究视角的转变。如果没有这一转变,研究当代中国的民主实践将始终会受到"中国是民主国家吗",这一意识形态问题的困扰,使得研究者反而难以聚焦真正的学术问题。在民主发展的视角下看待中国的民主实践,民主标准和政体类型的问题将不再是主要的学术问题,我们直接聚焦于当代中国民主实践的发生、发展和运行,并试图解释其逻辑与机制。因此,应用民主发展的理论视角研究中国的民主政治进步,能够开拓巨大的理论空间。

(二)框架:从"二元"分析到"三维"分析

文献研究表明,现有的民主化和民主转型理论有以下重要特征:①民主和专制(威权/独裁)的二元区分;②民主转型的条件论(论述民主化的经济、社会、文化条件);③民主转型次序论(民主化往往会经历一个威权崩溃–民主发生–民主巩固/民主崩溃的次序)。比如,胡安·林茨等人认为:"民主的转型和巩固包含了从一个非民主政体向一个民主政体转变的运动。"①在民主化条件下,现有理论大多强调民主转型和民主巩固必须具有某些基本的经济、社会、文化条件。比如,亨廷顿认为,政治参与的扩大更多的是作为社会–经济现代化的副产品。②质而言之,西方主流民主理论所秉持的是一种"二元"分析框架。这种二元特性首先体现在民主的动力和过程机制上。几乎所有的西方民主转型理论都假设,民主化始于威权政体

① [美]胡安·林茨、阿尔弗莱德·斯泰潘:《民主转型与巩固的问题——南欧、南美和后共产主义欧洲》,孙龙等译,浙江人民出版社,2008年,第38页。

② 参见[美]塞缪尔·亨廷顿、琼·纳尔逊:《难以抉择——发展中国家的民主参与》,江晓寿、吴志华、项继权译,华夏出版社,1989年,第46~56页。

的松动,成于权威政治的终结,即权威和民主此消彼长,不能两立。民主与权威二元对立背后,实际上是西方主流社会科学理论"国家与社会对立"的必然产物。

但是通过分析中国的民主发展经验,我们发现有诸多这一理论模式无法解释的现象。首先,中国的民主发展很显然并非以政治权威的松动为条件,毋宁是政治权威的建立开启了民主发展的进程,政治权威还主动寻求并推动民主发展。其次,很多地方的民主创新经验表明,一定的经济社会条件固然是民主启动或维持的重要条件,但并非必要条件,甚至像村民自治、乡镇领导干部选举改革等大量民主实践恰恰是在经济条件极为落后的地区率先开启的。在经济社会现代化并未完全展开的地方,民主政治就因执政集团的主动追求而有所发展。最后,中国各个层面的民主实践有来自三方面的推动力量:中央政府、地方政府、社会力量。实践表明,民主发展并不一定侵蚀乃至消解中央权威,国家对于由社会力量推动的民主发展也并不一定持消极乃至反对态度。

这些现象给西方民主的"二元对立"理论提出了重要的补充性,甚至是批判性的视角。在中国的经验范围内,如果经济社会现代化并非民主启动的充分或必要条件,那么中国民主发展的动力机制是什么?如果中国的民主发展并非以权威的瓦解、政体的转型为代价,那么民主和权威会以怎样的形态和结构组织起来?在具体的民主发展进程中,中央、地方和社会力量是通过怎样的方式进行互动,在怎样的条件下使得具体的民主实践最终得以制度化?这些问题,显然是强调"二元对立"的民主转型理论无法回答的。而在中央、地方与社会力量互动的三维分析框架中,这些问题则能得到较好的解释。

我们提出,当代中国民主发展以国家权威的形成和建立为起点和条件,主要体现为"身份解放"和"民主机制建设"两个维度。在分析框架方面，我们提出"动力－边界"分析框架（Analysis of Dynamic－Boundary）或称为"能动－结构"分析框架（Analysis of Agents－Structure）。①在动力方面，我们将当代中国民主发展的能动力量分为中央、地方和社会三个维度，并不将作为国家代表的中央和地方同社会对立起来，而是主张三者都是民主发展的能动力量，三者在"互动"中寻找民主空间，形成民主机制，推动民主发展。这种三维分析框架能够将制度设计、精英行动和经济社会条件结合起来。

（三）理论：生成关于中国民主发展的"中层理论"

加里·金说，科学的研究设计建立在关于真实世界的实证信息之上，以获得描述性或因果性推论。②可见，社会科学研究有三重要素：一是研究对象和数据来源应该是经验事实，二是理论的形式表现为"描述"或"解释"，三是研究的目的或价值在于获得推论——理论生产。我们是对当代中国民主实践进行的实证性研究，目的在于发现具有解释力的因果机制，因而是一种社会科学的"理论生产"。

中层理论（the Functional Theories of Middle Range）是相对于宏观理论（Grand Theory）和微观理论（Micro Theory）而言的，最早由美国社会学家罗伯特·墨顿（Robert K. Merton）提出："中层理论既非日常研究中广泛涉及的微观而且必要的操作性假设，也不是一个包罗一切、用以解释所有我们可以观察到的社会行为、社会组织和社会变迁的一致性的自成体系的统一理论，而是介于这两者之间的理论"，"中层理论原则上应用于对经验研

---

① "动力－边界"分析框架和"能动－结构"分析框架同义，后文中可以互用。
② 参见［美］加里·金、罗伯特·基欧汉、悉尼·维巴：《社会科学中的研究设计》，陈硕译，格致出版社、上海人民出版社，2014年，第6页。

究的指导……介于社会系统的一般理论和对细节的详尽描述之间"。①实际上，这里只是说明了中层理论的层面和范围，而它的概念已经明确表明，中层理论是有关"机制"（Function）即因果关系的研究。正因为如此，中层理论在当代社会科学研究中的流行，并非因为其研究对象是"中层"的，而主要是因为它致力于探究中层社会现象的因果机制。

目前，绝大部分关于中国民主乃至中国政治体制的研究都局限于"概念"或"描述"层面，以获得推论为目的的解释性研究即机制研究尚不多见。虽然概念研究和描述性研究都不乏学术价值，二者也是开展机制研究的重要基础。然而真正的"社会科学"研究，应该主要是解释因果机制的研究。我们不采取"二元对立"的分析框架研究中国的民主政治，而是关注其中观层面的机制创设和发展过程，试图回答如下学术问题：

> 为什么当代中国在获得民主发展的同时，并不以损害国家的政治权威为代价？为什么发生在不同地域不同层级的民主实践，过程和结果呈现巨大差异，有的发展顺利，有的则面临波折甚至中断？

针对上述问题，我们运用历史社会学分析总结中国民主发展的背景、逻辑和路径；运用比较案例分析和历史过程追踪分析对形形色色的民主实践的产生和发展机制进行研究。我们认为，我们最大的贡献在于揭示了一种针对当代中国民主发展实践的解释性机制，提出了一种关于当代中国民主发展因果机制的"中层理论"。

上述从"民主转型"到"民主发展"的概念选择，从"身份解放"到"机制建设"的解释视角，"动力–边界"以及中央、地方和社会三维能动力量互动

---

① Merton R.K.*Social Theory and Social Structure*, New York：Free Press.1968，p.39.

的分析框架，来源于对中国经验事实的抽象和总结，为西方的主流民主理论提供了重要的补充性乃至批判性视角，将上述概念和理论应用于当代中国民主发展问题研究，具有重要的理论和实践价值。

第二节　文献综述

理解一个国家的政治社会状况，一般有三种研究取向（research approaches）：①描述型（descriptive typology），即对现实的基本特征或特点进行概括，并以一定的逻辑顺序描述所发生的人类行为；②阐释型（narrative approach），通常是对过去发生的事情进行新的叙述，这需要收集可靠的事实，深刻理解给定的文化和影响行为的方式；③社会科学理论型（social-science theory），通过提出假设，进行检验，以解释社会事件与行为。[①]当前，上述三种研究取向在有关中国民主发展问题的文献中都有所体现，但大部分研究还停留在描述或阐释层面，真正的社会科学研究相对较少，即使是关于中国民主的实证研究，大部分也仅限于描述和阐释层面，理论型的研究较少。

一、当代中国政治变迁的"命名运动"

学术界长期用"威权体制""专制体制""全能主义"或"党国体制"等概念来形容当代中国的政治体制。然而近几十年来，中国的政治改革和民主

---

① 参见徐浩然：《解读中国民主——西方中国学家的视角》，中国社会科学出版社，2013年，第37页。

发展现状显然大大超越了上述概念的描述能力。一些学者试图创造一些新的概念来对之进行概括，以包容原先的概念所无法涵盖的新特点。这方面的新概念如此之多，以至于我们认为已经形成了一场针对当代中国政治变迁和民主发展的"命名运动"，其中与民主发展有关的概念性研究主要有：

(一)韧性：威权政体的适应性调适

中共在苏联解体后并未崩溃，反而通过经济政治改革获得了更大的发展。为了解释这一现象，黎安友(Ardrew J. Nathan)在《从极权统治到韧性权威——中国政治变迁之路》一书中提出"韧性权威"(resilient authoritarian regime)[①]的概念，他承认中国存在通过威权政体向民主化和平过渡的可能。[②]何汉理(Harry Harding)认为，1978年以后，中国的改革的理论基础是自由化的，其基本特征是"给社会更大的自主性，允许政治辩论和更自由的知识活动、保证政府官员和经济管理者有更大的自主权、使经济活动脱离国家刻板的计划控制而更为自由"[③]。而中共之所以要进行改革，是因为改革者希望通过重塑中国政治生活结构，以便创造更大程度的民主与合法性。因为此前的政治动乱使中共面临政治危机，由于"文革"中的暴力、迫害和失序，一部分人与中国共产党和政府离心离德。官方的意识形态失去了动员和维持大众支持的能力，毛泽东的逝世似乎使这个政权失去了合法性的支柱。所以只有民主改革和经济发展，才能恢复中国人民对

---

① 参见 Ardrew J. Nathan：《从极权统治到韧性权威——中国政治变迁之路》，何大明译，巨流图书股份有限公司，2007年。

② See Andrew J. Nathan, "Authoritarian Resilience", *Democracy*, Vol.14, No.1(2003), pp.6–17.

③ Harry Harding, *China's Second Revolution: Reform after Mao*, Washington, D.C.: The Brookings Institution, 1987, pp.1–2.

执政党的信任。[1]

改革的做法主要有三：①弱化并规范国家的作用，普通公民享有更多的自由；②增加基层和国家层面政治参与的机会，包括在立法机关中引入竞争性选举、扩大人民代表大会的作用、加强与社会团体的协商、建立工会、扩大主要由知识分子、科学家、外国资本家组成的"民主党派"的对象和作用、允许更多的游行示威等政治抗争和政治表达；③改变政治权威的基础，通过建立程序合法性，试图实现从克里斯马权威向合法权威转变。改革放松了中共对中国社会的政治控制，不足的是，理性与法律的权威是有限的，知识分子仍然不能调查与讨论某些基本的经济与政治问题，例如党的领导人或社会主义的可欲性（desirability）问题。在此基础上，何汉理提出："后毛时代的中国已经成为协商威权政体（Consultative Authoritarian Regime）"[2]，这与过去的极权主义明显不同，但并非多元的（pluralistic）甚至准民主的（quasi-democracy）政治体制。Robert P.Weller 提出"回应式威权政权"（responsive authoritarian regime）概念。裴敏欣则用"发展型独裁"[3]（developmental autocracy）来概括后毛泽东时代中国政治体制的基本特征。

这类概念不愿意承认当代中国的政治体制在任何意义上具有民主性质，坚持使用"威权政体""独裁体制"等传统概念来描述当代中国政治体制的核心特点，但又无法忽视中国政治体制事实上的巨大变迁，以及中国公民民主权利的实际增长，于是只好在原有概念基础上增加所谓"韧性"

---

[1]　See Harry Harding, *China's Second Revolution: Reform after Mao*, Washington, D.C.: The Brookings Institution, 1987, pp.172–174.

[2]　Harry Harding, *China's Second revolution: Reform after Mao*, Washington, D.C.: The Brookings Institution, 1987, pp.174–186.

[3]　Minxin Pei, 2006, *China's Trapped Transition: the Limits of Developmental Autocracy*, Cambridge, Mass.: Harvard University Press.

"发展""回应性"等限定词,以图包容这些新的特点。从这些概念可以认识到,中国政治体制在适应民主发展方向上做出了巨大调适,但不认为这种调适真正反映了民主发展的轨迹。在变迁机制方面,他们认为这只是党国体制为了应对经济社会压力所做出的适应性调适,某种程度上也可以看作是威权政体在自由化方面对社会做出的妥协或施舍,从而是机会主义的。这些概念站在西方自由民主的标杆下,衡量当代中国的民主发展,当然无法真正进入中国的逻辑。

(二)收缩:政党-国家的自我更新

20 世纪 90 年代前后,其他共产党政权纷纷倒台,而中国共产党领导的政权为什么能够屹立不倒呢? 西方学者注意到,1989 年以后,中国进行了一系列改革,然而这些改革并非以民主化为目标,而是从不同方面加强了中国共产党的领导。但是沈大伟发现,"不管选择哪个时间起点,许多指标都表明,作为一种建制,中国共产党对思想、社会、经济和政治生活各方面的控制力已经不断减弱"①。通过"收缩与调试"的双重机制,中国共产党保持了执政的灵活性和对于社会变化的适应性。但沈大伟同时强调,中国共产党的收缩是一个长期趋势,调适只不过让它避免像苏联那样经历一个"零和爆裂过程",因此"所有措施都只是路径而已"。②相对乐观的观点则认为,中国共产党的调适与改革正在创造一种不同于西方代议制民主的新的民主形式。美国学者沃马克认为,中国的政治实践正在创造一种"政党-国家民主",这种民主不同于立法民主或自由民主,而是在国家管

---

① ［美］沈大伟:《中国共产党:收缩与调适》,吕增奎、王新颖译,中央编译出版社,2012 年,第 5 页。

② 参见同上,第 60~61 页。

理的法治框架下,党全面、有效地推动人民的利益,保证个人和组织的适当自治。①这类观点认为,虽然中国的民主政治发展是无法回避的既定事实,但由于中国依然保持党国体制的根本特色,所以这种政治变迁是方向不明的、机会主义的,随时有可能走回头路。

(三)层次:政治与行政的区分

有一类命名方式,将政治与政策(行政)加以区分,不从政治层面定义中国的民主发展,而是将其限定在政策或行政层面。任剑涛认为,当代中国的民主实践是一种政道民主缺席的、属于单纯治道民主的政治实践。

所谓政道民主是追问权力来源前提下实践的民主政治,而治道民主是一种工具化的民主,并不追问权力来源。任剑涛认为,党内民主、协商民主、听证民主、基层自治、恳谈民主等当代中国所实行的种种民主形式都属于治道民主范畴。然而治道民主这种"路径性"民主政治行进思路"既无法离开政道安排而独立、长期、全面地发挥效用,也无法始终停留在权力的自我调整层面而具有始终如一的效果"②。何显明则认为,民主不能仅仅限于政治领域,随着权力资源的分散化及社会各领域民主价值诉求的高涨,形成了推进社会生活民主化的变革趋势,民主实践因此开始从单纯的政治领域扩展到社会生活的各个方面,从一种宏观的政治制度架构演变成一种普遍的公共生活方式。治理民主顺应了社会发展的这一趋势,倡导在社会生活各个领域建立民主化的治理机制,鲜明地体现出了追求"更多

---

① 参见[美]布兰特利·沃马克:《政党–国家民主与"三个代表":一种理论透视》,载吕增奎主编:《执政的转型:海外学者论中国共产党的建设》,中央编译出版社,2011 年,第 96 页。

② 任剑涛:《政道民主与治道民主:中国民主政治模式的战略抉择》,《学海》2008 年第 2 期。

的民主"的变革旨趣。①

有人认为："根据民主事务的性质，民主分层为政治民主和政策民主两种基本形式，两者有着不同的运行轨迹并相得益彰。"②所谓政策民主，是在公共政策的制定过程中，对这些公共政策的民主意义予以足够重视，通过扩大政府政策决策过程的开放性，让民众参与到政策的决策过程中，从而使得公共政策的结果反映民众的利益诉求与意志。③为了避免"政治民主"所固有的缝隙，使发展中国家获得具有现实性的民主政治操作进程，应当优先从"政策民主"的角度思考民主化道路。史卫民则将"政策民主"与"选举民主"作为一对范畴。他认为，改革开放以来的中国政治发展，是在整体制度结构不变的前提下，通过政策主导发生了一系列的"制度创新"，落实到民主层面就是"政策民主"④。与此相类似的概念还有"行政民主"⑤。这类概念的基本特征都是将"政治"（政道）与"行政"（治理、治道、政策）区分开，并在后一个层面来定义当代中国的民主实践。他们认为，由于中国推进"政治民主"的条件尚不成熟，为了既有效解决转型中的问题，又避免激进改革带来的动荡，以时间换空间的政策民主路径是可取的。

（四）方法：对选举民主的技术超越

有一类命名方式，则用某种区别于选举的机制或方法作为修饰词加诸民主之上，形成诸如协商民主、参与式民主、治理民主等概念。协商民主

---

① 参见何显明：《治理民主：一种可能的复合民主范式》，《社会科学战线》2012 年第 10 期。

② 黄伯平：《分层视野下的政策民主》，《中国行政管理》2013 年第 10 期。

③ 参见张翔：《政策民主：中国民主政治建设的突破口》，《天府新论》2013 年第 2 期。

④ 参见史卫民：《政策主导型改革》，景跃进、张小劲、余逊达主编：《理解中国政治——关键词的方法》，中国社会科学出版社，2012 年，第 151 页。

⑤ 参见邓元时：《行政民主探析》，《贵州大学学报（社会科学版）》1996 年第 3 期。

是用于描述当代中国形态最广泛的一个概念①，也是一个被党和国家官方文件认可的概念。

这个概念来自国外，1980 年，约瑟夫·毕赛特（Joseph.M.Bessette）在《协商民主：共和政府的多数原则》一文中，首次从学术意义上谈到"协商民主"这一概念。1998 年，这一概念首先被中国台湾学者引介并进入中文世界。②而这一概念在中国大陆开始流行起来，得益于哲学界对哈贝马斯"商谈理论"的引介。③ 2004 年，陈家刚编译的《协商民主》④一书问世，不过这时候大陆学者对这一概念尚处于理论引进阶段⑤，较少用之于描述中国的民主实践。2003 年，刘晔最早用"协商民主"理论分析中国的社区自治和公共参与，他提出，中国城市治理"在协商民主的制度框架内实现政党、国家、社会的权力互强，是推动社区自治的一个必要选择"⑥。2006 年，中央党校副校长李君如在报刊上撰文，提出"协商民主是一种重要的民主形式"⑦，这一观点得到人民网和新华网等权威媒体的转载。此后，引发了学术界用协商民主概念描述中国民主实践的热潮。⑧ 2012 年，"健全社会主义协商民主制度"被写进党的十八大报告，这在中共历史上是第一次，《光明日报》

① 笔者通过"中国知网"以全文包含"协商民主"检索，反馈将近 60 万条；以关键词"协商民主"检索，反馈 3284 条（2003—2016 年间）。

② 参见杨意菁：《民意调查的理想国——一个深思熟虑民调的探讨》，《民意研究季刊》1998 年第 204 期。

③ 参见汪行福：《通向话语民主之路：与哈贝马斯对话》，四川人民出版社，2002 年。

④ 参见陈家刚编：《协商民主》，上海三联书店出版社，2004 年。

⑤ 谈火生坚持用"审议民主"来翻译这个概念，参见谈火生：《意志、审议和政治合法性：从卢梭到哈贝马斯》，中国人民大学博士论文，2005 年。

⑥ 刘晔：《公共参与、社区自治与协商民主——对一个城市社区公共交往行为的分析》，《复旦学报(社会科学版)》2003 年第 5 期。

⑦ 李君如：《协商民主是一种重要的民主形式》，《同舟共进》2006 年第 6 期；李君如：《协商民主：重要的民主形式》，《文汇报》2006 年 7 月 27 日。

⑧ 关于协商民主的文章多达 77.5% 都是谈中国问题。参见谈火生：《协商民主》，载景跃进、张小劲、余逊达主编：《理解中国政治——关键词的方法》，中国社会科学出版社，2012 年，第 88 页。

称这"是中共在民主政治理论创新和制度创新中取得的最新成果"①。官方和理论界不仅将"中国共产党领导的多党合作和政治协商"制度纳入协商民主范畴，还将地方和基层治理中广泛的协商形式称为"协商民主"。与协商民主概念相类似的概念还有"协和民主"，指的是"各种规则、政策的制定和各类机构的设置都是旨在保证人民广泛地参与政府的决策，并就政府推行的政策达成普遍的一致"②。协商民主和协和民主都强调，政治决策的达成应避免简单多数决策，而应尽可能通过协商达成一致。他们认为，中国现阶段的种种民主形式就体现了协商民主或协和民主的特征。

另一个被大量用于描述当代中国民主形态的概念是"参与式民主"。参与式民主概念的出现源于西方理论界对"政治参与"的研究，③ 1960 年阿诺德·考夫曼第一次提出"参与民主"的概念，1970 年卡罗尔·佩特曼的《参与和民主理论》一书问世，标志着参与民主理论正式出现。理论上，参与民主意味着对自由主义选举民主的超越，人民的民主参与方式不再限于选举，而是打破政治与行政的界限，进而参与到政治决策当中。

这一理论资源迅速被中国学者发现并应用于阐释当代中国的民主实践。④张光辉认为，参与式民主理念在我国意识形态层面和政治实践领域都得到了前所未有的重视和体现，"揭示了参与式民主与我国民主制度结构的耦合关系，具体表现为参与式民主是我国宏观民主制度的价值呼唤

---

① 倪迅：《协商民主第一次写进党代会报告》，《光明日报》2012 年 11 月 30 日。

② 程同顺、高飞：《什么是协和民主——兼与多数民主比较》，《学海》2009 年第 3 期。

③ 亨廷顿认为，政治参与是指平民试图影响政府决策的活动。参见[美]亨廷顿、琼·纳尔逊：《难以抉择——发展中国家的政治参与》，华夏出版社，1989 年，第 3 页。萨托利指出，参与的含义是亲自参与，是自发自愿的，参与不是被卷入某事，更不是非自愿的被迫卷入，所以和由他人意志促动截然相反，即和动员相反。参见[美]萨托利：《民主新论》，冯克利译，上海人民出版社，2009 年，第 114 页。

④ 参见陈尧：《西方参与式民主理论及其对中国社会主义民主政治的启示》，《社会主义研究》2008 年第 1 期。

和逻辑补充、中观民主政治体制改革的现实突破口、社会主义协商民主运行的逻辑前提和行政民主运行和成长的现实力量源泉"①。卢剑锋等人用参与式民主概念描述浙江温岭的民主恳谈实践，并认为，参与式民主使得民主恳谈"经历了从政治合法性到法律合法性的发展路径，延伸扩展了基层民主，在'三统一'框架内探索民主新形式"②。还有人将这一概念用于描述中国的社区自治③、人民政协制度④、群体性事件⑤等诸多维度。总的来说，这类观点认为参与式民主理论同中国的民主制度和价值取向高度吻合，"参与"是比"选举"更为全面和具体的民主方法。

随着"治理"一词在中国的流行，有人开始用"治理民主"描述地方政府的种种优化治理的举措和制度建设。何显明提出："地方政府创新实践的广泛兴起，是在坚持基本政治制度不变的前提下实施的可控性治理创新，符合以有效性为基本准则的政治发展逻辑"⑥，落实到民主形态则体现为以扩大包容性为特点的"治理民主"。

（五）结构：党的领导、人民民主与依法治国的有机统一

复合民主理论与包容性民主理论试图从结构上指出当代中国民主形

---

① 张光辉：《参与式民主与我国民主制度结构的耦合——一种内在价值与逻辑的学理解析》，《东南学术》2010 年第 4 期。

② 卢剑峰：《参与式民主的地方实践及战略意义——浙江温岭"民主恳谈"十年回顾》，《政治与法律》2009 年第 11 期。另外，还有梁军峰（博士，中央党校，2006）、韩小珂（硕士，浙江大学，2010）、李鑫（硕士，兰州大学，2013）等人的学位论文采取同样的学术理路。

③ 参见梁莹：《困境中的社区"参与式民主"——基层政府信任与居民参与社区社会政策的困境之思》，《学海》2009 年第 3 期。

④ 参见熊必军：《参与式民主理论对人民政协制度界别设置的启示》，《中央社会主义学院学报》2010 年第 1 期。

⑤ 参见刘娜娜：《由环境群体性事件看我国参与式民主建设》，《福建省社会主义学院学报》2012 年第 2 期。

⑥ 何显明：《治理民主：中国民主成长的可能方式》，中国社会科学出版社，2014 年，第 13 页。

态的本质特征,强调党的领导、依法治国和人民当家做主有机结合。所谓"复合",指的是党的领导和人民当家做主的复合;所谓"包容",是指党领导下创建的国家核心政治机制包容人民的政治参与需求,人民共享政治发展成果,而复合与包容的民主形态都落实在依法治国的制度基础上。

林尚立认为:"最近三十多年,在改革开放所带来的人与社会的深刻变化基础上,人民民主在中国的实践有了很大发展,逐渐形成了复合民主的实践形态。"[①]复合民主体现为人民当家做主与党的领导的有机统一;复合民主实践的四大平台包括党的领导、国家制度、社会生活与公民参与,四大平台的行动取向则分别体现为依法执政、集体领导、协商民主和群众自治。这种复合民主实现了民主的人民性、治理性和发展性的有机统一,"中国的发展与崛起于复合民主发展所具有的独特效应直接相关"[②]。

包容性民主(inclusive democracy)是指各种利益相关者能够参与、影响公共治理主体结构和决策过程,共享政策红利、治理收益和相关社会资源,从而使各种利益相关者的权益能够得到尊重和保障的一种民主模式。[③]在西方的学术文献中,包容性民主涉及民主的"输入"和"输出"两端,即在政治和政策过程中,公民不仅有权通过各种形式参与,而且有权享受其利益和结果,从而实现"民有""民治""民享"的结合。[④]有人认为,中国应当超越选举民主,追求更具包容性的民主模式。新中国成立前夕,毛泽东就提出:"必须召集一个包含各民主党派、各人民团体、各界民主人士、国内少

---

① 林尚立等:《复合民主:人民民主促进民生建设的杭州实践》,中央编译出版社,2012 年,第 50 页。

② 同上,第 42~45 页。

③ 余敏江、章静:《美丽中国建设中的包容性民主构建研究》,《公共管理与政策评论》2015 年第 4 期。

④ See Young,I.M.*Inclusion and democracy*,Oxford:Oxford University Press,2000,pp.52-55. Peter Emerson,ed.,*Designing an All-Inclusive Democracy:Consensual Voting Procedures for Use in Parliaments,Councils and Committee*(London,Springer).2007.

数民族和海外华侨的代表人物的政治协商会议,宣告中华人民共和国的成立,并选举代表这个共和国的民主联合政府……这是一个共同的政治基础。"①赖静萍认为,在党国体制下,一元领导国家建构和社会发展,国家制度形态基本形成之后,社会多元化同时出现,在此基础上,一元的党国体制要保持民主弹性,势必包容新兴的社会力量,以使党国始终具有广泛且坚实的社会基础。②

上述概念是当代中国政治研究所取得的重要学术成果,它们从不同方面反映了当代中国民主形态的某些特征,从而为进一步的学术研究奠定了更好的基础,也为学术交流提供了更为丰富、可靠的概念工具。不过,这类研究也存在一些明显的不足。西方学者大多囿于成见,无法正视中国民主发展的意愿与成就,并且多局限于对中国的政体特点进行总体概括,从而流于宽泛;中国学者则大多将源自西方经验事实的概念"嫁接"到中国,用以解释中国的经验事实。要产生一个合适的概念,往往需要对经验事实有深入的了解,而且需要对其机制做透彻的分析,只有在此基础上,才有可能提出真正贴合中国实践的民主概念。

二、有关当代中国民主发展动力机制的理论解释

随着越加深入地接触中国民主的经验事实,有学者开始直接进入到其内在机理,试图描述或解释其因果机制。这些研究,有的致力于寻找当代中国民主发展的能动因素;有的则致力于寻找它的结构性条件。能动论

---

① 《在新政治协商会议筹备会上的讲话》,《毛泽东选集》(第四卷),人民出版社,1960 年,第 1467~1471 页。

② 参见赖静萍:《包容性民主与政治共识:新中国成立初期中国共产党对民主选举的认知》,《中共党史研究》2012 年第 5 期。

方面主要包括"国家主导论""精英驱动论"和"国家与社会互动论";因果机制方面则主要包括"经济社会发展论""危机倒逼论"和"提升合法性与治理绩效论"。

(一)政府[①]主导论

这一观点秉持国家中心论视角,认为当代中国的民主改革和民主实践主要是在政府主导下进行的。这里的政府,既包括中央政府也包地方政府;这种政府主导在有的情况下表现为积极推动,有的情况下则表现为有意控制或阻挠。杨大力认为,改革开放以来,中国进行了大量治理改革,在相对较短的时间内重新塑造了治理结构,"如果没有中国共产党强大的政治机器,则很难完成多数有争议的制度改革"[②]。徐湘林认为,从中国的现实经验着眼,"中国一切重大的社会政治经济的变化都是以党的政策的变化为前提的,而党的政策的变化又是与党的核心领导层的理性选择密切相关的"[③]。也有研究表明,地方政府是推动政治改革的最重要力量。二十多年来的政府创新,主体多为区县级和地市级政府组织,"两级政府创新项目加起来占到了近八成"[④]。从改革的驱动力来看,地方政府创新的动因既存在于客观的制度环境之内,也存在于地方政府官员主观的内在需求之中。[⑤]大部分地方官员都是希望通过创新获得有利于自己的考评绩效,从而在政治职业发展甚至名利方面有所收获;当然也有不少政府官员是

---

① 这里的政府指的是党国一体的广义政府,而非仅指行政性的狭义政府。

② Dali Yang, *Remaking the Chinese Leviathan : Market transition and the Politics of Governance in China*, Stanford University Press, 2004, pp.311–314.

③ 徐湘林:《以政治稳定为基础的中国渐进政治改革》,《战略与管理》2000 年第 5 期。

④ 吴建南、马亮、杨宇谦:《中国地方政府创新的动因、特征与绩效——基于"中国地方政府创新奖"的多案例文本分析》,《管理世界》2007 年第 8 期。

⑤ 参见张光雄:《政府创新的动力分析》,《行政与法》2004 年第 8 期;张玉:《地方政府创新的基本动因及其角色定位》,《云南社会科学》2004 年第 3 期。

带着理想情怀，希望通过创新来服务于人民，为地方做出贡献的。①地方政府创新的进路包括：权威的合理化，即在法治基础上限制权力和监督权力；行政职能区分化，即面对日趋多元的社会发展，政府做出职能调整；参与的扩大化，即把新的社会力量纳入体制并使政治参与制度化。②

（二）精英驱动论

丹尼斯·荣迪内利（Dennis A. Rondinelli）在总结西方政府创新的经验时归纳了创新的两个动因：①源于绩效落差（Performance Gaps），即公众的期望与政治组织的绩效之间存在差距；②源于政治领袖和政府外精英的"战略构想"，即政治精英分子作为行动主体能为政治发展设置进程，从而带来创新。③这种观点指出了政治角色特别是政治精英的主体性行动，精英分子在政绩或理念驱动下会主动寻求民主创新，以迎合上级或民众的需求。胡鞍钢认为，政治领导人"思想解放"是重要的政治变革因素之一，也是发动中国改革的决定性因素。④针对近年来湖北、四川、浙江等地乡镇党委、政府领导干部选举方式的改革，一些学者认为，改革过程中一个十分有意思的现象是，"强人"在推动着民主创新。一位在基层工作的同志讲："要推进基层的民主政治，有时候光民主不够，要强人政治来推动民主政治。"⑤徐东涛、郎友兴等人的研究表明，杭州市之所以开启"开放式决策"的民主改革，与杭州的政治精英有着密切的关系。确切地说，开放式决策

---

① 参见吴建南、马亮、杨宇谦：《中国地方政府创新的动因、特征与绩效——基于"中国地方政府创新奖"的多案例文本分析》，《管理世界》2007 年第 8 期。

② 参见周庆智：《从地方政府创新看国家与社会关系的变化》，《政治学研究》2014 年第 2 期。

③ 参见[美]丹尼斯·A.荣迪内利：《人民服务的政府：民主治理中公共行政角色的转变》，贾亚娟译，《经济社会体制比较》2008 年第 2 期。

④ 参见胡鞍钢：《旨在促进经济发展的中国政治改革》，《改革》1999 年第 3 期。

⑤ 肖立辉：《中国民主化改革的困境与路径选择——"党内民主、基层民主理论与实践"学术座谈会综述》，《开放时代》2006 年第 6 期。

"是政治精英(治理精英)发动的,这是最直接和基本的因素"①。不论地方政治精英的出发点是什么,他们的"主动谋划"是基层民主创新的重要驱动力。

(三)国家与社会互动论

这种理论认为,中国民主发展的动力来自国家与社会的互动,而不仅仅限于政府或政治精英。这方面的代表理论是林尚立教授的建构民主理论。在《建构民主——中国的理论、战略与议程》一书中,林尚立阐释了国家与社会力量互动作用下建构民主制度的理论模型。林尚立从马克思主义的国家观出发,提出"国家制度是'人的自由产物'"②。因此,国家的本质也就必然以实现人的民主与自由为目的,人类创立国家,不是为了让国家统治社会,而是为了保障人的自由。因此,现代国家的民主制度必然是经过深思熟虑和自由选择的建构结果。③

建构民主理论有三个基本条件,一是人民有权建立新的国家制度;二是人民在民主建构中要积极行动;三是人民在民主建构中尊重规律、保持理性。由于民主建构不可能脱离国家,不可能是人民或社会的单方面行动,所以它必然是"人民构成的社会与国家的双向互动"④。林尚立提出,在中共十七大之前,基层民主主要从国家一方来阐述,因而所遵循的主要是国家逻辑;而十七大报告明确加上了社会一方,并且强调了基层民主的社会逻辑的重要性,例如提出了增强"社会自治"功能的主张。⑤

---

① 徐东涛、郎友兴:《地方治理精英与制度创新的关联性分析:以杭州为例》,《浙江社会科学》2012 年 12 期。

② 林尚立:《建构民主——中国的理论、战略与议程》,复旦大学出版社,2012 年,第 4 页。

③ 参见同上,第 19 页。

④ 同上,第 21 页。

⑤ 参见林尚立:《基层民主:国家建构民主的中国实践》,《江苏行政学院学报》2010 年第 4 期。

针对 20 世纪 80 年代以来村民自治、人大改革等方面的民主发展,经济条件论和市民社会论都认为这体现了经济社会条件对民主化的关键作用。但郭台辉认为:"这种民主化道路与其说是西方国家的民主化理论在中国的实践,毋宁说是以选举为核心的民主运作方式在中国农村自发萌生和政府有意再造相结合的产物。"①何增科也认为,实践证明,中国二十多年的选举民主的突破性进展是中央政府、地方政府和民众等多方政治力量之间良性政治互动的结果,是一种共赢的合作政治博弈。②这种理论模式,究其本质,乃在于将"行动论"与"条件论"加以结合,政党和国家作为主要行动者,社会力量作为重要的条件,二者结合创造出具体的民主制度。

(四)经济社会发展论

对于经济社会发展对民主政治的影响,邓小平很早就敏锐地观察到了。他指出:"现在经济体制改革每前进一步,都深深感到政治体制改革的必要性。不改革政治体制,就会阻碍生产力的发展,阻碍四化的成功。""重要的是政治体制不适应经济体制改革的要求,所以不搞政治体制改革就不能保障经济体制改革的成果,不能使经济体制改革继续前进。"③早在 20 世纪 90 年代初期,王沪宁就提出,改革浪潮将大幅度地冲击和改变中国的社会结构,"清醒的人们不能一头扎入经济事务之中,而应冷静地思考,这一社会变动会带来什么样的政治反应和政治要求"④。随着社会结构的变迁,必须形成新的权力结构与之相适应,而这个新的权力结构的目标和

---

① 郭台辉:《中国民主化道路选择问题的变量分析——一个概念图式的解释》,《理论与改革》2005 年第 3 期。

② 参见何增科:《民主化:政治发展的中国道路》,《中共天津市委党校学报》2004 年第 2 期。

③ 邓小平:《建设有中国特色的社会主义》,人民出版社,1987 年,第 138 页。

④ 王沪宁:《社会主义市场经济的政治要求:新权力结构》,《社会科学》1993 年第 2 期。

形态"必然是中国民主化的推进"①。周光辉等也认为,市场化改革培育了中国政治民主化改革所需要的公民社会,提升了中国社会的组织化和制度化水平。②经济社会现代化对政治变迁,特别是对民主发展的重要作用得到很多经典文献的反复证明,落实到对中国民主发展的动力分析也不例外。通过文献研究表明,几乎所有有关中国民主发展机制的文献,不论作者强调哪一种机制的作用更加突出,都会不同程度地提及经济社会变迁的基础性影响。

(五)危机倒逼论

这种理论认为,对于当代中国的各级政府来说,其推动民主发展的具体动机是不同的,但发展和治理过程中所面临的"压力"是其决定推行民主改革的直接动因。"政府创新往往是被各种各样的尖锐矛盾和紧迫问题'逼'出来的,经济增长主导的'政绩'是政府创新的最大影响因素。"③柯丹青(Daniel Kelliher)等人通过研究中国的实例似乎也证明了这一点,他提出,并不是经济发展直接导致民主参与的扩大,而是由于经济改革导致了原有的统治能力和统治合法性的双重危机,使得领导人不得不寻求新的政治构架,以重建合法性、维持统治。"在中国,是成功的农村经济改革,从根本上改变了中共在乡村的统治基础,不得不改变原先的统治方法,从而被动地导致了民主化发展。"④郑永年与吴国光认为,中国要在国家层面实

---

① 王沪宁:《社会主义市场经济的政治要求:新权力结构》,《社会科学》1993 年第 2 期。

② 参见周光辉、殷冬水:《政治民主化:当代中国的实践和经验——改革开放三十年中国民主化的进展、影响及经验》,《天津社会科学》2010 年第 1 期。

③ 周红云:《使农村民主运转起来——湖北广水"两票制"案例分析》,载俞可平主编:《地方政府创新与善治:案例研究》,社会科学文献出版社,2003 年。

④ Daniel Kelliher,"The Chinese Debate Over Village Self-Government",*The China Journal*,No.37,January 1997.

现直接民主难度很大,但"地域民主"的发展有助于解决政治转型过程中,扩大参与和提高政府效率之间的矛盾问题。地方民主的发展,可以找到一条在民主发展过程中解决参与和制度化之间矛盾的方法。①何显明认为,浙江创新实践是内生于区域市场秩序扩展进程之中的制度变迁过程,不是中央或地方政府游离于市场化进程,单纯基于构建理想化的政府管理体系设计出来的分步骤实施的行政体制改革内容,而是应对市场化进程带来的地方治理挑战过程中,在政府管理各个环节进行的"适应性调整"②。

(六)提升合法性与改善治理绩效论

这种观点认为,当代中国民主发展的主体推动力量毫无疑问是中央和地方政府,但中国政府并非被动应对危机而改革,而是为了主动追求合法性的提升与治理绩效的改善而改革。蔡禾认为,威权体制的"体系特征合法性"不足导致对"体系作为合法性"的高要求,但是威权体系内在的治理有效性困境,导致它难以实现常规化治理的有效性,只能依靠非常规化治理目标的开拓和有效治理来累积"体系作为合法性"。③徐湘林认为,这种由中央主导和推动的政治改革是中国领导人为保证执政合法性的理性选择。④燕继荣也认为,国家用基层民主试验来启动民主化的步骤,舒缓来自社会底层的压力,巩固合法性基础,弥补民主回应机制不足等问题。⑤

还有人从治理与善治角度解释民主发展的功能与目的。何显明提出,地方政府创新实践的广泛兴起,是在坚持基本制度不变的情况下实施的

① 参见郑永年、吴国光:《论中央–地方关系:中国制度转型中的一个轴心问题》,美国《当代中国研究》1994 年第 6 期。
② 何显明:《治理民主:中国民主成长的可能方式》,中国社会科学出版社,2014 年,第 204 页。
③ 参见蔡禾:《国家治理的有效性与合法性》,《开放时代》2012 年第 2 期。
④ 参见徐湘林:《以政治稳定为基础的中国渐进政治改革》,《战略与管理》2000 年第 5 期。
⑤ 参见燕继荣:《"中国式民主"的理论构建》,《经济社会体制比较》2010 年第 3 期。

可控性治理创新,是地方政府在传统治理模式面临严峻挑战的背景下,力图通过调整政府角色定位、创新政府管理模式,增强公共管理的民主参与机制,把各种新生的体制外资源纳入国家治理体系。[1]杨大力认为,中国的市场转型对治理政治起了很大的作用,多数国家的领导人很少能够以大规模的方式重新塑造其治理结构,而中国的领导者却可以执行并推动相关改革。通过改革,增加了大众参与,缓解了国家与社会关系的紧张。[2]赵光勇认为,开放式决策发生于国家现代化过程寻找"新的治理模式"的要求。[3]

三、小结

关于当代中国民主发展实践和理论的研究,大体上已经走过了理论引介和概念生成阶段,目前正在进入一个以机制解释为主的新阶段。此前的各类研究,为后来者奠定了良好的基础,但机制的提炼和生成有待深化,科学化水平有待进一步提高。西方学者的特点在于,善于创造新的概念,但未必充分把握了中国的经验事实,从而显得一知半解或似是而非。中国的理论阐释有的则过于抽象,未能很好地同具体的民主实践相结合;有的虽深入实践,但理论高度又显不足;还有一些论者更是满足于简单地借用西方现有的理论资源如"参与民主""治理民主"等概念,对中国民主形态做庸俗化的解释,以至于不仅无法很好地生成理论,甚至无法说明一些基本事实。因此,我们必须避免对中国民主发展进行简单的"命名运动",

---

[1]　参见何显明:《治理民主:中国民主成长的可能方式》,中国社会科学出版社,2014年,第13页。

[2]　See Dali Yang, *Remakiing the Chinese Leviathan: Maket Transition and the Politics of Governance in China*, Stanford University Press, 2004, pp.295–296.

[3]　参见赵光勇:《治理转型、政府创新与参与式治理——基于杭州个案的研究》,浙江大学博士论文,2010年。

应深入到中国民主发展的历史逻辑和具体实践当中去，阐释和生发其独特的内在机理。当然，无论如何，已有的研究为后来者奠定了重要的基础，提供了重要的思路。

第三节　分析框架与研究进路

一、现有的分析框架及其局限

在方法论上，有关民主发展因果机制的分析路径可以概括为"结构中心论"（Structure-Centered Approach）和"行动中心论"（Agent-Centered Approach）两种。①前者强调民主化的发生与发展受到某些"结构"（structure）的制约，必然具有某些前提和条件，比如经济发展水平、文化模式、阶级结构等；后者则认为，民主化并非某种条件的必然结果，而主要是由"政治行动者"（agents）之间的互动博弈结果所决定。

现有的文献，如果不是对这两种分析框架的应用，就是对它们的反驳。结构中心论的理论依据在于，将民主发展的机制还原到某种结构之中，这种结构可能是经济结构、文化结构、阶级结构、地缘政治结构等，不一而足，其中又以经济结构论影响最为深远。而行动中心论的根本特点在于，假设政治上层建筑具有某种独立性，其变迁和发展机制应该通过分析具体的政治行动去寻找。这种取向产生了阶级斗争理论、精英行动论、国

① See Saxonberg Steven and Janos Linde, 2003, *Beyond the Transitology-Area Studies Debate*, *Problems of Postcommunism* 50(3):4.

家自主性理论、地方政府创新论等理论形态。

当然，绝对强调某一种分析框架的研究是极少的，那样会陷入某种"决定论"。大部分研究都主张二者共同发生作用，只不过作用权重有别。研究者的研究取向和资料来源也让他们不得不有所偏重。既然如此，既有的分析框架又有何不足呢？我们认为，它们最大的不足在于两方面：一是各种理论都遏制不住将自身"普遍化"倾向，喜欢将局部经验上升为普遍规律；二是在应用这些理论的时候，未能将"本体"和"方法"区别开来，造成理论的僵化。

对于前者，比如有人在 A 地观察到经济条件对民主发展的"决定性"影响，且他清晰地阐释了这种影响的机制，于是他本人或其他人就误以为 B 地、C 地都受这一规律的影响。而实际上，经济条件影响民主发展只是有关民主发展的许多机制中的一种，在 A 地有效，在 B 地未必有效；在 A 时有效，在 B 时未必有效。对于后者，所谓"本体"乃是各个政治体自身的经验事实，这是高度个体化的；所谓"方法"则是一套抽象的概念名称、技术手段和推理规则，这是高度普遍化的。比如"民主"就是普遍化的抽象概念名称，它对应不同的政治实体，会有不同的内涵。所以应用同一套概念在不同的政治体之间进行比较时，往往会出现孔子所说的"吾党之直者异于是"[①]的情况。因此，我们在应用抽象的概念和方法时，有必要将概念背后的具体内涵交代清楚，不能笼而统之地加以指称。很多情况下，分析的失败，原因往往不在于方法本身有错误，而在于使用不当。

我们的分析就尽量避免以上两点。一方面同既有理论对话，应用现有的理论成果；另一方面避免机械应用，而是回到中国的经验事实中去提炼新的概念或限定现有概念，在中国经验事实的基础上应用现有的社会科

---

① 《论语·子路》。

学研究成果。

二、我们的分析框架：“能动–结构”分析

我们的分析框架吸收“结构论”和“行动论”的某些特点，结合中国民主发展的具体历史进程和经验事实，提出“动力–边界”或“能动–结构”分析框架。

实践证明，中国的民主发展虽然在某些情况下能够看到经济社会结构的影响，但不适宜单纯用结构论进行分析。因为中国的现代化，并非“自下而上”的发生，并不体现为经济社会变迁改造政治体制的逻辑；而是“自上而下”的塑造，先成立革命性政党，整合经济社会资源，通过革命与战争的方式建立国家，走的是一条“政党建国”“革命建国”的道路。①政党掌握国家机器之后，再培养和发育社会。当代中国并不符合西方社会科学理论经典的“国家–社会”分离的假设，中国社会对国家的依存度、关联度很高。我们甚至可以说，中国的经验事实和“结构论”所依存的经验事实恰好相反，如果说中国也存在某种形式的结构论，那也是“政治上层建筑型塑经济社会形态”的“反结构论”。

那么中国的民主发展动力机制是否适宜于用某种形式的“行动中心主义”来分析呢？答案毫无疑问是肯定的。第一，政治上层建筑的行动者具有多样性。新中国成立前，就有代表不同阶级、群体、地域的政治团体和政治组织提出不同的政治主张，诉诸不同的政治行动。新中国成立后，中国共产党取得政权，我国虽然没有实行多党制，但党内并非没有政治派别（研究表明，社会力量可以利用上层精英的分裂和斗争取得民主发展）。第

---

① 陈明明教授将中国的现代化道路总结为“革命式现代化”。参见陈明明：《在革命与现代化之间——关于党治国家的一个观察与讨论》，复旦大学出版社，2015 年，第 40 页。

二,不同的国家机构之间存在部门利益区分,从而创造博弈空间。第三,中央和地方之间的互动、博弈由来已久,地方对于中央政策并非完全遵照执行,而有可能通过抵制、变通、转化、嵌入等多种方式加以改变;地方也会以各种方式向中央提出诉求。第四,"政治上层建筑型塑经济社会形态"的过程,正是国家培养"异己"的力量——社会——的过程,这个过程会不断塑造新的社会行动者。

现代化过程中成长起来的社会力量虽然在能力和意愿两方面都未必将政治上层建筑作为对手和假想敌[①],但它也必然具有某种程度的自主性,以及自身的政治要求,并作为一方政治行动者参与到政治互动中来。所以当代中国政治场域,至少包括了中央、地方、社会三方面的行动者。虽然这三方行动者都并非铁板一块,而是可以进行进一步细分,但由于中国强调政治统一和政治团结[②],党内派系间、不同地区间的分歧虽然真实存在,但最终会以某种"统一"的形式表现出来。所以我们在进行宏观分析时,可以在技术上将各类政治行动者处理为中央、地方和社会三个层面。

然而应用"行动中心主义"分析当代中国的民主实践,并不意味着行动者就是专断主义的或随心所欲的。行动者依然受到某种结构的制约。这

[①] 现有的关于当代中国人的政治信任、政治认同和政治抗争研究表明,普通中国人对于中央政府认同度和信任度都非常高,政治抗争通常为利益诉求而非政治诉求。比如,李连江的研究表明,中国公众对中央政府的信任度"很高"和"比较高"总占比高达80%以上。See Lianjiang Li, "Political Trust and Petitioning in the Chinese Countryside", *Comparative Politics*, Vol.40, No.2(January 2008), pp.209-226.肖莉的调查表明,新兴的私营企业主阶层拥护党的领导和改革开放的政策,愿意跟党走,最大的政治愿望是政治和政策的稳定。参见肖莉:《关于非公有制经济代表人士政治要求的调查与思考》,《广东社会科学》1996年第3期。陈峰的抗争政治研究表明,中国的大众抗争仅仅是为了争取特定的权益,而非争取更广泛的政治与公民权利,这种无组织的抗争可能并不会对政治秩序构成威胁。See Chen, F., & Kang, Y.(2016).Disorganized Popular Contention and Local Institutional Building in China:a case study in Guangdong. *Journal of Contemporary China*, 1-17.

[②] 中国共产党的领地原则强调"个人服从组织,地方服从中央",针对争议性问题,最终会有一锤定音的权威性结论。比如1981年的《关于建国以来党的若干重大历史问题的决议》。

种结构本身也是非常复杂的，它至少包括"权力结构"和"文本结构"两个维度。权力结构体现为党政关系、层级关系、部门关系等诸多层面，权力结构的最高原则是"党的领导"。一旦某一个民主政治行动触碰到"党的领导"的政治结构，也就意味着它遇到了"边界"。文本结构（contexts）则包括意识形态文本、制度文本（即法律文本）和政策文本三个层面。文本结构是行动者的行动背景和依据。虽然文本结构具有比权力结构更大的弹性，其本身也是由行动者书写的，从而是可以调适的，但在一定的范围内，文本结构同样构成行动者的"边界"。

第一，国家行动者受到"意识形态文本"的制约。最基本的"意识形态文本"即中国共产党所承诺的"人民民主"和"为人民服务"，这是最大的民心政治，违反政治承诺就会失去民心，失去民心就会失去合法性，从而失去执政正当性。第二，国家行动者还受到"制度文本"即"法律文本"的制约，在依法治国的情况下，制度文本的制约能力越来越强。第三，对于地方政府而言，除意识形态文本和制度文本之外，还受到"政策文本"的制约。出于理性选择的考虑，政策文本甚至通常是地方政府最主要的考虑因素。[①]第四，由于经济社会条件的变化，社会行动者加入到政治互动中来，实际上经济社会条件也成为某种"结构性"因素，从而对国家行动者构成某种制约。也就是说，政治上层行动者并非"独自起舞"，而是不得不考虑"舞池"的大小和"舞伴"的步伐。即使国家行动者具有极大的自主性，但实际上仍然受到各种内外结构的制约。社会行动者更加不是随心所欲的，虽然意识形态文本、非正式制度文本和政策文本也会对社会行动者产生一定程度的影响，但其受到的最基本制约乃是"法律文本"和社会资源的制约。也就是说，法律依据和社会资源是社会行动者参加政治互动的可以凭借

---

① 地方政府行为逻辑中"等政策""跟政策走"的情况普遍存在，有的情况下，地方政府为了遵守政策文本甚至不惜违反制度文本。

的最重要力量。

综上,我们将此分析方法命名为"能动-结构"分析(Analysis of Agents-Structure)。其基本假设是:①中央、地方和社会行动者是当代中国民主发展的主要"能动者"(Agents);②三者在权力结构和文本结构中展开"互动"(Interact);③这一互动构成当代中国民主发展的基本动力机制;④权力结构和文本结构构成三者互动的行为"边界"(Boundary);⑤中央、地方与社会行动者各自的根本动机分别是合法性、绩效和利益。我们的基本结论是:行动者的互动过程和方式决定了一个民主实践的发展过程;合法性、绩效和利益的分离与聚合程度决定了它的结果。

三、研究进路

我们的基本前提是:一是要了解作为制度和方法的民主政治在中国的实际运行和发展状况,必须通过中国自身的民主实践而非民主理论去进行总结和归纳;二是中国民主政治发展的方向、逻辑、路径与机制,无法直接从民主理论中找到现成的答案,而必须从中国自身的民主实践中总结出来;三是通过分析中国民主发展的具体案例,可以找到中国民主发展的具体机制。在此基础上,我们通过如下环节来开展具体研究:

第一,明确理论基础和历史背景。要探究当代中国民主发展的理论机制,首先需要"清理地基",否则就会陷入纷繁复杂的概念窠臼和意识形态争议的泥淖。这一"地基"有两个根本问题需要解决:一是民主的定义,二是当代中国民主发展的历史逻辑起点。我们跳出种种民主概念,特别是避免陷入民主"命名运动",而直接回到民主的本质,寻找民主的共相。上文已经提出,身份解放与机制建设是民主的两大支柱。这两方面的发展就构成民主的发展,因此我们将二者作为分析当代中国民主发展的关键变量。

在此基础上,我们理清当代中国民主发展的方向、逻辑、路径与机制,以确定其历史起点和基本过程。

第二,给出基本概念和理论模型。我们要运用一系列概念和分析工具,建构有关当代中国民主发展机制的理论模型。我们用到的概念包括但不限于:政治文本、政治能动者、政治中介、合法性与政治承诺、绩效、利益等,我们的基本分析框架是"能动-结构"分析,通过清晰界定互动的主体,及各主体的行动凭据、技能和目的,构建起整个分析框架。在此基础上,提出了我们的核心理论即"互动-聚合"理论:首先,当代中国民主发展的过程,体现为中央、地方和社会三方的互动,政治中介在其中也发挥了重要作用;其次,当代中国民主发展的结果,取决于合法性、绩效、利益的分离与聚合情况。

第三,进行案例回归。上述基本概念的提炼和理论模型的建构源于中国的经验事实,接下来我们需要再一次回到经验事实,对理论模型加以验证。案例回归不可能是面面俱到的,但一定是有代表性的。我们选择"乡镇领导干部选举改革""区县人大代表自主参选""民主恳谈和参与式预算"三方面的案例进行回归验证,通过历史过程追踪分析和比较案例分析,解释其发展路径和因果机制。这三类案例虽然不能囊括当代中国的民主实践,却可以说代表了当代中国民主实践中最为典型的类别。其中,一类是领导干部选举,一类是人大代表选举,一类是民主决策和民主参与。而且在每一个类别中,我们都会选择不同历史时期、不同地域和行政层级、不同实践形式的具体案例,以达到相互印证的目的。

第四节 主要观点与基本结论

我们的主要观点和基本假设如下：

（1）民主发展是当代中国走向政治现代化的基本表现形式之一，是近代以来中华民族的基本追求，是中国现代国家建设的一条主线，是中国共产党的基本政治承诺。因此，国家发展、社会运动和党的执政建国都受到这一基本趋势的规定。

（2）民主的共相是"身份解放"和"机制建设"，前者是指普遍无差别的公民身份的扩大，后者则是指落实公民权的具体民主制度的建立和完善。二者是分析民主发展的关键变量。各国身份解放和机制建设的形式和先后顺序决定着其民主发展的基本样式。

（3）1911—1949 年，是"革命建国"过程，民主发展以身份解放为核心，尚未明确涉及机制建设。1949—1966 年，是身份解放和机制建设并重时期，通过土改、反右、社会主义改造等方式继续进行身份解放；通过建立各级国家机关，出台 1954 年宪法，建立人民代表大会制度、中国共产党领导的多党合作与政治协商制度、民族区域自治制度等基本民主制度，完成初步的机制建设。1966—1976 年，通过"文化大革命"继续进行身份解放，民主机制建设遭到荒废，"大民主"最终造成大动乱。改革开放以来，民主发展重心从身份解放回到机制建设，地方的民主实践就是在这个历史背景下展开的。所以 1978 年以来的民主发展主要表现为民主机制建设。

（4）1978 年以来的民主发展，主要表现为公民参与机制的不断创造和完善，从而落实身份解放的成果。民主发展的基本形式表现为"能动–结构"中的"互动"与"聚合"机制。

（5）中央、地方和社会是民主发展的主要能动者，三者在民主实践中的最大关切（the most concerns）分别为合法性、绩效和利益。

（6）中央、地方、社会行动者的隐藏动机是"进取型民主观"①。

（7）权力结构和文本结构构成行动者开展民主政治行动的背景、依据和边界。权力结构包括党政关系、层级关系、部门关系等层面，文本结构包括意识形态文本、政策文本和法律文本等层面。

（8）行动者的互动决定着一个民主实践的发展过程；合法性、绩效和利益的聚合与分离情况决定着一个民主实践的发展结果，三者高度聚合的民主实践走向成功。

（9）政治中介（学者、媒体、社会组织等）通过咨询、沟通、阐释等方式对民主发展起到重要作用。

（10）当代中国民主发展的基本方向是人民主权不断落实；基本逻辑是从身份解放为重心转变为以机制建设为重心；基本路径是民主机制的创造、嵌入、转化或扩散；基本机制是中央、地方、社会三方互动，达成利益—绩效—合法性的聚合。

身份解放和民主机制建设是推动并实现民主发展的两大基本动力，也是民主发展的基本表现形式。身份解放是指政治体的所有成员获得普遍而无差别的公民身份，在法律上享有平等的政治权利和参与政治机构和政治进程的机会，政治体不存在因身份差别而产生的制度性的政治排斥。民主机制则是落实上述身份解放内容的具体政治安排。我们从"参与"

---

① 我们认为，中国人普遍分享（sharing）的是一种"进取型民主观"，中国人参加民主活动主要不是为了民主权利本身，而是希望通过民主获得利益。如果参加民主活动没有实际获得，中国人很难对单纯的民主权利产生热情。而欧美社会则普遍分享一种"权利型民主观"，主要是希望通过民主创造和保护权利，即使民主活动不能带来直接收益，他们还是十分珍惜民主权利，将民主权利视作对国家权利的"防御性武器"，愿意为了民主权利本身而进行政治斗争，因而也可以说他们秉持的是一种"防御型民主观"。

的角度来定义民主机制,即"民主机制就是创造和实现参与的机制",在身份解放的前提下,参与的形式越多、程度越深则民主程度越高,反之亦然。在中国,民主参与机制具体表现为"选举、决策、表达、监督、介入"五个方面。

任何国家的民主发展,无不体现为身份解放的持续深化,以及与此相适应的民主机制的完善。在一定程度上,身份解放和民主机制之间的关系类似于内容和形式的关系。没有民主机制的身份解放由于缺乏形式而无法落实,没有身份解放的民主机制则由于缺乏内容而显得空洞。真实有效的民主,应该是身份解放和民主机制的高度结合。

人类社会的历史可以普遍观察到的政治现象是"民主的发展",即政治发展朝向身份更加平等和民主机制更加开放,但各个国家民主发展的道路并不一致:身份解放的方式和顺序不一致,民主机制的形式和形成方式不一致,身份解放和民主机制的先后顺序及组合情况不一致,等等。这一点通过比较英国、法国和中国的民主发展历程可以证明。借用蒂利的比喻——"民主就像一个湖泊"[①]。不同政治体的"民主之湖"虽然共享湖泊的某些共性,但又有着各自不同的形成方式,有的是溪流汇聚而成,有的是山体崩塌堰塞而成,有的是冰川融化而成,不一而足。

当代中国的民主发展最早可以推及 1840 年,总体而言经历了一个从身份解放到机制建设的过程。1840 年到 1949 年大体是通过革命和战争进行身份解放的历史,随着毛泽东宣告:"中国人民从此站立起来了",原先不具有公民身份、被排斥于政治机制和政治过程之外的底层群众获得解放,全体中国人除极少数"阶级敌人"外均在法律上获得了普遍化的公民身份,都有了参与政治的资格。1949 年到 1966 年是探索民主机制建设的

---

① ［美］查尔斯·蒂利:《欧洲的民主与抗争(1650—2000)》,陈周旺等译,上海世纪出版集团,2012 年,第 35 页。

第一阶段，城市居民通过单位、农村居民通过公社参与公共生活；1954年普及全民选举，通过宪法，建立人民代表大会制度等核心民主机制。然而由于这一阶段依然奉行"继续革命论"，机制建设并未成为民主发展的核心。"文革"期间，再度强调身份解放，践行"大鸣大放大字报"的直接民主，机制建设遭到荒废，留下了惨痛的教训。1978年以来，民主发展真正进入以机制建设为核心的阶段，除了创制基层群众自治制度之外，还涌现大量中微观层面的民主实践。我们考察的主要对象，就是在这一阶段兴起的诸多民主实践。上述背景是理解当代中国民主发展的基本逻辑和历史前提，也因此中国的民主发展构成了和西方经典的"民主化理论"及"民主转型理论"极为不同的叙事和认知方式。

"机制建设"是这一阶段民主发展的核心议题，它有自身鲜明的特点。第一，中国政治中不存在一个反动阶级或反动政权垄断政治权力，实际上所有中国公民都有通往政治权力的机会。第二，它有基本国家制度和政治力量为依托，具备提供基本政治秩序的能力。第三，这一阶段民主发展的最大问题在于，身份解放和民主机制之间不匹配，较为有限的民主机制无法满足较为充分的身份解放所带来的参与需求的增加。

具体而言，当代中国民主发展的表现形式是政治参与的扩大和提高，实现方式则是政治能动者通过在政治结构中进行互动（interaction），以实现对权力结构与文本结构的利用与改造，并落实身份解放运动所创造的民主政治权利。但是对权力结构和文本结构的改造，依然需要遵守某些"刚性约束"，而并不表现为对原有结构的抛弃或颠覆。

在控制其他因素的情况下，对合法性、绩效和利益的考量会最终决定三方政治能动者对某一民主实践的判断和态度。出于各自基本动机，三方行动者可能会推动、引导或阻碍某一民主实践，这些行动就表现为每一个民主实践的形成与发展过程中三方的互动。在三方的互动过程中，政治中介（political intermediator）发挥了关键的作用，但政治中介不构成一个独立的政治能动者，而必须依托于上述三个政治能动者发挥作用。合法性、绩效和利益的高度聚合会导致民主实践的制度化和实效化，高度分离则导致民主实践的中断，其聚合和分离的程度和方式最终决定了民主实践的结果。

第二章 范式转变:从民主转型到民主发展

　　任何以"民主"为主题的研究,首先都必须处理民主的定义问题。如果没有对民主定义的共识作为大前提, 那么这样的批评就必然伴随它的始终:"你所论述的民主,在我看来根本就不是民主。"然而不幸的是,民主这个通行于世的"货币"却是没有本位的[①],就像任何国家都可以发行自己的货币,任何国家也都争相将自己的政体名之为"民主"。而且由于民主业已成为一种"时代的精神"[②],变成了一个"普泛的理想概念"[③],以至于这个名词现在"几乎被一切爱憎的、道德的,或文学的,甚至宗教的联想所掩盖了。"[④]这就使民主几乎成了一个"万花筒",而不可能达成一个公认的民主定义。

　　但世人对此偏不肯罢休,为了让自己的民主定义能够获得公认,又去

---

　　① 萨托利说:"在过去的几十年里,我们已逐渐失去了民主的主流理论。"参见[美]乔万尼·萨托利:《民主新论》,阎克文、冯克利译,上海人民出版社,2009 年,第 16 页。

　　② [美]拉里·戴蒙德:《民主的精神》,张大军译,群言出版社,2013 年,第 5 页。

　　③ [德]卡尔·施米特:《宪法学说》,刘锋译,上海人民出版社,2005 年,第 241 页。

　　④ [英]詹姆斯·布赖斯:《现代民治政体》(上册),张慰慈等译,吉林人民出版社,2001 年,原序第 1 页。

生出许多新的概念或标准,像古典民主、直接民主、代议制民主、自由民主、多头民主、宪政民主、经济民主、参与式民主、协商民主,诸如此类。可以说,民主观念的发展史简直就成了一场争夺民主"冠名权"的思想史。①要知道,在"民主"身上每加诸一个形容词,既增加了民主理论的限定维度,从而使概念与事实之间的对应关系更加贴切;但也增加了对事实的排斥,从而使得事实竟受到概念的剪裁。人们争相将每一种他们所认为是民主的政治形式命名为"民主",同时将不同于自己理念类型的政体斥为"非民主",这就导致有多少种政治形式,就有多少种民主的定义。

有人认识到了这种"命名运动"的荒谬之处,于是他们不再增加新的民主概念,只是试图将纷繁复杂的原有概念加以分类概括。比如,他们提出,以时间先后为标准,可将西方民主理论区分为:以直接参与为特征的"古典民主理论"、以代议制为典型特征的"现代民主理论"和以参与协商为特征的"后现代民主理论";以民主方法为标准,可分为强调公民直接管理公共事务的"直接民主观"、强调选举代议士的"自由主义民主观"和强调参与的"共和主义民主观"。②分类便于人们对目标范畴有更清晰的认识,因而也不失为一种理论贡献。但此类研究,毕竟仅仅停留于理念的表层,既无法推进理念本身的进步,也无法研究实际的民主政治运动。

我们想知道的是,在各式各样的理论概括和实践形态背后,"民主"是否有某种一以贯之的核心特征呢?换言之,如果去掉加诸民主身上的种种修饰词汇(如自由、代议制、参与式,等等),"民主"本身是否还有所指?如果我们想要探究民主本身的运动,而不仅仅是规定它的一个概念类型,那

---

① 参见[美]罗伯特·达尔:《民主及其批评者》(上),曹海军、佟德志译,吉林人民出版社,2011年,第16页。

② 关于这方面的区分,参见胡伟:《民主反对参与:现代民主理论的张力与逻辑》,《天津社会科学》2015年第1期;胡伟:《聚合主流民意是中国民主的重大课题》,《探索与争鸣》2014年第12期。

么我们就必须超越目前的研究范式。①故而我们想做的,既不是增加一个民主的新概念,也不是提出一条对现有民主概念进行分类的新标准,我们恰恰是想绕过这些概念和分类,直接抵达民主本身,去看看古往今来人们所说的"民主"究竟有没有一些共相。如果经过研究,我们恰巧发现了民主政治的某些共相,接下来我们要做的也并不是对它们加以抽象,使之成为新的概念,而是以这些共相为基础,去辨识、剖析那些具体的民主政治活动,看看作为我们研究对象的政治体在"民主共相"方面所发生的实际变化,如果有可能,我们还要进一步研究这些变化的机制和规律。

所以我们必须透过形形色色的民主概念和实践,致力于寻找"民主的共相"。那么民主究竟有没有共相呢? 先验地回答这个问题总不免引发争议,"有"还是"没有"若非经过一番探究,我们是不好轻易下结论的。要探究民主有无共相,就方法而言,无非两端:一端以事实发源,通过考察古今中外的人类民主政治经验,看看能否发现"最大公约数";另一端则以理论肇始,分析古往今来学者们对民主所做的种种研究,看看他们的定义背后是否共有所指。无论哪一种研究方式,想要穷尽资料都是不可能的。

但为了研究能够继续,我们不得不对数据的不足做一些妥协。考虑到民主的政治经验,多为语言文字不同的域外经验,不仅数量上烟波浩渺,且大多已湮没于历史之中,任何研究者都定是不能搜罗穷尽的。而民主的理论文献虽也汗牛充栋,但毕竟有迹可循。为此,我们不妨采取一个可操作的方法,以便研究得以继续。

首先,我们以有关民主理论的经典文献为纲要,以其他民主文献为辅佐,试图寻找文献中的民主共相。然后,我们选取少量政治体的民主经验

---

① 现在的主流民主研究,确实早已进入比较研究的实证阶段,研究者不再着力于对民主的定义和类型探寻,而是研究民主的机制、条件、质量或绩效。但是这类研究也往往限定了一个定义或类型为前提,故而只能研究符合这一定义和类型的政治体。

事实,对理论归约加以验证阐释。如此,虽不能保证结论尽善尽美,但亦不失为可接受的"科学研究"①。

第一节 民主共相:身份解放与机制建设

概念层面的民主研究,有两种技术进路:哲学的和经验的。前者从规范角度定义民主,研究民主模式,划定民主特征;后者则从经验角度对之进行归纳提炼。

一、哲学上的演绎

何为民主的经典文献?人们可能还是要争论不休。不过,就对民主的理论研究而言,柏拉图的政体分类思想当数源头。亚里士多德继承并发扬了柏拉图的政体分类思想,但是亚里士多德对民主的态度同其老师截然不同,可谓在民主理论方面"另辟山头"。亚里士多德的民主理论对后世影响极为深远,称得上一派宗师。因之,古典民主理论,我们就以柏拉图和亚里士多德学说为代表。近代人物,我们则选择洛克和卢梭,前者被认为是自由主义民主理论的鼻祖,后者则被当作人民民主理论的源头。至于现代人物,我们选择哈贝马斯,因为他为当代民主理论②提供了论证。

---

① [美]加里·金、罗伯特·基欧汉、悉尼·维巴:《社会科学中的研究设计》,陈硕译,格致出版社、上海人民出版社,2014 年,第 23 页。

② 20 世纪中叶以来,以协商民主理论、参与式民主理论、包容性民主理论等为代表的当代民主理论崛起。

(一)纯粹的精英主义VS.平民的宪政主义

柏拉图主张"哲学王"的统治模式。所以他对民主政治是持反对态度的。在柏拉图看来，民主制是党争的结果。如果贫民在党争中得胜，消灭政敌，"其余的公民都有同等的公民权及做官的机会——官职通常抽签决定"，这样的政体就是民主政体。柏拉图认为，民主制"看来是一种使人乐意的无政府状态的花哨的管理形式。在这种制度下不加区别地把一种平等给予一切人，不管他们是不是平等者"①。可见，柏拉图所反对的民主制产生于党派竞争之中，但在公民之间是高度平等的，公共职位高度开放。而他所赞同的"哲学王"统治正好与此相反，哲学王的国家由"金银铜铁"四类人组成，国家职位根据社会阶层和人的材质进行分配。统治者是才德具备的金质的"监护者"；护卫者是勇敢的银质的将士；铜铁质的则是从事生产劳动的农人和匠人。②当然，城邦中还有大量奴隶，但奴隶是没有公民权的，和生产工具及畜类差不多。"监护者"是治国方面的"专家"，专事治人。"监护者"既然德才兼备，深谙治国之道，所以必然是不需要任何法律一类制约措施和政党一类政治中介机制的。综上，柏拉图所推崇的政体，是既反对平等，又反对法制和政治中介机制的"纯粹的精英主义"，从而是彻底反民主的。③

亚里士多德则认为："'平民政体'一词的确应该是自由而贫穷——同时又为多数——的人们所控制的政体。"④故而亚里士多德的平民政体有

---

① [古希腊]柏拉图：《理想国》，郭斌和、张竹明译，商务印书馆，1986年，第333~343页。本节后文所引苏格拉底对民主的评价，均出自《理想国》第334~336页。
② 参见[古希腊]柏拉图：《理想国》，郭斌和、张竹明译，商务印书馆，1986年，第126~131页。
③ 实际上，柏拉图对民主制进行了极尽所能的负面甚至是恶毒的评价。参见《理想国》，第327~345页。
④ [古希腊]亚里士多德：《政治学》，吴寿彭译，商务印书馆，1965年，第187~188页。

三重标准:人数、权利和阶级。平民政体首先必须是多数人掌权的政体,但这多数人有两项资格要求。一是权利要求,这意味着享有统治权者需具有公民资格,这是针对当时希腊世界广泛存在的奴隶制而言的,奴隶人数虽多,但由于没有公民资格故而无法掌权;二是阶级要求,这意味着只有公民中的穷人阶级真正能够掌权的政体才能称为平民政体,一个政体即便掌权的富人人数多于无权的穷人,也算不得平民政体。所以符合这三条标准的政体,实际上就是公民身份高度包容的政体,即原本没有掌权资格的贫穷公民也能够掌权。

当然,由于那个时代奴隶制被视为正当,所以奴隶并不在政治包容之列。亚里士多德认为,平民政体是共和政体退化的结果,是最可接受的"变态政体",而符合法律的平民政体,则是人类实际上"比较可取的制度"①。亚里士多德与柏拉图的最重要区别,还不在于前者论证了下层阶级——平民——同样适合于统治。②更重要的是,亚里士多德首先提出以制度异同作为区分政体的标准,③从而颠覆了柏拉图完全以"人"作为政体分类和判断标准的观念。

将政体类型和优劣之衡量标准落实到制度,一方面给平民执政提供了正当性证明,④另一方面则为下一步的"宪政"构建提供了前提。亚里士多德认为,公民和奴隶之间的主奴关系并不是一个"政治"问题,真正的政

① [古希腊]亚里士多德:《政治学》,吴寿彭译,商务印书馆,1965年,第146页。
② 参见同上,第167页。
③ 亚里士多德说:"决定城邦同异的,主要地应当是政制的同异",同上,第122页。
④ 因为柏拉图以人的材质作为政体优劣的判断标准,最优的人担任统治者的政体才是最佳政体。这就排除了平民政体成为最佳政体的可能。而亚里士多德提出,政体最佳与否的判断标准不在于"才德"这样的主观标准,而在于"制度"这样的客观标准。经此一转换,平民当政的民主政体才有了成为最佳政体的可能,也才有了宪政主义的源头,以及后世熊彼特提出的民主的程序性标准。对于这一转变,我们不得不查。

治问题仅仅涉及"自由人对自由人之间的统治"①。在亚里士多德看来，当统治者和被统治者同为公民，他们之间的治理体系就是宪政。因之，最关键的政治问题也就变成了公职在公民之间的分配问题，"公职分配方式有多少种，政体也就有多少种"②。综上，亚里士多德对柏拉图的改造，最重要的有三点：一是将执政资格从极少数"上等人"扩及大多数"平民"；二是将政体判断标准从主观性的"才德"引向客观性的"制度"；三是将柏拉图所关注的"知识""美德"问题，转变为公共职务的"分配"问题。经此一变，柏拉图根本不提的政治"机制"问题成为政治的中心问题。后世民主研究所强调的"客观化""程序化"，同亚里士多德所强调的政体机制，在思路上是一脉相承的。所以在亚里士多德那里，政治的根本问题有两个：一是公民身份，即谁有资格执政；二是宪政机制，即公共职务如何分配，治理如何进行。在公民身份上强调"平民执政"，在方法上强调制度性的"依宪执政"，可见，亚里士多德所主张的乃是一种"平民的宪政主义"。当然，亚氏依然没有取消人在资质方面的"等差"③，从而算不得平等主义，而依然是等级主义的。

（二）直接的人民主权VS.宪政的人民主权

卢梭认为，根据主导政府的人数差异，可以将政体分为君主制、贵族制和民主制。主权者将政府"委之于全体人民或者绝大部分的人民，从而使作行政官的公民多于个别的单纯的公民"④，这种政府形式就是民主制。卢梭认为，民主制将行政权与立法权结合在一起，避免了权力机构对"主

① ［古希腊］亚里士多德：《政治学》，吴寿彭译，商务印书馆，1965年，第127页。
② 同上，第185页。
③ 比如，亚里士多德认为："最优良的政体是不把工匠当做公民的。"同上，第130页。
④ ［法］卢梭：《社会契约论》，何兆武译，商务印书馆，2003年，第81页。

权者"的异化,因而是最好的体制。所谓行政权就是政府之权,立法权就是主权者之权。在民主体制下,主权者是全体人民,政府也由全体人民或大部分人民组成,如此则实现了"人民—主权者—政府"的三位一体。也因此,民主制是不需要中间环节的,人民自己为自己立法,完全由人民自己管理自己的事务。

不过,由于民主制的成功需要十分苛刻的条件,比如很小的国家,人民易于聚集且公民很容易认识其他所有公民;淳朴的风尚,以至于社会没有繁难事务和棘手争议;地位和财产的高度平等;没有奢侈。①卢梭清醒地认识到,理想的民主的条件如此苛刻,以至于"真正的民主制从来就不曾有过,而且永远也不会有",这种十全十美的政府是不适于人类的。

实践中的政体总是混合制的,区别只是在于是多数依附于少数,还是少数依附于多数,后者就是民主制多一点的政府。因此,现实中比较接近民主制的政体,应该是主权者将政府授予多数人,多数人再选择合适的代理者执行主权者意志的政体。主权者的意志叫作"公意",而执行者是不能有任何自己的意志的,只能完全是公意的代理人。可见,在卢梭那里,公民的身份平等是最重要的政治问题,在理想的民主体制下,人民自己统治自己,立法权和行政权合一,政治中介机制和外在的法律成为多余。所以卢梭的民主制是不需要程序的"直接的人民主权"。从强调人民执政的角度来看,卢梭更加接近亚里士多德;从强调不需要政治中介机制的角度来看,卢梭则更加接近于柏拉图,只不过卢梭用"主权者"(人民)代替了柏拉图的"哲学王"。

对洛克的学说,今人往往偏重其《政府论·下篇》,殊不知洛克是在《政府论·上篇》中奠定其理论基础的。在洛克那里,人类最大的政治问题"不

---

① 参见[法]卢梭:《社会契约论》,何兆武译,商务印书馆,2003年,第84~85页。

在于世界上有没有权力存在，也不在于权力是从什么地方来的，而是谁应当具有权力的问题"①。洛克的论证，针对的是罗伯特·菲尔麦爵士的《先祖论》。《先祖论》的观点，一言以蔽之乃是：上帝创造亚当，亚当创造人，亚当作为人类的"父"享有对人类的专断权力，故作为亚当继承人的君主享有对人类的绝对的君主权力，即《先祖论》是以《圣经》为依据，论证专制权力的来源。洛克的观点与之针锋相对：上帝创造亚当，亚当创造人，故亚当是人类的先祖，从而是人的同类，而所有人类在上帝面前一律平等，如果说亚当从上帝那里取得了什么统治权，那也"不是一种个人统治权，而是一种和其余的人类共有的统治权"②。所以无论是亚当还是君主，都不享有当然的专制权力。即使亚当从上帝那里继承了全部土地的所有权，但土地的所有权也不能"给予一个人以支配别人人身的至高无上的专断权"③。洛克借用基督教"上帝面前人人平等"的思想证明，所有人在"身份"上是平等的。可见，洛克的《政府论·上篇》，其实只是大大地写着四个字——"人类解放"。

那么平等的人类之间，为什么会存在统治与被统治的关系呢？在洛克看来，支配别人人身权的合法性来源只有一个，那就是"契约"——被统治者基于"同意"而产生的"自愿"。④也就是说，《政府论·上篇》所论述的人类身份平等，构成《政府论·下篇》论述政府形式的基础。《政府论·上篇》所针对的是人类的身份解放问题，《政府论·下篇》则针对政府的组织形式即政治机制问题。在下篇中，洛克认为，自由理性的人组成社会时自然拥有共同体的全部权力，所以人的身份平等是自然法的结果。他们可以随时运用全部权力来为社会制定法律，通过委派官吏来执行法律，"这种政府形式

---

① ［英］约翰·洛克：《政府论·上篇》，瞿菊农、叶启芳译，商务印书馆，1982 年，第 90 页。
② 同上，第 23 页。
③ 同上，第 33~34 页。
④ 参见同上，第 35 页。

就是纯粹的民主政制"①。可见，在哲学层面，洛克和卢梭对民主制的认识几无差别，都强调身份平等和主权在民，主权者委派的官吏只能执行主权者的意志。但是在机制层面，两人的差别则非常突出。洛克的人民主权是有限主权，而且人民行使主权需要通过中介机制"以正式公布的既定法律来进行统治"②，主权者并不亲自行使权力。洛克设想的政府形态是议行分开的。如此一来，洛克的人民主权就是一种"宪政的人民主权"：既强调人类形式上的身份平等，又强调法律的程序之治。从结构上来说，洛克的思路近似于亚里士多德，两人都同样强调身份问题和机制问题，只不过洛克的身份平等更具包容性。

（三）交往民主理论：通往人民民主的程序主义

哈贝马斯为当代的"协商民主"提供了理论论证，其理论基础是交往理论。作为"左派"的西方马克思主义者，哈贝马斯洞悉自由主义民主理论的内在张力，③并向往卢梭式的未经"异化"的人民主权。哈贝马斯将人民同主权具有"同一性"的民主模式称为"规范性民主模式"；而二者相分离的民主模式就是通行于西方国家的"经验性民主模式"。"规范性民主"在理论上逻辑自洽，但问题在于理论的论证无法在经验中证成。自由主义民主理论本质上只是"经验性"的而并不具有"规范性"，故而并无真正的理论基础，虽然自由主义者不断将其"经验"赋予"规范"的意义，但这并不能消除二者事实上的分离。④

---

① ［英］约翰·洛克：《政府论·上篇》，瞿菊农、叶启芳译，商务印书馆，1982年，第81页。

② 同上，第89页。

③ 哈贝马斯说，在洞悉了自由民主制的哲学理论后，至多能把他的理论理解成一种"推销自由立宪主义的世界观广告"。参见［德］哈贝马斯：《在事实与规范之间：关于法律和民主法治国的商谈理论》，童世骏译，生活·读书·新知三联书店，2003年，第367页。

④ 参见同上，第359~360页。

如此一来，民主实践如何能够达到人民民主理论所强调的那种"规范与经验的同一性"呢？哈贝马斯提出，将"商议性政治的程序"作为民主过程的核心，从而将经验层面的民主同规范意义的民主"联系起来"。"商谈论赋予民主过程的规范性含义，比自由主义模式中看到的要强，比共和主义民主模式①中看到的要弱。"②质而言之，他承认"卢梭式民主"才具有本体论意义，但流于玄想；而"洛克式民主"能够落实于经验，却缺乏真正的理论基础。

哈贝马斯希望通过商谈理论，弥合"卢梭式民主"和"洛克式民主"之间的裂缝。他的交往过程强调"程序"，即将民主的意见形成和意志形成过程的高要求交往形式"加以建制化"。如此一来，交往民主的成功不需要像"卢梭式民主"那样要有"集体行动能力的全体公民"③，而只需要"相应的交往程序和交往预设的建制化"，以及"建制化商议过程与非正式地形成的公共舆论之间的共同作用"。④其实质，无非是将"卢梭式民主""有公意而无程序"的特点转化为一种"程序化的公意形成过程"，即取法亚里士多德和洛克的"程序"价值，以达成卢梭的"公意"。

哈贝马斯的"程序化"如何落实呢？一是通过现有的国家制度比如议会的商谈形成公意，二是通过议会外的旨在做出决议的商议团体形成意见，三是在市民社会层面形成舆论。这种多层次的交往确保"通过立法过程而把舆论影响和交往权力转译为行政权力"⑤。可见，这里的程序不仅指

---

① 哈贝马斯将那种强调人民整体性意志、利益的民主模式称为共和主义民主，这种定义完全是卢梭意义上的。"根据共和主义观点，公民的意见形成和意志形成过程构成了社会借以将自己构成为一个政治性整体的一种媒介。"因此，民主就等同于社会作为一个整体的政治性自我组织。参见［德］哈贝马斯：《在事实与规范之间：关于法律和民主法治国的商谈理论》，董世骏译，生活·读书·新知三联书店，2003年，第368页。

② 同上，第369页。

③ 即使卢梭本人也认为这样的条件是为神设立的，人间不可能实现。

④ 同上，第370页。

⑤ 同上，第371页。

已经建制化的国家机制,也包括团体机制,特别是市民社会的舆论机制。当然,这些意见不像卢梭的人民民主那样自己执行,而是需要通过立法过程间接实现。哈贝马斯的交往民主,本质上仍是一种程序民主,不过他将自由主义的"选举程序"替换为"交往程序",并认为通过交往能够达成人民与民主的"同一性"。我们将之称为"通往人民民主的程序主义",它本质上是调和的产物,既保留人民民主的可能,又强调宪政民主的方法,而且其"交往"的方法,显然比选举的方法有更多的参与性,不论参与主体还是参与形式都得到大大扩展。

如此看来,民主之理论差异确实非常大,但各种民主理论并非只是在谈论风马牛不相及的事物。实际上,无论是反对民主的柏拉图,还是赞同民主的其他作者都清楚地知道,民主的实质就是"人民主权"。他们只是认为,在不同的时空条件下,"人民"的内涵有所不同,实现人民主权的形式和载体也有不同。归根到底,在谈论民主的时候,他们其实都只是在谈两个问题:谁是人民?如何主权?前者涉及民主的主体及其资格和身份的问题,后者涉及民主的程序和落实机制的问题。当我们将五位民主理论的经典论述者在时间轴上一一展开,我们看到,他们理论结构上的共同点远远大于他们理论论述上的差异:民主就是关于"谁是人民"及"人民如何主权"的问题。

种种民主理论,实际上反映出了人类民主政治发展的一般规律:民主的主体通过"身份解放",不断走向平等和包容;民主的机制则随着主体身份解放的深入而不断进行调适和完善。通过身份解放,民主的平等性和包容性在历史进程中不断接近民主规范所预设的标准;通过机制建设,民主的参与性和有效性在实践进程中不断提升。如此,我们将"身份解放"和"机制建设"作为民主"可观测"的基本共相,二者的变化,实则构成了人类民主发展的基本运动。

二、经验中的总结

上述理论文献，几乎均为纯粹的规范性研究。那些以民主事实为对象的经验性研究，是否也支持我们前面得出的结论呢？

经验层面的民主理论源头应该回到伯利克里。他在阵亡将士葬礼上的演说中曾对雅典民主有过经典的定义："我们的制度之所以被称为民主政治，因为政权是在全体公民手中，而不是在少数人手中。"①伯利克里作为人民领袖的时候，雅典宪法不断变得民主，"到伯罗奔尼撒战争之后，人民决定亲自管理政府"②。可见，在民主的经验源头上，它的含义是非常清晰的，那就是全体公民亲自管理政府。后来的民主理论对这一民主经验的"原始模型"是如何进行延续和改变的呢？

（一）程序与政治家

熊彼特被认为是民主理论研究从目的范式转向经验范式，从规范研究转向制度研究的关键人物。③熊彼特的民主理论建立在他对民主政治的"古典学说"的批判基础上，因此理解他的民主理论必须先弄清楚他所批评的古典民主理论。在熊彼特看来，18 世纪的古典民主理论是这样的："民主方法就是为实现共同福利作出政治决定的制度安排，其方式是使人民通过选举选出一些人，让他们集合在一起来执行它的意志，决定重大问

---

① 《伯利克里在阵亡将士葬礼上的演说》，[古希腊]修希底德：《伯罗奔尼撒战争史》，谢德风译，商务印书馆，1960 年，第 130 页。

② [古希腊]亚里士多德：《雅典政制》，日知、力野译，商务印书馆，1959 年，第 31 页。

③ 参见[美]亨廷顿：《第三波：20 世纪后期的民主化浪潮》，欧阳景根译，中国人民大学出版社，2013 年，第 4 页。

题。"①可见,熊彼特所谓的古典民主其实就是卢梭眼中的"实践中的"民主。熊彼特认为,这个理论含糊不清之处在于,第一,它假定一个社会存在某种"共同福利";第二,它假定存在人民的"共同意志";第三,它认为选举出来的专家"完全是为了执行人民意志而行动"。②但所谓共同福利和人民意志都是不存在的,专家也不是人民意志的传声筒。

为了避免这一问题,熊彼特主张将民主定义为纯粹是选举统治者的方法,而将所谓共同福利、人民意志之类含糊不清的东西剔除出民主概念。如此一来,民主方法就是"那种为作出政治决定而实行的制度安排,在这种安排中,某些人通过争取人民选票取得做决定的权力。"③熊彼特强调,民主只能是一种政治方法,"其本身不能是目的"④。可以看到,熊彼特的民主定义排除了任何价值性的因素,而纯粹强调程序,这明显受到亚里士多德的影响。但另一方面,不同于古典民主强调的"民治"⑤,熊彼特认为现代民主政治"就是政治家的统治"⑥。他认为,政治是专家的事务,"不可避免地是一种职业"⑦,而"政府和议会里的门外汉"⑧——人民——在通过选举建立政府之后就应该尽可能限制自己的作用范围⑨。由此看来,熊彼

---

①　[美]约瑟夫·熊比特:《资本主义、社会主义与民主》,吴良健译,商务印书馆,1999 年,第370 页。

②　同上,第 371 页。

③　同上,第 396 页。

④　同上,第 359 页。

⑤　在熊彼特看来,民治就是人民统治,即人民能在全体参加的会议中以争论方式作出政治决定。参见同上,第 364 页。

⑥　同上,第 415 页。

⑦　同上,第 416 页。

⑧　同上,第 425 页。

⑨　熊彼特认为,限制政治决定的范围是民主政治的必要条件,即使在必须通过议会投票决定的问题上,这些决定也应该看起来纯属形式性质、监督性质;而真正的决策问题应当交给行政专家。参见同上,第 424 页。

特其实将民主主体限定在极为有限的范围内，他实际上主张的乃是一种"专家治国"论。从这一点来看,他的理论可以说完全源自柏拉图的"理想国"。①熊彼特的民主观念一方面摒弃古典民主理论中的价值因素而单纯强调程序,另一方面则尽量将大众排除在政治过程之外。可见,他是亚里士多德和柏拉图的融合,重视民主机制,而忽视身份解放。

(二)人民与统治的"合一性"

在卡尔·施米特那里,民主制既是作为一种政体,人民拥有制宪权,且自己为自己制定宪法;还表示从事特定政治活动的方法。而本体论意义上的民主制是指统治者与被统治者、治理者与被治理者、施令者与服从者的"同一性"②,即人民自己统治自己。民主制要达到这样的"同一性",必须具备最基本的原则——平等。不过,这里的平等并非普遍的、抽象的平等,而是一种特殊的、实质性的平等。③所谓特殊,是指平等仅对政治体内部的成员而言的,而并非全人类的普遍平等。所以民主的基础是政治属性的"人民",而非抽象的"人"④。所谓实质性平等是指政治体内部的成员不存在"质"的差别,所有成员都是共同体的平等的拥有者;而选举权、表决权、服从义务等方面的平等都是从上述实质平等派生而来的"形式平等"。

施米特从"同一性"的角度定义民主,可以看出他继承了卢梭的脉络,从而是规范层面的定义。这一规范性的民主如何能够在经验层面加以落实呢? 首先,在政体层面,共同体成员需要享有在法律面前普遍平等的资

---

① 柏拉图同样认为政治是一种职业,应属于专家,不过柏拉图指的专家是具有知识和德行的"哲学王",故不需要通过民主程序产生,也不需要法律。而熊彼特指的专家则是有私人利益的普通人,故应当通过民主程序加以挑选,并接受监督。

② [德]卡尔·施米特:《宪法学说》,刘锋译,上海人民出版社,2005年,第251~252页。

③ 参见同上,第241~242页。

④ 同上,第251页。

格,不仅有平等的政治地位、不受限制的投票权和表决权及担任公职的机会,而且有平等的纳税和服军役义务。其次,在方法层面,行使民主权的限制应尽可能少。在政治决策中,应最大限度地获得表决参加者的多数,并使之成为最后的权威;应尽可能扩大直选方法的应用范围;应尽可能扩大人民作出直接的实质性决断方法的应用范围。①上述原则的落实,虽不能完全确保民主的同一性,但无疑已在程序上做到了极致。毫无疑问,施米特的民主定义是卢梭式的,极其强调民主的同一性和身份平等,但他并不忽视"方法",实际上他对民主方法进行了详细的论证和设计。他希望以有效的方法(机制)落实身份平等,实现民主的同一性。

马克思主义的民主观同样受到卢梭的影响。恩格斯认为,在国家诞生之前,民主就出现在氏族社会中。②奴隶社会和封建社会由于存在"人的从属关系",从而是"不自由的民主制"。③资产阶级革命打破了人的从属关系,使人获得政治上的解放,即获得政治形式上的民主权利。但由于经济上的奴役和不平等依然存在,这就会使得实质上的经济不平等同形式上的政治民主发生尖锐冲突。要消除这种冲突,唯一途径就是使民主从政治领域扩展到社会领域,消除经济上的奴役与不平等,完成社会解放。④马克思认为,作为一种政治形式,"民主制是国家制度一切形式的猜破了的哑谜"⑤,是人的自由的产物。

巴黎公社更是让马克思意识到,公社是"人民群众获得社会解放的政治形式"⑥,巴黎公社所实行的是议行合一的直接管理形式。在《法兰西内

---

① 参见[德]卡尔·施米特:《宪法学说》,刘锋译,上海人民出版社,2005 年,第 271~272 页。
② 参见[德]恩格斯:《家庭、私有制和国家起源》,人民出版社,1999 年,第 97 页。
③ 参见《马克思恩格斯全集》(第 1 卷),人民出版社,1956 年,第 284 页。
④ 参见王沪宁主编:《政治的逻辑》,上海人民出版社,2004 年,第 230 页。
⑤ 《马克思恩格斯全集》(第 1 卷),人民出版社,1956 年,第 280 页。
⑥ 《马克思格斯选集》(第二卷),人民出版社,1972 年,第 413 页。

战》中，马克思说民主就是"人民自己实现的人民管理制"①。可见，马克思主义所追求的民主是人类的彻底解放，不仅消灭阶级、消灭剥削，还要消灭私有制，从而使人类平等从形式达于实质。在方法上，马克思主义主张议行合一的直接民主制。就像列宁所说，充分发扬民主，"也就是提供全体居民群众真正平等地、真正普遍地参与一切国家事务"②。

（三）通往民主理想的工具

萨托利像亚里士多德一样，"中庸"是他基本的精神气质。一方面，他承认，"民主"的字面含义是十分清晰的，那就是指"人民的统治或权力"③；另一方面，他又指出，问题在于具体的民主事务同这一词语并不一致。民主的价值属性和经验属性的分离，是造成民主认知的混乱的原因所在。萨托利主张用"过程"视角来看待民主；但同时，他又不放弃民主理论的理想主义价值；他追求理想的民主，但又反对实际上"不可能的民主"。毫无理想的"纯政治"和毫不现实的"乌托邦政治"都是不可取的。所以他主张通过民主程序，在过程中逐步接近理想目标，以避免讨论民主问题时"过度简化的错误""过度现实主义的错误"和"至善论的错误"。④他说："威胁着民主的不是理想主义，而是'劣等的理想主义'，是'至善论'。"⑤他承认，人民主权、平等和自治是民主价值论的三个基本要素，但他认为这些规范性的价值理想只能限定在理想的层面，"人民主权充其量是个正当性原则，平等可以被缩小为平等投票权，自治大概可以限制在微观民主的范围内。"⑥

---

① 王沪宁主编：《政治的逻辑》，上海人民出版社，2004 年，第 181 页。

② 《列宁全集》（第 23 卷），人民出版社，1958 年，第 14 页。

③ ［美］乔万尼·萨托利：《民主新论》，阎克文、冯克利译，上海人民出版社，2009 年，第 19、21 页。

④ 同上，第 25 页。

⑤ 同上，第 58 页。

⑥ 同上，第 73 页。

在民主的方法上，萨托利既关注"横向结构"，也强调"纵向结构"。前者是指公众舆论、选举式、参与、公决等组织政治共同体、凝聚政治共识的方式；后者则是指少数与多数、精英与大众、统治与被统治的关系。横向民主的本质，其实是不同程度、不同形式的公众参与，这是民主政治的基本结构和起点，即"拥有决定权的民众是（民主）大厦的基础"[1]。但是说到底政治是统治者与被统治者的关系，[2]民主政治必须避免多数专制，从而保护少数权利，并保证一定的"择优"[3]功能，从而让精英能够成为统治者。我们看到，萨托利虽然承认人民主权的本体论意义，承认平等的规范价值，承认大众的参与功能，但他将这些因素严格地限定于理想层面，从而只具有目的价值，而其最终落脚点——形式平等、代议制中心、精英统治，无一例外是工具性的。这充分说明他是一个实践主义者，从而区别于卢梭，而更加接近亚里士多德。

（四）选举和法治

孟德斯鸠认为，全体人民掌握最高权力时便是民主政体。这一点，孟德斯鸠同卢梭和洛克并无二致。不过，在民主制的具体组织原则和运行方法上，孟德斯鸠显然更加接近洛克。他认为，民主政体有以下基本法则：

> 第一，人民并非自行其是，而是应该组成一个公民会议，因为人民需要一个"参政会或参议院的指导"[4]，这个机构的人员应由人民亲自遴选或通过人民指派的若干官吏遴选。第二，人民应该亲自做他们

---

① ［美］乔万尼·萨托利：《民主新论》，阎克文、冯克利译，上海人民出版社，2009 年，第 150 页。
② 参见同上，第 87 页。
③ 同上，第 155 页。
④ ［法］孟德斯鸠：《论法的精神》，许明龙译，商务印书馆，2012 年，第 19 页。

能做好的一切事情，自己做不好的事情则通过由人民任命的执行人去做。第三，公民代表和执行人应通过抽签或选举方法产生，但以选举为最佳。第四，公民应划分层次，不同资质的公民享有从投票到担任公职等不同层次的主权。第五，上述条件皆由法律规定。第六，唯有人民可以立法。①

孟德斯鸠强调人民的主体地位，但不否认公民在"资质"方面的差异，这说明他一定程度上受到柏拉图和亚里士多德的影响。更主要的是，他主张人民选择代表来执政，且遵循法律之治，这完全是受到洛克的影响。

布赖斯认为，Democracy 一词近年来被人们广泛使用，有用作指一种社会现象的，也有用作指一种心理状态的，也有用作指一种社交态度的。但是其真正的意义的确是指"用投票表示主权意志的全民统治"②。布赖斯的民主定义包括"主体"和"方法"两层含义：一是 Democracy 的主体是包括庶民阶级在内的多数人，二是多数人"行投票方法"③治理共同体事务。所以有译者将布赖斯的Democracy 一词译为"民治"。既然 Democracy 既涉及主体，也涉及方法，那么对这一问题的进一步探究，就需要问到：

第一，政治体的"多数人"标准为何？是以居住为标准还是以公民身份为标准？若以公民身份为标准，则公民身份有无标准（比如年龄、肤色、性别、财产、宗教信仰）？第二，多数人行使权力的方法如何体现？是否应有宪法上的限制？选举权操纵政府到何种程度？第三，假如存在这样的情况：虽然宪法规定了民主权力和民主方法，但实际上这种规定并未落实，这还是民主吗？

---

① ［法］孟德斯鸠：《论法的精神》，许明龙译，商务印书馆，2012 年，第 18~23 页。
② ［英］詹姆斯·布赖斯：《现代民治政体·上册》，张慰慈等译，吉林人民出版社，2001 年，第 1 页。
③ 同上，第 20 页。

针对这些问题，布赖斯提出，狭义的民主，即指一种以合格公民之多数的意见为统治之政体，合格公民需占住民之大部分，最少四分之三，人民对政府的操纵力大约能与他们投票的权力相当。[①]一个政体达到了这样的标准，就可以被认为是民主政体。拉里·戴蒙德认为，民主至少包括以下方面：①普遍的成年公民选举权；②定期的、自由的、具有竞争性的公正选举；③一个以上的政党；④多元化的信息来源。[②]国际民主和选举援助研究所（IDEA）提出了民主原则的核心要义：公众对决策者的控制，以及行使上述控制权的公众的政治平等。在这两条基本原则的基础上，IDEA总结了民主的七个中间价值（Mediating Values）：参与（投票意义上的）、授权、代表、责任、透明、回应、团结。[③]可见，现当代的民主定义和民主标准虽然在"可操作性"方面日益细化，但万变不离其宗，无非也是在"主体"和"方法"两方面做文章，即日益强调民主主体的包容和平等，日益强调民主程序的具体化和建制化。

（五）参与和协商

历史地来看，除了卢梭式民主观不太强调民主的机制之外[④]，其他民主范式均十分强调机制的重要作用。然而早期的民主定义并不特别强调某一机制的优先性，只是越是到近现代，人们越是强调选举、代表制和政

---

① 参见[英]詹姆斯·布赖斯：《现代民治政体·上册》，张慰慈等译，吉林人民出版社，2001年，第22页。

② See Larry Diamond and Leonardo Morlino, The Quality of Democracy: An Overview, *Journal of Democracy*, Vol.15, No.4, 2004.

③ See *Assessing the Quality of Democracy: An Overview of the International IDEA Framework*, Todd Landman Editor, Sweden. See http://www.idea.int/publications/aqd/upload/Assessin gOverviewWeb.pdf.

④ 毋宁说民主的机制正是卢梭式民主观所需要刻意避免的，因为民主一旦诉诸机制，就不可避免带来对"同一性"的损害，故卢梭认为真正（true）的民主是不需要中介机制的。

党竞争作为民主的核心机制,以至于在有些人看来,这些民主机制竟代表了民主本身。这无疑是对民主概念的"切割"或"偷换",对这类"唯机制论"民主理论和实践的批评,又形成了所谓"多头民主"理论、"参与式民主"理论和"包容性民主"理论等种种后现代民主理论。这类民主理论的共同特点是:重新确认古典民主理论对民主主体平等性要求的规范性价值,以避免形式民主的虚无主义;重新强调民主机制的多样性和参与本质,以避免狭隘的选举主义。

1. 多头民主

罗伯特·达尔对民主的理解就经历了一个典型的由"机制民主"向"社会民主"的转变。在其早年的《多头政体:参与和反对》一书中,他认为"代议制"依然是民主政体的核心机制,不过他已经注意到"公民权利如何扩大到所有成年人"①显然是民主制更加基本的问题,古代雅典虽然在其他方面都很民主,但公民权的基础却是如此狭窄。这说明达尔已经意识到了民主机制背后的"身份解放"问题。后来,达尔放弃了那种以代议制选举作为核心词的民主定义方法,转而用那种更加宽泛从而也更加接近民主本义的方式来进行描述。比如,他说:"民主国家的一个重要特征,就是政府不断地对公民的选择做出响应,公民在政治上被一视同仁。"②同时,他选择用一系列的特征或条件来概括民主制的基本维度,而避免使用简单化的定义。

作为现实的民主体制,现代代议制民主有一些最低限度的要求:①选举产生的官员;②自由、公正、定期的选举;③表达自由;④多种信息来源;⑤社团自治;⑥包容性的公民权等。③这些要求特别强调"选举"的地位,但

① 当然,批评者也可能会说这种定义方式也更加模糊不清,从而失去定义的精确性。

② [美]罗伯特·达尔:《多头政体:参与和反对》,谭君久、刘惠荣译,商务印书馆,2003 年,第 11 页。

③ 参见[美]罗伯特·达尔:《论民主》,李风华译,中国人民大学出版社,2012 年,第 73 页。

"理想"类型的民主条件更加强调宽泛意义的"参与"以及公民对政治的实际控制力①。

在理想类型的描述中,不仅包括"选举"等一般的民主机制,还强调"有效的参与"等其他民主机制。更加重要的是,他增加了"包容性的公民权"和"公民对议程的最终控制"两大条件,从而使公民的主体地位得以确立。在其晚年的理论集大成之作《现代政治分析》一书中,达尔更加重视"政治包容性"在机制上的体现,他提出的多头制的七大基本制度中,所有成年人的"投票权"和"竞选公职的权利"独占两项。②

毫无疑问,在达尔看来,并非仅仅依靠选举就可以达到理想的民主,公民获得普遍平等的身份,以及有效的政治参与才能让公民的政治控制力和政治影响更加真实,从而让民主更加接近其本义。

2. 参与式民主

1960 年,阿诺德·考夫曼第一次提出"参与民主"的概念,1970 年卡罗尔·佩特曼的《参与和民主理论》一书问世,这标志着参与民主理论正式出现。这种不满于代议制民主所造成的人民在公共决策中声音缺失,强调协商和参与的民主理论被称为"后现代民主理论"。在《强势民主》一书中,本杰明·巴伯开宗明义地指出,强势民主的意义之一在于"能够矫正美国民主的弊端","当公众把他们的基本管理职责委托给代表的时候,这也就开始产生了一个异化的过程,其结果是败坏公共利益和共同立场的观念。这

---

① 理想类型的民主条件包括:a.选票的平等(Equality in voting);b.有效的参与(Effective participation);c.充分知情权(Enlightened understanding);d.对议程的最终控制(Final control over the agenda);e.包容,政治体内所有成年人的公民权(Inclusion:The demos ought to include all adults subject to its law,except transients.)。See Dahl,Robert Alan.*Dilemmas of Pluralist Democracy:Autonomy vs. Control*,Yale University Press,1982.p6.

② 参见[美]罗伯特·达尔、布鲁斯·斯泰恩布里克纳:《现代政治分析》,吴勇译,中国人民大学出版社,2012 年,第 106 页。

种异化会逐渐使民主变得无足轻重，会把在社会公共事务中本来应当进行协商的参与转化为一种具有讽刺性的、由媒体欺骗操纵的选举"。①这样的表述显然不过是卢梭和施密特关于民主"同一性"原则的另一个版本。当然，关于强势民主的讨论表明，它的目的并不在于用强势民主去取代代议制民主，而在于通过人民的参与来使弱势民主变"厚"。就像巴伯所说，强调参与的强势民主其实是自由民主的"堂兄弟"。②后现代民主理论的兴起，体现了西方民主政治理论和实践发展的"正反合"，其核心是在代议制民主的基础上，更多地强调古典民主的主体因素、参与因素和直接管理因素。

科恩、亨廷顿等人也不再单纯从"选举"的角度来定义民主，而是更加关注民主的"参与"维度。科恩明确表示，作为一种公共团体的管理方式，民主是由参与实现的——即那些受本人所属的公共团体的决定影响的成员参与到决策过程中。③剩下的问题是如何确定"参与"的形式。从广义的角度来讲，政治参与即亨廷顿所说的："平民试图影响政府决策的活动。"④通过政治参与，在政府决策过程中直接体现了平民的角色，而这正是过去的代议制民主理论所忽视，甚至所不曾有的。

究其本质，参与式民主理论是为了纠正代议制民主单纯强调"选举"作为民主机制的不足。"参与"显然是一个比"选举"更加包容的概念。投票选举代表和领导人当然是一种参与，但有机会进入决策过程更是一种参与。科恩认为，可以从"广度"和"深度"两方面来衡量参与的质量。阿恩斯坦（Sherry

---

① ［美］本杰明·巴伯：《强势民主》，彭斌译，吉林人民出版社，2006年，前言第5~6页。

② 参见同上，第146页。

③ See Carl Cohen, *Democracy*, University of Georgia Press, 1971, p.8.

④ ［美］塞缪尔·亨廷顿、琼·纳尔逊：《难以抉择——发展中国家的政治参与》，汪晓寿等译，华夏出版社，1989年，第3页。

R. Arnstein)则将公民参与水平划分为 3 个等级、8 个层次[①],如下图:

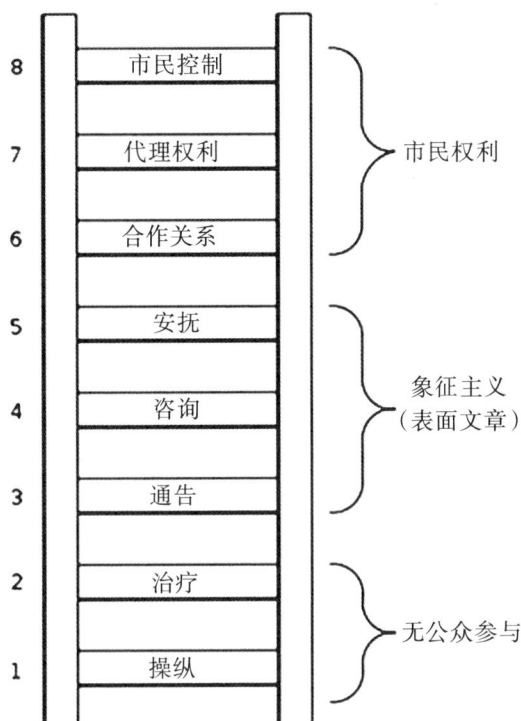

图 1 公民参与水平划分

在阿恩斯坦的表格中,"参与"一词的范围非常广。最低层次的参与其实没有真正的公众参与,公众出现在公共决策和其他政治过程中,主要不是为了影响决策,而是为了观看统治者的表演;他们不是真正影响决策的主体,而是被"操纵"和"治疗"(即被开导和洗脑)的对象。"安抚""咨询"和"通告"被认为是象征性的参与,通告其实类似于达尔意义上的"信息公开",咨询则类似于"协商",而安抚实际上是统治者对平民在政策与利益上所作的让步。他认为,真正的参与是要体现市民权利的。最高层次的参

---

① See Sherry R. Arnstein, Ladder of Citizen Participation, *JAIP*, Vol.35, No.4, July 1969, pp. 216–224.

与是要市民控制,类似于古典民主的公民自治;次之是代理权利,即代议制下的选举民主;再次是统治者与人民的合作关系,即人民作为平等主体与统治者开展合作。

3. 包容性民主

在西方学术文献中,"包容性民主"主要有以下三个层面的含义:一是社会系统层面:主张彻底打破权力在政治、经济、社会、文化、意识形态等方面高度集中的状况,追求权力在所有层面公平分配的包容性民主。[①]二是政体层面:公民选举权不断扩大的、更具包容性的民主政体。1994年南非首次举行不分种族的全民大选后,许多学术文献以"更具包容性的民主体制"来指称南非的新政权。从这一意义上来看,使民主更具包容性是一个动态的发展过程,英美等成熟的民主国家也都经历了民主包容性不断扩大的历史进程。三是政策制定层面:为防止出现"多数暴政"而提出的、与多数民主制相对的包容性民主。可见,包容性民主第一是主体包容,即将政策涉及的所有群体均纳入政策决定圈,使其利益和主张得以声张,同时注意保护少数的权益;第二是方法包容,在投票规则的设计上,采用包容一切的民主制(all-inclusive democracy),鼓励政策相关人士进行充分讨论、协商,重新审视和评估所有的政策选项,通过持续互动和相互妥协最终达成全体同意的政策决定,从而使"民主是为了所有人,而不是大多数人"的理念得以实现。[②]

---

① 参见[希]塔基斯·福托鲍洛斯:《当代多重危机与包容性民主》,李宏译,山东大学出版社,2008年。

② See Young, I.M.*Inclusion and democracy*, Oxford: Oxford University Press, 2000, pp.52-55. Peter Emerson, ed., *Designing an All-Inclusive Democracy: Consensual Voting Procedures for Use in Parliaments, Councils and Committee* (London, Springer). 2007.

三、小结

综合来看，后期民主理论的发展，更多的只是对早期几个基本范式的细化或综合，而并没有根本性的"范式创新"。透过不同时代的人们关于民主的定义，我们可以看到，它们确实存在许多重大的差别，有些甚至是根本性的、不可调和的差别。然而去异存同，那些理论家其实不过是在用不同的方式谈论同一个事务——民主。规范性的民主理论认为，人民应该是包罗无遗的政治共同体的所有成员，他们要求更加彻底的身份平等；而经验性的民主理论则认为，民主主体是人民的大多数就行。要求"同一性"的民主理论认为，政治中介机制是对民主的破坏；而主张"宪政"的民主理论则认为，政治机制和政治程序恰恰是落实民主所必需的要素；协商民主论者则认为，本体和机制并非不可调和，恰当的机制正是通往民主本体的必由之路。无论怎样的民主理论，归根到底无非都是关于"民主主体"和"民主机制"的内涵及关系问题。

经过对民主理论的梳理，我们可以就此达成以下基本认识：第一，民主理论的差异很大，但无论什么样的民主理论，都不否定民主的本质是"人民统治"；第二，不同民主理论的差异主要在于如何界定"人民"，及人民如何进行"统治"；第三，有的民主理论强调从本体角度定义民主，有的民主理论强调从机制角度定义民主；第四，几乎所有的民主定义都包含两个基本因素：身份和机制。所以我们可以说，民主就是人民的统治，不论这种统治是人民亲自实施的，还是通过一定的机制选拔代表实施的。

在不同的时代、不同的国家，人民的范围有大有小，但从人类历史的发展进程来看，人类总体上是不断走向解放、走向平等的。在不同的时代、不同的国家，人民统治的方法和机制也有重大差别，但民主机制的总的发展趋势是适应民主身份平等化带来的参与需求的扩大而提升包容性的。一个政治体的民主政治运动,就体现为这个政治体在身份解放和民主机制建设两方面的发展和变化。因此,"身份解放"和"机制建设"也就构成我们观察与衡量一个政治体民主发展的基本维度。

第二节　殊途同归:民主发展的不同道路

从理论上看,既然民主发展表现为一个政治体在"身份解放"和"机制建设"两方面的发展和进步,那么在实践中是否所有政治体的民主发展都遵循一个共同的模式呢?研究一个政治体实际的民主运动,大体有两种范式——次序论与过程论。前者强调民主发展遵循相对固定的次序,后者则强调民主发展道路多种多样。

一、次序还是过程:从民主转型到民主发展

(一)次序论

次序论以民主化和民主转型理论为代表,强调民主运动是一个政治体从"不民主的模式"走向"民主的模式"的过程。这一理论视角往往用单纯的"程序"来定义民主。比如,熊彼特把民主定义为人民把他们的权力授予将代表他们的议会,政治家则争相获取人民的选票。[①]李普塞特也认为,民主可以定义为一种政治系统,"该系统为定期更换政府官员提供合乎宪

---

① 参见[美]熊彼特:《资本主义、社会主义与民主》,吴良健译,商务印书馆,2010年,第415页。

法的机会"①。亨廷顿说,民主就是最高决策者通过普选产生。②林茨等人认为,只有当"政府权力的获得是自由和普遍选举的直接结果"③时,这个政体才是民主的。符合上述形式的政治体就是民主政体,反之则是非民主政体。一个政治体从不具备这种政治形式到产生这种政治形式的过程,就是民主化和民主转型的过程。

以一定的机制存在与否作为衡量某一政体民主与否的标准,其简洁性是有目共睹的,但这种标准不可避免也具有机械性。机制的识别往往比较显见,人们也容易认为对机制的移植和推广相对可能。因此,那些秉持形式化民主标准的人在看待民主进程时,也往往将民主发展"次序化",将民主推广"工程化",并将民主发展同稳定、绩效等现实政治要求割裂开来。比如,奥唐奈、施密特开创的"转型学"认为,独裁或威权国家的变化,往往都是经过一个权威崩溃——民主建设-民主巩固的环节,最终都是朝着自由民主的方向前进。④他们似乎认为,古往今来的民主发展共享一个模式。这种次序论,其实就是另一种形式的"历史终结论"。但事实并非如此,这种单一模式的"转型学"现在受到越来越多的挑战,有人宣称现在已经到了"放弃转型学的时候了"⑤。

---

① [美]李普塞特:《政治人:政治的社会基础》,张绍宗等译,上海人民出版社,2011年,第21页。

② 参见[美]亨廷顿:《第三波:20世纪后期的民主化浪潮》,欧阳景根译,中国人民大学出版社,2013年,第4页。

③ [美]胡安·林茨、阿尔弗莱德·斯泰潘:《民主转型与巩固的问题——南欧、南美和后共产主义欧洲》,孙龙等译,浙江人民出版社,2008年,第3~4页。

④ 参见[美]吉列尔·奥唐奈、[意]菲利普·施密特:《威权统治的转型:关于不确定民主的试探性结论》,景威、柴绍锦译,新星出版社,2012年。

⑤ [美]托马斯·卡罗瑟斯:《转型范式的终结》,《比较政治评论》2014年第1辑。

(二)过程论

从"过程"的角度去研究民主运动,并不限定一个特殊的民主模式,而是抓住若干有关民主发展的重要变量,研究这些变量的在程度上的变化。[①]像巴林顿·摩尔等从事历史社会学分析的理论家从来不将民主运动简单视为"政体的转换",而是注重从更加丰富、具体的角度探究民主运动的实际状况。比如,摩尔认为,民主进程是一场漫长的而且必然是没有止境的斗争,旨在进行三项密切相关的事情:一是对专制统治者加以控制,二是以公正合理的统治取代专制统治,三是使基本民众在进行统治时分享统治权。[②]

大卫·波特认为,民主化是这样一种变革过程:由较少负责的政府到较为负责的政府;由较少竞争(或干脆没有竞争)的选举到较为自由和公正的竞争性选举;由严厉限制人权和政治权利到较好地保障这些权利;由市民社会只有很少的自治权的团体到享有充分自治和数量较多的自治团体。[③]也就是说,上述变量的种种进步,都应当被视为民主政治的发展,而不应当仅仅只看选举形式的有无。

研究范式的转变,为政治分析打开了广阔的天地。过程范式比次序范式更加全面,更具有理论解释力。它不仅能够分析那些民主发展越过了某种"临界点",从而实现了所谓民主转型的政体的民主运动,而且能够解释人类历史上更漫长的时期里许许多多达不到林茨所谓民主转型"最低限度"

---

① 当然,民主的定义和测量并不是完全分开的,许多研究民主转型的学者也研究民主的"测量"问题,不过他们依然坚持民主政体所应该有的"基本标准"——竞争性选举。

② 参见[美]巴林顿·摩尔:《民主与专制的社会起源:现代社会形成中的地主与农民》,拓夫译,华夏出版社,1988 年,第 335 页。

③ See David Potter,David Goldbaltt,Margaret Kiloh,Paul Lewis,eds.,*Democrization*,Polity Press,1997,p.6.

的民主政体的民主运动；它不仅能够分析那些以代议制选举为核心民主机制的政治体的民主运动，而且能够分析那些非选举类的民主机制的发展和变化。

如前文所述，民主发展主要涉及"身份解放"和"机制建设"两个维度。[①]所以我们可以将这两个维度作为核心变量，分析一个政治体的民主运动。

就身份解放而言，人类的民主发展历程所表现出的基本趋势是人类身份不断走向平等。这一点，早在19世纪初就被托克维尔洞见到。在其经典文献《论美国的民主》一书中，几乎所有人都能注意到他是在谈论民主，但很多人没有清晰地意识到他是在什么意义上谈论民主。当托克维尔说："上天随意降下的这一切资质，都在促进民主"，从而使得民主"将在全世界范围内不可避免地和普遍地到来"[②]时，他究竟是在指什么呢？其实，托克维尔对这一点交代得很清楚。在美国的考察，最吸引他注意的，乃是美国人的"身份平等"：身份平等左右着社会舆论，决定着法律，控制着执政者，影响着美国社会的风俗，它在"改变非它所产生的一切"。换言之，托克维尔所谈论的民主，其本质乃是指身份的平等，他所研究的，乃是这种身份平等产生的原因，它在美国政治、法律、社会、文化生活中的种种表现，以及它带来的法律、思想、民情、道德方面的深远影响。托克维尔所预见到

---

① 对一个完整的民主运动做出"身份解放"和"机制建设"的区分是很容易招致批评的，因为二者往往是交织在一起的。不过，事实上的交织不影响二者在范畴上的区分。从逻辑上讲，一个民主运动或者属于"身份解放"，或者属于"机制建设"，或者既属于"身份解放"又属于"机制建设"，三者必居其一。纯粹属于"身份解放"的民主运动类似于破而不立的情况，比如法国大革命和中国的"文化大革命"。纯粹属于"机制建设"的民主运动则类似于立而不破的情况，比如英国历史上的御前会议改为早期议会，虽然从订立制度角度看，发生了民主机制建设的过程，但是这个建制过程并没有带来新的身份解放，早期议会的参加者仍然是御前会议的参加者。"身份解放"与"机制建设"兼而有之的情况比较常见，比如法国1791年宪法规定的"普选"，这既是一种民主机制，也带来了巨大的身份解放。因此，虽然二者在事实上经常交织，但不妨碍研究者将其作为可区分的概念加以使用。

② 参见［法］托克维尔：《论美国的民主》(上卷)，董果良译，商务印书馆，1991年绪论。

的"将在全世界范围内不可避免地和普遍地到来"的民主，其实就是指所有人走向平等的历史潮流将不可避免地到来。马克思也预见到，人类解放的大潮将不可避免地席卷世界。①不论是通过议会运动，还是通过革命斗争，人类必将走向更加普遍的平等和自由。

就机制建设而言，其基本表现形式是公民参与的扩大，以落实身份解放所创造的民主权利。所以随着人类身份解放不断扩大，民主机制也不断朝着参与形式多样化、参与广度和深度扩大的方向发展。具体而言，民主作为一种政治权力，其最基本的表现形式无外乎"治事"和"选人"。前者是这样一种政治安排，即公民通过直接管理公共事务，而不假手他人，以实现对公共事务的管理权；后者则是指公民通过委托他人代为管理公共事务，本人则通过一定的政治技术对选人过程和管理结果进行监督和控制。因此，在本质上，古典民主可以被视为一种"治事"的民主，现代民主则是一种"选人"的民主。而后现代民主理论所批评的，就是现代民主"选人"所造成的异化，它使得公民"治事"的权力被完全排除在政治过程之外。后现代民主理论的根本目的在于，使公民除了能够"选举"和"监督"统治者，也能够有正常的、制度化的机会在统治过程中"表达"自己的声音甚至成为真正的"统治者"。无论是"选人"还是"治事"，都离不开公民参与的扩大与加深。我们将公民参与进一步具体化为五种主要形式：自治、选举、决策、监督、介入，即获得政治信息的权利和渠道。

综上，民主发展就是一个政治体公民身份平等的扩大，以及公民在自治、选举、决策、监督、介入等方面参与范围的扩大和参与程度的加深。只要涉及上述方面的变化，都可以纳入民主发展的范畴进行分析，即我们可

---

① 马克思预见到人类社会将经历一个从政治解放到社会解放，最后到人类解放的过程。特别是人类的政治解放，实际上就是人类在法律上不断走向平等，民主不断扩大的过程。参见马克思《论犹太人问题》《法兰西内战》。

以通过分析一个政治体的成员的身份平等情况,及其选举、决策、表达、监督和介入机制和权利落实等方面的情况,判断该政治体的民主发展状况。研究一个政治体民主发展的规律和机制,就是研究上述方面的变化过程、原因和机制。

人的解放是有层次的,既有法律形式层面的政治解放,也有经济层面的社会解放。我们这里主要分析政治层面的解放,即身份的解放,它是指创造普遍的无差别的身份平等,体现为政治体成员普遍获得法律上平等的公民身份。对身份的束缚主要来自于制度层面。身份不平等的制度藩篱有多种形式,比如财产的、出身的(如种姓制度)、阶级的、种族的、肤色的、宗教的、性别的,不一而足。所以身份解放的方式,不论是暴力的还是和平的,最后都必然落实为某种制度藩篱的消解与破除。因此,在没有制度变迁的情况下,单纯的以暴易暴式的人身消灭无法带来真正的身份解放。而民主机制的发展,主要看公民在自治、选举、决策、监督、介入等方面的参与程度是否扩大和加深。

必须坦率地交代,我们的"民主发展"概念深受查尔斯·蒂利的影响。蒂利认为,假设民主是在国家之内发生的,把生活在该国家范围之内的每一个公民都纳入到民主体制之内。那么民主就是国家和公民之间的某些关系,而民主化和去民主化就是这类关系上的变化。[①]考察一个政治体在这类关系上的变化,具体可以通过"类属不平等"同公共政治隔离的程度、公民"受保护协商"的程度和"信任网络"融入公共政治的程度[②]三个变量来衡量。结合我们的民主发展定义,"类属不平等"就涉及公民身份的问题,一个政治体"类属不平等"越是隔离于公共政治之外,其公民身份平等程度就越高。而"受保护协商"则涉及公民参与的问题,一个政治体的受保

---

① 参见[美]查尔斯·蒂利:《民主》,魏洪钟译,上海人民出版社,2009 年,第 10 页。

② 参见同上,第 72~76 页。

护协商程度越高，其公民的参与就越有效。所以研究一个政治体"身份解放"和"政治参与机制"的变化，也就是研究其民主发展的变化。[①]

（三）民主发展道路的多样性

那么是不是民主发展只有一条道路，即所有政治体的身份解放运动和民主机制建设都沿着同样的顺序，以同样的方式展开呢？显然不是的。就像托克维尔所说，平等主义的运动在美国所结出的丰硕成果差不多"接近了它的自然极限"，但他"绝不认为，美国人发现的统治形式是民主可能提供的唯一形式"。[②]蒂利也认为，"民主偶然产生于政治斗争的中途，而不是历史悠久的性格倾向或长期宪政革新的产物"，"民主的路不是一条而是多条"。[③]

以身份平等和机制建设两个维度来观察人类民主政治的发展变化，我们看到的会是一幅二者此起彼伏、相互交织，进而推动人类政治文明不断进步的波澜壮阔的画面。在有的国家，可能民主机制的建设已经基本完成，而公民身份的解放却落在了后面，比如美国宪法早早确立了民主制度的基本结构，但美国是通过南北战争、废奴运动和女权运动等长期斗争，才最终完成公民身份解放的。而印度，一方面具有现代民主国家的各种制度因素，并被视为发展中国家的民主典范；但另一方面却依然保留着严格的种姓制度，将身份排斥政治化。在另外一些国家，可能身份解放的革命运动远远地走在了机制建设的前面，以至于出现亨廷顿所说的"政治参与

---

① 我们将蒂利的三要素简化为两要素，因为对于分析中国的民主发展而言，信任网络不是一个非常重要的变量，中国的政治统一时间早、程度深，信任网络早已较好地整合进了国家。

② 参见[法]托克维尔：《论美国的民主》（上卷），董果良译，商务印书馆，1998年，第15~16页。

③ [美]查尔斯·蒂利：《欧洲的抗争与民主（1650—2000）》，陈周旺等译，格致出版社，2015年，第9、10页。

的扩大日新月异,而政治上的组织化和制度化却步履蹒跚"[1]的局面。二战后大量发展中国家就有着类似的经历。身份解放与机制建设的先后顺序,以及具体形式的不同,决定了一个政治体民主发展的道路。

无论在宽泛还是严格的标准下,英国和法国都被认为是典型的民主国家。接下来,我们对英法两国的民主发展历程进行比较,看看这两个"典型的民主"国家,由"身份解放"和"机制建设"的过程和形式的差异交织出来的民主发展道路有何不同。

二、英国:机制建设引领身份解放

(一)机制建设:议会制度的确立

议会制度是英国民主的拱顶石,也就是戴雪所谓的"巴力门主权"[2]。英国的议会制度源远流长,从王权时期只具有咨询性质的会议,最终演变为英国的核心民主机制。英格兰君主制确立之初,国王在做出重大决策时,就经常召集一个"贤人会议",参加这个会议的是军事贵族、男修道院院长和宫廷侍从等极少数上层人物。虽然"贤人会议"不是议会的直接渊源,但这种统治阶级上层的集体决策方式,无疑是带有民主性质的,从而具有很强的制度奠基效应。

诺曼征服之后,诺曼人给英格兰带来了一种不同于盎格鲁撒克逊人"贤人会议"的封建制度"王堂",即御前会议。虽然一开始御前会议随着马背上的诺曼人国王游巡,但这个无定形的设置却成为后来高等法院(上

---

① [美]亨廷顿:《变化社会中的政治秩序》,王冠华等译,上海人民出版社,2008年,第4页。
② [英]戴雪:《英宪精义》,雷宾南译,中国法制出版社,2001年,第116页。

院)、枢密院和内阁的发端。①到了 12 世纪初亨利一世统治时期，御前会议的形式和职能基本固定，少数主教、男爵、宫廷官员和王室仆役共同组成的一个委员会。御前会议是英国议会真正的前身。

英国议会制度正式定型，要到 13 世纪。1215 年《大宪章》的签订，被认为是英国宪政史上划时代的事件。贵族们为了反抗约翰王为收复失地和扩张军备所进行的横征暴敛，联合市民阶层展开了武装反叛。反叛最初由大主教、北方骑士、男爵、行会巨头和南方贵族等上层人物发起，后来中小贵族、教会人士和城镇居民也加入进来。《大宪章》是一个典型的封建契约，是大贵族为保护其利益而制定的。但其中确立的诸多政治原则，成为后来英国君主立宪制的基础。比如，除非得到本王国的一致同意，否则国王不得征税；要讨论税收事宜，国王必须召集大主教、主教、寺院长老、伯爵和大男爵等开会；未经同等人的合法裁决和本国法律之审判，不得将任何自由人逮捕囚禁、不得剥夺其财产。②这些原则原本只是保护教会和世俗上层阶级的利益，但其中包含的国民参与权、监督权、同意权、国民自由等观念成为后来议会制的基础。随着"国民"一词包容性的不断扩大，这些权利也就逐步从大贵族普及到全体英国人民。

到了 1227 年亨利三世时期，大贵族对王国政治进行审议已经成为一项政治惯例，议会不再是国王的附属，而成为国民的代言人了。1258 年的《牛津条例》则成立了一个主要由男爵组成的永久性会议，这个会议有权咨询国务、任命重要大臣，其部分成员还需要经由选举产生。亨利二世时期主要起司法作用且不定期召开的御前会议，此时已转变为主要起议政作用，部分成员由选举产生且定期举行的"议会"了。13 世纪中叶，议会

① 参见钱乘旦、许洁明：《英国通史》，上海社会科学院出版社，2012 年，第 53 页。

② 参见［英］詹姆斯·霍尔特：《大宪章》，毕竞悦、李红海、苗文龙译，北京大学出版社，2010 年，第 43~59 页。

(Parliament)一词已经在英格兰被广泛使用。议会和国王的关系,则经历了"议会在王"到"王在议会"(the King in the Parliament)的重大转变。1265年的"西门会议"上,首次有市民代表出席会议。到1295年,各郡骑士和自治市代表出席会议的做法已经得到普遍认可。这为下议院的产生奠定了基础。

1343年在伦敦举行复活节议会时,高级教士和大贵族们被指派在百色厅堂集会,而骑士和市民则在彩色厅堂集会,这是两院出现的端倪。从14世纪开始,国王征税案就必须取得下议院同意才有效力,且下议院还取得了立法权和对大臣的弹劾权。此后,英国议会虽然在亨利七世(15世纪末)和查理一世(17世纪30年代)时期曾由于国王专制而短暂失去权力,但是其基本结构已经完全稳定,所享有的权威也越来越大,财税、立法、弹劾等重要的权力则逐步从上议院转移到下议院。

(二)身份解放:走向政治平等

英国的议会制度,从13世纪产生,直到19世纪中期议会改革,始终被贵族牢牢控制,不仅世袭的上议院完全由大贵族把持,选举产生的下议院也是由贵族占据绝对优势。

保证贵族当选议员的制度藩篱体现在方方面面。财产资格方面,1429年亨利六世制定的选举法规定,只有年收入40先令以上的"自由持有农"(即持有土地的农民)才有资格作为郡选民。到了19世纪,由于收入水平的提高,这个财产限制已经不足为道了,但"自由持有农"这一身份限制却将占农村人口绝大多数的无地农民排除在选民之外。19世纪初,符合这一规定的只有18万人左右,只占农村人口的4%;而同期的城镇选民则比例更低,只有1%多一点。1445年则规定,只有年收入达到20英镑以上的骑士,才有资格当选为各郡的议员。这就直接将"骑士"以外的其他社会阶层排除在当选议员的可能性之外。宗教信仰也是身份排斥的藩篱,17 世纪中期骑士会议通过的"克拉伦登法典"将广大的非国教徒排斥在各级政府之外。1793 年,有财产的天主教徒再度获得选举权,但仍然没有被选举权,比如爱尔兰 85% 的人口为天主教徒,却只有新教徒可以当选为议员。直到 19 世纪二三十年代,天主教徒的被选举权才得到认可。而到 1858 年之前,犹太人的政治权利也没有获得法律上的认同。①经过层层限制,1715 年选民尚占人口总数的 4.7%,而一百年后,这一比例降到了 2.5%。②可见,在选举权和被选举权的资格限制方面,财产标准或许还不是最重要的,起关键作用的限制标准乃是人的"身份"。在旧的选举制度下,不仅工人和无地农民没有选举权,新兴的中产阶级和工厂主也被排斥在选举之外。这种旧的选举制度,不仅阶级基础十分狭窄,还十分有利于贵族寡头操纵选举,由于有选举权的穷苦人很愿意出售选票,18 世纪英国的贿选之风极为盛行,几乎每一个议员都是花钱买进来的。

随着工厂主阶级、中产阶级和工人阶级的不断壮大,他们对改革旧制度的呼声越来越高。不过,英国人的议会改革并不是将基本制度推倒重来,或用其他民主机制取而代之;他们是通过政治斗争,逐步获得了选举权和被选举权,降低乃至最终打破了进入议会的身份藩篱,也就是说他们追求的是政治上的"身份解放"。

改革运动从 18 世纪 60 年代就开始了,伦敦的中产阶级率先成立了政治组织——"权利法案支持者协会",而后又成立了"宪法知识会",鼓吹议会改革的重要性,并首次提出人人有资格参加选举的主张。80 年代,由于不满战争费用不断加重,一批中小地主发起了一场"联合会运动",要求

---

① 参见[美]查尔斯·蒂利:《欧洲的抗争与民主(1650—2000)》,陈周旺等译,格致出版社,2015 年,第 154~158 页。

② 参见钱乘旦、许洁明:《英国通史》,上海社会科学院出版社,2012 年,第 234 页。

改革议会,让议会代表人民。这一运动得到了其他地方乡绅和部分大地主的支持。18 世纪末期,工人政治组织"设菲尔德宪法知识会"和"伦敦通讯会"相继成立,工人作为一个阶级提出了自己的政治要求:改革议会制度,实现普选。此时正处于法国大革命期间,"天赋人权"的思想传到英国,极大地鼓舞了英国广大下层群众的政治参与热情。工人运动和武装反叛时有发生。在这种形势下,群众运动的压力和上层政治斗争发生契合,最终推动议会改革取得成功。1832 年 6 月 7 日,国王签署了议会改革法案。

不过,改革的幅度其实是十分有限的,英国选民仅仅从改革前的 48.8 万人增加到 80.8 万人,占总人口的比例也不过从 2%上升到 3.3%。①而且工人阶级依然被排除在选举活动之外,仅仅部分中等阶级获得了选举权。虽然如此,但由于改革法将选举资格的限制从身份转向财产,议会改革法案还是被人们视为英国议会制度改革的分水岭,1832 年以前的议会制度被称为"旧制度",而 1832 年则被视为"新制度"确立。

1838 年,伦敦工人协会公布了一份法律文件——《人民宪章》,并召集大规模的群众集会,要求实行《人民宪章》。由此,英国工人阶级的"宪章运动"拉开帷幕。宪章运动要求进行彻底的议会改革,实行男子普选权,其最终目标是希望选出工人议员,从而使工人阶级获得政治权。这是英国工人阶级第一次单独的政治活动,没有和中等阶级结盟。1847 年,英国历史上第一位"工人"议员诞生了。1867 年,迪斯雷利推进第二次议会改革,大大扩大了选举权范围。在城镇,凡缴纳济贫税且拥有住房者(自有或租住)的人都可以成为选民;不缴纳济贫税且租住在城镇者,只要房租达到每年 10 英镑,也可以参加选举。在农村,拥有年值 5 英镑的财产或租用年值 12 英

---

① 参见钱乘旦、许洁明著:《英国通史》,上海社会科学院出版社,2012 年,第 249 页。

镑的地产者都可以参加选举。①这样一来,工人阶级当中除了矿工和农业工人,基本都已经获得选举权,拥有选举权的人比原先几乎增加了一倍。1884—1885 年,格拉斯顿进行了第三次议会改革。这次议会改革取消了选举权的财产资格限制,英国基本实现了成年男子普选权。

实际上,1832 年的议会改革运动,工人阶级完全被中等阶级利用,虽然对改革贡献良多,却未能品尝到改革的果实。中等阶级内心也不欢迎工人阶级在政治上与自己平起平坐。直到 1870 年前后,白哲特(Walter Bagehot)在写作《英国宪制》(The English Constitution)一书时仍然表示:"我并不认为把工人阶层从有效的代表制中排除出去是我们议会代表制这一方面的一个缺陷。"②他显然认为,工人阶级的政治能力是值得怀疑的③,且将社会底层排除在议会之外不会有损于议会对国民的代表性。可见,英国的议会改革是循序渐进的,并不是一下子就将平等普及到所有人。

英国最后一个被打破的选举资格限制是性别。英国妇女争取选举权的运动从 19 世纪 60 年代开始,她们通过成立政治组织、请愿、集会、议会活动等各种方式争取男女选举权平等。④第一次世界大战期间,由于英国损失惨重,大量男性士兵死于战场,英国妇女在生产生活中的重要性得到凸显。1918 年出台的《人民代表法》修改选民资格,该法虽未完全实现选举权性别平等, 只是规定 30 岁以上的女业主或有配偶的女性才有选举权,但英国女性从此获得了选举权,当年产生的女性选民就达到 840 万人。1928 年,通过再一次进行选举改革,英国妇女最终获得与男子平等的选举权。

---

① 参见钱乘旦、许洁明:《英国通史》,上海社会科学院出版社,2012 年,第 266 页。

② [英]沃尔特·白哲特:《英国宪制》,李国庆译,北京大学出版社,2005 年,第 126 页。

③ 白哲特认为:"一个议会应当由情绪平和的人组成",如果下层人进入议会"我们会得到一个各种暴力所组成的多样化的混合体,而不是一个由温和、明智的人组成的慎议的议会"。见[英]沃尔特·白哲特:《英国宪制》,李国庆译,北京大学出版社,2005 年,第 110 页。

④ 参见陆伟芳:《第一次世界大战中的英国妇女选举权运动》,《世界历史》2011 年第 2 期。

对于英国民主发展过程中"机制建设"与"身份解放"的关系,巴林顿·摩尔说得非常形象:

> 议会是一个灵活的制度,该制度一方面搭建了一个舞台,使得新的社会阶层为了满足自身不断增长的愿望而进入这个舞台,另一方面又形成了一种机制,用来和平地解决这些社会阶层之间的利益冲突。①

可以说,英国的核心民主机制早早确立,而英国人的"身份解放"则大大落在了机制建设的后面。但由于英国议会制度的开放性和英国人的妥协性格,率先确立的议会制度得以引领着英国人渐进有序地完成了身份解放。一方面,至迟到14世纪,英国的核心民主机制——议会制度的基本结构就已经完全形成。1688年"光荣革命"中,由于国王都是由议会创造出来的,所以议会主权的原则得以确立,此后议会成为英国政治活动的中心。到18世纪,英国议会主权的原则不再受到任何挑战。但是另一方面,由于身份解放的滞后,此时的议会"也不过仅仅是一个地主委员会而已"②,受到政治身份的限制,其民主基础是非常狭窄的。

所以从18世纪一直延续到20世纪的所谓"议会改革",实际上并非改革议会制度本身的基本结构,而是改革议会的"准入门槛"。也就是说,议会改革之前,英国的主要政治舞台已经搭好,此后只不过调整了"演员"的选拔标准,从而使得越来越多的人拥有得以走上这个舞台的资格。这样来看,英国的议会改革,实乃在维持基本民主机制的前提下,英国人逐步的身份解放运动。在议会制度确立以后,通过身份解放运动,英国人实现

---

① 〔美〕巴林顿·摩尔:《民主与专制的社会起源》,王茁、顾洁译,上海译文出版社,2012年,第29~30页。

② 同上,第21页。

了"机制"与"身份"之间的协调。

三、法国:身份解放等待机制建设

(一)政治失序:未能形成稳定且有权威的宪政机制

早在 18 世纪初路易十四统治末期,法国的君主专制制度就已盛极而衰。此后的法国进入了一个权力形式和权力归属大变动的历史时期。在法国王室、土地贵族和资产阶级争夺国家权力的过程中,原有的秩序和权威消散,而新的权力体制难产。法国在很长时间里都未能建立起稳定且有权威的宪政机制。

第一,同英国一样,独立的法兰西国家出现的时候,作为国王咨询机构和封建贵族委员会的"御前会议"就已出现。1302 年菲利普四世时期,首开三级会议的先河。到了 14 世纪中叶,由于战争靡费巨万,为了筹集战争资金,法国不得不扩大三级会议代表的来源,市民代表已在其中占据半壁江山。[①]但是同英国议会享受广泛的、实质性的政治权力不同,三级会议在法国更多是国王汲取资金或贵族争权夺利的工具,既不稳定也无权威。法国的三级会议不仅没能像英国那样演变为现代议会制度,就是在封建时期,也从未成为定制。法国从 1439 年起再也没有因征税而召开过三级会议;1614 年,封建贵族为了恢复特权曾短暂召开三级会议。但自此以后,直到 1789 年大革命爆发,法国的三级会议再也没有召开过。而 1789 年之后的三级会议同样岌岌可危,多次在炮口下被迫解散。可见,三级会议在法国根本不是带有民主性质的"议会",而仅仅是国王或贵族的工具,召之即

---

① 参见吕一民:《法国通史》,上海社会科学院出版社,2002 年,第 39 页。

来,挥之即去。

第二,未能建立制度化的核心政治职位的竞争机制。法国大革命的核心议题是围绕第三等级的政治地位而展开的。大革命之初,法国的支配阶级也曾希望建立一个更具代表性的政治参与机制,但"此时的三级会议并不是一个能够有效调节支配阶级多元利益的、成熟的代议机构。相反,三级会议还处于从无到有的构造状态"①。从 1789 年到 1958 年,法国始终未能很好地解决核心政治职位的竞争机制问题,一个形象的说法是,大革命后法国人民只是获得了"没有民主的公民身份"②;法国各类势力在毫无制度中介的情况下直接争夺国家控制权,像极了亨廷顿所说的"普力夺社会"。

第三,没有制度化的重大公共决策协商机制。大革命前后的很长时间里,法国各精英阶层很难就重大公共决策进行有效协商,而通常诉诸强制或暴力行动。仅以税收征收为例,大革命前,法国王室由于挥霍和好战(如参加北美独立战争)导致财政亏空,亟须扩充财源。然而王室的税收政策屡屡遭到代表资产阶级和地方贵族利益的高等法院拒绝。1785 年,巴黎高等法院甚至发表宣言谴责专制,而路易十六则强行注册国王敕令,并试图通过司法改革取消高等法院的注册和谏诤职能。③

(二)社会革命:一步到位的身份解放

在法国统治阶级上层集团都尚未奠定任何民主机制的情况下, 法国的思想解放运动却早早地到来了。启蒙运动中,"天赋人权""自由""平等"等带有人类解放性质的颠覆性观念大行其道。由于缺乏基本的民主机制,

---

① ［美］西达·斯考切波:《国家与社会革命——对法国、俄国和中国的比较分析》,何俊志、王学东译,上海人民出版社,2015 年,第 78 页。

② ［法］皮埃尔·罗森瓦龙:《公民的加冕礼:法国普选史》,吕一民译,上海世纪出版集团,2005 年,第 147 页。

③ 参见郭华榕:《法国政治制度史》,人民出版社,2005 年,第 60 页。

普通法国人民在几乎没有任何处理政治事务的经验的情况下过早地卷入了政治过程；由于舆论领导权单独落在哲学家手中，这导致"大革命不是由某些具体事件引导，而是由抽象原则和非常普遍的理论引导的"①。这就使得法国注定无法像英国一样走"机制建设引领身份解放"的民主发展道路，而必然走上一条以革命方式解放身份的道路。

18世纪初期，孟德斯鸠、伏尔泰等人就开始了针砭时弊的写作，一开始他们用小说、诗歌、书信体等形式委婉地揭露专制和暴政，随后则通过历史学、法学和哲学分析，直接从理论上批判专制主义，推崇爱共和、爱自由的美德。在1748年《论法的精神》一书中，孟德斯鸠受到英国立宪制度的启发，提出了具有划时代意义的"三权分立"学说。百科全书派和卢梭则更为激进，直接否定"君权神授"学说，提出"天赋人权"理论，热情地讴歌自由与平等的价值。这些理论直接成为1789年法国大革命的思想和理论资源。可以说，法国是在统治阶级上层集团都尚未奠定任何民主机制的情况下，思想界、理论界和社会上就已经开始讨论"人类社会的基本组织方式"这样的带有人类解放性质的根本问题了。

1789年，法国大革命就在这样的背景下爆发了。当年5月，在第三等级的压力下，停止175年之久的三级会议再度召开了。经过选举，教士等级、贵族等级和第三等级分别推出了代表291名、270名、578名。但随后召开的会议，却丝毫不曾涉及三个等级的表决权问题、法国的宪政问题等"建制"的基本问题。这让期待取消等级制度的第三等级大为失望，他们在西哀耶斯的带领下另起炉灶，单独召开了"国民议会"，他们声称占全国总人口96%以上的第三等级足以代表整个国家。面对第三等级"创建宪制"的要求，路易十六选择用军队包围巴黎，而第三等级和巴黎市民也决定建立民团，开展武装起义。这个失败的"创制"尝试，一开始就奠定了未来一

---

① ［法］托克维尔：《旧制度与大革命》，冯棠译，商务印书馆，1992年，第236页。

百多年间法国政治解放运动的基调。在此后法国的历史上,我们多次看到类似的情形重演——议会经常在炮口下被迫解散。这也就决定,法国民主发展的路径不可能是先建立机制,然后解放身份,而只可能是先解放身份,后建立机制。

各阶层法国人的身份解放是在很短的时间内几乎同时完成的。在1789年巴黎市民攻陷巴士底狱的同时,法国农民就开始了武装起义,他们攻陷了领主城堡,将登记着人身依附关系的封建契约付之一炬。"八月法令"宣布,将封建制度完全废除,农民的人身得到了解放。①随后,法国人通过划时代的《人权和公民权利宣言》(简称《人权宣言》),正式宣告身份解放时代的来临。《人权宣言》宣布,自由财产、安全和反抗压迫是天赋的不可剥夺的人权;人民是主权的来源;主权的表现形式是法律,也就是公民的普遍意志;法律面前,人人平等。这份权利宣言书石破天惊,人类历史从此进入了身份解放的新纪元。列宁曾说:"整个十九世纪,即给予全人类以文明和文化的世纪,都是在法国革命的标志下度过的。"②这个评价是恰如其分的。

然而《人权宣言》毕竟只是一份纲领性质的宣言书,而并非正式制度。随后召开的制宪会议出台了一系列法案,废除等级制和阶级特权。1791年,法国颁布了历史上第一部宪法。这部宪法不仅直接将《人权宣言》作为序言,③而且进一步规定法国是君主立宪制国家,国家主权属于人民,国家实现三权分立制度,国王需根据法律治理国家。在选举制度方面,1791年宪法一方面规定年满25周岁的男子享有公民权;另一方面以财产为标

---

① 参见吕一民:《法国通史》,上海社会科学院出版社,2012年,第107页。

② 《关于用自由平等口号欺骗人民——五》,《列宁选集》(第三卷),人民出版社,1972年,第851页。

③ 这一惯例延续至今,可见1789年大革命确立的政治解放原则成为法国历次宪法的政治基础。

准，将公民分为有选举权的"积极公民"和无选举权的"消极公民"。至此，法国的政治解放，除了还存在性别和财产限制之外，身份方面的限制至少在形式上已经完全被取消了。

1792 年，国民公会宣布废除君主制，法国国王路易十六被国民公会判处死刑。法兰西第一共和国成立了。1793 年宪法同样包括《人权宣言》，这部宪法不仅像 1791 年宪法一样赋予公民广泛的政治权利和自由权利，还规定公民有起义权。1795 年宪法虽然废除了普选权，恢复了对选举权资格的财产限制，且首创两院制，但这部宪法依然保留共和政体和公民投票权，且规定宪法需由全民公决通过。即便是在拿破仑通过政变上台后，实行军事独裁，其制定的 1799 年宪法也没有挑战大革命身份解放的成果，而是重申："宪法建筑在代议制政府的真正原则之上，也基于财产、平等、自由的神圣权利之上"，并恢复普选权。此后，尽管存在波旁王朝复辟，专制王权和旧制度短暂回归，但法国大革命奠定了"曾是无法消灭的资产阶级民主、资产阶级自由的基石"[①]。

直到 1958 年，法兰西第五共和国成立，法国现代宪法依然忠于 1789 年大革命宪法所确定的基本原则。一方面，1789 年之后的两百多年间，议会制、君主立宪制、民主共和制、公社制、封建帝制和军事独裁制在法国历史上交替上演，似乎法国的基本民主制度始终没能确立。但另一方面，法国人的政治解放再也没有走过回头路，至少在观念层面，人人平等的价值观已经牢不可破。一个直观的结果就是，大革命以后，法国的底层阶级从此进入了政治舞台。[②]

作为社会底层，农民向来是身份解放最后涉及的阶层。而在法国，过

---

① 《列宁全集》（第 29 卷），人民出版社，1990 年，第 335 页。

② 比如，蒂利认为，虽然单纯的公民身份并不能保障民主，但公民身份是民主的基础性条件，而"大革命从一开始就大大扩展了公民身份的范围"。参见［美］蒂利：《欧洲的抗争与民主（1650—2000）》，陈周旺等译，格致出版社，2015 年，第 121 页。

早的身份解放，使得法国农民的政治参与带有不可预料的爆炸性后果。1848 年 12 月 10 日,法国举行总统全民普选。拿破仑一世的侄子路易·波拿巴获得了总票数的 3/4,当选为共和国总统。恩格斯说:"1848 年二月革命的朦胧的社会主义激情,很快就被法国农民的反动投票一扫而光。"①在这里,虽然恩格斯批判的是农民阶级的反动与落后,但也告诉我们一个事实:1848 年法国社会底层的农民阶级其实已经切实享有了投票选举统治者的权利。作为对比,英国虽然早早确立了议会民主制,但广大农民阶级直到 19 世纪末期才获得普选权。实际上,早在 1802 年,拿破仑就通过全民公决,获得了法兰西第一帝国"终身执政"的资格,当时他的得票结果是 3568885 票赞成,8374 票反对。而 1804 年,法国人民再度以 3572329 票对 2569 票的绝对优势,将拿破仑拥戴为皇帝。②要知道,英国直到 1832 年议会改革建立"新制度"之后,拥有选举资格的人也不过区区80.8 万人。而刚刚完成大革命的法国,一次公决的投票人数就达到 350 多万(必然还有大量有投票权却没有参加投票的人)。这个对比充分说明,虽然英国的核心民主机制建立在先,但法国的政治解放更加超前,更加彻底。

(三)宪法改革:确立核心民主机制

　　大革命中,法国人的身份解放一步到位,超出了制度承载能力,或者说新的制度根本还没有建立起来。此后,为了找到一个合适的机制落实大革命的身份解放成果,法国人民进行了频繁的宪法创制试验。

　　从 1789 年到 1958 年,法国共经历了 5 种政体更迭,出台过 17 部宪法。这种令人眼花缭乱的立宪和创制试验,一方面进一步说明此时的法国缺乏稳定且有权威的宪政体制, 另一方面也说明法国人民一直在为寻找

---

① 《法德农民问题》,《马克思恩格斯选集》(第四卷),人民出版社,1972 年,第 295~296 页。
② 参见吕一民:《法国通史》,上海社会科学院出版社,2012 年,第 142、145 页。

合适的宪政体制以落实大革命身份解放的成果而努力。直到 1962 年,戴高乐通过"宪法修正案"确定总统由普选产生,法国总统制政体真正确立,法国的核心权力机制才最终确定,并逐步获得权威。

这里将第五共和国宪法同第三、四共和国宪法做一简单对比,即可知道稳定的宪政体制对于民主机制的特殊重要性。1958 年第五共和国宪法把"总统"列为第二章,紧接在第一章"国家主权"之后,宪法规定总统体现"国家的持续性",是宪法实施的"保证者"和"仲裁者";而第三、第四共和国宪法则把"议会"置于第二章,总统只是宪法的"捍卫者",只是形式上的国家元首。①孰轻孰重一目了然。法兰西第三、第四共和国内斗不断、纷乱不已的历史事实表明,法国试图学习英国确立议会制作为核心政体的做法是失败的。

随着核心宪政体制的确立和政治生活的稳定化,法国制度化的核心政治职位竞争机制和重大公共决策协商机制也逐渐完善起来。1791 年宪法虽然一方面规定普遍公民权,另一方面又将之区分为"积极公民权"和"消极公民权",并在此基础上实行"两级选举制",从而对选举权构成重大限制。此后,经过多次选举改革,到 1871 年法国"普遍选举才真正听任自己的支配"。②

身份解放一步到位,超出了制度承载能力,或者说新的制度根本还没有建立起来。③从 1789 年到 1958 年,法国的各类势力在毫无制度中介的

---

① 吴国庆:《战后法国政治史》,社会科学文献出版社,2004 年,第 132 页。

② [法]皮埃尔·罗森瓦龙:《公民的加冕礼:法国普选史》,吕一民译,上海世纪出版集团,2005 年,第 250 页。

③ 托克维尔对法国大革命的定性是短时间内迅速摧毁长期以来统治欧洲的那种旧制度,实际上就是打破旧制度下的阶级统治,从而实现人类解放。参见[法]托克维尔:《旧制度与大革命》,冯棠译,商务印书馆,1992 年,第 59 页。

情况下直接争夺国家控制权,像极了亨廷顿所说的"普力夺社会"[①];可谓"乱哄哄,你方唱罢我登场",交织着暴力与混乱。然而其背后的主线是异常清晰的,那就是法国人为了找到一个合适的机制,落实大革命的身份解放成果,进行了走马灯似的制度建设试验。

法国大革命,为什么被这么多人讴歌,又令这么多人恐惧?人们讴歌的,是它带来的身份解放,而人们恐惧的则是它解放了身份,却没能提供任何落实身份解放成果的民主机制。有人认为:"这场革命确立了两个不同的传统:一个是自由民主制,其基本目标是代表并保护私人财产;另一个也是较弱的一个,则是激进民主制,其目标是建立社会平等,实现公民的全面解放。第一个传统或多或少导致了一种类似英国代议制度的议会统治,第二个传统则支持直接参与的民主制度。"[②]因此,法国在大革命以后所经历的各种政制形式的起伏变化,其实反映的是两种民主观或民主制的交替出现。这个观察有一定道理,但各种政治形式的交替出现,并非所谓"自由民主"或"激进民主"的理论争议问题,而是实际政治斗争中,法国人通过一个什么样的机制落实大革命所取得的"身份解放"的成果的问题。

(四)小结:身份解放等待制度建设

一方面,自1789年大革命以来,法国人的身份解放再也没有走过回头路。"人人平等"不仅在观念层面已经牢不可破;事实层面,即使是底层法国人也早早拥有了最起码是形式上的投票权,以及通往国家公职的机会。大革命以后,法国的底层阶级从此进入了政治舞台。但另一方面,1789年之后的一百多年间,议会制、君主立宪制、民主共和制、公社制、封建帝

---

① [美]亨廷顿:《变化社会中的政治秩序》,王冠华等译,上海人民出版社,2008年,第160~165页。

② [美]亨廷顿等:《现代化:理论与历史经验的再探讨》,张景明译,上海译文出版社,1993年,第316~317页。

制和军事独裁制在法国历史上交替上演，一直未能形成稳定的核心权力机制，直到 1958 年法兰西第五共和国宪法确立，法国现代民主机制才成型；直到 1962 年法国普选总统制确立，法国的宪政体制才真正稳定下来。所以法国的民主发展历史表明，其身份解放先于机制建设。

法国人并非没有过优先建立宪政政府和民主机制的尝试，但法国的历史制度禀赋、现实社会力量的对比，以及法国人的"偏好"，最终让法国走上了先"身份解放"，后"机制建设"的民主发展道路。就像摩尔所说："如果没有法国大革命，两国（英法）之间就不可能出现任何相似性（政治民主化）。"[①]可以说，在没有核心民主机制的情况下，法国要实现民主化，除了通过大革命先进行身份解放之外，可能没有其他出路。

蒂利说，欧洲的民主之路是异彩纷呈的。1800 年之后，英国主要是通过对抗走向民主化的，而"法国则提供了一个通过革命实现民主化的典型例子"[②]。"对抗"抑或"革命"，二者最大的差异在哪里？是抗争形式或暴力程度的差别吗？从表面来看，是的。但其实质，乃是两国民主发展逻辑的根本不同。

英国之所以是对抗逻辑，是因为英国人在身份解放之前就已经早早确立了核心民主机制，他们有条件在民主制度下通过对抗从而逐步地、渐进地达成身份解放。而法国之所以是革命逻辑，因为法国人不仅没有可以转化为核心民主机制的制度基础，就连大革命前夕法国进行"创制"的尝试也以失败告终。而观念的解放和阶级力量的成长已经不可阻挡地在法国社会到来了，这就使得法国各阶层不得不在没有任何核心民主机制的情况下，进行赤裸裸的直接对抗，而这种对抗的结果，不可能是直接产生

---

① ［美］巴林顿·莫尔：《民主与专制的社会起源》，王茁译，上海译文出版社，2012 年，第 40 页。

② ［美］查尔斯·蒂利：《欧洲的抗争与民主（1650—2000）》，陈周旺等译，格致出版社，2015 年，第 26 页。

成熟的宪政机制,而只可能是"破而未立"的身份解放。没有身份解放的民主机制是空洞的,而没有机制建设的身份解放则是混乱的。所以完成了机制建设的英国,通过逐步的身份解放实现了比较充分的民主发展;而完成了身份解放的法国,则必须通过痛苦的机制建设来落实身份解放的成果。

到目前为止,虽然我们的比较是比较粗线条的,并没有很深入地涉及英法两国民主发展道路差异的具体原因。但是通过对英法两国民主发展历史路径的比较,我们不仅验证了"身份解放"+"机制建设"分析框架的有效性;我们还证明,由于身份解放和机制建设的形式和先后顺序的不同,各个国家民主发展的道路是有巨大差异的。这两点,构成我们对中国民主发展道路分析的重要理论背景和前提。仅就提供理论背景和前提的层面而言,我们对英法两国民主发展历史路径所做的分析,已经足以证明我们的命题。

第三节　回到中国:民主发展的方向、逻辑、路径与机制

既然我们已经确立了进行民主发展分析的两个基本前提:一是民主发展的关键变量是"身份解放"和"机制建设";二是不同政治体身份解放和机制建设形式和顺序不同。那么回到中国,当代中国民主发展的方向、逻辑、路径和机制是什么呢?

一、方向:政治现代化

政治现代化是一个政体从传统形态走向现代形态的过程。亨廷顿认为,现代政体形态有如下重要特征:权威合理化、结构的分化和大众参政

化,①其核心可以说就是以"身份平等"和"民主参与"为核心的民主发展。而在马克斯·韦伯看来,政治现代化表现为国家的制度化和程序化,②其实质是国家的理性化。从这些维度来考量,政治现代化的基本特征,也就是民主发展的制度化。

近代史学大家蒋延黻曾说:"近百年的中华民族根本只有一个问题,那就是:中国人能近代化吗？"③中华民族的现代化,是必然包含政治现代化的。因此可以说,政治现代化规定了近代以来中国政治发展的基本方向,规定了当代中国政治发展的基本目标,也规定了当代中国国家建设的主线。当代中国的政治现代化,必然以民主发展为核心实践形态,即走向更加普遍的身份平等,更加具体有效的政治参与。所以时代主题决定,当代中国政治现代化必然以民主发展为基本方向,走向更加彻底的身份解放,更加充分的个人自由,更加有力的权利保护,更加有效的政治参与,更加完善的制度形态。

就像 19 世纪初,托克维尔准确预见到了人类政治走向民主的趋势不可阻挡一样;近代以来,中国的先知先觉者也早已清晰地看到中国政治从传统走向现代、从不平等走向平等、从专制走向民主的必然趋势。1916 年9 月,孙中山先生在浙江海宁观看钱塘江大潮,面对汹涌的钱塘江潮水他有感而发,写下了惊世名言:"世界潮流,浩浩荡荡,顺之则昌,逆之则亡。"已经游历过欧美诸国的孙中山意识到,中国走向自由、平等、民主的大方向是不可阻挡、不可逆转的。毛泽东也说,宪政运动的方向,是人民的要

---

① 参见[美]塞缪尔·亨廷顿:《变化社会中的政治秩序》,王冠华等译,上海人民出版社,2008 年,第 27 页。

② 参见[德]马克斯·韦伯:《经济与社会》(下),林荣远译,商务印书馆,1998 年,第 724~725 页。

③ 蒋延黻:《中国近代史》,上海古籍出版社,1999 年,总论第 2 页。

求,历史发展的要求,世界趋势的要求,"历史的巨轮是拖不回来的"①。可以说,自辛亥革命以来,追求民主就一直是中国政治现代化建设的一个核心主题,此后历次进步的政治运动,无一不是民主运动。

所以说在大方向上,民主发展既是世界政治文明发展的潮流,也是近代以来中国革命建国的基本方向,更是中国共产党对中国人民和中华民族的庄严承诺。就像邓小平所说:"没有民主,就没有社会主义现代化。"②人民民主是中国共产党人始终不渝的奋斗目标,不追求民主,就不是真正的中国共产党。随着社会主义市场经济的深入发展和广大人民群众政治需要的日益增强,"我国的民主政治进程不可逆转"③。民主发展对于当代中国政治建设来说,是具有规定性的目标预设,任何组织或个人,如果违反了这个规定性,就是逆历史之潮流,从而违背了中华民族的基本政治利益。这个大方向一定要明确。

由此我们知道,当代中国的政治改革,基本取向就是促进民主发展。在此前提下,我们才有可能回答,在追求民主发展的大方向方面,我们的基本逻辑是什么,合适的路径和具体机制是什么。

二、逻辑:从身份解放到机制建设

既然近代以来中国政治现代化的基本方向是民主发展,那么这个民主发展所体现出来的基本逻辑是什么?我们运用前文提出的"身份解放"+"机制建设"分析框架,对清末以来的中国民主发展作一个简单的历史过

---

①　《新民主主义的宪政》,《毛泽东选集》(第二卷),人民出版社,1991年。在这篇谈话中,毛泽东强调宪政"就是民主的政治"。

②　《邓小平文选》(第二卷),人民出版社,1993年,第168页。

③　俞可平:《我国的民主政治进程不可逆转》,《学习时报》2010年1月4日。

程分析。

(一)历史回顾:改革与革命反复交替

1. 清末立宪

清朝末年,内忧外患。为了应对这种局面,清政府进行过洋务运动和变法图强等改革,但这些改革都不涉及民主发展,且都以失败告终。直到1905年,在一系列的内外压力和危机作用下,清政府不得不诏令五大臣出洋考察,开始了君主立宪的尝试。《钦定宪法大纲》虽然以巩固君权为目的,但毕竟在法律形式上确认了人民的部分自由与权利,并以根本法的形式规定了议会制、内阁制等国家基本制度。[①]所以我们认为,清末立宪的本质乃是某种程度的"创制"实验,即在保证君主大权的基础上试图纳入一定的民主机制,并将之制度化。这次"创制"实验的结果无须多言。

2. 辛亥革命

清末立宪创制失败的直接后果就是促成辛亥革命爆发。这也就决定辛亥革命的目标取向同立宪改革完全不同。辛亥革命最大的贡献在于推翻帝制,从而"扫除了一种民族复兴的障碍"[②]。辛亥革命由于推翻了旧制度,开启了身份解放的新纪元,其对于中国人的意义和法国大革命之于法国人的意义一样重大。《临时约法》明确规定:"中华民国之主权,属于国民全体","中华民国的人们,一律平等,无种族、宗教、阶级之区别"。而且《临时约法》还规定人民享有一系列的言论、结社等政治自由,以及选举权和被选举权。所以在民主发展的框架内看辛亥革命,其本质乃是身份解放。不过,由于辛亥革命只是推翻了清王朝的统治,民族压迫和阶级压迫依然

---

① 参见陈胜强:《"传统"与"现代"之间:晚清政治现代化的启动契机、历程与遗产》,《求索》2014年第6期。

② 蒋延黻:《中国近代史》,上海古籍出版社,1999年,总论第89页。

存在，所以其身份解放是很不彻底的。辛亥革命之后，中国依然面临先"身份解放"还是先"机制建设"的问题。

3. 民国立宪

民国时期出现了走马灯似的立宪活动①和议会选举活动。在此期间，人们花费了大量精力去制定宪法，一开始人们对于"宪法使国家变强的能力的信心"是相当真诚的。然而随着派别冲突的一次次循环，"政治家立宪花招中的谎言明显增加，民众对民国政权的支持相应下降"②。如果当时中国幸而有主导民主机制的核心政治力量，且有大致安全稳定的国际国内环境，假以时日，这种立宪改革未必完全没有开花结果的可能。然而不幸的是，彼时的中国不仅内忧外患国无宁日，且原有的统治精英腐化，国民一盘散沙，新的主体政治力量尚在酝酿成长之中。③这就决定，立宪试验是一厢情愿的，不可能成功。民国时期宪政理想的破灭，究其本质乃是在身份解放没有完成的情况下，试图通过民主机制建设以凝聚国家的希望的破灭。经过屡屡失败，孙中山最终认识到了这一点。中国共产党更是一开始就认识到了这一点，从而坚定地走上了革命建国，追求身份解放的道路。

4. 新民主主义革命

在理论上，1919 年到 1949 年被称为"新民主主义革命"时期。不过，由于这一时期"立宪救国"（即民国的立宪实验）与"革命救国"的道路同时存在，所以只有中国共产党领导的"革命救国"才是真正意义上的新民主主

---

① 自 1912 年《中华民国临时约法》出台，到 1949 年国民党政府败走台湾，37 年间共有 1913 年"天坛宪草"、1914 年《中华民国约法》（袁记约法）、1923 年"贿选宪法"和 1947 年《中华民国宪法》，共计 5 部。

② ［美］费正清编：《剑桥中华民国史（1912—1949）》（上卷），中国社会科学出版社，1998 年，第 288 页。

③ 参见林尚立：《建构民主——中国的理论、战略与议程》，复旦大学出版社，2012 年，第 88~89 页。

义革命。新民主主义革命的最伟大成就是推翻了"三座大山"，实现了中华民族和中国人民的解放，在我们的分析框架中，这个阶段显然属于身份解放的阶段。而且我们认为，经过新民主主义革命，中国人身份解放的历史任务已经初步完成。①比如，《共同纲领》开宗明义地指出："中国人民解放战争和人民革命的伟大胜利，已使帝国主义、封建主义和官僚资本主义在中国的统治时代宣告结束。中国人民由被压迫的地位变成为新社会新国家的主人，而以人民民主专政的共和国代替那封建买办法西斯专政的国民党反动统治。"在法律上，即使最底层的中国人也获得了选举权和被选举权，及其他广泛的政治自由和政治权利。可以说，新中国成立的时候，身份解放的任务就已经基本完成，此后的国家建设理应调整战略重点，将政权建设作为下一阶段的主要目标。不过，由于农村地区的阶级压迫尚未完全解除，所以土地改革被视为下一阶段"继续革命"的核心任务。②这导致建国初期一段时间里，身份解放和机制建设同时并存，且为"文革"完全忽视机制建设埋下伏笔。

5. 新中国成立初期：革命下的建制

推翻"三座大山"之后，新中国面临的首要任务是尽快建立国家基本制度。1949 年 9 月 21 日，中国人民政治协商会议通过了《中国人民政治协商会议共同纲领》《中华人民共和国中央人民政府组织法》和《中国人民政治协商会议组织法》。这些法律成为国家建制的基本宪法依据。中国人民政治协商会议实际上充当了临时的核心民主机关，《共同纲领》则相当于临时宪法。由此，中国建立了人民民主专政的基本制度形态。紧接着，中国开展了召开第一届全国人民代表大会的准备工作。1953 年，《中华人民共

---

① 除了当时还有少量地区尚未解放。

② 毛泽东说："土地改革是中国人民民主革命继军事斗争以后的第二场决战。"参见中共中央文献研究室编：《毛泽东年谱（1949—1976）》（第一卷），中央文献出版社，2013 年，第 55 页。

和国全国人民代表大会和地方各级人民代表大会选举法》通过了，这是建立民主机制非常关键的步骤。为了落实新民主主义革命身份解放的成果，也为了体现国家政权的民主性，国家开展了全面的有关民主的选举宣传和训练工作。1954 年，在普选的基础上，中国逐级召开了人民代表大会，正式由人民选举产生的人民代表大会统一行使国家最高权力。在第一届全国人民代表大会上，新中国第一部《宪法》和《人民代表大会组织法》产生了。至此，新中国初步完成了民主立宪和核心民主制度的建设。

这一时期，新中国虽然进行了大量民主机制建设，不过在思想上、政治方针上、宪法上都还保留"继续革命"的目标，这一阶段也被认为只是"过渡阶段"[①]，机制建设并未成为这一阶段民主发展的核心任务。一方面，国家机构中仍然将"人民革命军事委员会"作为最高机构[②]，以领导"继续革命"；另一方面，剿匪、土改被认为是巩固革命政权的核心任务，区乡政权建设被认为只是"土改的先决条件"[③]。这些都充分说明，中共仍未将国家的核心政治任务"转变"过来，依然将革命和身份解放作为当时的主题。这也是导致 1966 年以后"文化大革命"发生的路线根源。

6. "文化大革命"时期

1966—1976 年期间的"文化大革命"是在"继续革命"理论下展开的，其主导思想依然是追求身份解放的"以阶级斗争为纲"。人们通常认为，"文革"是对政治民主的极大破坏。[④]前一时期的民主机制建设成果在此期间几乎被毁之殆尽，已经建立的民主机制也被破坏或架空，"文革"期间十

[①]　1954 年《宪法》序言中明确表示，从中华人民共和国成立到社会主义社会建成"是一个过渡时期"。第四条规定，国家还要通过社会主义工业化和社会主义改造，逐步消灭剥削制度。

[②]　毛泽东担任主席。

[③]　中共中央文献研究室编：《毛泽东年谱（1949—1976）》（第 1 卷），中央文献出版社，2013 年，第 77 页。

[④]　参见《解放思想，实事求是，团结一致向前看》，《邓小平文选》（第二卷），人民出版社，1995 年。

年未召开人大。①但是在毛泽东看来，发动"文革"是为了"帮助各级党委和干部执行党的民主集中制，发扬民主，改进工作"②。他甚至将进行无产阶级"文革"的重要意义同打倒日本帝国主义相提并论。③"文革"中的 1969年中共九大、1973 年中共十大党章中均表示，新民主主义革命基本完成。但"文革"后的1977 年中共十一大党章则提出"经过长期的革命斗争和革命战争，取得了新民主主义革命的彻底胜利"④。为什么当时的中共中央会认为，经过"文革"之后中国的新民主主义革命才"彻底胜利"了呢？这是因为当时中共中央认为"文革"具有很强的"身份解放"功能，故而具有民主属性。单从机制建设的角度来看，"文革"无疑是极具破坏性的；但是以毛泽东为核心的中共中央是将"文革"作为身份解放的手段来理解的，所以他们认为"文革"是在实行"大民主"。有人在反思"文革"的时候就提出：

> 新民主主义革命和社会主义革命的胜利，使人民民主专政获得了实现的基本条件。但长期以来我们忽略了如何从政治技术上来建设民主法制的工作，结果当"文革"发生时，没有健全的政治体制来控制和阻止它。⑤

这里提到了"基本条件"和"政治技术"两个范畴，我们认为前者就是人民的身份解放，而后者则是民主机制建设。可以看出，当时中共中央对

---

① 参见浦兴祖：《当代中国政治制度》，上海人民出版社，1990 年，第 18 页。
② 中共中央文献研究室编：《毛泽东年谱（1949—1976）》（第五卷），中央文献出版社，2013年，第 594 页。
③ 参见中共中央文献研究室编：《毛泽东年谱（1949—1976）》（第六卷），中央文献出版社，2013 年，第 649 页。
④ 1977 年中共十一大《党章》，总纲第 4 款。
⑤ 王沪宁：《"文革"反思与政治体制改革》，《科学社会主义》1986 年第 11 期。

民主的理解和对民主发展重心的判断发生偏差,成为导致"文革"爆发的重要原因。

7. 改革开放

1978 年,被认为是"拨乱反正"的年代。[1] 用民主发展的逻辑来看,所谓"拨乱反正"其实就是改变前 20 年忽视民主机制建设,不切实际地继续进行身份解放革命的错误逻辑,而开启民主机制建设的逻辑。邓小平对"拨乱反正"开出的核心药方,就是将政治重心重新拉回到制度建设上来,他指出:"从制度上保证党和国家政治生活的民主化、经济管理的民主化、整个社会生活的民主化,促进现代化建设事业的顺利发展。"[2] 此后,中国开启了一个建设民主机制的时代。比如,1979 年 6 月,五届全国人大二次会议恢复了人民代表大会制度;1982 年通过了新修订的《中华人民共和国宪法》,中国共产党领导的多党合作和政治协商制度也得到恢复和发展。可以说,整个 80 年代上半期的政治体制改革,一是基于党章的执政党制度重建,二是基于宪法的现代国家制度重建。[3]

这一逻辑转换的影响一直延续到今天。中共十七大报告提出,进一步完善人民代表大会制度保障人民当家做主的地位,具体的机制包括:加强人大常委会制度建设,优化组成人员知识结构和年龄结构;把政治协商纳入决策程序,完善民主监督机制,提高参政议政实效。中共十八大报告在完善民主机制方面继续推进,提出在人大设立代表联络机构,完善代表联系群众制度;健全社会主义协商民主制度,坚持和完善中国共产党领导的多党合作和民主协商制度,加强同民主党派的政治协商,深入进行专题协

---

① 参见麦婉华:《1978 年 12 月,十一届三中全会——拨乱反正全面改革开放》,《小康》2016 年第 7 期。杨启新:《邓小平在拨乱反正工作中的重大贡献》,《福建党史月刊》1999 年第 5 期。

② 《党和国家领导制度的改革》,《邓小平文选》(第二卷),人民出版社,1994 年,第 336 页。

③ 参见宁崑君、崔玲:《中国政治现代化历程的思考》,《马克思主义学刊》2015 年第 4 期。

商、对口协商、界别协商和提案办理协商,积极开展基层民主协商。一系列党的核心文件,充分说明了这一时期中国民主发展的基本战略重点是机制建设。

(二)逻辑转换:从身份解放到机制建设

表面上看来,近代中国的民主发展似乎是在"立宪"和"革命"之间反复交替。但深入其背后的逻辑,我们会发现,二者之间并非简单的交替关系,而是经过长期的竞争与试错,最终要寻找一条适合当代中国民主发展的道路。

一个政治体从传统走向现代,或者通过改革,或者通过革命。新中国成立之前,政治现代化的基本逻辑,一言以蔽之乃是"改革与革命赛跑"[①]。竞争的结果,是改革的逻辑"输给了"革命的逻辑。究其根源,当时的国家制度和社会制度已经彻底腐朽,没有任何政治力量可以作为推进并保护改革的积极的政治能动者。加之中国内部没有民主制度,外部没有民族独立,所以改革的逻辑并不具备任何实现的条件。[②]

而新中国成立后,中国国家和中国社会形成了主体政治力量——中国共产党。中国共产党不仅能够为社会建设和政治经济改革提供基本秩序,而且能够利用有效的组织力量动员各种资源支持改革。[③]因此,新中国

---

① 雷颐:《改革与革命赛跑》,《中国改革》2010 年第 3 期。

② 参见《战争和战略问题》,《毛泽东选集》(第二卷),人民出版社,1967 年,第 507 页。

③ 不少人认识到中国政治体制强大的资源动员能力对实施"赶超战略"和"超常规发展"的重要性。见林毅夫等:《中国的奇迹:发展战略与经济改革》,上海三联书店、上海人民出版社,第 38 页。韩毓海:《五百年来谁著史:1500 以来的中国与世界》,九州出版社,2010 年,绪言,第 9 页。陈明明:《在革命与现代化之间——关于党治国家的一个观察与讨论》,复旦大学出版社,2015 年,第 45 页。

成立后,国家建设的逻辑本应当适时地从革命逻辑转换为改革逻辑。①但由于种种原因,这一转换并未顺利实现。新中国成立后的"继续革命"理论和实践,实际上给国家建设带来了灾难性的后果。继续革命的逻辑加以延续,最终结果就是发生了"文革"。当时的中共中央认为,"文革"是为了打击"一小撮极端反动的资产阶级右派分子、反革命修正主义分子",继续深入地进行身份解放运动,并将"文革"定性为"一个阶级推翻另一个阶级的政治大革命"。②然而这种对国内身份压迫的状况的估计无疑是严重错误的。实际上,新中国成立后,身份解放的任务就已经基本完成。"文革"的严重后果也已经证明,在新的时代条件下,"继续革命"的逻辑已经不合时宜。新中国的民主发展,重心不应当再是身份解放,而应当是机制建设。于是,这才有了中共十一届三中全会的"拨乱反正"。从国家建设的角度来说,拨乱反正的本质其实是"逻辑的转换",即从革命逻辑彻底转换为改革逻辑。

落实到民主发展议题上,革命逻辑对应的是"身份解放",改革逻辑对应的则是"机制建设"。所以政治发展逻辑的转换,意味着民主发展逻辑从"身份解放"为主转向"机制建设"为主。

当然,我们也需要澄清另一种将革命建国与民主发展完全对立起来的逻辑。有人认为,有些国家在民主化过程中,国家重建压倒了民主转型。由于国家重建的核心是政治统一,而政治统一的核心条件是垄断暴力,所

①　陈明明教授认为,当代中国国家建设,应当经过一个从"权力集中化"到"权力民主化"的逻辑转换。见陈明明:《现代国家建设中的国家治理:意义、取向与主题结构》,载刘世军、刘建军等:《大国的复兴:国家治理体系与治理能力现代化》,上海人民出版社,2014年,第48~49页。在我们看来,集中权力是为了完成重建具有现代化取向的中央集权国家的历史任务,其本质是追求民族解放和公民身份解放;而权力民主化则是为了完成国家政权的合法性建设,落实身份解放的成果。

②　《中国共产党中央委员会关于无产阶级文化大革命的决定》,1966年8月8日通过。

以国家重建过程的暴力特性会对民主转型过程形成压制,以至于"国家重建的成功往往意味着民主转型的失败"①。他们用这一逻辑来分析近代中国的民主转型。他们提出,近代中国"救亡压倒改良",国家建设的革命逻辑压倒民主转型的改良逻辑,正是革命的暴力特性导致民国时期的民主建设失败。

如果将民主发展仅仅等同于某种民主机制的建设,那么上述判断有一定的道理。因为一个处于内忧外患中的社会,首先必须集中经济政治军事等各种资源,优先完成民族解放与独立以及现代国家建设的任务,而不可能因为民主机制建设去分散资源、影响效率;而且革命的暴力特性,会影响到后来的机制建设的过程和路径。但是如果民主发展不仅仅是指政治形式的变迁,它还包括公民的身份解放,那么这一判断显然又是片面的。

第一,因为"没有国家就没有民主"②,所以国家建构和民主发展并非矛盾关系,而是前提与条件关系。任何现代国家的民主发展,均以建立现代民族国家为前提。换言之,国家建设为民主发展提供了基础。第二,国家建构过程固然意味着要垄断暴力,但这一过程同时带来了身份解放。在这里,垄断暴力乃是解放身份的必要条件。在民主发展的分析框架中,身份解放同样是重要的民主发展形式,如果不是通过革命的方式,凭借对暴力的垄断,打破民族与阶级的压迫和身份束缚,率先完成国家建构,所谓的民主发展是有名无实的。第三,中国的历史已经证明,没有身份解放作为基础,单纯的机制建设是无法取得成功的。之所以会有人提出"救亡压倒改良"这样的命题,从而将革命建国和民主发展对立起来,根本原因在于他们将民主仅仅理解为一种政体形式,而将身份解放(革命)排除在民主

---

① 包刚升:《国家重建、组织化暴力与民主转型》,《复旦政治学评论》(第13辑),第1~18页。

② [美]胡安·J.林茨、阿尔弗莱德·斯泰潘:《民主转型与巩固的问题——南欧、南美和后共产主义欧洲》,孙龙等译,浙江人民出版社,2008年,第20页。

发展之外。殊不知，身份解放实乃民主发展的基础条件，身份解放本身也是民主发展的重要维度。

三、路径：创造—激活—嵌入—转化

上文已述，1978 年以来，中国民主发展的逻辑即从"身份解放"转变为"机制建设"。民主发展逻辑的大转换，不可避免地会影响到民主政治建设的具体方略。在"身份解放"逻辑下，民主发展方略主要是减少对公民参与的身份限制，其方法可以是革命的，也可以是抗争的。在"机制建设"逻辑下，由于公民参与并不存在宪法上的资格限制，民主发展的方略自然要转变为创造或利用各种具体机制，让宪法许诺的民主权利能够实现。

现行宪法规定，中华人民共和国的一切权力属于人民；中华人民共和国公民在法律面前一律平等；人民依照法律规定，通过各种途径和形式管理国家事务，管理经济和文化事业，管理社会事务。这些规定构成公民民主权利的基本宪法依据。上述宪法权利，通过什么样的途径加以体现和落实呢？这取决于现有的制度结构所提供的民主机制是否充分和有效。针对一项民主权利，要在实际政治生活中加以落实，有如下途径：第一，如果已有相关民主机制，且该机制得到良好应用，则该项民主权利自然能够落实；第二，如果现有的制度结构没有相关机制，可能需要"创造"新的机制；第三，如果已有相关机制，但没有落实，则需要"激活"它；第四，虽然设立了相关机制，但因不具体或不充分而导致难以操作，则需要在已有结构当中"嵌入"更加具体、可操作的新机制；第五，该民主权利在有些地方已经落实，而另一些地方由于缺乏机制尚未落实，则可将机制加以"转化"。这五种情形，第一种非我们所要关注；第二、三、四种都涉及结构层面的民主机制建设；第五种则是民主机制空间层面的"转化"。结合具体的民主实践，我们提出，当代中国的民主发展路径主要包括：创造—激活—嵌入—转化四种。

一是创造（creation）。虽然宪法文本赋予了公民相关政治权利，但现有的政治结构中并没有具体机制可以落实上述权利，为了落实宪法中的民主权利而创造相应机制的做法；或者虽然正式法律文本没有明确相关民主权利，但根据"法无禁止即自由"的原则，只要不违反意识形态文本、政策文本和制度文本的相关规定，创造一定的机制落实民主权利的做法，就是民主机制的"创造"。对于前者，浙江温岭的民主恳谈就是一例。因为1982年宪法虽然规定公民有权"管理国家事务，管理经济和文化事业，管理社会事务"，但对于乡镇级别的地方公共事务并无具体的法定机制对此管理权加以落实。温岭乡镇创造性地通过"民主恳谈"的方式，对上述宪法权利加以落实。对于后者，村民自治制度的产生就是一例。1978年宪法并未规定村民有权进行自治，但村民自治符合人民民主的精神且并不违反相关文本。于是，广西和寨村在1978年前后就创造性地开展了村民自治实践。

二是激活（activation）。将政治文本中已有但尚未发生作用的民主机制加以运用的做法就是民主机制的"激活"。比如，《选举法》第二十九条规定："各政党、各人民团体，可以联合或者单独推荐代表候选人。选民或者代表，十人以上联名，也可以推荐代表候选人。"但是实践当中，候选人通常是由政党或人民团体推荐产生的。从20世纪80年代开始，在区县人大代表选举过程中，深圳、湖北、北京等地均有公民激活选举法的相关规定，利用选民10以上联名推荐成为候选人。另外，也有人激活投票规则中的"另选他人"条款而自荐参选。

三是嵌入（embedding）。原来的政治文本中虽有相关民主机制，但因不具体或不充分而导致难以操作，因此在已有结构当中"嵌入"更加具体、可操作的新机制的做法被称为"嵌入"。比如《中华人民共和国地方各级人民代表大会和地方各级人民政府组织法》第九条第七款规定,乡镇长应当经过乡镇人民代表大会选举产生。但是法律并未限定乡镇长候选人的产生不可以经选民直接选举。于是一些地方就在乡镇长候选人的提名环节增加公开推荐和选举,由公民"直选"产生候选人,再推荐进入人大正式选举,从而将公民直接参与乡镇长选举的机制"嵌入"既有的政治结构中。另外,法律规定,各级人民代表大会享有立法权、监督权、人事任免权和重大事项审议权,但在实践中,人大除立法权行使较为充分之外,其他三项权力的落实机制都不甚明确。于是浙江省乐清市人大就将"人民听证"机制嵌入人大工作中,从而创造了落实监督权的机制。

四是转化(proliferation)。将某一项民主政治机制应用于新的政治空间的做法被称为"转化"。转化包括横向和纵向两个层面。横向转化是指民主机制和民主经验被其他地区借鉴,[1]比如云南盐津对浙江温岭参与式预算机制和经验的学习借鉴就是典型的横向转化。横向的转化一般需要满足以下三个条件:该机制最起码不存在形式上的合法性问题,能够带来地方政府绩效的提升,和/或符合社会利益诉求。纵向转化是指民主机制和民主经验被上级政府乃至中央政府认可并加以推广。比如,村民自治就是典型的纵向转化类型,地方经验上升为国家制度。纵向转化则需要满足这三个条件:该机制确实能够有效提升合法性,符合社会的利益诉求,和/或能够提升地方政府绩效。

在以上四种民主发展的方式当中,创造式和嵌入式都是具有原创性的,而激活式和转化式则一般不具有原创性。但从具体运作来说,激活式启动了曾经沉睡的制度,转化式则使得有效的民主机制在新的政治空间中得以应用,因而这两种方式也是重要的民主发展路径。

---

① 横向转化过程中,地方政府有可能根据本地实际情况,将原有的机制加以适当改造,而不一定完全照搬。

需要特别注意的是,创造和激活一项民主机制的主体,既有可能是国家行动者,也有可能是社会行动者;而嵌入和转化一项民主机制则必须由国家行动者来完成,社会行动者在其中只可能起间接的推动作用。另外,由于中国的核心民主机制已经建成,[①]故 20 世纪 80 年代以来,除村民自治之外,并无其他原创性的机制建设,绝大部分民主机制建设的发展方略都表现为激活、嵌入或转化。

四、机制:互动与聚合

在明确了中国民主发展的方向、逻辑和方略后,接下来的问题是,创造、激活、嵌入和转化的具体机制是什么?什么力量在推动这些机制展开?它们又是以什么样的形式展开?它们的演变结果由何种因素决定?这些问题也是我们要回答的核心问题。

(一)理论基础

为了寻找当代中国民主发展的机制,我们借鉴制度主义的相关理论,同时运用行为主义的分析方法。对于前者,我们强调"结构"对能动者的约束作用;对于后者,我们则强调对能动者偏好、动机和实际行为的分析。为了清晰地再现互动过程,明确分离与聚合的形式,我们主要采用过程追踪分析和类型学分析,并运用跨案例比较的操作方法得出相关结论。

所谓结构包括权力结构和文本结构两个层面。权力结构主要是指党政关系、层级关系和部门关系三方面。文本结构则主要是指意识形态文本、法律文本和政策文本三方面。政治改革和政治发展离不开政治文本,

---

① 即人民代表大会制度、中国共产党领导的多党合作与政治协商制度、民族区域自治制度、基层群众自治制度。

往往是以一定的文本为基础，从一定的文本出发寻找并开拓新的政治空间。因此，政治改革和政治发展本身就包含"文本"和"创新"两个基本构成部分，其中文本构成了创新的母体，文本既是创新的基本支撑，也规定了创新的边界和限度。在政治改革和政治发展中，每一个创新，都必须首先寻找文本依据，缺少文本基础的创新要么是不合法的，要么是悬浮式的，要么就是革命。

　　一般而言，文本属于静态因素，而创新属动态因素。在静态的文本下，动态的创新如何能够发生呢？那是因为任何政治文本不可能自动实现，而必须依靠政治能动力量加以推动和落实。政治能动力量虽然在政治文本之下活动，但其本身是具有能动性的，因而必然具有程度不一的自主性。当其进入政治文本并推动文本运行的时候，其价值和利益偏好也就随之带入了政治文本之中。正是政治能动力量的存在，及其带入政治文本的价值和利益偏好，使得政治创新得以可能。不同的政治社会，政治能动力量是十分不同的。比如，光荣革命期间的英国，王室、土地贵族、资产阶级、新教徒、天主教徒、国教徒、工人阶级等就构成了其基本的政治能动力量。正是这些力量之间的互动最终形塑了这一时期的英国政治，使得英国政治文本发生了巨大的变迁。

　　同样，民主发展也是行动者在文本下进行互动的结果。一个政治体，经济社会发展状况的变化，会造成这一政治体内行动者的产生、消亡和力量的变化。而不同的政治体之间，由于经济社会发展状况的差异，会造成它们各自行动者的类型、力量和博弈方式的差异。与民主发展的经济社会条件决定论不同，我们将经济社会条件视为客观因素，这些客观因素会在很大程度上影响甚至决定行动者的观念、资源和能力。这些客观因素对民主发展的影响不是直接体现出来的，而是通过塑造行动者的行动能力和方式而间接体现出来。因此，客观条件和民主发展结果之间并非直接的线性关系，而是取决于具体的博弈活动。所以会出现这样的情况，两个经济发展水平非常相似的政治体，民主发展的程度和方式却完全不同。而我们将民主发展的行动者作为分析对象，实际上兼顾了主观和客观因素的影响。不同的时期，不同的地域，民主行动者的类别和行动方式是千差万别的，但我们也可以从中提炼出一些普遍性的东西。比如，各个政治体中，基本的行动者都包括国家、社会和政治中介；行动方式则有请愿、起诉、暴力抗争、革命，等等。由此，我们可以建构起一套分析框架。

(二)当代中国民主发展的能动力量

那么当代中国民主发展的政治能动力量是什么呢？前文已经说明，在1949 年以前的"革命逻辑"中，政党、阶级和外部力量构成中国的基本政治能动力量，因此对革命时期的中国政治进行分析，必然无法绕过上述能动力量。然而新中国成立后，特别是 1978 年以后，中国的基本政治逻辑发生了转变，革命逻辑让位于改革逻辑，那么政治能动力量也必然随之发生改变。在改革逻辑下，阶级斗争已经不是主要矛盾，甚至已经淡出政治视野；外部力量也已经基本被隔离于中国的政治互动之外。所以阶级和外部力量都不是当代中国政治分析的重要范畴。

国家与社会是对任何现代政治体进行分析的基本范畴，在任何常态国家(而非战争国家、革命国家)中，国家与社会都是高度可识别的政治能动力量，二者的互动也构成政治体内最基本的政治互动。这一点，中国也不例外。需要特别指出的是，有人从"政党–国家"互动的角度，将政党和国家区别开来，作为当代中国政治的一对分析范畴；[①]也有人从"政党—国

---

① 比如，景跃进等人提出"党政体制"是理解中国政治的关键词，中国政治的内在演化规律应到政党–国家互动中去寻找。参见景跃进等主编：《当代中国政府与政治》，中国人民大学出版社，2016 年。

家—人民"的角度分析当代中国的民主发展逻辑。①这种分析方式在对意识形态、央地关系、组织人事等很多问题的分析方面都具有独特的效用，但在民主发展问题上效用有限。因为在中国现代国家建立之前，国家建设与民主发展（身份解放）是同步进行的，二者不构成一对互动范畴。在现代国家建立后，中国共产党由于掌握了国家政权而从革命党变为执政党，但由于中国现代国家是由中国共产党一手建立的，所以当代中国依然保持政党和国家高度互嵌、高度结合的"党治国家"形态。而民主发展问题不是一般的行政性问题，而是最基本的政治性问题，在这一问题上政党和国家经常是高度统一的。我们用到的"中央政府""地方政府"的概念，也是党政一体的概念，主要考虑层级的纵向区分而较少考虑党政的横向区分。

另外，中国虽然属于政治和法律上的"单一制"国家，但地方政府在经济、财政、人事等诸多领域实际享有极大的"自主权"，地方政府往往在诸多问题上同中央政府形成互动博弈关系，而非单纯的"命令–服从"关系。更为重要的是，在民主发展这一问题上，地方政府往往成为各种诉求的集中对象，从而其重要性显得极为突出。第一，社会力量的民主参与诉求大量针对地方政府而提出；第二，中央政府要推行某项增强其合法性的民主机制，也需要通过地方政府加以落实；第三，地方政府本身也存在通过"民主创新"而谋求绩效的可能。因此，在民主发展分析当中，地方政府的作用不可忽视，应当成为一个单独的分析范畴。大量的事实和文献研究也已经表明，在民主实践中，国家和社会、中央和地方的互动都是清晰可辨的，更重要的是，这种互动给中国的政治格局带来了深远的影响。

综上，我们认为，中央、地方和社会可以作为影响当代中国政治格局

---

① 参见林尚立：《人民、政党与国家：人民民主发展的政治学分析》，《复旦学报》2011 年第 5 期。

的基本能动力量。这三者也构成了我们进行当代中国民主发展分析的基本范畴,我们希望通过分析它们在大量具体案例中的政治互动来揭示相关机制。

(三)聚合模式

一项民主实践要落实为制度形态并实际发生作用,最有利的方式是中央、地方和社会三方经过互动达成一致;而三方经过互动,如果存在重大分歧或冲突,则该民主实践是很难落实为制度形态的,更遑论实际发生作用。

举三个简单的例子:有一个民主实践 A 得到社会力量的推动,因为A 的实现符合社会的利益诉求。当社会行动者向地方当局提出有关 A 的民主诉求时,地方政府可能由于政治压力,也可能由于 A 不会妨碍甚至有可能提升其绩效,而支持至少是不反对 A。但是中央政府认为,A 的推行可能严重危及政权稳定与合法性,那么中央政府会立即向地方政府和社会发出信息:停止 A 实践,甚至立即采取行动干预或中断 A 实践。有一个民主实践 B,得到中央政府的推动,因为中央政府认为,推行 B 举措有利于促进民主发展并提升自身合法性。这时候,中央政府可能会选择地方试点,或释放某种信号对地方政府加以引导。由于感受到中央政府的激励或直接的政治压力,地方政府可能对推行 B 举措不会提出异议,甚至不遗余力地加以落实。但是由于 B 举措只是某种纯粹理念影响决策的结果,并不符合社会的实际需求和利益,那么任由中央和地方政府推行,社会也会通过各种方式对此进行抵制。最后,由于政府发现强行推动 B 举措成本过高且效果不佳,B 举措最终不了了之或被废止。还有一个民主实践 C,社会非常认同,中央也认为有利于提升合法性,但给地方政府的治理带来了极大不便。地方政府迫于中央的政治压力,不会直接提出挑战,但可能通过各种"土政策"或者阳奉阴违进行"软抵制"。最终,这一本身很具有民主价值的举措因地方政府的拖延而效果不佳。

以上情况,都是当代中国民主发展实践中有可能容易碰到的情形。我们看到,中央、地方和社会都能以某种方式对民主发展产生影响。其中,中央政府的核心关注点是"合法性",地方政府的核心关注点是"绩效",而社会的核心关注点则是"利益"。因此,当代中国某一项具体民主机制的发展结果,主要取决于合法性、绩效、利益的分离与聚合程度。

行文至此,我们可以对当代中国民主发展的基本逻辑以结构图的方式做一总结:(图 2-1)

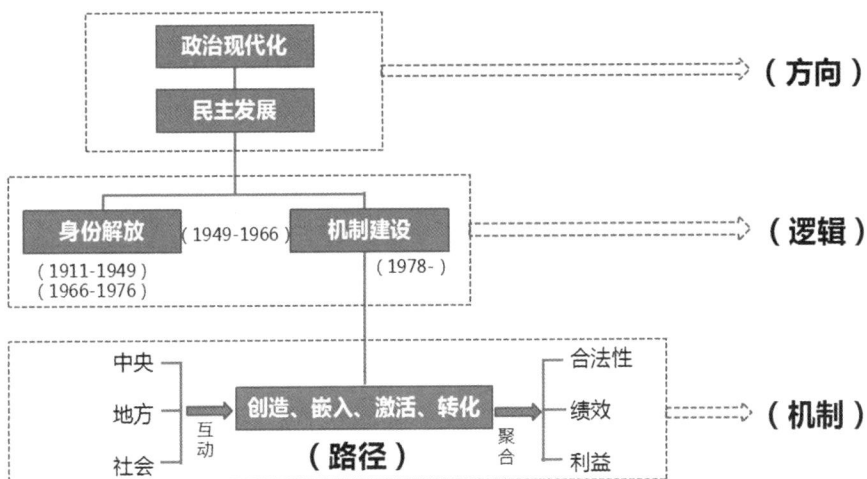

图 2-1 当代中国民主发展的方向、逻辑、路径与机制

五、基本假设

在此研究基础上我们提出两条关于当代中国民主发展机制的基本假设:

第一个假设是当代中国民主发展的过程,主要表现为中央、地方和社

会三方在结构中的互动；政治中介在互动过程中也发挥了重要作用，不过他们的作用主要是传播、阐释、沟通、咨询等辅助性的作用，而非抗争性的直接作用。

第二个假设是当代中国某一项具体民主实践的最终结果，主要取决于合法性、绩效、利益的分离与聚合程度。三者高度聚合，则民主机制倾向于制度化、实效化；三者高度分离，则导致民主机制中断。

第三章 "能动–结构"分析与"互动–聚合"理论

本章是当代中国民主发展机制分析的核心理论部分。它有三方面的任务:第一,对分析将要用到的主要概念作出说明,这些概念包括"文本""能动者""政治中介""合法性""绩效""利益"等;第二,详细阐述我们的核心理论——"互动–聚合"理论;第三,建立分离与聚合的类型学。

第一节 分析方法的说明

一、作为符号的概念

一项科学的实证研究,不仅需要解释概念范畴之间的因果关系,而且需要说明概念本身的含义。语言与形式逻辑最大的区别在于,它不是"信号"而是"符号"。①信号属于技术手段，某种程度上属于广义的生产工具。而符号则不仅包含深刻的文化意蕴，且往往与意识形态领域相联系。信号只能被识别，而符号则需要被理解。人类生活于其中的世界，既是一个符号化的世界，更是一个实在化的物质世界。符号化的世界就是由概念所构筑起来的，但每一个概念背后，必然都有其对应的物质基础。所以当我们运用概念去解释世界的时候，如果忽视概念背后的物质化的东西，那么我们就沦为仅能识别信号的工具。实证研究同物质世界的联系最紧密，但即使是实证研究也离不开对概念的使用。因此，即使是在实证研究中，我们也不能将概念仅仅当做工具性的"信号"，而应该将之当做文化性的"符号"，对之抱有"同情的理解"。

对语言来说，物质是它的基础。而对任何一项需要使用语言的社会科学研究来说，语言却构成它的开端。然而目前中国的社会科学研究"所用的概念、基本假设、分析框架、研究方法，大多来自西方，甚至我们讨论的热门话题也往往是西方人提出的"②。也就是说，我们所使用的概念系统主要来自西方，而我们的研究所处理的"问题"却扎根于中国。这种概念系统和物质世界相互"分离"的状态，将不可避免地引发社会科学研究的困惑：误将对语言的研究当做对物质世界的研究。这并不是说我们要完全摒弃来自西方的概念系统，而是说我们在使用任何一种概念系统的时候，都需要抱有对其物质基础的密切关注和深刻理解。对于政治这样一个"可能是人类所遇到的最复杂的事物"③的分析尤其如此。我们所进行的是对当代中国民主发展实践的分析，因此不可避免地要用到这一领域的许多"行话"。

---

① ［法］福柯等：《语言与翻译的政治》，许宝强等译，中央编译出版社，2001 年，第 59 页。

② 王绍光：《西方政治学与中国社会研究》，朱云汉、王绍光、赵全胜主编：《华人社会政治学本土化研究的理论与实践》，桂冠图书股份有限公司，2002 年，第 23 页。

③ ［美］罗伯特·达尔：《现代政治分析》，吴勇译，中国人民大学出版社，2012 年，第 3 页。

但这一现实也对我们提出了基本要求:当使用一套在不同文化背景下被广为应用的话语时,请把它的物质基础交代清楚。

二、"能动–结构"分析

对政治现象的分析存在"制度主义"和"行为主义"两种基本取向。以"制度"作为核心分析对象的理论方法被称为"制度主义理论"。语义性、规范性的制度分析和制度设计被称为"旧制度主义",而将制度分析应用于个体行为解释的方法则被称为"新制度主义"。[1]同制度主义关注结构和规范不同,行为主义的研究进路直接关注行动者——他们如何行动,以及他们为何这样行动。

行为主义的根本假设是理性选择理论,即人的行为受其理性的支配,因而是可分析的;其基本方法是经验性的实证科学,目的在于"用已观察到的和可能观察到的人的行为来阐明一切政治现象"[2]。行为主义理论将行动者(个体)看做核心,影响其行为的"偏好"内在于行动者自身,制度只不过是"政治行为发生的角斗场"[3]。而在制度主义者看来,制度本身具有独立性,有其自身的运行逻辑,而人的行为和偏好并不像他们自己认为的那样是"自由"的。恰恰相反,制度为个人的选择提供了规定好的"选项"和一系列的既定"规则"。所以政治角色的价值观和偏好是外生的,由制度"给定"的;行为的意义是在行为的背景限定下"构建"出来的。[4]

---

① [美]盖伊·彼得斯:《政治科学中的制度理论:"新制度主义"》,王向民、段红伟译,上海人民出版社,2011 年,第 2~3 页。

② 朱德米:《当代西方政治科学最新进展——行为主义、理性选择理论和新制度主义》,《江西社会科学》2004 年第 4 期。

③ [美]詹姆斯·马奇、约翰·奥尔森:《重新发现制度》,张伟译,生活·读书·新知三联书店,2011 年,第 1 页。

④ 同上,第 39 页。

特别是在以理性化和程序化为特征的现代政治中，由规则体系"建构"起来的行为模式替代了个人自发的行为，所以制度在现代政治中的核心地位尤为突出。行为主义和新制度主义的区别，并不在于它们是否承认制度对行为存在影响——实际上两种理论都不否认制度对行为具有影响力。它们的关键区别在于：制度或行动者，谁才是核心的分析对象？20世纪80年代以来，社会科学研究中出现了所谓"制度复兴"的潮流，而形成了所谓"新制度主义"理论，其本质乃在于旧制度主义理论在坚持制度本体论的同时，也开始将"行为"作为重要的分析性要素。[1]新制度主义认为，个体的行为固然值得解释，但也应当在制度约束下进行解释。

我们的分析是以"行为"而非"制度"为核心对象的，但我们丝毫不否认制度的巨大作用，实际上我们同新制度主义一样重视制度的作用。只不过，由于我们的分析仍然主要是对"行为"的分析，所以我们的分析方法或许可以叫做"新行为主义"的分析方法，即更加重视制度影响力的行为分析。我们之所以将行为而非制度作为核心分析对象，主要是因为我们研究的是民主的"动力机制"问题。只有行动者才是动力的直接来源，而制度很多时候充当的反而是限制性的"角色"。而且民主本身的发展特性和实践特性，以及我们所掌握的资料决定，行为分析在这里是可行的。

即便如此，我们的行为分析依然同典型的行为主义有所不同。典型的行为主义分析方法是以个人主义为基础的，其主要分析对象是活生生的有七情六欲的"个人"（individual）。而我们的主要分析对象不完全是个人主义的个体，而是文本中的个体、结构化的个体——"agent"[2]。作为"agent"的行为者，具有"个人"与"角色"的双重属性，其行为动机既受到个人价值

---

[1] 参见［美］盖伊·彼得斯：《政治科学中的制度理论："新制度主义"》，王向民、段红伟译，上海人民出版社，2011年，第25页。

[2] 在牛津词典中，agent作为一个正式用语（formal）是指对事态起重要作用的人或物（原动力）；（formal）a person or thing that has an important effort on a situation。

观和偏好的影响,也受到制度和结构的规范。例如,1982年,当时任中共中央政法委书记的彭真得知部分地区通过创建村民自治组织解决治安问题的实践后表示,村民委员会"是群众自治性组织,大家订立公约,大家共同遵守,经验是成功的,应普遍建立"①。这个表态或许在一定程度上反映了彭真对于基层民主的个人偏好,但它不完全是个体化的,而是代表着一定的制度立场,这时候作为行动者的彭真具有"个人"与"角色"的双重身份。因此,我们将"agent"翻译为"能动者",意在突出其具体(个人)和抽象(角色)的双重属性。②在分析中,我们不会特别去强调行动者的理想、性格、偏好等纯粹个体化的因素。我们认为,这些因素已经融合在了由"个人"与"角色"相结合而决定的"行动"之中。

那么结构又是什么呢? 在制度主义理论中,结构、系统、制度等概念是近义词,是指社会关系或社会现象的某种"模式化",结构外在于人的行动,并作为人的行动的约束性规则而存在。吉登斯认为,这是一种机械化的结构观,而结构化理论中的"结构",指的是"社会再生产过程里反复涉及的规则与资源"③。所以结构和行动之间存在一种交互作用,结构既构成行动者的约束和边界,也构成行动者开展行动的资源和依据。我们借鉴吉登斯的结构化理论,提出用"能动-结构"理论(Analysis of the Agents–Structure)来分析当代中国的民主发展实践。

"能动-结构"理论的基本假设是:①能动者是民主发展的基本动力,主要能动者包括中央、地方和社会,能动者是个体与角色的结合;②能动者需要在结构中展开行动,结构既是能动者的行动依据,也是其行动的约

---

① 《新时期的政法工作》,《彭真文选(1941—1990)》,人民出版社,1991年,第430页。

② 能动者在开展行动的时候当然也是一个行动者,所以在后文的具体案例分析中,如果表示其某项具体行动,也会用行动者来指称。

③ [英]安东尼·吉登斯:《社会的构成:结构化理论纲要》,李康、李猛译,中国人民大学出版社,2016年,第18页。

束和边界;③能动者既受到结构的制约,也在塑造着结构;④结构可以分为权力结构和文本结构两个层面。我们就是通过分析能动者在结构中的互动,揭示当代中国民主发展的机制。

第二节　文本、能动者与政治中介

在"能动–结构"分析框架中,关键的范畴是"能动"和"结构"。在接下来的概念阐释部分,我们着重说明不同能动者的构成、动机和行动逻辑,以及结构因素中的文本结构特征。

一、政治文本

制度,被认为是一种"规范、规则、协定和惯例的集合体"[①]。这个定义只是表明了制度的外观特征,而并没有说明制度的真正含义。在马奇和奥尔森看来,政治制度的根本逻辑是"恰适性",即制度为行动者决定了"特定情形下的角色义务"[②]。当行为的发生不是为了满足行为者本人的偏好和期望,而是为了符合制度所规定的身份义务时,制度就在起作用了。结构则表示"循环往复地卷入社会系统再生产的各种规则与资源"[③]。可见,制度与结构概念存在较大的相似性,都是指对人的行动起到限制作用的因

---

① [美]盖伊·彼得斯:《政治科学中的制度理论:"新制度主义"》,王向民、段红伟译,上海人民出版社,2011 年,第 29 页。

② [美]詹姆斯·马奇、约翰·奥尔森:《重新发现制度》,张伟译,生活·读书·新知三联书店,2011 年,第 160 页。

③ [英]安东尼·吉登斯:《社会的构成:结构化理论纲要》,李康、李猛译,中国人民大学出版社,2016 年,第 355 页。

素。但是二者还是存在一定的区别,结构不仅包括制度性结构,而且包括权力性结构(资源),涵盖面更广。因此,我们借鉴结构化理论的"结构"概念,并按照中国语境将之进一步区分为权力结构和文本结构。其中,权力结构对应"资源",文本结构对应"规则",两种结构都同行为发生交互作用。

相对而言,权力结构的概念是比较明确的,而文本结构是我们特别提出的一个分析性概念,有必要加以专门的说明。所谓权力结构,是指政治力量之间在实在意义上的相互关系;所谓文本结构,则是指政治权力和政治安排在"语义上"的表现形式。这种语义上的政治权力和政治安排具有"软"和"硬"两方面的特征:一方面,由于它也是一种权力形式,所以它是具有约束力的;另一方面,由于它只是一种语义上的权力形式,所以它的约束力又是有很大弹性的,而且它也因此具有比权力结构更强的可阐释性和可塑性。

当代中国民主发展的结构性因素为什么更适宜于用"文本"概念,而不是"制度"概念呢？一方面,因为中国的民主机制尚处于探索、型构过程当中,其制度性本身就是不够的;另一方面,因为中国的民主机制刚性不够,机会主义和策略主义因素对民主发展过程还具有较突出的影响。从约束力的角度来看,制度是理性的、客观的、义务导向的规范世界。而"文本"虽然也具有约束力,但比"制度"或"权力"的约束力要弱。相比于制度或权力对行动者的刚性约束,文本更像是行动的某种"参照系"。另外,在中国,文本对不同行动主体的约束力是不均衡的;不同主体对文本的阐释能力、应用能力也是不均衡的。从结构与行动者的相互关系来看,"制度"具有更强的主导性,而"文本"则更具有交互性。文本与能动者的关系是双重的,一方面文本结构约束个体行动,另一方面个体行动塑造文本变迁。[1]不仅

---

① See Giddens, A. (1981) *A Contemporary Critique of Historical Materialism*, Vol.1: Power, Property and the State. Macmillan, 1981.

如此，文本是可以阐释的，甚至是可以剪裁的。更有甚者，当代中国的民主行动者，经常会将文本当作行动的"道具"而非"依据"，这使得文本的规范价值常常受到质疑。以上种种都决定，用"文本"概念作为当代中国民主发展的结构性背景概念是合适的。

但另一方面，我们需要特别强调，在当代中国的民主发展过程中，政治文本虽然缺乏很强的刚性约束，但依然意味着某种最低限度的政治共识。共识是相互认同的基础，所以对政治文本的遵守，能够提供某种程度的合法性证明。这也就决定，政治行动者至少不会敢于公开撕破文本、颠覆共识——除非他已不再在乎自身行动的合法性。因此，文本依然构成行动的法理边界。

文本还是行动的合法性依据。政治文本是客观的，各种政治力量都可以应用它。各方政治行动者援引共同的政治文本，说明他们之间至少存在文本共识；一方政治行动者援引对方的政治文本，则意味着他对对方文本合法性的承认。同样，如果政治行动者提出新的文本与对方抗衡，则意味着共识破裂，可能需要经过斗争或革命以寻求新的文本共识。因此，任何政治行动为了证明自身的合法性，都必然诉诸于一定的政治文本。

政治文本的形式十分多样化，法国大革命打出的旗号"自由、平等、博爱"是政治文本；征地拆迁中，"钉子户"打出标语"公民的合法财产神圣不可侵犯"是政治文本，甚至他在屋顶挥舞着的国旗也是政治文本；行政相对人向法院提起诉讼时所依据的法律条文也是政治文本。总的来看，根据功能和作用机制的不同，有关民主的文本包括：意识形态文本、政策文本和法律文本三种形式。在当代中国民主发展实践中，我们也能看到这三个层次的文本在起作用。

(一)意识形态文本

马克思主义认为,意识形态属于政治上层建筑,是阶级统治在思想文化上的体现。马克思恩格斯在《德意志意识形态》中说:"统治阶级的思想在每一时代都是占统治地位的思想。这就是说,一个阶级是社会上占统治地位的物质力量,同时也是社会上占统治地位的精神力量。"[1]新兴阶级也会将它的利益诉求尽可能以"普遍的形式"[2]伪装起来,比如法国大革命中,革命的市民阶层并不会直接将"要求权力"或"要求财产"作为口号,而是打出"自由、平等、博爱"的旗号作为合法性依据。20世纪以来,后马克思主义时代的理论家讨论意识形态问题出现了一个基本立场的变化,"那就是淡化意识形态理论的阶级归属"[3]。比如,卢卡奇认为,意识形态并非单纯由经济基础决定,而是对后者有重大的反作用,而且探讨意识形态问题必须回到具体的历史条件当中。比如,中国同盟会打出"驱除鞑虏,恢复中华,建立民国,平均地权"(后演变为"三民主义")的意识形态文本就不完全是阶级诉求,而是带有历史性和民族性。更重要的是,卢卡奇论述了"合法性"的意识形态基础:人民对国家和法的权威有一种自发的认同和尊重,而这种本能的态度来自于意识形态的长期教化。[4]曼海姆则将意识形态区分为:没落阶级的"意识形态"和新兴阶级的"乌托邦"。[5]阿普特认为,政治意识形态是特定的道德规定在集体中的运用,它对特定行动和世俗实践赋予了广泛的意义,从另一个观点来看"意识形态是卑劣动机和表

---

① 《马克思恩格斯全集》(第3卷),人民出版社,1995年,第52页。

② 同上,第54页。

③ 俞吾金:《意识形态论》,上海人民出版社,1993年,第222页。

④ 参见[匈]卢卡奇:《历史与阶级意识》,杜章智、任立、燕宏远译,商务印书馆,2009年,第263页。

⑤ 参见[德]卡尔·曼海姆:《意识形态与乌托邦》,黎鸣、李书崇译,商务印书馆,2002年,第56页。

现的外衣。"①达尔也认为，意识形态是一套"或多或少具有连贯性与完整性的主义，其主旨是为他们在体系中的领导地位提供说明和辩护"②。就其功能而言，如果一种意识形态被普及，成为共同观念的基础，成为一种被普遍理解的语言，那么意识形态在"建构团结"方面具有重大作用。③所以一般而言，无论意识形态是阶级或国家的"文化霸权"，还是统治合法性的"说明"，其基本功能是为统治的正当性进行说明和论证，并为凝聚政治共识提供一定的以"普遍形式"为外观的价值目标。因此，对于国家来说，维护人民对意识形态的认同，就是维护国家团结与政治合法性；反过来说，破坏其自身的意识形态承诺，也就会破坏国家团结与政治合法性。而意识形态的各种具体表现形式就是意志形态文本。

民主无论是作为"统治正当性的说明"，还是作为"凝聚共识的价值目标"，其作为意识形态的巨大作用都是毋庸置疑的。在当代，民主可以说已经成为现代国家"宣示合法性的唯一依据"。④民主的意识形态必然要以一定的形式加以表现，这种表现形式就是"文本"。在中国，民主意识形态文本主要包括党的纲领和最高领导人讲话，其他重要领导人的讲话也可能在有限的范围内具有意识形态文本效果。

1. 民主纲领

一个政党的政治态度和政治目标，首先表现在它的纲领上。恩格斯曾说："一个新的纲领毕竟总是一面公开树立起来的旗帜，而外界就根据它来判断这个党。"⑤所以党的纲领是其意识形态的重要载体。中国共产党是一个马克思主义的政党，所以必然要遵循马克思主义的意识形态。马克思

---

① ［美］戴维·E.阿普特：《现代化的政治》，陈尧译，上海人民出版社，2011 年，第 234 页。
② ［美］罗伯特·达尔：《现代政治分析》，吴勇译，中国人民大学出版社，2012 年，第 80 页。
③ 参见［美］戴维·E.阿普特：《现代化的政治》，陈尧译，上海人民出版社，2011 年，第 244 页。
④ 参见张国军：《民主话语权：意识形态之争的新战场》，《社会主义研究》2012 年第 6 期。
⑤ 《马克思恩格斯选集》（第三卷），人民出版社，1995 年，第 325~326 页。

主义的最终目标虽然是"去政治化"的共产主义,但在漫长的通往共产主义的过程中,政治民主是一个基本的奋斗目标。《共产党宣言》提出:"工人革命的第一步就是使无产阶级上升为统治阶级,争得民主。"[1]所以只要一个政党依然是马克思主义的政党,它就不能放弃将政治民主作为自己基本的意识形态目标。

中国共产党的纲领的主要表现形式为党章。中国共产党诞生之初,就通过《中国共产党第一个纲领(一九二一年)》明确了自己的目标是"与无产阶级一起推翻资本家阶级的政权"(第二条),并承诺将建立起一个"苏维埃管理制度"[2](第三条),而党的核心组织原则——民主集中制也已经确定下来。[3]中共二大则更加明确地提出了最高纲领和最低纲领的区分,党的最高纲领是:"组织无产阶级,用阶级斗争的手段,建立劳农专政的政治,铲除私有财产制度,渐次达到一个共产主义社会。"最低纲领是"消除内乱,打倒军阀,建设国内和平","推翻国际帝国主义压迫,达到中华民族完全独立","统一中国本部(东三省在内)为真正民主共和国"。并明确提出,最低纲领中的民主主义革命要实现"工人和农民,无论男女,在各级议会市议会有无限制的选举权,言论、出版、集会、结社、罢工绝对自由"。可见,在中共二大宣言中,已经明确了革命的目标最低是实现民族解放,建立民主共和国,创建公民权,共和国基本民主制度是苏维埃制度。

中共一大、二大所确定下来的民主目标和民主承诺一直没有改变。这一点明确体现在历次党章之中。党章相当于党的宪法,具有最高纲领性意义。1922年中共二大颁布第一部党章,这部党章主要关于党的组织原则,

---

[1] 中央编译局译:《共产党宣言》单行本,人民出版社,1997年,第48页。

[2] 苏维埃制度是人大制度理论和实践的起源。见何俊志:《作为一种政府形式的中国人大制度》,上海人民出版社,2013年,第2页。

[3] 参见中共中央文献研究室、中央档案馆编:《建党以来重要文献选编(1921—1949)》,中央文献出版社,2011年。

党的目标则通过《中国共产党第二次全国代表大会宣言》加以体现。1927年中共三大修改党章时，首次明确提到"党部的指导原则为民主集中制"（第12条），但尚未提及国家机关的组织原则问题。到1945年中共七大修改党章时，第一条就明确写明："它在现阶段为实现中国的新民主主义制度而奋斗。"这是党章第一次做出明确的建设民主制度的政治承诺。实际上，在这部党章中，"民主"一词共被提到20次之多。1956年中共八大党章提出："党必须为国家民主生活的更加发展和民主制度的更加完善而斗争。"1969年，中共九大修改党章时正值"文革"时期，因为当时判断新民主主义革命已经完成，接下来的目标是实现共产主义（总纲第2款、第5款），因此党章中虽然不再提及国家民主建设，但依然强调党的组织原则是民主集中制，党的各级领导机关由民主协商、选举产生（第5条）。1973年中共十大、1977年十一大修改党章，一方面表示新民主主义革命已经取得胜利，同时表示应坚持和发扬党内民主。可见，民主承诺和民主作风，即使在"文革"期间都不绝如缕。1982年中共十二大党章虽然也表示，中国已经完成了从新民主主义到社会主义的过渡，但提出要"把我国建设成为高度文明、高度民主的社会主义国家。"

"民主"再度在党章中成为重要的关键词，而且明确继续建设国家民主是党的基本目标和基本承诺。此后历次修改党章，均强调要将我国建设成为"富强民主文明的社会主义国家"，"社会主义民主"一词正式进入党的纲领。特别是2007年，中共十七大修改党章提出，要坚持党的领导、人民当家做主、依法治国有机统一，坚持和完善基层群众自治制度，尊重和保障人权，建立健全民主选举、民主决策、民主管理、民主监督的制度和程序，社会主义民主具有了更为明确的内涵，民主发展的中心已经完全转移到制度和程序上。2012年中共十八大修改党章则在此基础上提出："发展更加广泛、更加充分、更加健全的人民民主，切实保障人民管理国家事务和社会事务、管理经济和文化事业的权利。"社会主义民主的内涵和范围进一步明确和扩大。

2. 领导人讲话

中共领导人关于发展民主政治的讲话很多，我们只呈现部分最具代表性的讲话，达到能够说明中共历届领导人对民主发展的承诺具有普遍性、持续性的程度即可。

（1）关于民主的重要性和必要性

中共领导人首先肯定，中国传统政治缺乏民主是其一大弊病，毛泽东说："中国缺少的东西固然很多，但是主要的就是少了两件东西：一件是独立，一件是民主。"[①]中国的缺点，"一言以蔽之，就是缺乏民主"[②]。因此，社会主义中国要"兴利除弊"，就必须"建设有中国特色的社会主义民主政治"[③]。邓小平提出："没有民主就没有社会主义，就没有社会主义的现代化。"[④]因此，改革开放的新政策"最重大的有两条：一条是政治上发展民主，一条是经济上进行改革"[⑤]。更重要的是，由于认识到民主政治的重要性，中共领导人始终将民主作为旗帜和核心政治承诺。江泽民说："进行政治体制改革，就是要无论在什么情况下，我们都要牢牢掌握社会主义民主的旗帜。"[⑥]"发展社会主义民主政治，是我们始终不渝的奋斗目标。"[⑦]胡锦涛说："人民民主是社会主义的生命"[⑧]，"是中国共产党始终高扬的光辉旗

① 《新民主主义宪政》，《毛泽东选集》（第二卷），人民出版社，1991年。
② 《毛泽东1944年接待中外记者的讲话》。
③⑦ 江泽民：《在接受美国〈纽约时报〉董事长兼发行人苏兹伯格、执行总编莱利维尔德等一行采访时的谈话》（2001年8月8日），《人民日报》2001年8月14日。
④ 《邓小平文选（1975—1982）》，人民出版社，1983年，第154页。
⑤ 邓小平：《建设有中国特色的社会主义》，人民出版社，1987年，第104页。
⑥ 江泽民：《关于坚持和完善人民代表大会制度》，1990年3月18日。中共中央文献研究室编：《十三大以来重要文献选编》（中册），人民出版社，1992年，第940~941页。
⑧ 胡锦涛：《在中国共产党第十七次全国代表大会上的讲话》，《人民日报》2007年10月19日。

帜"①。习近平在此基础上进一步提出，没有民主"就没有中华民族伟大复兴"②。

（2）关于民主的形式与内涵

中共领导人并不反对政治自由和选举民主。毛泽东说："全国人民都要有人身自由的权利，参与政治的权利和保护财产的权利。全国人民都要有说话的机会，都要有衣穿，有饭吃，有事做，有书读，总之是要各得其所。"③"选举权是一个民主国家的人民所必须享有的最低限度的、起码的政治权利。……如果人民没有选举权，不能选举官吏和代议士，则这个国家决不是民主国家，决不是民治国家了。"④"解放区内，一切公民不分阶级、男女、信仰，都有选举权和被选举权。"⑤但同时，中共领导人坚持认为，中国的社会主义民主不同于西方国家的代议制民主，其最重要特征是，坚持党的领导。邓小平说："中国人民今天所需要的民主，只能是社会主义民主或称人民民主，而不是资产阶级的个人主义的民主。"⑥"不要党的领导的民主，决不是社会主义民主。"⑦"如果离开四项基本原则，抽象地空谈民主，那就必然会造成极端民主化和无政府主义的严重泛滥，造成安定团结政治局面的彻底破坏，造成四个现代化彻底失败。"⑧

在民主的落实方式上，中国坚持人民代表大会制度作为民主的核心

---

① 胡锦涛：《庆祝中国共产党成立 90 周年的讲话》2011 年 7 月 1 日。
② 习近平：《在庆祝全国人民代表大会成立 60 周年大会上的讲话》，2014 年 9 月 5 日。中共中央宣传部编：《习近平总书记系列重要讲话读本》，学习出版社、人民出版社，2016 年，第 163、170 页。
③ 毛泽东：《在陕甘宁边区参议会的演说》，1941 年 11 月 21 日。
④ 毛泽东：《新华日报社论》，1944 年 2 月 2 日。
⑤ 毛泽东：《迎接中国革命的新高潮》，1947 年 2 月 1 日。
⑥ 《邓小平文选（1975—1982）》，人民出版社，1983 年，第 161 页。
⑦ 同上，第 319 页。
⑧ 同上，第 162 页。

制度形态,同时保障人民在"民有""民治""民享"方面的全方位民主权利,而不仅仅是选举领导人的权利。邓小平说:"我并不反对西方国家搞议会选举,但是我们中国大陆就不这样搞,不搞三权分立、两院制。我们实行的就是全国人民代表大会一院制,这最符合中国实际。"①江泽民提出,社会主义民主,是全国各族人民享有的最广大的民主,它的本质就是人民当家作主,保证人民依法享有广泛的权利和自由,尊重和保护人权。②习近平表示,民主不是装饰品,不是用来做摆设的,而是要用来解决人民要解决的问题。③

意识形态文本仅仅基于"认同"的心理结构而发生作用,它不具有直接的可操作性,也不一定表现为文件的形式;中国存在有关民主的意识形态文本,也不意味着中国就有了民主。但是中共民主意识形态文本的意义不容小觑,因为它们构成一个一以贯之的民主承诺。这种对民主价值的公开宣示和对民主目标的公开追求,必然对中国共产党和中国国家构成强大的合法性约束,也为各级党组织、政府和社会推动民主发展提供了方向和依据。中国共产党将"民主"作为一面旗帜,凝聚了人心,实现了革命建国的目标。民主的意识形态文本并非任人随意捏造和操纵的橡皮泥,"因为一旦政治意识形态在政治体系中得到广泛认可,领袖本身也会成为它的囚徒。如果违反意识形态的规范,他们也要冒削弱自身合法性的风险"④。中国的政治现实证明这一点所言非虚,中国共产党和国家甚至会主动通过其政策和法律对民主意识形态加以落实。

---

① 《邓小平同志重要讲话(1987年2—7月)》,人民出版社,1987年,第17页。

② 参见江泽民:《在纪念党的十一届三中全会召开二十周年大会上的讲话》(1998年12月18日),载中共中央文献研究室编:《十五大以来重要文献选编》(上册),人民出版社,2002年,第687页。

③ 参见习近平:《在中国人民政治协商会议成立65周年大会上的讲话》,2014年9月21日。

④ [美]罗伯特·达尔:《现代政治分析》,吴勇译,中国人民大学出版社,2012年,第81页。

(二)政策文本

所谓民主发展的政策文本,是指党和政府通过正式机制出台的有关民主发展的政策文件。相对于意识形态文本,这类政策文件更加具体,其内容主要是方略性和操作性的。中国共产党的中央机关尚未通过一个关于民主发展的专门文件,相关的政策规定主要散见于不同时期出台的具体政策,①以及党的各类综合性政治文件当中。

中国共产党在领导农民运动时期,就提出乡村之中是"政权归农民协会",城市之中是"革命的民选的政权万岁"②的口号。这实际上是一项革命斗争政策,从而具有典型的政策文本功能。在这一政策指导下,两湖地区的农民纷纷建立乡民会议、县民会议等民主政权,到1927年初,全国有17个省成立了农民协会。③

工农民主政权建立以后,毛泽东又提出要落实"民主集中主义的制度",避免"大权揽于委员会,代表会再不谈起"④的问题。1930年2月4日,中共中央发出了关于召开全国苏维埃区域代表大会的通告,⑤要建立正式的苏维埃工农政权。中共中央还指出,苏维埃应当是群众的组织,应当建立在群众自下而上的选举基础上,应当吸收一般群众参加工作,应当号召广大群众监督苏维埃工作。⑥在陕甘宁边区面临内忧外患的极端困难时

---

① 这些政策的表现形式多种多样,比如发出一个通知、出台一个意见。政策是有文件形式的,这一点不同于领导人讲话;但是又不具备"法律法规"的位阶,故不同于法律文本。

② 《中国共产党的政治任务与策略的决议案》(1927年8月21日中央常委会通过),《中共中央文献选集·三》。其中,"政权归农民协会"的提法来自毛泽东《湖南农民运动考察报告》提出的"一切权力归农会",见《毛泽东选集》(第一卷),人民出版社,1951年,第15页。

③ 郭绪印主编:《新编中国现代史》,上海人民出版社,1996年,第97页。

④ 《井冈山的斗争》,《毛泽东选集》(第一卷),人民出版社,1951年,第76页。

⑤ 金冲及:《中华苏维埃共和国的历史地位》,《党的文献》1999年第6期。

⑥ 参见《中共中央文件选集·第四卷》,中共中央党校出版社,1989年,第677页。

期,中共提出了"三三制"原则,扩大民主统一战线。①随着抗战胜利的临近,解放区日益巩固和扩大,1948年3月5日,中央发出"关于召开全国各解放区工人代表大会的意见"②,民主政策由战时的"三三制"开始逐步向工人政权回归。新中国成立后,党的民主政策发生了重大转变,核心任务由追求民族独立建立人民民主专政国家,转变为"为进入社会主义准备条件"③。特别值得注意的是,中央提出了在统一战线中区分"左、中、右"三个部分的政策,民主问题变成了这三个部分"既团结又斗争,团结为主,斗争为了团结"的问题。这为接下来的反右斗争埋下了伏笔。

1994年,民政部下发的《全国农村村民自治示范活动指导纲要(试行)》中提出"通过民主选举、民主决策、民主管理、民主监督的系统程序和制度,全面增强和提高村民的参政议政意识和能力"。这让人民民主的内涵得以丰富化、具体化。1997年中共十五大报告正式将"民主选举、民主决策、民主管理、民主监督"作为社会主义民主的确切内涵提出来。2007年11月15日,国务院新闻办公室发表《中国的政党制度》白皮书明确提出:"选举民主与协商民主相结合,是中国社会主义民主的一大特点",第一次确认了协商民主的概念。2012年,中共十八大报告则明确提出,协商民主是社会主义民主的重要制度形式,要推进协商民主广泛、多层、制度化发展。

除了上述方向性政策,针对具体的民主发展而出台的相关政策文本

---

① 参见《抗日根据地的政权问题》(1940年3月6日),《毛泽东选集》(第二卷),人民出版社,1952年,第714页。

② 《中央工委关于召开全国各解放区工人代表大会的意见》,《中共中央文件选集·第17卷》。1948年5月31日,中央还专门发出指示称,"三三制"仍应执行,废除"三三制"的意见是错误的。这一政策实际上一直延续到新中国成立后,至1954年第一届全国人民代表大会召开。

③ 李维汉:《人民民主统一战线的新形势与新任务》,1950年3月21日。《建国以来重要文献选编》(第一册),中央文献出版社,1992年。

也很多。比如,1999 年杭州市政府为了推进"开放式决策",发出的《关于进一步完善全市经济和社会发展重大事项行政决策程序的通知》。1998年,四川省遂宁市发出的《中共遂宁市市中区委员会关于步云乡人民政府乡长直选的批复》,允许其下辖的步云乡进行乡长"直选"的试验。2001年,中共中央向全国转发的全国人大党组《关于做好乡镇换届选举工作的意见》,明确不能进行乡镇长直接选举。2001 年,温岭市委在总结所辖乡镇"民主恳谈"经验的基础上发出《中共温岭市委关于进一步深化"民主恳谈"活动加强思想政治工作推进基层民主政治建设的意见》,将"民主恳谈"加以规范化并推广。"通知""批复""意见"不具有立法法位阶,因而不是法律文本;但属于正式的"规范性文件",对于政府机关具有政策约束力和导向作用,故属于典型的政策文本。

从上述梳理中可以看出,相比于意识形态文本对民主价值和民主目标的"原则性"宣示,政策文本更注重民主发展因时、因地制宜的"可操作性"。此外,虽然战争年代党的民主政策具有服务于战争的"策略性",但并未偏离人民民主这一根本,始终强调社会主义民主不是单一阶级的民主,而是阶级共和的民主。在民主形式上,则逐步形成选举民主和协商民主并重,民主选举、民主决策、民主管理、民主监督并举的内涵。中共经常通过一定的政策,对民主发展的节奏、方式和重点进行调整,但由于政策具有不可避免的"时间性"和"策略性",所以民主发展的重点和节奏也显得缺乏稳定性。

(三)法律文本

执政党的意识形态和政策毕竟不同于国家活动,它要体现出稳定性和规范性并具有强制力,必须通过国家的立法程序转化为法律。在根据地时期,毛泽东就提出,要避免以党代政,"党的主张办法,除宣传外,执行的时候必须通过政府的组织"①。特别是涉及民主建设这样的根本事项，"一旦政策法律化，对于发展民主的规定就是强制性的和长久性的"②。因此，不同时期，党都会及时将意识形态文本和政策文本上升为法律文本。所谓民主发展的法律文本，是指具有立法权的国家机关通过正式立法程序制定的有关民主发展的目标、路径和具体方式的法律文件。这类文本的最大特点是，权利义务关系更为明确，更具操作性，具有普遍的刚性约束力，甚至可以作为诉讼依据。按其立法层级和重要性，可以分为宪法性法律文本和其他法律文本。

宪法性法律文本主要包括《苏维埃共和国宪法大纲》《陕甘宁边区施政纲领》《中国人民政治协商会议共同纲领》《中华人民共和国宪法》，以及各类组织法和选举法等。比如《苏维埃共和国宪法大纲》规定：

> 一切劳苦民众都有权选派代表掌握政权的管理；一切劳苦群众及其家属，不分男女种族，在苏维埃法律面前一律平等；凡苏维埃公民年满十六周岁以上均享有选举权和被选举权；直接选派代表参加各级工农兵会议，讨论和决定一切国家的地方的政治事务。③

1939 年《陕甘宁边区选举条例》规定，凡居住边区境内之人民，年满十八岁者，均有选举权与被选举权；边区、县、乡三级参议会之议员，采取普遍、直接、平等、无记名之投票。1939 年陕甘宁边区第一届参议会通过的《陕甘宁边区施政条例》尚未提及"三三制"，1940 年毛泽东在《抗日根据地的政权问题》中提出这一原则后，1941 年新的《陕甘宁边区施政条例》正式提出，

---

① 《井冈山的斗争》，《毛泽东选集》（第一卷），人民出版社，1951 年，第 76~78 页。
② 吴苗：《中国共产党发展民主的政策选择》，中共中央党校博士学位论文，2007 年。
③ 陈荷夫编：《中国宪法类编》，中国社会科学出版社，1980 年，第 90 页。

边区民意机关共产党员占三分之一，党外人士占三分之二。1949 年《共同纲领》规定，中华人民共和国的国家政权属于人民，人民行使国家政权的机关为各级人民代表大会和各级人民政府；各级人民代表大会由人民用普选方法产生之。1953 年《中华人民共和国全国人民代表大会即地方各级人民代表大会选举法》规定，凡年满十八周岁的中国公民都有选举权和被选举权；乡、镇、市辖区和不设区的市人民代表大会之代表，由选民直接选举之；少数民族人口特少者，亦应有代表一人；各党派和人民团体、不属于党派和人民团体的选民或代表都可以联合或单独提出代表候选人名单。1979 年修改选举法将直选范围扩大到县一级，并规定选民或代表，有三人以上附议，也可以推荐代表候选人。1986 年修改选举法规定，选民或者代表十人以上联名，也可以推荐代表候选人。《中华人民共和国村委会组织法》（2018 年修订）规定，村民委员会主任、副主任和委员，由村民直接选举产生；年满十八周岁的村民，除依照法律被剥夺政治权利的人外，都有选举权和被选举权；有十分之一以上的村民或者三分之一以上的村民代表提议，应当召集村民会议。

其他的法律文本，比如 2009 年杭州市在经过十多年实践后，将"开放式决策"正式制度化，出台了《杭州市人民政府开放式决策程序规定》，这一规定在立法法层级当中属于"地方政府规章"。还有诸多实施细则，如四川省《中华人民共和国全国人民代表大会和地方各级人民代表大会选举法》实施办法，甘肃省实施选举法细则，等等。

有关民主的法律文本为数众多，不一一列举。一个民主的意识形态或政策，只有变成法律，才能成为民主的权利。而一旦成为民主权利，则意味着它会产生直接的权利义务关系，国家和社会行动者都可以将其作为直接的权利证明向对方提出相应诉求。在中央、地方、社会的三方互动中，我们经常看到，社会行动者可以依据意识形态文本或政策文本证明自己民主行动的合法性,但国家必须要依据明确的法律文本来和社会进行互动。而一旦社会行动者可以找到明确的法律文本作为开展民主行动、提出民主诉求的依据时,国家的回旋余地就将大大受限,往往不得不在"妥协"和"强制"之间作出选择。当各方行动者对民主问题发生争议时,法律文本往往也是裁决纠纷的最终及最可靠的依据。因此,法律文本的重要性是不言而喻的。

并非地方出台的有关民主的文件都属于法律文本,通知、意见等规范性文件属于政策文本而非法律文本。从这个角度来说,一个民主实践只有成为法律文本才是真正意义上的"制度化",仅仅成为政策文本只能算是"半制度化"。另外,意识形态文本和宪法性法律文本往往是中央主动出台的, 大量政策性文本则是地方主动出台的;主要由社会行动者推动形成的,只有数量很少的非宪法性法律文本和政策文本。这类文本不仅是民主行动的依据,更是民主行动的结果。可见,国家(中央+地方)对文本具有超强的控制力;同时,从中也可以看到国家推动民主发展的"主动性"。

在中国,国家之所以成为民主文本发展的最重要主体,一是因为中国社会本身尚在成长当中,还不足以具有强大的行动能力;二是因为执政党和国家需要以一定的形式履行其民主承诺;三是国家可以主导民主发展的方向、节奏与形式,在推动民主发展的同时控制政治风险。当然,任何一个文本的形成都不完全是单方意志的结果, 国家推动形成的文本也必然包含一定程度的社会意志。而且一个文本一旦形成,就会对各类行动者都构成约束,各类行动者也都可以对之进行阐释和利用。因此,任何一个文本都会构成一个相对公平的博弈规则。

二、政治能动者

对一个民族国家而言，政治发展的制度起点、经济社会条件、文化习俗等都只是推动其民主发展的外部条件而非能动因素。在控制国际因素的情况下，推动其民主发展的能动因素无疑还是应当到国家与社会当中去寻找。问题在于，即使在国家与社会层面，构成政治能动者的力量也是多种多样的，比如政党、阶级、国王、军队、职业人士、媒体等。在不同的政治体中，以及在不同的历史时期，会有不同的政治能动力量起作用。因此，并不存在一个亘古不变的推动民主发展的力量。我们认为，当代中国民主发展的政治能动者包括三个层次：中央、地方与社会。所谓社会，就是国家以外的领域；而国家则分为中央和地方两个层面。至于"政治中介"，虽然是民主发展一个重要的影响因素，但由于它高度分化，且主要起辅助作用，并不能作为一个政治能动者。

（一）中央

中国虽然是一个单一制国家，但无论在事实上还是法律上，地方政府都有相对于中央的部分"自主性"。就事实层面来说，地方政府不仅有相当大的财政自主性和土地产权保障，还对大部分地方层面的经济社会发展决策和司法事务享有最终决定权。郑永年认为，在中央和省级政府之间，存在若明若暗的"议价"关系，省级政府承诺按照中央的意愿行事，作为回报，则获得一定的制度上或事实上的自主性。①这种关系推而广之，也广泛

---

① See Zheng Yongnian：*Central -Local Relations：The Power to Dominate*，*China Today*，*China Tomorrow：Domestic Politics*，*Economy*，*and Society*，Edited by Joseph Fewsmith，Rowman&Littlefield Publishers，Inc.2010，p.193.

可见于各层次地方政府之间。周黎安认为,中国各级政府之间,甚至政府和官员之间都存在某种"行政发包制":在一个统一的权威之下,嵌入了发包的关系,承包方享有的"自由裁量权非常大"[①]。就法律层面而言,我国副省级以上地方人大和政府享有制定地方性法规和地方政府规章的权力。由于全国人大会期较短,且依法只制定基本法律和全国层面的重要法律,大量的立法实际上由地方制定。加之,地方各级国家权力机关由下一级人大选举或选民直接选举产生,地方各级行政机关、审判机关和检察机关都由本级人大选举产生,对它负责,受它监督。有人据此认为,中国"宪法未必坚持单一的人民主权观"[②],国家主权属于分散在各地和各民族的人民,主权的行使则由中央和地方人大分享。针对这一现状,李侃如和兰普顿提出,1978 年后中国的央地关系可以用"破碎的权威主义"来形容;[③]许成钢则用"地方分权下的威权体制"来概括改革开放后的中国政治。[④]

上述央地关系的实质决定,在民主发展这一问题上,中央与地方也并非铁板一块,而是分别构成单独的能动力量。当然,由于作为"发包方"的中央仍然拥有正式权威(如人事控制权、监察权、指导权和审批权)和剩余控制权(如一票否决权和干预权)[⑤],所以下级政府所享有的自由裁量权并不充分,依然可能随时受到中央的干预。因此,虽然中央和地方均构成民主发展的能动力量,但双方的力量等级是有差别的,且毫无疑问是中央的能力等级更高。

---

①⑤ 周黎安:《行政发包制》,《社会》2014 年第 6 期。

② 张千帆:《主权与分权——中央与地方关系的基本理论》,《国家检察官学院学报》2011 年第 2 期。

③ See Kenneth G.Lieberthal & David M.Lampton:*Bureaucracy,Politics,and Decision Making in Post-Mao China*,Berkeley:University of California Press,1992,p.8.

④ See Xu Chenggang,The Fundamental Institutions of China's Reforms&Development,*The Journal of Economic Literature*,2011,49-4,pp.1076-1151.

对于中央主动推动的民主实践活动，比如党内民主实践中的"党代会常任制"，中央的作用是毋庸赘言的。即便在自下而上的民主实践中，中央也扮演着极为关键的角色，"实际上，没有来自中央的政治支持，任何发自底层的政治参与行动都不可能成功"①。在后文将详细分析的案例中，村民自治由于得到中央的大力支持而上升为国家制度；乡镇领导干部"公推公选"虽然在多地得到推广，但由于尚未得到来自中央的明确认可，故而存在逆转的可能；而"自主参选人""人大代表工作室"一类的民主实践，则由于中央的明确反对而中断。可见，在每一种类型的民主发展中，中央都起决定性作用。一个产生于地方的民主实践，一旦进入中央的视野，如果不是得到支持，往往就是受到反对，而无论中央是支持还是反对，对于该民主实践的影响都是决定性的。当然，中央的支持或反对并非专断意志，而是一方面受到合法性和政治文本的制约，另一方面需要考虑地方和社会的实际诉求。在大多数情况下，对于起自地方的某个民主实践，中央的态度并非立刻形成的，而是有一个逐步认识和形成判断的过程。这个过程往往是地方或社会行动者进行政治阐释和政治沟通的关键机会窗口，如果地方或社会行动者能够抓住机会，经过阐释和沟通影响到中央的认知，那么这项民主实践很可能就能得到中央的认可。

结构论者会认为，中央并非整体性机构，对于一项民主实践，不仅中央各部门之间可能存在判断和态度差异，不同的中央领导人也会有不同的意见。这一点无疑是对的。比如，针对 20 世纪 90 年代末的步云乡"公推直选"的试验，中共中央政法委机关报《法制日报》就发表《民主不能超越

---

① Zheng Yongnian: *Central-Local Relations: The Power to Dominate, China Today, China Tomorrow: Domestic Politics, Economy, and Society*, Edited by Joseph Fewsmith, Rowman&Littlefield Publishers, Inc.2010, p.215.

法律》的文章称,直选"存在一个致命的问题:它竟然是不合法的"①。而民政部《中国社会导刊》则发表针锋相对的文章《步云乡是中国政治体制改革的"小岗村"吗》,提出步云乡的改革"为中国进一步贯彻党的十五届三种全会决议,提高和发扬中国农村的基层民主打开一条新路"②。不过,我们不可过分强调这种差异性对民主实践的影响。实际上,如果一个民主实践确实有着十分重要的政治影响,随着事态的发展和中央对这一民主实践认识的深入,中央最终会形成一个统一的决定性意见。而如果一个民主实践的影响并非全局性的、关键性的,那么中央可能不会就此给出一个最终的决定性态度,因而地方也就可以继续进行区域性的试验。

因此,虽然中央各部门对某一民主实践存在事实上的态度差异,但这不妨碍我们将"中央"作为一个整体性的分析概念来使用。这里的"中央"概念包括党中央和广义的中央政府。在我们的分析框架中,"中央"是一个抽象的分析范畴,它与地方最大的区别在于,中央意味着它是国家的总体性代表,地方则只是区域性代表。在具体的分析过程中,"中央"这个抽象的概念会以各种具体的机构或领导人表现出来,比如中共中央、中央组织部、中央政法委;或者国务院、民政部、司法部;或者全国人民代表大会,等等。一般来说,我们识别中央对于民主的态度,主要就是看这些中央机关和中央领导人对于民主的表态。③对于地方和社会行动者来说,把握或影响中央的态度至关重要。地方政府推动的民主实践,往往是在领会中央态度的情况下开展的。地方或社会行动者在开展民主活动的过程中,往往会亲自或通过政治中介对其行为的合法性、重要性和基本结构进行阐释和

---

① 查庆九:《民主不能超越法律》,《法制日报》1999 年 1 月 19 日。

② 李凡:《步云乡是中国政治体制改革的"小岗村"吗?》,《中国社会导刊》1999 年第 2 期。

③ 表态的形式包括:出台正式的法律文件或其他规范性文件,中央领导人讲话,中央部门的正式发言等。有时候,直接从属于某中央部门的媒体、研究机构的表态也会起到类似中央表态的作用。

沟通,以期获得中央的认可或赞许;它们也会为每一个民主行动寻找来自中央的文本依据,以提高其行动的成功率。

实际上,我们在分析每一个民主实践的案例时,都能感觉到来自中央的影响是如此的明显,如此的有决定意义。这一点,或许和英国民主发展过程中来自下层的阶级斗争或抗争压力主导民主发展进程,存在显著差异。小彼得·J.穆迪在分析东亚民主化特点时曾提出,"在东亚地区,与政治最密切相关的结构是'自主国家'(autonomous state)"。这不是指国家是独立于社会压力而运作的,而是指在东亚地区,往往是国家"自主"地塑造着社会秩序。①这与来自西方经验总结的"现代化→民主化"模式完全不同。在中国,政治并非经济社会环境的简单对应物,毋宁说政治具有先于甚至高于经济社会的地位和功能。至少从中国民主政治发展的特点来看,这一观察是正确的。我们分析地方政府创新奖的申报材料,几乎所有民主创新案例都声称遵照中央的文本精神。可见,中国民主发展的动力和边界,绝不仅仅来自于民间社会,而是很大程度上来自中央。就像穆迪所说:"那里(指东亚)有着对民主的社会需求,但民主来自上层的推动。"②

(二)地方

地方这一概念同样具有模糊性。《国际社会科学百科全书》认为,地方政府是在全国政府或地区政府的一小块领土内,"拥有决定和管理有限范围公共政策的一种公共组织"③。在政府层级中,地方政府位于全国政府、中间政府之下的最低层。《布莱克维尔政治学百科全书》则认为,地方政府

---

① 参见[美]小彼得·J.穆迪:《东亚:自上而下的民主》,[美]霍华德·威亚尔达主编:《民主与民主化比较研究》,榕远译,北京大学出版社,2004 年,第 87 页。

② 同上,第 93 页。

③ *International Encyclopedia of the Social Science*,Volume 9—10,Macmillan,1968,p.451.

是"权力或管辖范围被限定在国家的一部分地区内的一种政治机构"①,在一国政治机构中处于从属地位,具有地方参与权、税收权和诸多责任。在中国,人们一般从单一制国家中央与地方关系的角度,把地方政府界定为"中央政府"的对称。②比如,《辞海》中指出,地方政府"是中央政府的对称。设置在地方各级行政区域内负责行政工作的国家机关"③。综合上述定义,我们至少可以得出以下两点认识:一是地方政府和中央政府是相互区别的,前者具有从属地位;二是地方政府不具有全局代表性,而只具有局部代表性。因此,在我们的分析中,地方政府就是中央政府以外的各级政府。此处的"政府"意指公权力机关,即包括广义的立法、司法、行政机关在内的大政府概念,而且"等于国家机构总体与执政党之和"④。

原则上来说,将"地方"作为一个整体性的分析概念是不合适的。因为地方政府层级复杂,共有省级、地市级、县区级、乡镇级等多个层次,每一个层级的地方政府之间,资源禀赋和权能是有极大差异的。同时,不同地区间地理环境、经济社会发展水平,甚至风俗习惯都存在巨大差异,将其作为一个共同的分析范畴似乎无法体现这种差异性。更有甚者,地方政府内部也有复杂的制度结构和职能区划,这种内部结构的差异性也恐非一个单独的"地方"概念所能涵盖。然而如果去异求同的话,即便在地方政府存在上述种种差异的情况下,它们也还是有不可否认的共同特点。其中,最主要的就是,地方政府遵循着类似的行动逻辑,且地方政府的行动逻辑显著不同于中央政府和社会。这种行动逻辑上的相似性,使得我们对地方政府的行为进行概念化处理变得可行。实际上,用"地方"来指称省级以下

---

① ［英］戴维·米勒等:《布莱克维尔政治学百科全书》,邓正来主编,中国政府大学出版社,1992 年,第 421 页。

② 参见陈瑞莲、张紧跟主编:《地方政府管理》,中国人民大学出版社,2016 年,第 2 页。

③ 夏征农主编:《辞海》(上),上海辞书出版社,1999 年,第 1503 页。

④ 朱光磊:《当代中国政府过程》,天津人民出版社,1997 年,第 14 页。

的政府层级,常见于有关中国地方政府的研究当中。①也就是说,层级、结构、禀赋和权能的差异,会影响到地方政府的行为能力和行为结果,但不会从根本上改变地方政府的行为逻辑。

这种行为逻辑是什么呢? 我们认为,在控制地方官员的个性特点、个体偏好、价值理念的前提下,作为一个理性化、科层化和程序化的地方政府(及其主要官员),其最基本的行动逻辑是追求绩效。也就是说,地方政府是为"绩效"而行动。这里的绩效是指一种积极的政治评价。地方政府是"夹层中"的政府,它们的有限自主性来自中央和社会两方面的授权。因此,它们必须对中央和社会负责,必须在中央与社会的双重压力下寻求生存空间。荣敬本等人就用"压力型体制"②来描述地方政府的行动逻辑。虽然,就地方官员的动机而言,他们并非完全是在压力体制下被动应对,很多人会主动追求进取,也有人会进行政治投机。但无论"压力型""进取型",还是"投机型"行动者,他们的基本目的都是为了获得更加积极的政治评价。③

地方政府在当代中国民主发展中的作用是显而易见的。仅以中央编译局等单位主持的"地方政府创新奖"为例,2001 年到 2014 年间七届共产生了 158 个获奖案例,其中就有 39 个案例属于"民主创新案例"④,占所有获奖案例的 24.68%。⑤可见,地方政府推行了大量的民主创新。杨雪冬等

① 托尼·赛奇不仅用"地方"来指称省级以下的政府层级,而且将村也纳入了分析范围。参见[美]托尼·赛奇:《盲人摸象:中国地方政府分析》,《经济社会体制比较》2006 年第 4 期。

② 参见荣敬本、高新军、何增科、杨雪冬:《县乡两级的政治体制改革:如何建立民主的合作新体制》,《经济社会体制比较》1997 年第 4 期;杨雪冬:《压力型体制:一个概念的简明史》,《社会科学》2012 年第 11 期。

③ 关于"绩效"的具体内涵,下文将专门阐释。

④ 按照"自治、选举、议事、公开、问责"的民主定义进行筛选,符合其中一项以上者即被认为是"民主创新案例"。

⑤ 参见汪仲启:《建构还是生成:中国地方民主发展路径分析——以中国政府创新奖(2001—2014)获奖案例为例》,《复旦政治学评论》(第十五辑),复旦大学出版社,2015 年,第 322 页。

人也提出,由于在治理方面的"民主化",人大法治建设和制度完善、选举改革等方面所表现出来的突出作用,1978 年以来的中国政治出现了"地方的复兴"。①实际上,在我们分析的案例中,各地的民主恳谈和的乡镇领导干部选举都是由地方政府直接推动的。而在追求民主发展和治理创新的过程中,地方政府及官员对"绩效"的渴求,更是得到了许多文献的证明。②

(三)社会

民主发展的"结构论"者和"能动论"者,都不否认社会对于民主发展的至关重要的作用。实际上,有些人认为社会是产生民主的最根本条件,甚至是推动民主发展的唯一可靠的力量。比如,马克思认为,现代民主国家只有可能在市民社会中产生,而"市民社会只有在基督教世界才能完成"③。

在中国,我们也能看到来自社会的民主诉求和民主压力推动民主发展的例子。比如,农村基层选举中的"两票制"就是在村民民主意识不断增强的情况下"催生出来的"④。20 世纪 90 年代以来兴起的"自主参选人"现象,更是社会能动者追求民主发展的生动例子。1989 年以前,人们多从国家或政党为中心的视角论述中国的政治变迁,认为国家或政党才是推动中国政治变迁的核心力量。1989 年之后,"新范式的倡导者不再'盯住上层',而是'眼睛向下',关注国家之外的社会领域。他们把变革中国的希望

---

① 参见杨雪冬、赖海榕:《地方的复兴:地方治理改革 30 年》,社会科学文献出版社,2009 年。

② 如吴建南、马亮、杨宇谦:《中国地方政府创新的动因、特征与绩效——基于"中国地方政府创新奖"的多案例文本分析》,《管理世界》2007 年第 8 期;杨雪冬:《简论中国地方政府创新研究的十个问题》,《公共管理学报》2008 年第 5 期;陈雪莲、杨雪冬:《地方政府创新的驱动模式——地方政府干部视角的考察》,《公共管理学报》2009 年第 3 期。

③ 《论犹太人问题》,《马克思恩格斯全集》(第一卷),人民出版社,1956 年,第 450 页。

④ 周红云:《使农村民主运转起来——湖北广水"两票制"案例分析》,《马克思主义与现实》2003 年第 4 期。

寄托于独立的、有组织的民间力量"①。林尚立指出：

> 经济和社会发展所引发的社会组织和结构的变迁，是政治发展的重要动力。因为社会组织和结构的变迁比如带来对政治权力和政治权利进行重新分配的要求。这也就反证了一个道理，即在社会组织和结构没有发生松动或变化的情况下，任何有实质性的政治发展都是相当困难的。……（20世纪）90年代以来，中国抓住社会组织从单位结构开始转向社区结构的发展契机，进行基层民主建设。②

民主发展的社会行动者往往会将自己的行动"打扮"成合法性范围内的、体制允许的形式，为此他们会诉诸党的文件、领导人讲话或国家法规，借用其中的概念，以此申明行动的合法性。比如，在"自主参选人"竞选过程中，就有代表打出"人民代表人民选""保障公民选举权和被选举权"等标语、口号。实际上，行动者通过这种方式，一方面表示自己的行为尚在制度许可范围之内，另一方面乃强调执政党和国家的民主"政治承诺"，以此给对方施加政治压力，并意在让潜在的压制行动背负"背信弃义"或"违背合法性"的压力。

社会行动者另外经常采取的行动策略就是寻找政治"中介"——主要是媒体和学者。前者可以利用媒体资源将其行动和诉求放大，以争取舆论支持，甚至在社会上创造一种示范效应，以期形成更大的政治压力；后者则可以利用理论优势和话语权，为社会行动寻找合法性依据。另外，通过媒体和学者，社会行动者也期望发挥信息传递的功能，经过理论化和合法

---

① 康晓光、韩恒：《分类控制：当前中国大陆国家与社会关系研究》，《开放时代》2008年第2期。

② 林尚立：《当代中国政治形态研究》，天津人民出版社，2000年，第467页。

化包装的社会行动更容易为国家行动者所接受。有时候,社会行动会诉诸更加强硬的方式,比如通过律师、意见领袖等进行维权或舆论渲染。维权律师作为社会行动的中介,其作用可能是双方面的,一方面,司法途径乃是国家允许甚至鼓励的意见表达渠道,另一方面由于司法活动不可避免的先例作用和示范效应,国家行动者又十分忌惮由此产生的不利结果。所以这既可能让社会行动者在选择律师作为中介时有所顾虑,又可能使国家行动者在应对这种诉求方式时陷入两难。

现代公民的根本特征是权利意识的增强。现代化一方面创造了现代公民的利益基础,另一方面教育了公民的观念,从而使得他们不仅有了值得维护的利益,而且有了维护利益的自觉性。更重要的是,现代化还创造了公民权利的法制基础,使得公民权利具有了合法性,从而为公民的维权行动提供了法律依据。现代性的社会力量成长具体是指哪些方面呢?我们认为,就推动民主发展的社会力量而言,主要是公民的民主意识、民主技能、资源动员能力以及组织化程度等几个关键方面。而社会力量这些方面的成长,又是通过工业化、城市化、网络化和教育普及等方面的进步而实现的。在阿普特看来,现代化社会的最基本特征是指:"在工业化过程中,在功能上联系和组织起来的角色的扩散。"[1]"角色"是任何社会都有的,而现代社会与传统社会的关键区别就在于角色的"联系和组织"的方式和程度,一个社会的联系越紧密、组织化程度越高,现代化程度也就越高。

人们普遍观察到改革开放以来中国社会力量的成长。邓正来认为,1978 年改革开放以来,中国"国家与市民社会的二元性分化开始进行"[2]。陈明明也认为,20 世纪 80 年代中后期以来,中国的国家与社会关系发生了深刻的变化,"大量的权力要素从国家流入社会,市场与民主成为国家

---

① [美]戴维·E.阿普特:《现代化的政治》,陈尧译,上海人民出版社,2011 年,前言第 1 页。

② 邓正来:《市民社会理论的研究》,中国政法大学出版社,2002 年,第 12 页。

与社会发展的主题"①。通过这些方面的进步，传统中国的"臣民"正在演变为现代中国的"公民"，其民主意识、政治技能和互动资源都得到了极大提升。不足之处在于，其组织化程度仍然比较低。所以中国的现代化发展正在创造新的社会力量，但是中国的现代化并没有直接创造公民之间的联系，而缺乏联系的公民始终是孤立的、松散的、无力的，难以形成有效的行动力量。

如果我们将"现代性"与"组织性"分开来，作为衡量公民及社会的民主能力的两个维度，我们可以看到，新中国成立后到"文革"结束这段时间，公民之间主要通过"单位制"和"公社制"联系起来，无论是单位制还是公社制，都既是经济组织，又是创造公民联系的制度载体，那时的公民具有较高的组织性，但现代性不足。改革开放以来，公民的现代性得到极大加强，但维系公民联系的制度性工具却逐步瓦解。这使得自新中国成立以来，直到互联网时代来临之前，中国公民的现代性和组织性都没有同步结合，中国民主发展的社会性主体力量也就始终难以真正发育成熟。21世纪以来，由于互联网的快速发展，中国迅速进入"网络时代"，创造公民联系的技术性工具终于出现，这使得中国社会在创造公民联系的制度载体不足的情况下，得以通过技术性工具联系起来，从而一定程度上实现了公民的现代性与组织性的结合。这对于促进中国民主发展的社会性主体力量的成长是至关重要的。"互联网提供了人类社会前所未有的自发组织的机会"②，通过互联网的联系，单个的、地域性的公民行动有可能形成社会性的集体行动，从而使得社会的互动能力和实际政治影响力大大增强。因此可以说，现代化造就了现代公民，互联网创造了现代公民之间的联系。

---

① 陈明明：《从超越性革命到调适性发展：主流意识形态的演变》，《天津社会科学》2011年第6期。

② 成伯清：《大众：成因与中介机制——重访大众社会论题》，《江海学刊》2016年第5期。

当然,公民之间的"联系"和公民之间的"组织"毕竟存在重大差别。技术性的联系能够在一定程度上对松散的公民起到组织性的作用,但无法替代组织的政治性功能。因为所谓的"联系"仍然是十分松散的,易于控制和破坏的,而且没有政治性的组织也难以组织"线下"的政治行动,而通常只能产生一些舆论性的压力。所以总的来说,当代中国的社会性民主力量得到了长足发展,并对中国的民主发展产生了重要的推动作用,但由于面临组织化不足等问题,其作为民主能动力量的作用依然是很不足的。

三、政治中介

"中介"既可以指某种社会角色,也可以指某种功能和机制。我们所称的"政治中介",是指在国家与社会之间充当媒介,在民主发展问题上起到阐释、沟通、咨询作用的政治角色。在目前,充当政治中介的主要有学者、媒体、律师和社会组织等类别。

(一)政治中介的理论基础

在西方,与政治中介相关的有"市民社会""第三部门"和"职业精英阶层"等概念。现代市民社会理论是随着民族国家的诞生,工商业的发展,在出现了一个与国家相区分的私人社会的基础上形成的。市民社会"表示国家控制之外的社会和经济安排、规则、制度"①。黑格尔认为,市民社会是"各个成员作为独立的单个人的联合"②。在黑格尔的市民社会理论中,作为"中介"的自治性团体属于市民社会的一部分,从而将个人与国家、私人

---

① [英]戴维·米勒等:《布莱克维尔政治学百科全书》,邓正来主编,中国政法大学出版社,2002年,第126页。

② [德]黑格尔:《法哲学原理》,商务印书馆,1961年,第174页。

利益与普遍利益联结起来。①在马克思那里，市民社会是人类社会发展的一个特殊的历史阶段。和国家一样，市民社会是私人利益发展为阶级利益的产物，随着阶级的消失，市民社会和国家也会消失。作为一个分析范畴，市民社会是对私人活动领域的抽象，是作为公共领域的抽象——政治社会（即国家）的对应范畴。②但是在中世纪，"人民的生活和国家的生活是同一的"③，只有到了资本主义时代，市民社会和政治国家的分离才得以实现。分离后的市民社会和政治国家是通过政治中介相联系的，国家通过行政权参与市民社会，而市民社会则通过立法权参与国家，"正如官僚是国家在市民社会中的全权代表一样，各等级（会议）是市民社会在国家中的全权代表。"④哈贝马斯则将市民社会进一步细化，分为市场性的"私人领域"（Private Sphere）和社会性的"公共领域"（Public Sphere），前者是指由市场对生产过程加以调节的经济子系统，后者则是由各种非官方的组织或机构构成的私人有机体，它包括团体、俱乐部、党派、沙龙、报纸杂志书籍等。⑤哈贝马斯的"公共领域"成为他后来提出的"交往行为理论"的出发点和"交往行动"的基本空间。某种程度上，这个交往空间也成为联系私域和公域的中介。

到了 20 世纪 70 年代，西方学术界提出，在政治与经济之外，还有一个"第三部门"⑥（The Third Sector），第三部门主要由志愿团体、民间协会等非营利组织构成。正是在第三部门中，职业团体充当了国家与公民沟通的

① 参见何增科：《市民社会概念的历史演变》，《中国社会科学》1994 年第 5 期。

② 参见俞可平：《马克思的市民社会理论及其历史地位》，《中国社会科学》1993 年第 4 期。

③ 《黑格尔法哲学批判》，《马克思恩格斯全集》（第一卷），人民出版社，1956 年，第 284 页。

④ 同上，第 327 页。

⑤ 参见方朝晖：《市民社会与资本主义国家的合法性——论哈贝马斯的合法性学说》，香港《中国社会科学季刊》1993 年 8 月号（总第 4 期）。

⑥ Etzioni, A.1973, "The Third Sector and Domestic Mission", *Public Administration Review*, 33.

中介功能。阿普特认为,现代社会有一个共同特征,即出现了一个创造信息和利用信息的精英阶层,信息精英阶层是受教育和职业化的结果,他们的出现体现了独立于特定政治的"知识革命"——除了政治家以外,职业精英阶层能够接收信息并使之服务于政治目的。"这种信息精英团体不管在什么政治体系中,均介于政治家和民众之间。它的作用发挥,取决于每个政治体系中强制的程度。"①上述理论虽然强调重点各不相同,但也有一些共同特征。比如,都承认存在国家与社会的二元区分,都认识到在国家与社会之间存在某种中介组织或中介机制。不同之处在于,有的认为政治中介从属于社会,有的认为政治中介具有独立性;有的认为政治中介是某种制度机制,有的认为政治中介是某种角色。

这些理论为我们分析改革开放以来中国的社会变迁提供了重要的启发和视角。前文的分析已经表明,改革开放以来,中国社会从国家中析出,逐渐成长为一个颇具自主性的领域,这已经是一个不争的事实。随着中国从"全能型国家"②逐步发展为"有限国家""法理国家",中国的政治中介群体和机制也渐渐发展起来。但是中国的政治中介无论从起源、组成还是立场来看,都明显有别于西方的"市民社会""第三部门"或"职业精英阶层"等概念。

(二)当代中国政治中介的产生与演化

西方的政治中介属于公民社会的一部分,而中国的政治中介尚未完全脱离国家,有一部分还是以国家体制的身份从事中介活动,比如所谓

---

① [美]戴维·E.阿普特:《现代化的政治》,陈尧译,上海人民出版社,2011年,第318页。

② 这一概念来源于邹谠提出的"全能主义"(totalism),其基本特征是政治和社会不分,高度一体化。参见[美]邹谠:《二十世纪中国政治:从宏观历史与微观行动的角度看》,(香港)牛津大学出版社,1994年,第3页。

"人民团体"。我们可以清楚地看到，在革命建国的过程中，传统社会的中介机制和中介组织被打破，而新成立的国家则"吞没"了社会，所谓的中介组织只能是在国家主导下建立起来，且严重依附于国家的，某种程度上它们就是国家的代理人，甚至就是国家的一部分。改革开放后，国家"释放"社会，同时也为中介组织和中介机制的产生创造了空间。①

在改革思路的指导下，国家首先对"国有"的各类社会中介组织进行了分类，将其中一部分继续保留在国家体制内，比如工会、共青团、妇联、法学会、工商联等，另有一部分则逐步走向了社会，比如国有的媒体、律所转变为市场化的媒体和私人律所等。其次，在社会发育过程中，以律师、媒体人为代表的职业精英阶层开始形成；一部分中介组织和中介主体直接从社会中生长起来了，比如出现了民间的商会、非政府组织、自媒体等，从而使得纯粹社会领域的"公共性"也得到初步发展。最后，由于国家行为的逐步理性化，以及在众多领域的逐步退出，体制内中介组织的自主性有所提高，体制内职业精英阶层也出现越来越明显的立场分化。这些因素都使得中国的政治中介从无到有，而且成分比较复杂，他们中既有体制内的政府代言人，也有体制外的社会利益的代言人，还有一些人游离于体制内外的灰色地带。

西方的政治中介主要是从社会中"成长"起来的，而中国的政治中介除了一部分从社会中成长起来，更主要是从国家中"分化"出来的。而即使从社会中成长起来的政治中介，由于社会本身也是从国家中"分化"出来的，所以这类政治中介也处在国家与社会分化所产生的缝隙边缘：从国家体制中脱离或半脱离出来，但又同国家体制有着千丝万缕的联系；在社会中独立或半独立，但又受到国家权力各种各样的管控。这是因为，"我国的

---

① 参见李景鹏：《后全能主义时代：国家与社会合作共治的公共管理》，《中国行政管理》2011 年第 2 期。

第三部门中有相当一部分团体挂靠于政府,官方色彩比较浓厚"①。在中国,由于社会空间对国家的依附属性,中国社会的生长发育严重不足,一个相对自主的"市民社会"或"第三部门"始终不成气候。所以上述政治中介并非完整意义上的社会力量,很多时候毋宁说它们更加接近于国家的代理人。当然,由于市场经济的发展,和国家理性化水平的提高,社会意义上的政治中介也获得了长足的发展。因此,国家行动者、地方行动者和社会行动者都可以利用媒体、学者、律师和社会组织等"政治中介"。

在均衡博弈中,政治中介的多元化至关重要。如果所有的政治中介都只服务于某一个行动者,那么毫无疑问,这个行动者必将获得对其他行动者的压倒性优势。从目前来看,政治中介的分化和多元化在市场经济发达的地方更为彻底, 正因如此市场经济发达的地方的社会行动往往也更加有力,博弈更加充分。在中国,由于身份和立场的多元化,政治中介也有更加多元化的表现。但由于国家在资源和控制力方面的特殊优势,它对中介的组织、动员和管控能力依然大大强于社会行动者。在一起公共事件中,中央、地方或社会都可能动员某些政治中介为己方的主张进行阐述、沟通和咨询,但国家行动者显然拥有更强大的掌控中介的能力。当然,一个政治中介具体持何种立场,往往既有制度因素,也有理念因素,还有利益因素。在我们的分析中,中介的内在动机不是重要的变量,我们只分析它们的外在行动。

（三）有效的政治中介

只要在市民社会发达的地方,媒体、学者、律师和社会组织都是重要的社会力量。由于它们所具有的组织和表达功能,它们同时也是重要的"政

---

① 张莉、风笑天:《转型时期我国第三部门的兴起及其社会功能》,《社会科学》2000 年第 9 期。

治中介"，即在国家与社会互动中充当沟通和互动的媒介。中国也不例外。

1. 律师

在西方国家，律师的政治影响是十分明显的。比如，大部分美国国会的领导人和总统或具有法学学位，或曾任律师，"这种广泛的律师统治，几乎是二百多年美国政治史和法制史的一个表征或缩影"①。托克维尔的曾祖父梅尔歇布（Malesherbes）也曾指出，法国律师在推进政治进步的历史中"留下自己深深的足迹"。②

律师发挥政治作用的方式主要有三点：一是通过司法权对立法权与执行权的限制来建构温和的国家；二是通过对公共领域的创设来建构公民社会；三是通过对个体权利的保护来建构公民权。③在中国，就政治中介与国家的分化程度而言，律师是最彻底的。律师事务所已经由最初的"国有"而完全市场化了，所以律师的职业化程度相对也是最高的。这就决定，律师在民主发展进程中，同其他政治中介的参与方式可能会稍有不同。主要表现为：①律师掌握法律专业知识，经常充当能动者的咨询对象，在我们的案例中，很多地方政府都雇用了律师，若干从事"自主参选"的公民也得到了律师的专业帮助；②其活动方式主要是从事诉讼，这决定律师的作用主要是抗争性的；③大部分律师的服务是市场化的，律师需要对客户保持忠诚，但也有选择客户的自由；④律师的行为受到理想主义因素的影响较大，他们参与民主行动可能抱有一些不切实际的甚至是违法的诉求。比

---

① 美国总统从华盛顿到克林顿共42任41人（克利夫兰一人两任），其中律师出身者25人，另有4人接受过法学教育或从事过法律职业工作，占总数的70%。副总统共47位，其中32人曾任律师，另有4人接受过法学教育或从事过律师工作，占总数的76%。国务卿共约62位，其中48人从事过律师工作，占总数的77%。参见程燎原、江山：《法治与政治权威》，清华大学出版社，2001年，第284~285页。

② 转引自夏立安、聂原：《法国律师与政治自由主义的产生》，《浙江社会科学》2003年第5期。

③ 参见刘思达：《职业自主性与国家干预——西方职业社会学研究述评》，《社会学研究》2006年第1期。

如,在我们的案例中,帮助 L 公民从事"自主参选"的 X 律师就表示,希望通过自下而上的民主行动"改变中国的政治体制"。

2. 媒体

媒体对于政治发展的作用同样不可小觑。查尔斯·蒂利认为:"20 世纪传播媒介的变革与扩展,为社会运动提供了前所未有的机遇和展示。"[①]在中国,媒体可以分为官方媒体、市场化媒体和自媒体三个类别。虽然中国目前完全意义上的市场化媒体并不多[②],但由于民主文本存在较大的阐释空间,这就为媒体提供了多样化的话语选择。加之国家对官方媒体的控制力存在差异,这让官方媒体在民主发展议题上也有一定的分化。另外,由于存在一定的"异地监督"空间,官方媒体对于地方性的民主事件的报道也可能形成差异。所以即使我国媒体以官方媒体为主,但官媒对于民主发展的立场和报道方式并不是完全一致的。

媒体领域最重要的变化是自媒体的兴起,自媒体是国家从建制上完全无法控制的部分,国家只有通过明确的管理规则,或者在没有规则的情况下通过"暗中操作"的技术控制手段才可以控制互联网和自媒体中介。自媒体的出现,也使得集体行动的动员成本降低了,"一个自媒体就可能催生一个社会运动"[③]。这些情况决定,媒体在阐释和沟通民主发展议题时,必然存在立场差异。媒体立场的差异只能说明各类民主行动者都可能找到可资利用的媒介工具,从而使得三方在互动过程中在阐释、沟通、资源和舆论动员等方面趋向平等。

不过,媒体的作用有时候体现为两面性,特别是当一个民主行动的合

---

① [美]查尔斯·蒂利:《社会运动 1768—2004》,胡位均译,上海世纪出版集团,2009 年,第 116~117 页。

② 比如《财经》杂志,而所谓"南方系"实际上也是官方媒体。

③ 赵鼎新、潘祥辉:《媒体、民主转型与社会运动》,《社会科学论坛》2012 年第 4 期。

法性不够明确时,过早、范围过大的媒介宣传,反而可能会带来不必要的外部压力。在我们的访谈中,就有民主行动者表示,不希望他们的做法被过早宣传出去,最好等他们埋头做出实际效果来。

3. 学者

学者虽然在身份上仍属"体制内",但学者的"荣誉感"和学术共同体的评价,使之有一种"为天地立心,为万民请命"的责任感。这使得学者在支持社会立场时会有某种道德荣誉感,但他们又无法回避支持国家立场的责任,所以学者的中介作用主要表现为对各级政府的民主改革进行"咨询"和"阐释"。实际上,我们在选举改革、民主恳谈、自主参选等许多民主行动中都能看到学者的身影。另外,还有部分学者对社会能动者开展的民主行动提供"咨询""阐释"和"沟通"方面的帮助,比如四川选举实践中的李凡;浙江"民主恳谈"中的何包钢、FishKing、韩福国等;刘萍自主参选人大代表背后的于建嵘,等等。学者最基本的角色是在理论与实践、官员与群众之间充当"桥梁":一方面以自己的专业知识为国家和社会行动者提供咨询,另一方面对民主行动进行理论化的阐释。有人发现,根据专家在上述中介活动中的动机和作用,专家学者可以分为技术传播者(technology communicators)、理论论证者(theory demonstrators)、理念企业家(idea entrepreneurs)和知识中介人(knowledge brokers)四类。以他们在温岭民主恳谈改革中的角色和作用来看,李凡可以视为"理念企业家",马骏可以视为"知识中介人",马蔡琛可以视为"技术传播者",何包钢则可以视为"理论论证者"。[①]

4. 社会组织

当前,政治中介分化程度最低的是社会组织。康晓光认为,在改革的

---

① See Xufeng Zhu、Peipei Zhang,"Intrinsic Motivation and Expert Behavior Roles of Individual Experts in Wenling Participatory Budgeting Reform in China",*Administration & Society*,2016,Vol.48(7).

过程中,伴随着政治控制的放松以及经济领域的市场化改革,社会领域中出现了多元化的利益需求,涌现出大量的社会组织。面对如此众多的社会组织,原有的极权式国家支配社会的模式逐渐瓦解,取而代之的不是社会的自治,而是一套新的国家支配体制——分类控制体系。[①]我国大量社会组织属于"半官方"机构;同时,由于中国尚未制定社团法,并要求社会组织必须要有"挂靠"机关,所以国家对社会组织的管控是严格的、建制性的。因此,社会组织参与到民主行动中的情况是比较少的。但是在浙江等民间商会发达的地方, 这类商业性协会在集体谈判和政治沟通中的作用还是相当突出的。浙江的民主发展为何一枝独秀,乃至出现"民主政治建设的浙江经验"[②]? 这同浙江的社会组织数量众多、功能强大分是不开的。它们主要起到维系政府与社会桥梁作用,通过严格遵守社团法,不仅为行业服务,也可以分担政府职能。更重要的是,浙江的民间组织在反映会员、弱势群体和基层民众的权益与诉求、影响政府决策、扶助弱势群体、热心社会公益等方面发挥了重要作用。[③]需要注意的是,中国社会并非高度组织化的社会,社会组织并未将社会完全组织起来,大量的社会领域在社会组织之外,依然是松散的。所以说,中国的社会组织只是在部分领域充当了"中介"功能,它并非严格意义上的国家与公民中间的一个完整的结构性中介因素,而只是一支"机动灵活"的力量——在有的领域有的时候存在或不存在;其作用是局部的、随机性的,而非结构性的。

总结一下, 当代中国民主发展过程中, 存在一个重要的政治中介群体,但政治中介不是民主发展的能动力量,而主要起着阐释、沟通和咨询

---

①　参见康晓光、韩恒:《分类控制:当前中国大陆国家与社会关系研究》,《开放时代》2008年第 2 期。

②　郎友兴:《民主政治建设的浙江经验》,《观察与思考》2012 年第 7 期。

③　参见包雅钧:《当代中国经济政治协调发展研究》,中央编译出版社,2008 年,第 87~88 页。

的辅助性作用。政治中介的成长，与改革开放以来国家"释放"社会后社会力量的增长具有同步性。但是中国的政治中介并不完全属于社会，而是具有更加复杂的面相。在民主发展实践中，中央、地方和社会行动者都有可能动员相关的中介力量，为自己的主张、立场和做法进行理论阐释、沟通和咨询。当然，不同民主行动者对政治中介的掌控和动员能力是不同的，国家行动者不仅直接掌控着一大批政治中介，还可以动用国家权力和国家资源对社会性中介进行操控、收买和强制。对于国家来说，如果它想将社会的民主行动控制在相对温和的范围，控制政治中介是一个不错的选择。因为控制了政治中介，就控制了民主行动者的阐释能力、资源和舆论动员能力。国家对于上述政治中介的"松-紧"控制，在一定程度上，可以大致反映出一定时期内国家行动者对于民主发展的态度。

第三节　合法性、绩效与利益

　　中央、地方和社会作为当代中国民主发展的能动者，是我们三个关键的分析对象。作为抽象概念，能动者本身或许没有动机，但能动者背后的"行动着的个人"必然会有自己的动机。"行动着的个人"受到各自动机的驱使，在制度上和事实上都存在关联的行动，在文本的规范作用下，他们的行动会形成"合力"，并最终表现为某种形式的集体意志——也就是各个能动者的基本追求。我们认为，在民主发展议题上，中央、地方和社会各自的基本追求和最大关切分别是合法性、绩效和利益。

一、合法性

(一)合法性是什么

合法性涉及的是政治共同体之内,统治者与被统治者的关系问题,是一个与正当性和权威相关联的概念。马克斯·韦伯认为,在任何一种具有"命令－服从"关系的统治形式中,都包含有最起码的自愿服从的成分。[①]在韦伯看来,合法性是促使一些人服从某种命令的心理机制,统治者的命令得到服从的可能性,主要依据被统治者对其合法性是否相信。[②]卡尔·施米特认为,一个完整的合法性体系说明了要求服从的理由,并且表明排除任何抵制的权利是正确的。[③]在这里,"法"的特殊表现形式就是法律,对国家强制的特殊辩解就是合法性。法国学者雷蒙·阿隆认为,政治合法性的关键在于"统治权利",合法性就是对"统治权利"的承认。它试图解决一个基本的政治问题:同时证明政治权力与服从性。[④]政治权力的合法性不仅仅是指政治权力的产生和行使合乎法律规定,而且是指政治权力必须得到公民的认同。[⑤]"合法性概念无论在广义还是狭义的用法中都包含着同一要旨:由于被判断或相信符合某种规则而被承认或被接受。"[⑥]

上述对合法性的定义,不约而同地提到了"自愿""相信""承认"或"认

---

① See Max Weber, *Economy and Society: An Outline of Interpretive Sociology*, University of California Press, 1978. p.213.

② 参见胡伟:《合法性问题研究:政治学研究的新视角》,《政治学研究》1996 年第 1 期。

③ 参见卡尔·施米特:《政治的概念》,刘宗坤等译,上海人民出版社,2003 年,第 248 页。

④ 参见[法]雷蒙·阿隆:《民主与极权主义》,加利马尔出版社,1976 年,第 52 页;转引自赵宬斐:《政党政治与政治现代性》,中央编译出版社,2010 年,第 80 页。

⑤ 参见孙关宏:《政治学概论》,复旦大学出版社,2003 年,第 54 页。

⑥ 高丙中:《社会团体的合法性问题》,《中国社会科学》2000 年第 2 期。

同"等关键词。可见，合法性并非自为的存在，而是关系中的存在；合法性并非主体的自我赋权，而是客体认同的赋权。我们认为，合法性本质上是一种心理结构，是指被统治者对统治者的命令、强制的"认同"。就像哈贝马斯所说："合法性意味着某种政治秩序被认可的价值"，同时，一个合法的秩序应该得到事实上的承认。[①]权力可以制造服从，但无法产生"认同"，而只有合法性才能产生那种"基于自愿的服从"。在认同的心理基础上，被统治者会由此生发出一系列的外在表现，比如表示支持、配合、奉献等。由于合法性包含的这一系列后果，使得它成为权威的一种重要的来源。有了合法性基础的国家，在获得人民服从与配合、汲取社会资源、贯彻国家意志等各个环节就会更加顺利，反之则会遭到抵抗，乃至被推翻。

（二）合法性的现代来源：认同的理性化

既然合法性就是被统治者对统治者的认同，那么关于国家合法性就涉及主体、客体、认同和依据四个基本要素。其中，主体就是统治者，体现为政党、法律、军队、政府等在内的整套国家机器；客体就是人民；认同则是客体对主体的承认的心理状态。这三个要素，在古今中外的合法性构成中是基本一致的。差别在于，不同时期、不同国家，产生或判断统治者是否具备合法性的"依据"是有所不同的。哈贝马斯认为："合法性意味着，对于某种要求作为正确的和公正的存在物而被认可的政治秩序来说，有着一些好的根据。"[②]可见，产生合法性的那种"认同"心理是有基础的，即客体相信主体的存在或行为"具有依据"，这类依据既可以是法律规范，也可以是某种习惯、原则、惯例、逻辑、价值观、个人魅力等。

---

①② 参见《现代国家中的合法化问题》，[德]哈贝马斯：《交往与社会进化》，张博树译，重庆出版社，1989年，第184页。

根据马克斯·韦伯的经典论述,任何需要维持的统治都必须求助于某些论证自己合法性的"原则",这里的原则也就是产生或判断合法性的依据。在类型学上,这种"合法性的原则"存在"习惯的""魅力的"与"理性的"之分,而它们的基础或依据则分别为"传统的神圣性""个人魅力"和"具有普遍约束力的规范"。①在韦伯看来,无论是"习惯的"还是"魅力的"合法性,都属于前现代的、非理性的认同形式;而只有以普遍规则为依据的合法性才是现代的、理性的。就现代国家而言,"任何政权都不会把合法性完全建立在单一类型上",而必然是运用各种"依据"共同生产出被统治者对统治者的"认同"。赵鼎新认为,决定现代国家合法性来源的主要有"绩效""程序"和"意识形态"三种②,从而对韦伯的类型学进行了一定的现代性改造。

作为生产合法性依据的"绩效""程序"和"意识形态",在现代社会都发生了"理性化"的转向。传统政治中,合法性的来源往往被归于神意、自然法、习俗等外在于人的因素;而现代政治中,由于权力的来源从人以外回到人本身,因此人也就成了判断统治正当与否的标准。这种转向最重要的结果就是政治契约论的出现——用契约理论论证统治者和被统治者的统治与服从关系的正当性。一个具有正当性的统治契约要求:统治者履行承诺,被统治者则奉献认同。如此,该统治当被认为是"合法的"。因此卢梭提出:"只有约定才可以成为人间一切合法权威的基础。"③在国家建立过程中,政府和人民立约,或者人民之间立约,在观念形态上一般就表现为一定的意识形态,在制度形态上就会形成一系列的制度和法律文本,从而

---

① 参见[德]马克斯·韦伯:《论经济与社会中的法律》,张乃根译,中国大百科全书出版社,1998 年,第 336 页。

② 参见赵鼎新:《国家合法性和国家社会关系》,《学术月刊》2016 年第 8 期。

③ [法]卢梭:《社会契约论》,何兆武译,商务印书馆,2003 年,第 10 页。

在观念、制度和法律上将双方的权利义务加以明确。现代国家最基本的合法性依据也就是宪法。此外，在国家运行的过程中，以绩效为核心的政策目标也构成合法性依据的重要标准。因此，现代国家的合法性建构，最根本的就是看它是否履行了其在意识形态、法律和政策中设定的承诺，而做这个判断的主体显然是人民。

(三)政治承诺：合法性在中国

中国是通过"革命建国"，先创造权力结构和国家机器，然后通过权力结构和国家机器推动经济社会发展的。那么在"革命建国"的逻辑下，是否依然存在政治契约？答案是肯定的。革命者和革命党除了区分敌我，进行政治和武装斗争之外，最重要的政治活动就是"争取群众"。而争取群众的方式无非三条：第一，通过宣传教育的方式，以革命意识形态启迪和武装群众；第二，创造革命和治理绩效，为群众带来好处；第三，对未来政治发展和社会安排作出承诺。实际上，这三种方式都是在生产合法性，而又以政治承诺最为根本，因为政治承诺不仅约束当下，而且指向未来。革命时期，中国共产党通过带领全国各族人民"推翻三座大山"，实现民族解放，打土豪分田地，追求人民民主国家富强的实际行动，证明了自身的"履约意愿"和"履约能力"，从而得到人民的认同。作为对中国共产党履行承诺的"回报"，中国人民在兵源、粮食等许多方面给予了中国共产党极大的支持。

最重要的是，中国共产党自诞生以来，其在不同历史阶段所作出的所有政治承诺当中，都明确包含了一条，那就是建设真实有效的"人民民主"。可以说，"民主"是贯穿中国共产党历史上所有政治承诺的一条主线。中国共产党的民主承诺，体现在其意识形态、政策和法律文本的方方面面。无论何时，只要中国共产党依然珍惜其合法性，它就必须致力于实现人民民主。正因为如此,"党的执政地位不是一劳永逸、一成不变的"①,因为一旦执政党违背了自己的民主政治承诺,也就失去了执政合法性。中国民主发展的动因,并不单纯在于经济社会发展带来的政治压力,在经济最不发达的阶段,执政党就根据其民主政治承诺主动开展了民主建设。因此,"政治承诺是一个值得开发的概念,可能是建立中国政治哲学的逻辑起点"②。而民主化是比单纯的许诺更为可信的承诺,"因为它与一组制度和民众的更大量的参与相联系,因此更难以逆转"③。

(四)民主发展:重建合法性根据

上述通过履行民主政治承诺生产统治合法性的逻辑在今天依然适用。这一逻辑也是中央推动民主发展的核心动因,王沪宁认为,权威可以经多种方式产生,但在现代政治生活中,在一个追求政治民主化的国家中,权威只能通过民主体制产生。④康晓光认为,1978 年以来,中国政府的合法性基础发生了重大转变。20 世纪 90 年代中期以前,中国政府致力于建设政绩合法性基础。进入 90 年代后期,"政绩合法性困境"逐渐显露,于是中国政府又开始寻找新的合法性基础,"中国政府最终将把自己的合法性建立在民主法治的基础之上"⑤。如果允许我们对中国共产党诞生至今的合法性来源做一个粗略的阶段划分,那么新中国成立前的合法性主要来源于群众路线的工作方法、革命建国和身份解放的历史功绩(绩效),以及共产主义的意识形态;新中国成立后至毛泽东去世则主要来源于毛泽

---

① 胡锦涛:《在纪念党的十一届三中全会召开三十周年大会上的讲话》,2008 年 12 月 18 日。

② 王沪宁:《政治的人生》,上海人民出版社,1995 年,第 62 页。

③ [美]达龙·阿塞莫格鲁等:《政治发展的经济分析:专制和民主的经济起源》,马春文等译,上海财经大学出版社,2008 年,序言第 2~3 页。

④ 参见王沪宁:《社会主义市场经济的政治要求:新权力结构》,《社会科学》1993 年第 2 期。

⑤ 康晓光:《经济增长、社会公正、民主法治与合法性基础——1978 年以来的变化与今后的选择》,《战略与管理》1999 年第 4 期。

东的个人魅力。毛泽东逝世以后,魅力型合法性不再,国家必须要通过重大的结构性改革来寻找新的合法性资源。①而这种"重大的结构性改革",在我们看来主要就是建设和完善民主政治制度,并推行依法治国战略。

中国共产党是从一个革命精英集团转变为一个执政精英集团的。在革命年代,革命党来源于人民,从而代表人民。人民支持革命战争,就是革命党的合法性的最好的背书。而新中国成立后,执政精英集团面临脱离人民,权力内卷化的危险。这时中国共产党进行民主建设的一个重要目的就是保持它和人民的联系,这种联系仅靠民主意识形态建设是无法维系的,而必须落实到制度上。在社会没有成长的情况下,国家通过实施群众路线主动创造联系,即构成某种有效的民主制度形态。而社会成长起来之后,它也具有了一定的自主性,不再满足于国家创造的"被动联系",而是会主动对权力提出要求。在新的社会条件下,社会从被动力量变为能动力量,群众路线不再能够满足政治吸纳和合法性维持的要求,故而必须开发补充性甚至替代性的制度选择(alternative choices),这种替代选择只能是民主参与的制度化。

但另一方面,社会所提出的民主诉求未必为执政党所能容忍;在民主的制度供给能力有限的情况下,执政党也需要防止因"参与爆炸"带来的政治风险。而这两种情况都极有可能给执政合法性带来冲击。所以执政党一方面需要通过推动民主发展创造现代性的合法性依据;另一方面又需要控制民主发展的方向和节奏,防止由于方向出错或参与"过载"导致的执政危机。所以政治改革必须能够维持和巩固执政者(党)的政治地位,为

---

① 参见金冲及:《二十世纪中国史》(第四卷),第二十四章《伟大的历史性转折》,对这一转变过程前期,即人们熟知的十一届三中全会转变的描述与分析。(社会科学文献出版社,2009 年,第 1147~1174 页。)第二十八章《迎接新世纪》对中国共产党"'三个代表'要求的提出"的描述与分析,见第 1339~1341 页。

其增加政治资源和合法性。有时候,改革虽然能化解社会危机,但不能维持执政者的合法地位,也得不到执政者的支持甚至遭到抵制,改革进程就会因此中断。①例如,针对"自主参选人"现象,俞正声曾经说,要区分参选人的情况,对于真正希望参与对党和政府的监督、想参与监督但说话偏激、为了个人出风头等情况都应支持或容忍。但如果想借此推翻现有制度,追求西方制度那就另当别论。"处理这种问题的界限,就是是否赞成宪法和拥护共产党的领导。"②

在许多案例当中,我们都能够看到中央在合法性问题上的衡量和取舍。中央支持一项民主实践,甚至将其上升为国家制度,是因为中央希望以此"发展有效的民主体系,以保障权利的维护和权力的合法性"③。中央"否决"一项民主实践,有时候并非因为这项实践是"非民主"的,而是担心它会对现有的执政地位或政治秩序带来冲击。而中央对于一项民主实践不做明确表态,则可能说明它认为其对于合法性的影响并不重要。

我们需要特别注意的是:第一,中央对于合法性的态度存在法律的、认知的和实际的三个层面,而这三个层面有时候并不一致。比如,中央"认为"一项民主制度会带来合法性冲击,但"实际上"它恰恰有利于加强中央合法性。反之亦然。第二,中央出于合法性需要,对一项民主实践无论是持"支持"还是"否决"态度,其表现形式和落实方式,都不是随心所欲的,而是受到文本的约束。如果中央"否决"一项民主实践的态度或做法严重违背文本,会导致合法性的丧失。中央"支持"一项民主实践通常是有利于合法性提升的,但如果这一民主形式严重背离文本,则有可能引发国内分

---

① 参见徐湘林:《以政治稳定为基础的中国渐进政治改革》,《战略与管理》2000 年第 5 期。

② 陈中小路:《听俞正声上党课——"执政者的声音"》,《南方周末》2011 年 6 月 24 日。

③ 林尚立:《在有效性中累积合法性:中国政治发展的路径选择》,《复旦学报(社会科学版)》2009 年第 2 期。

裂，从而有损于合法性。当然，这种情况极为罕见。第三，国家核心民主机制建成以后，中央主动推动民主发展的情况较少，较多的是对始自社会或地方的民主实践进行合法性"审查"。第四，中央越来越多地依据法律文本采取行动，且经常动员政治中介进行阐释、沟通和咨询，直接的强制和暴力行动越来越少。

二、绩效

（一）绩效：一种积极的政治评价

目的都是有层次的。地方政府进行民主改革，推动民主发展的目的也不例外。虽然从规范层面来说，公共权力机关是"为了提高行政效率和增进公共利益而进行创造性改革"[①]。但在经验层面，地方政府的目的和动机要复杂得多。何增科认为，地方政府的选举、参与、公开、监督等民主创新"直接增强了政治合法性"[②]，这种合法性有助于增强责任意识，促进当地经济社会发展，化解社会矛盾，提高政府效率和廉洁程度等。地方政府当然也希望能有更高的权威，从而在治理中得到更多的认同。

但是同中央政府最大的不同之处在于，地方政府不需要为政治合法性负责。对于地方官员来说，除了追求民主或造福一方的"理想"动机之外，他们推动民主发展的最主要动机在于追求个人晋升，以及解决改革发展中遇到的实际问题（贯彻中央要求、回应社会需要）。也就是说，他们最在意的是"激励"和"压力"。激励的发生以绩效为基础，压力的应对和化解则是绩效的直接表现，而政治合法性的提高有助于缓解治理压力，解决治

---

① 俞可平：《论政府创新的若干基本问题》，《文史哲》2005 年第 4 期。
② 何增科：《地方政府创新：从政绩合法性走向政治合法性》，《中国改革》2007 年第 6 期。

理问题。所以无论从"增强合法性"的角度,还是从"获取激励"的角度,或者是"化解压力"的角度,地方政府及地方官员的行为最终都是以绩效为导向的。据此我们认为,地方政府采取一个行动,最在意的是绩效。在民主发展问题上同样如此。

所谓绩效,是指一种积极的政治评价。从主体来看,这种评价可分为"组织评价"和"社会评价",前者来自上级政府甚至中央,后者来自社会。无论是上级还是社会的积极评价,对于地方政府的主要领导或推动民主实践的部门领导往往都有着直接的政治激励效果。从表现形式来看,绩效包括"治理绩效"和"考评绩效"两种。

治理绩效,是指地方政府在治理地方事务中的实际表现,即地方治理得好还是不好,主要判断标准在于是否有效解决当地的治理问题,并给当地人民带来实际利益。治理绩效的好坏,既可以通过社会评价即"口碑"表现出来,也可以通过组织评价反映出来。地方官员纯粹出于民主理想的行动,追求的就是治理绩效。考评绩效则特指上级特别是上级组织部门的考评结果。考评的结果既是对地方政府整体工作表现的评价,也直接涉及地方官员的政治前途,地方政府和地方官员往往优先考虑考评绩效,这是理性选择的必然结果。特别是在一票否决的"压力型体制"下,考评绩效直接关系到地方官员的政治生命。

(二)绩效导向下的行动逻辑

由于考评绩效仅仅是一种依据既定标准开展的内部评价,故有可能存在比较严重的信息不对称和信息失真,从而导致考评流于表面,甚至与实际治理结果存在较大差异。这也是为什么在中国政治生态中,会出现"欺上瞒下""官出数字,数字出官"等不正常现象的原因。这种现象的实质就在于,地方官员在实际治理绩效不佳时,伪造政绩获得较好的考评绩效;或者针对考核标准进行投机性的操作,制造"悬浮式"或"景观式"改革,造成在考评标准体系内高绩效,但在实际治理体系内低绩效的情况。

然而考评绩效同治理绩效并非完全矛盾,很多时候二者可以相互印证,相互支撑。一方面,治理绩效好往往考评绩效也好。另一方面,实际的治理绩效差不仅会影响"口碑",也会带来实际的经济、社会甚至政治方面的负面影响。这种社会评价和负面影响可能会通过各种形式和渠道进入上级考评部门的信息系统,从而影响上级考评部门对地方政府的评价。如果由于治理绩效低下,导致发生了有影响力的社会运动,地方政府往往会面临极大的政治压力。特别是在信息化时代,"欺上瞒下"的机会成本大大提高。所以即使地方官员毫无民主理想,纯粹出于个人"自利"动机,也有可能去追求好的治理绩效,并希图从中获得较高的考评绩效。

积极的政治评价,既是对于地方政府而言的,也是对于地方政府主要官员而言的,实际上这两方面往往密不可分。不过,具体的行动则必须由地方政府官员来实施,因此他们的心理和行动逻辑非常重要。在追求积极的政治评价的时候,地方政府官员会在政治机遇和政治风险之间进行权衡,做出最有利于自身的选择。

当来自中央的民主发展要求和压力是刚性的时候,不论落实该要求是否会带来绩效,地方官员往往都会努力地去执行;当来自中央的民主发展要求和压力恰好又能对个人政治前途产生积极影响的时候,地方官员更是会不遗余力地积极推进有关民主实践。当中央的要求和压力虽非刚性,也不会给自己带来积极评价的时候,地方官员往往会虚与委蛇。而当中央的要求和压力既非刚性,同个人绩效又发生背离时,则往往会消极应付。

在处理来自社会的民主诉求和民主压力时,地方政府也有类似的逻辑。在不违反中央合法性的前提下,回应社会的民主诉求如果会带来积极的政治绩效,那么地方政府会积极主动回应。如果满足社会的民主诉求不会带来积极的政治绩效,且社会的压力又不足以造成中央介入,那么地方政府可能会进行操纵、拖延,甚至采取强制措施。如果满足社会的民主诉求虽然不会带来积极的政治绩效,但由于社会压力足够大,以至于足以引起中央的合法性危机时,地方政府为了避免来自中央的直接压力,而有可能不得不主动应对。

(三)机会主义行动逻辑下的景观政治

当前,很多人对于由地方推动中国的民主发展寄予厚望,也有很多人对于地方在民主发展中的实际作用评价甚高。然而我们认为,由于地方在民主发展问题上的核心诉求——绩效,是机会主义的,这注定地方的作用有限。有人注意到,处在中央和社会"夹层"中的地方政府的行为"如此的不稳定",中国科层制的整体逻辑是自上而下的压力型体制和内部晋升激励机制,但在"这条细长的科层链条中包含着许多复杂的权力斗争与利益纠葛"①。地方政府也就不得不面临多重任务,甚至许多相互冲突的目标。在以自身利益最大化为目标的逻辑下,地方政府可能产生大量机会主义行为。这个观察无疑是准确的。由于缺乏真正的自主性,地方政府缺乏在民主理想指导下开展长期行动的空间和必要性。因此,大部分情况下,他们要么是为了解决治理方面的燃眉之急,要么是为了应付来自上级的压力,要么是为了政绩而制造大量的"景观政治"。即便有时候地方官员出于真诚的民主理想,创造了有效的民主机制,这类民主机制最后也往往由于工作调动一类的人事安排无疾而终。

这就让地方在当代中国民主发展中处在一个既重要又不重要的位置。其重要是因为地方政府拥有巨大的民主发展能动力量,多少民主创新

---

① 李佳佳:《从地方政府创新理解现代国家》,学林出版社,2015年,第148~149页。

案例都是由地方政府推动发起的。而且地方处于中央和社会的衔接位置，中央的民主意图如果得不到地方的支持，则民主改革会大打折扣甚至最终落空；社会的民主诉求如果得不到地方的认可，则民主进步会面临无数的阻力。但是其不重要也有充分的原因。因为在中国的民主发展进程中，地方无法为之提供任何规范性的要素。唐文方发现，由于实际的治理绩效与官员个人的政治利益处于断裂状态，政治精英们宁可在一个任命制的官僚系统内积极谋求位置的稳固或晋升，而不是努力获取基层选民的信任和支持，而民意也无力督促政府真正地推动制度改革。①

三、利益

利益是推动民主发展的根本动力之一。西方代议制民主发展过程中，就有一个重要的口号——"无代表不纳税"。也就是说，经济利益（纳税）构成政治权利（代表）的直接基础。利益驱动的政治参与是民主政治发展的持久动力，只有建立在利益驱动基础上的公民政治参与才具有可持续性。②

所谓利益，是人们满足自身需要的物质财富和精神财富之和，③也就是基于一定生产基础上获得了社会内容和特性的人们的需要。④可见，利益本质上是一种"需要"，满足了主体的某种需要，就被认为符合主体的利益。需要受到主体的经济基础、阶级地位、文化心理的诸多方面的影响，从而是存在个体和群体差异的，而且是发展变化的。所以人们对利益的衡量标准也并非一成不变。

---

① 参见唐文方：《中国民意与公民社会》，胡赣栋、张东峰译，中山大学出版社，2008 年，第 21~23 页。

② 参见何增科：《民主化：政治发展的中国道路》，《中共天津市委党校学报》2004 年第 2 期。

③ 参见洪远朋：《论利益》，复旦大学出版社，2014 年，第 9 页。

④ 参见王浦劬等：《政治学基础》，北京大学出版社，2006 年，第 47 页。

一般来说,人们对于民主政治的需要也可以从经济、政治、社会、文化层面进行分析。经济上,人们创造或参与民主,是希望获得经济收益,比如福利、经济发展、工作机会等。政治上,是希望体现参与的"效能感",比如参与带来的政府行为的改变、监督、维权等。社会上,是希望通过参与扩大社会关系,推动社会发展,比如环境治理。文化上,是希望通过参与带来心理的满足和荣誉感等。所以总的来说,一般公民之所以要参与政治,通常是出于某种利益需要,即"为获得权利、财富、心灵上的满足、荣誉,表明自己的政治态度"[①]。

邓小平曾经提出:"社会主义现代化建设是我们当前最大的政治。因为它代表着人民的最大的利益、最根本的利益。"[②]三个代表理论也提出,中国共产党要始终代表"最广大人民群众的根本利益"。这说明,执政党意识到,当代中国政治根本上还是一种"利益政治"。人民之所以需要政党,是因为政党代表人民的利益。从另一个方面来看,人民的利益不仅需要被"代表",人民也要主动追求自己的利益。这种利益追求,一旦落实到政治上,就会产生民主和参与的需求。经验研究表明,无论是农村选举过程中以国家动员为主的民主参与,还是城市新兴有产阶级为了维权自动发起的"业主自治","参与都是为了实现利益服务"[③]。在"自主参选人"这一民主实践中,相当多一部分人"是有过维权经历者,尤其是维权业主占有相当大的比重"[④]。而随着社会发展成长起来的一批"非公经济代表人士",通过影响政府决策,或进入体制当选为人大代表、政协委员,都是"期望借助

---

① 郑楚宣等:《政治学基本理论》,广东人民出版社,2001年,第107页。

② 《邓小平文选》(第二卷),人民出版社,1994年,第163页。

③ [德]托马斯·海贝勒、君特·舒耕德:《从群众到公民——中国的政治参与》,张文红译,中央编译出版社,2009年,第5页。

④ 何俊志、刘乐明:《公民自主参选人大代表过程中的新特征》,《上海行政学院学报》2012年第4期。

一定的途径以维护其经济利益、调整经济政策和各种经济关系"①。可见，各种各样的民主参与诉求背后都有着强烈的利益动因。

当然，所谓"利益"只是一个高度抽象的范畴，而它的实际表现是有层次之分的。就像马斯洛的需求层次理论所揭示的，不同人的需求不一样，因此他们的利益诉求也会有分野。既然如此，那么"代表最广大人民群众的根本利益"是否具体有所指呢？在利益分野情况下，是否存在这么一个"代表最广大人民群众的根本利益"？我们认为，虽然目前中国社会的阶层分化和利益分化是不争的事实，但依然存在比较普遍化的利益诉求。中产阶级的民主诉求可能会不同于经济弱势阶层。比如说，他们可能更加关心环境保护，政府的高效、廉洁，自身的参与感、个人权利等，从而就此提出新的民主要求。而对于绝大部分群众来说，经济增长、就业、物价、医疗、教育、住房等民生需求是最大的诉求。

总的来说，中国公民更在意民主体制或民主参与能否带来好处，能否解决实际问题，能否扩大资源，能否创造发展，能否增加福利。有人将之概括为"民主是否有利于促进民生"②。如果民主体制或民主参与能够带来民生利好，公民就会有更强的民主认同感，从而更愿意积极参与民主进程。如果民主体制或民主进程无法带来这些利好，公民可能就会产生政治冷漠，比如产生"谁当选都一样""参不参与都一样"的心理。我们认为，中国的民主机制建设和民主参与主要是围绕"资源创造"而展开的，公民对民主的主要诉求是"为官一任，造福一方"，政治体制及当政者要能够通过扩大资源、创造经济发展等各种方式为公民"谋福利"。我们将这种民主观称为"进取型民主观"。这和西方民主主要围绕"资源汲取"而展开，民主的主

---

① 广东省委统战部调研组(肖莉执笔)：《关于非公有制经济代表人士政治要求的调查与思考》，《广东社会科学》1996 年第 3 期。

② 参见林尚立等：《复合民主：人民民主促进民生建设的杭州实践》，中央编译出版社，2012 年。

要目的是为了控制和监督政府的资源汲取和使用不一样。我们将欧美的民主观称为"防御型民主观"。所以说中西方对于民主的核心诉求是不一样的,对于民主政治的利益关切也是不一样的。中国公民更看重民主带来的"实惠",和某种"生产性"的结果。而欧美公民则更看中民主的"控权",及那种"防御性"的结果。

需要注意的是,进取型民主理念以民主能够带来正面"效用"为条件,所以更接近于工具理性;而防御性民主观认为, 即使民主没有正面"效用",也由于其具有防御性功能而应该得到珍视,所以更接近于价值理性。而过于依赖"效用"的进取型民主很容易发生利益收买或政策替代:当民主方式无法带来效用,非民主方式反而能够带来效用时;或者当民主方式虽能够带来效用,但非民主方式能带来更大的效用时,公民可能会接受非民主的利益收买或政策替代方案。在这两种情况下,公民实际上都是因为利益而抛弃了民主。另外,在利益诉求和利益实现能力之间,还有一段不小的距离。社会实现其利益的能力,受到意愿、技能、资源的重重限制。

第四节 互动与聚合

中央、地方和社会,分别为了合法性、绩效和利益,在政治中介的辅助下,围绕着政治文本进行互动。在一个个具体的民主实践当中,这种互动最终会达致合法性、绩效和利益的某种相对稳定的结构状态,如果三者高度聚合,那么成功的民主发展就会从中产生。这是我们在一个又一个的经验事实中反复看到的情形。所以我们将当代中国民主发展的关键机制总结为"互动"与"聚合"。这个分析框架和结论的形成,我们从查尔斯·蒂利和罗伯特·达尔那里受益良多。蒂利的历史社会学分析向人们展示了民主发展过程中"国家和公民之间的公共政治方面的相互作用"①,达尔则详细分析了不同的政治主体获得影响力的因素和追求影响力的方式。②

一、为什么是互动

上文已经说明,当代中国民主发展的动力来源是多方面的。中央、地方和社会是推动民主发展最基本的能动力量,三者的互动过程和结果也就决定了民主发展的过程和结果。对于这种互动关系,已经有大量文献可以佐证。

有人认为,主要是地方政府和社会互动推动了体制改革。在当代中国民主发展议题上,地方官员推动制度创新的动力是"在追求政绩过程中,对来自下面的民主压力的积极回应,是压力和回应共同推动政治体制改革"③。更多的观点也强调了中央、地方和社会等多方面的互动。比如李景鹏认为,来自地方和基层政府领导层的社会责任感、追求政绩的冲动、上级推动、学术界和媒体的推动、人民群众的压力等几方面因素,"共同构成地方政府创新的动力。"④郑永年认为,执政党的立场是关键的,因为其选择在很大程度上决定了中国所要追求的民主形式。不过,随着中国社会力量的壮大,中国最后的民主形式"必然取决于执政党所代表的国家与社会之间的互动"⑤。林尚立则认为,从启动机制来看,中国的基层民主的基础

① 这里的"公共政治"既包括政变、革命、社会运动等集体斗争,也包括选举、立法活动、征兵、市民咨询等正常的政治互动。见[美]查尔斯·蒂利:《民主》,魏洪钟译,上海人民出版社,2012年,第11~12页。

② 参见[美]罗伯特·达尔:《现代政治分析》,吴勇译,中国人民大学出版社,2012年。

③ 肖立辉:《中国民主化改革的困境与路径选择——"党内民主、基层民主理论与实践"学术座谈会综述》,《开放时代》2006年第6期。

④ 李景鹏:《地方政府创新与政府体制改革》,《北京行政学院学报》2007年第3期。

⑤ 郑永年:《民主,中国如何选择》,浙江人民出版社,2015年,第4页。

和动力是内生的,但其发展途径与形式,"在很大程度上是国家给予的",并受到宪法和法律的保障。①但从最终决定力量来看,基于国家与社会互动而展开的民主建构,虽然既取决于人民的意志和社会要求,同时也取决于国家的意志取向和行动逻辑,但是"社会在互动中是根本的决定力量"②。

有人认为,民主发展的能动力量虽然是多元的,但这是一场在政府主导下进行的自上而下的政治体制改革,"不是一种自发的过程,而是政府适应社会进步的要求积极推动的结果。"③他们的证据是,从 20 世纪 80 年代开始,中央就在不同领域通过"试点"的方式主动谋划改革,鼓励地方政府进行尝试和创新,以便为国家决策提供经验。事实证明,中央的政治支持和特殊政策,为改革试点提供保护,减少改革的阻力,"一旦这些保护和支持撤除,一些改革试点就无法坚持下去"④。实证研究也发现,在中国地方政府创新的发起形式中,由"某位有见识的领导率先提出"占到 58%,"学习其他部门先进经验"占到 13%,"上级部门选择本地试点"占到 7%,由本部门、下级部门、学术界和其他方式发起的总共只有 20% 左右。⑤这说明绝大部分的地方创新是由政府发起并推动的。

我们认为,由于中国国家建构社会,并主导着民主发展的进程,所以大部分民主实践的初始动力确实是来自于国家的。而且即使起自社会的民主行动,也需要通过国家的"审查"。"党的领导"是中国权力结构中的核心要素,无论是选举、议事、表达、公开还是监督等民主形式,都是在党的

---

① 参见林尚立:《基层民主:国家建构民主的中国实践》,《江苏行政学院学报》2010 年第 4 期。

② 林尚立:《建构民主——中国的理论、战略与议程》,复旦大学出版社,2012 年,第 22 页。

③ 周光辉、殷冬水:《政治民主化:当代中国的实践和经验——改革开放三十年中国民主化的进展、影响及经验》,《天津社会科学》2010 年第 1 期。

④ 杨雪冬、赖海榕主编:《地方的复兴:地方治理改革 30 年》,社会科学文献出版社,2009 年,第 20 页。

⑤ 参见陈雪莲、杨雪冬:《地方政府创新的驱动模式——地方政府干部视角的考察》,《公共管理学报》2009 年第 3 期。

领导下进行的。所以中国的民主发展中，"主导"因素是十分明显的。

不过，我们不可因此轻视社会力量在其中的关键性作用。首先，中国共产党是群众党，积极回应社会诉求，推动人民民主是其基本工作路线和意识形态要求。[①]其次，经济社会发展一方面带来人的解放，另一方面培养和积累社会力量，这两方面都会推动民主诉求上升。在这个过程中，国家如果不去主动引导并推动民主发展，就有可能会面临此起彼伏的民主抗争。所以国家对于社会的民主诉求必须要有所回应。最后，国家强行推动缺乏社会基础的改革措施，不仅成本很高，而且会面临各种各样的"软抵制"而无法落实。所以中国民主发展确实主要是由国家推动并主导，不过社会力量的重要性也不可忽视。

二、如何互动

在一个互动的结构中，谁、有什么资源、用什么方式、争夺什么是四个最基本的要素。我们说"结构中的能动者互动"是推动中国民主发展的基本规律，但这个表述只是揭示了互动的基本结构，即中央、地方、社会三方主体，在权力结构中为了争夺合法性、绩效和利益，在政治中介的辅助下，围绕政治文本展开互动。

（一）行动的决定因素

而在具体的互动过程中，各类能动者的资源禀赋和权力势能是完全不同的，文本赋予它们各自的互动空间和"技能包"也有很大的不同。对于一个能动者来说，决定其行动方式和动作能量的因素主要有四个方面：意

---

① 参见赵成斐：《政党政治与政治现代性——基于马克思主义政治哲学视野的研究》，中央编译出版社，2010年，第230~231页。

愿、资源、技能、整合程度。

1. 意愿

意愿是指促使一个行动者采取行动的主观意志，即他愿意为做某事付出时间、金钱、名誉、自由、生命等各种代价的决心。动机是某种内在的驱动力，比如上文提到的合法性、绩效和利益，分别是中央、地方和社会涉入民主发展议程的基本动机。意愿和动机都属于主观因素，但意愿不同于动机。动机只是一种潜在的激励，而意愿则是付诸行动的前奏。有动机不一定有意愿，但有意愿则必然有动机。在推动民主发展的社会能动者方面，意愿性的因素十分明显。比如，农村公社制度解体后，面对公共产品供给的严重不足，农民为了自身利益，有进行自我组织的动机和需要。然而这种动机如果不能上升为意愿，那么就不可能付诸行动。在我们访谈的"自主参选人"中，有的人连续参加了三届区县人大代表竞选，但均以失败告终，就表示"不愿意再参加了"，已经没有意愿了，而其实最初促使他参加竞选的动机并未消失。所以意愿是能动者采取行动最重要的主观因素，意愿决定着能动者的决心和投入资源的程度，决定着他愿意为了促进或阻止民主发展付出多大的代价。

2. 资源

资源是开展行动非常重要的基础性条件。资源的丰简程度既可以决定能动者的能量，也可以决定他的机会成本，从而影响他的意愿，还会在一定程度上影响他学习和积累经验的机会。可以说，当一个能动者产生了参与民主进程、推动民主发展的意愿之后，首先决定他行动方式和能量的就是其掌握的资源情况。

从资源的表现形式来看，主要包括强制资源、经济资源、信息资源和道义资源。其中，强制既属于一种资源，也属于一种技能。因为动用强制首先必须拥有一定的强制机关，同时还必须拥有文本赋予的强制权力。经济资源是最直接的行动基础,任何行动都不可缺少经济资源的支持。在任何时代,信息都是政治行动非常重要的影响因素。在信息时代,信息资源的不可避免的平等化对民主发展产生了巨大的影响。还有就是道义资源,这类似于中国传统文化所说的"民心",或者现代所说的"舆论"。拥有道义资源,也会增强一个政治行动的合法性和力量。除此之外,政治中介也类似于某种资源。因为政治中介不仅能够强烈影响舆论,从而塑造道义资源,它还拥有专业知识和技能。更重要的是,由于中国的政治中介不具有明确的立场,从而成为各类能动主体可以"争取"和"动员"的对象。这一点使得其具备资源的某些性质。就资源分布来说,强制资源是被国家行动者垄断的,因而是完全不平等的。经济资源和信息资源的分布依然不平,但随着社会的成长和信息化的深入,其平等性正在增强。道义资源则完全是平等的。

3. 技能

技能是一个介于主客观之间的因素。从主观方面来说,技能表示一个能动者在政治表达、政治互动、政治组织、政治抗争等各方面的能力和经验值,这方面能力和经验的获得同他的遗传差异、学习机会的差异和学习动机的差异有关。[①]从客观方面来说,技能表示一个能动者在政治文本(特别是法律文本)的范围内,被允许使用的行为方式。资源和技能相比较,二者在使能动者获得政治影响力方面,一个属于"总量"因素,一个属于"效率"因素,而都对最终的结果具有重要影响。对推动民主发展来说,一个熟悉相关法律制度、具备类似操作经验的官员、律师或专家学者,显然比一个光有一腔热情的生手,更能够起到影响作用,即便后者拥有更多的资源,推动民主发展的意愿也更强烈。同时,政治文本会限制能动者的发挥空间,一个再老练的行动者也需要在文本许可的范围内行动,否则他

---

① 参见[美]罗伯特·达尔:《现代政治分析》,吴勇译,中国人民大学出版社,2012年,第151页。

就可能失去合法性依据。所以从社会角度看,影响能动者的技能的因素主要有学习和操作的机会(积累能力和经验值),以及文本赋予的合法"技能包"。

4. 整合程度

政治行动通常都是有组织的集体行动,所以整合程度至关重要。在一个政治行动中,整合会体现在主体、资源和技能等各个方面。毫无疑问,国家行动者天然地享有整合方面的优势,因为国家本身就是组织化的存在,整合是其常态。当然,国家行动者内部也会有分裂和冲突,从而消耗它的资源和能量。在国际比较当中,国家行动者的整合程度还是会体现出较大差异的,整合程度越高的国家,行动能量越大,更能够左右民主发展的趋势、方式和节奏。整合程度越低的国家,其对民主发展的把控能力也就越低。对中国来说,国家行动者是高度整合的,因此对民主发展也就拥有超乎寻常的巨大掌控力。在这种情况下,民主发展的过程和结果,自然就不仅仅取决于它与社会行动者之间的互动,而且很大程度上取决于它自身的"意愿"。对于社会行动者来说,整合程度是对其行动力而言至关重要的影响因素。势单力孤的民主诉求和民主行动所形成的能量是十分有限的,即便行动者的意愿十分坚定,资源和技能也相对丰厚。而一旦将行动主体、资源和技能加以整合,其互动能量和影响力就会成倍增长。正因为如此,中央、地方和社会在互动中,不仅十分注意资源和技能的积累和运用,更重视对整合问题的把控。

(二)互动方式:文本"技能包"

特别需要解释一下的,是上述第三项"技能"中提到的文本赋予行动者的"技能包"。在中国,得到文本允许或赋权的互动方式主要包括以下六种类别:

1. 自愿

自愿,毫无疑问是得到文本的允许的,三方行动者出于自愿而推动一项民主实践的制度化和实效化也是最经济的民主发展方式。不过,在一个问题上,三方同时主动达到一致的情况非常罕见。某种程度上,村民自治制度的生成可能是三方自愿的结果:农民满足需求,地方创造治理绩效,中央获得合法性,皆大欢喜。不过,该制度在运行的时候,也会出现三者不一致的情况,比如"两委扯皮"就是选民利益和党的领导合法性冲突的表现;"指派干部"就是地方特别是乡镇政府为了自身利益损害村民选举权利,等等。

2. 说服

说服包括沟通和妥协,是通过对话达成的相互认可。在所有技能中,说服是最重要的一个,为三方所共享;且说服这一方式本身就是创造同意、生产合法性的最具正当性的方式,所以这种方式在性质上就是同民主契合的。几乎在每一个民主发展的实践案例中,我们都能看到大量的说服存在。说服的重要性也决定了"政治中介"的重要性,因为政治中介的主要功能就是阐释、沟通和咨询,这三种方式都属于说服的方式。

3. 诉愿

诉愿包括请愿、起诉和抗争。这是社会行动者所独有的一个互动方式,诉愿本身就是社会行动者对国家提出的诉求和愿望。诉愿的表现方式既有相对温和的请愿和起诉,也有比较强烈的抗争。在民主发展实践中,诉愿通常是个体化的,而且很多情况下表现为某种象征性的行动,比如旗帜、标语、口号、"鸡毛信"等。也不排除由此引发比较激烈的集体行动。应当注意的是,虽然社会行动者在抗争行为中也可能带有暴力性质,但只有国家才是合法的暴力拥有者和使用者。所以暴力、强制和操纵是国家行动者独有的互动技能。

4. 操纵

操纵包括破坏、欺骗和诱导。在实践当中，操纵方式十分常见于地方政府的行为当中。这种方式对于社会的民主诉求，既不同意或妥协，也不强制抵制或镇压，而是采取破坏、欺骗和诱导等"软"性方式加以阻挠。诱导带有交易性质，对社会的民主诉求不答应，但会通过其他形式（比如金钱、社会地位、某种形式的自由）等予以补偿；欺骗则用虚假信息和承诺获得社会的暂时同意；破坏是给社会的民主诉求和民主行动予以实际的阻挠，但尚达不到强制程度，行动者是希望通过这种方式让对方"知难而退"。

5. 强制

强制包括针对行为的，比如下达一个行政命令，阻止或推行某一民主机制；和针对人身的，比如对民主行动者进行拘留。强制这一手段，往往地方政府用得最多。

6. 暴力

暴力是动用军队针对较大规模的民主运动进行的直接镇压，主要由中央政府施行。暴力在当代中国民主发展过程中虽不常见，但也绝非没有。

强制和暴力都专属于国家行动者，且其行使都不考虑相对人的认同问题，所以都不属于可以生产合法性的互动方式。二者的主要区别在于，前者具有形式理性，而后者则主要体现为专制意志。暴力是针对不特定多数人使用的在规模和烈度上都高于强制的物理性力量。而强制则是依据明确的法律文本，针对特定个体施加的力量，其范围和程度都要大大小于暴力。比如，动用司法系统或警察系统的强制力量，需要严格遵守法律程序的规定；而动用军队的暴力则说明法律和强制已经失效。

暴力的使用，成本高昂，其对合法性的作用却是两面的：一方面，国家到了不得不使用暴力的时候，往往是通过暴力来压制不服从，从而维持表面上的合法性；另一方面，暴力本身又会对合法性带来直接伤害。一旦使用暴力,就说明共识已经破灭。①所以国家一般也极少使用暴力来阻止更遑论推动民主发展了。政府方面使用强制,会注意寻找制度文本合法性依据,否则会面临司法和舆论压力。但是强制方式不顾及相对方的认同,从而只可能制造"非自愿的服从",但无法制造合法性。

所以从应然的角度而言,无论强制还是暴力都不是应对民主发展问题的好方法。由于民主本身就以理性为基础,所以自愿和说服等理性的互动方式最合乎民主的气质,而由于自愿的情况少见,说服也就应当成为追求民主最重要的方式。

在上述六大互动方式中,中央、地方和社会各自享有的互动技能包的内容有着很大不同。在法律上,中央拥有除"诉愿"以外的所有互动技能,它既可以自愿推动民主发展,也可以进行沟通说服,还可以动用暴力和强制手段进行阻碍。地方的技能包则主要包括自愿、说服、操纵和强制。相比较而言,社会所拥有的技能包是最小的,也是最温和的,主要包括自愿、说服、诉愿和抗争。社会不可能拥有操纵、强制和暴力技能。从技能的角度,也可以再一次看出来,中央、地方和社会各自的互动能力存在巨大的差异。

行文至此,我们对于当代中国民主发展的方向、逻辑、方略和机制的理论分析基本完成,并建构起了当代中国民主发展的分析框架和理论模型。在第一章中,我们通过一个图示将当代中国民主发展的方向—逻辑—路径—机制进行了说明;接下来我们再用一个图示重点描述一下当代中国民主发展的核心机制——"能动-结构"分析和"互动-聚合"机制。见图3-1:

---

① 实际上,社会在抗争的时候使用暴力,已超出文本许可的范围,说明国家与社会的共识破灭。

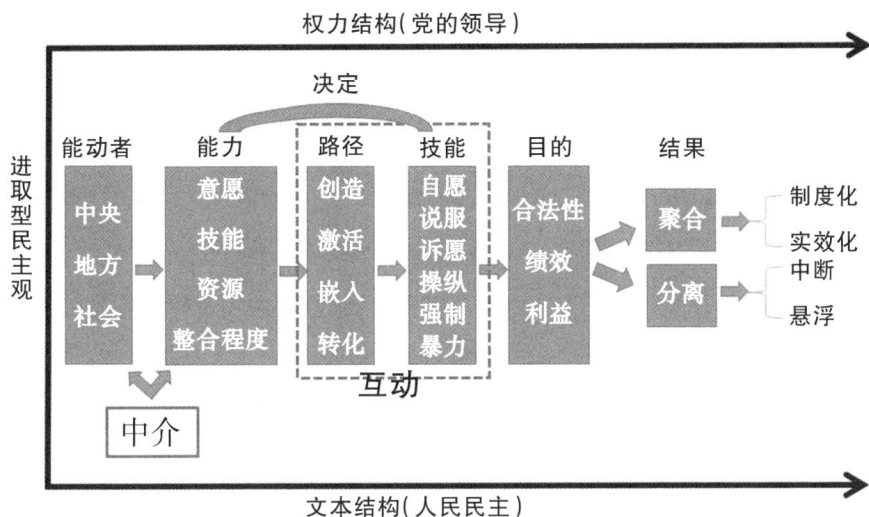

图 3-1 "能动 – 结构"分析框架

　　总结一下,当代中国的民主发展,取决于中央、地方和社会三方在结构中的互动。三者的互动能力由它们各自的意愿、技能、资源及整合程度决定。意愿、技能、资源及整合程度越高,互动能力则越强,反之亦然。互动的具体形式,则主要由三者的法定"技能"决定,主要包括自愿、说服、诉愿、操纵、强制和暴力等形式。无论在资源、技能和整合程度方面,国家行动者都要明显强于社会行动者。这也就决定,目前我国的民主发展是"国家主导型"的。不过,一个基本的发展趋势是,随着现代化进程的深入,社会在民主意愿、资源、技能和整合程度方面都在持续进步,这使得社会的互动能力也随之有了较大增长。

三、分离与聚合的类型学

　　上一部分重点分析了"互动"的形式和过程。三者互动,主要是为了争夺合法性、绩效和利益,那么互动的结果也就体现为合法性、绩效和利益的聚合(integration)与分离(separation)的情况。我们的基本假设是:对于一个具体的民主发展实践来说,合法性、绩效和利益的聚合程度越高,该民主实践实现制度化和实效化的可能性就越大,反之亦然。这个规律可以用以下函数关系来表示:

民主实践的发展前景=fx(合法性,绩效,利益,随机误差项)

其中,Fx 表示民主实践的发展前景与合法性、绩效、利益等各项指标之间的因果关系函数,即民主实践的发展前景取决于合法性、绩效、利益等各项指标的分离与聚合情况。随机误差项则指上述三要素之外的偶然性或不可控因素,比如领导人的性格、突发的政治事件、国际压力等。

合法性、绩效与利益的分离与聚合,在逻辑关系上可以通过图 3-2 加以表示。我们用 A 代表合法性,B 代表绩效,C 代表利益。在逻辑上,三者的分离与聚合共有(A+B+C)、(A+B)、(A+C)、(B+C)、A、B、C 七种情况。

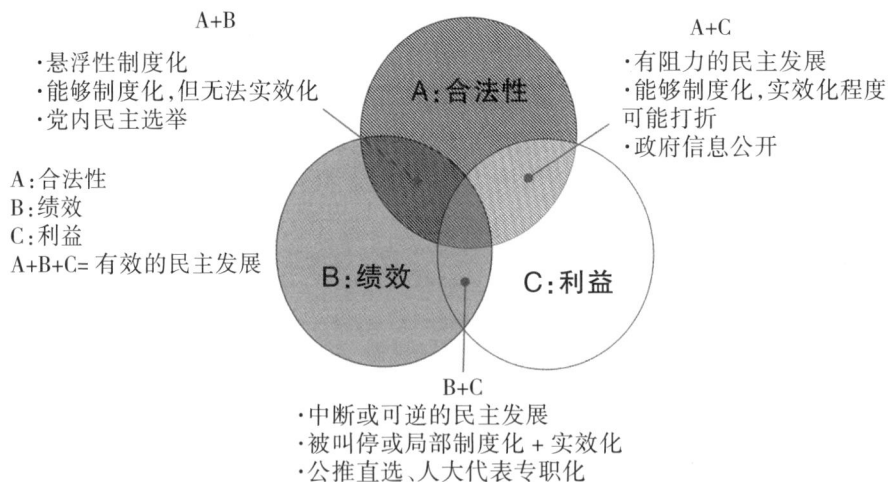

A+B
·悬浮性制度化
·能够制度化,但无法实效化
·党内民主选举

A:合法性
B:绩效
C:利益
A+B+C= 有效的民主发展

A:合法性

A+C
·有阻力的民主发展
·能够制度化,实效化程度可能打折
·政府信息公开

B:绩效   C:利益

B+C
·中断或可逆的民主发展
·被叫停或局部制度化 + 实效化
·公推直选、人大代表专职化

图 3-2　合法性、绩效与利益分离与聚合的逻辑关系

林尚立教授曾提出"复合民主"的概念。这一理论强调的是,在保证国家总体性政治稳定的前提下,将发展过程中产生的民主经验、民主体制、民主机制整合、吸纳进入现有的政治体制当中,因此这种复合民主其实是多种民主形式的复合。我们所强调的"聚合"并非各种民主形式的聚合,即并非在结构意义上来强调民主的聚合,而是在动力和生成机制方面,强调中国民主发展的整个过程中,各类民主实践的生成、壮大、挫折、中断体现出中央、地方与社会的互动(interaction),以及合法性、绩效与利益的聚合两方面的具体情况, 即上述互动与聚合的具体情况最终决定民主实践的发展过程和前景。如果中央、地方与社会的良性互动,创造出合法性、绩效与利益的高度聚合,由此形成的民主实践将顺利发展,实现合法性和实效性的结合;如果中央、地方与社会互动不佳,造成合法性、绩效与利益的分离,那么此时的民主实践必然受挫乃至中断。

根据"互动"与"聚合"理论,我们建立了当代中国民主发展实践的类型学,见表3-1。类型学的建立,不仅有助于深化对当代中国民主发展规律的认识,有助于对进行中的民主实践形成正确的判断,也有助于指导当前及未来的民主发展实践。

表 3-1 互动与聚合的类型学

分离与聚合情况		结果	特点	典型案例
合法性+绩效+利益		有效的民主发展	巩固的制度化,实效化	村民自治、民主恳谈
合法性/绩效/利益		悬浮性改革或政治抗争	无法制度化,或无法实效化	电视问政、民心网、自主参选
合法性+绩效		悬浮性改革	能够制度化,但难以实效化	党内民主、公推公选
合法性+利益		有限的民主发展	能够制度化,实效化需视情况而定	选举法改革、政府信息公开
绩效+利益	中央否决	中断	无法制度化	乡镇长直选、人大代表专职化
	中央默许	可逆的民主发展	区域制度化+实效化	开放式决策

　　我们的"互动"与"聚合"理论得到方方面面的民主实践案例的支撑。这些民主实践案例，有的涉及选举，有的涉及议事，有的涉及公开，有的涉及表达，有的涉及监督，可以说各种民主形式的实践都能证明这一点。从时间跨度来看，无论是解放前就存在，曾经一度中断，改革开放后再兴起的村民自治；还是最近二三十年才发展起来的民主恳谈，也都体现出我们理论所提炼的特征。从地域和层级分布来看，从东部沿海到西部边疆，从中央层面的选举法改革，到地方层面的公推公选，到基层的村民自治，也基本符合我们的理论假设。表3-1中的许多案例都是当代中国民主发展的具有典型性的案例，在地域、层级、形式、结果等方面都具有代表性。接下来我们会重点分析其中的一些案例，并对本章提出的理论假设进行回归验证。

第四章　案例回归：乡镇领导干部选举

选举已经成为现代民主的一个主要技术。对一个成熟的民主国家而言，民主的发展，在一定程度上主要就是指选举技术的不断提高和发展。就其基本功能来说，选举主要包括"选举官员"和选举"民意代表"。在中国，前者就体现为各级领导干部的选举，后者则是各级人大代表的选举。本章选取乡镇领导干部选举改革的典型例子，对其技术发展的机制和规律进行分析与总结。

对领导干部选举机制改革的分析，我们聚焦于乡镇一级。乡镇是中国政权的末端，层级虽然不高，但数量巨大，并同社会发生最广泛的直接联系，其民主技术进步的影响面和影响力是不言而喻的。另外，当代中国选举在技术上所进行的实验，以及由此所引发的制度性变化和学术讨论，主要也是发生于乡镇层面。而且乡镇领导干部选举机制的改革已历时近二十年，构成一个比较完整的"叙事"。所以对乡镇领导干部选举机制改革进行分析具有典型意义。我们主要应用质性研究方法对乡镇层面的领导干部选举改革过程进行分析，包括单案例的历史过程追踪，以及跨案例的比较分析。

第一节 步云乡的改革：从公推直选到公推公选

1998 年，在中国的政治改革方面似乎是平淡无奇的一年。然而在中国西部省份四川下辖的一个偏僻乡镇发生的选举故事却足以载入史册。那一年的最后一天，四川省遂宁市步云乡的居民通过直接选举的方式选出了本乡的乡长。这在新中国的历史上是从未有过的。关于步云乡直选乡长的故事，学术界已经有了很多的描述和研究。然而我们选择步云乡作为分析当代中国乡镇层级领导干部选举制度改革运动的样本，主要不是因为其资料的丰富，而是因为其故事的完整。

一、背景：民主发展从乡村到乡镇

中国共产党的基层民主政治建设由来已久，抗战时期就在根据地广泛实行选举，民主政治建设"在夺取全国政权中发挥了至关重要的、不可替代的作用"[①]。根据地时期被广泛采用的朴素的选举方法"豆选"一直到"文革"前夕仍在使用。1980 年初，广西省宜州市合寨村村民自发选举产生了新中国第一个村委会[②]，村级层面的民主建设由此拉开序幕。村民自治的实践得到中央高层的肯定，迅速上升为国家制度，1987 年《中华人民共和国村民委员会组织法（试行）》诞生。1991 年，山西省河曲县城关镇岱狱

---

① 牛铭实、米有录：《豆选》，中国人民大学出版社，2014 年，第 210 页。
② 参见徐勇：《最早的村委会诞生追记——探访村民自治的发源地——广西宜州合寨村》，《炎黄春秋》2000 年第 9 期。

殿村首创了"两票制"方法选举村党支部书记。① 1998 年 11 月,已经试行十年之久的《中华人民共和国村民委员会组织法》正式颁行。

随着村级民主的一些创新性做法逐渐成熟,并正式形成法律,人们自然将民主发展的目光投向乡镇层面。② 1998 年 3 月,四川省委就提出:"在总结推广直选村干部经验的同时,鼓励将公推公选扩大运用到选拔乡镇领导干部上。"③在这样的背景下,当年 4 月,遂宁市市中区区委书记张锦明就在辖区内的保石、横山、东禅、莲花四镇开展了乡镇长的"公推公选"。④同年 11 月,中组部试点的四川省眉山市青神县南城乡首次以全体党员直接投票方式选举产生了乡党委领导班子。⑤当时,市中区的试验仅限于"公推"候选人,选举依然是通过乡镇人大间接进行;而南城乡虽为"直选",但仅仅限于党内民主。到了 1998 年 12 月 31 日,四川省遂宁市步云乡第一次由公民直接选举产生了"民选"乡长——谭晓秋。可见,乡镇长直选的发生绝非偶然,而是经过了长期的积累,以及曲折的过程。实际上,这是中国农村近二十年基层民主发展的必然结果,它最终即使不在步云乡发生,也有可能在其他乡镇发生。"乡长的直选基本上和村委会的选举没有什么太多的区别,可以说是村委会选举平滑、自然的过渡和放大。"⑥

当然,乡镇领导干部"公推公选""公推直选"的改革,之所以率先在四川多地发生,不仅仅是因为上文所述的宏观背景,也同当地的特殊情况息息相关。20 世纪 90 年代以来,四川的基层治理危机和官民矛盾愈演愈烈。

---

① 参见梅丽红:《"公推直选"的由来与意义》,《学习与实践》2011 年第 5 期。

② 参见杨雪冬、托尼·赛奇:《从竞争性选拔到竞争性选举:对乡镇选举的初步分析》,《经济社会体制比较》2004 年第 2 期。

③ 张宏平:《干部选任上不断拓宽的民主路径》,《四川日报》2008 年 12 月 12 日。

④ 参见韩雪:《选举改革十年破土》,《中国改革》2008 年第 3 期。

⑤ 参见中共四川省委组织部课题组:《关于公选、直选乡镇领导干部与党的领导问题的调查与思考》,《马克思主义与现实》2003 年第 2 期。

⑥ 李凡:《步云乡是中国政治体制改革的"小岗村"吗?》,《中国社会导刊》1999 年 2 月号。

抗税抗法的群体性事件时有发生，群众对干部不信任的情况非常严重。1996年，四川省南部县举行换届选举，"14名候选人中有4名居然被乡镇人大否决了"①。这一现实让地方官员感到难堪，也促使他们下决心寻求改变。所以说乡镇领导干部的选举方式改革背后，反映的是治理难题的"倒逼"，基层政府亟需开发一种新的方式"来提升基层干部的素质能力，同时提高社会群众的积极性和认可度"②。

二、文本:在法律和意识形态之间

我们在上一章已经说明，民主发展的能动者都是在"文本"下展开行动。换言之，如果没有任何文本依据的话，有关的民主行动似乎是不可能发生的，即使没有直接的法律文本依据，行动者也要寻找政策文本或意识形态文本作为依据。

为了使步云乡的直选改革更加规范有序，步云乡在上级政府和部分专家的指导下专门制定了《选民直接选举乡人民政府乡长试行办法》。该办法第一条第一款规定:"根据《中华人民共和国宪法》《中华人民共和国地方各级人民代表大会和地方各级人民政府组织法》和党的十五届三中全会精神以及中共中央《党政领导干部选拔任用工作暂行条例》《四川省公开选拔领导干部工作试行办法》制定乡第十二届人民政府乡长直选试行办法。"这一规定实际上是在说明步云乡乡长直选试验的"合法性"。其引以为合法性依据的文本包括宪法及宪法性法律，还有中央和四川省的相关政策文件。

---

① 徐浩程:《"蜀官"是怎样炼成的》,《决策》2008年Z1期。

② 李佳佳:《从地方政府创新理解现代国家——基于"非协调约束的权力结构"的分析框架》,学林出版社,2015年,第85页。

实际上,由公民直接选举乡镇领导,在法律上并没有直接的依据。《中华人民共和国宪法》第二条规定,中华人民共和国的一切权力属于人民,人民依照法律规定,通过各种途径和形式,管理国家事务,管理经济和文化事业,管理社会事务。但这只是宪法关于人民民主的原则性规定。然而这个规定却为民主机制改革留下了一定的宪法空间,其性质类似于意识形态文本的宪法形式。在没有特别法规定的情况下,行动者可以将之作为进行改革或主张民主权利的依据。但是如果遇有部门法或特别法的具体规定,则需按照"特别法优于一般法"的原则适用。恰好,在有关乡镇长选举的问题上,宪法和地方人大组织法都已经有了相当明确的规定。宪法第一百零一条规定,地方各级人民代表大会分别选举并且有权罢免本级人民政府的省长和副省长、市长和副市长、县长和副县长、区长和副区长、乡长和副乡长、镇长和副镇长。《中华人民共和国地方各级人民代表大会和地方各级人民政府组织法》第九条第七款规定,乡、民族乡、镇的人民代表大会"选举乡长、副乡长,镇长、副镇长"。按照上述规定,乡镇主要行政领导必须由同级人大选举产生。这说明,步云乡直选改革法律文本依据不足。这一合法性瑕疵也为直选改革后来的发展走向埋下了伏笔。

正因为缺乏明确的法律文本依据,步云乡要推动直选改革,就不得不到意识形态文本和政策文本当中去寻找依据。他们的做法主要是两方面:一方面企图对宪法文本进行重新阐释。比如,1999 年 1 月 20 日,市中区区委在呈报遂宁市委的意见中表示,1998 年 12 月 31 日的直选"合法、有效",因为它"忠实地体现了我国《宪法》的精神和基本原则"①。这个"意见"回避了上述宪法第一百零一条的具体规定,避免对宪法进行"文本解释",而是试图用"目的解释"的方式说明直选"符合宪法精神"。但按照法律解

---

① 《中共遂宁市市中区委员会关于步云乡直接选举人民政府乡长的意见》,1999 年 1 月 20 日。

释学的原理，只有当法律文本规定不完整或不明确时，才可以采用目的解释。另一方面，强调直选符合党的政策和改革的基本方向。在上述"意见"中，市中区委用了主要篇幅，论证直选改革的实质在于贯彻中共十五大和十五届三中全会精神，符合中共关于"群众高兴不高兴，群众满意不满意"的最终标准。实际上，步云乡发动直选的第一份正式文件就表明，实验是"为进一步贯彻党的十五大精神"①。除此之外，这份请示丝毫没有提到直选在法律方面的依据，市中区区委的批复同样只提到"按照十五大精神，在扩大基层民主方面进行大胆探索"②。这说明，当事人对于直选缺乏直接法律依据的事实应该是清楚的。

1997 年，中共十五大提出了民主政治发展方面许多史无前例的内容。时任中共中央总书记的江泽民在大会报告中，除了再一次申明中国共产党对发展社会主义民主的政治承诺之外，明确提出"共产党执政就是领导和支持人民掌握管理国家的权力，实行民主选举、民主决策、民主管理和民主监督"。"扩大基层民主，保证人民群众直接行使民主权利，依法管理自己的事情。""城乡基层政权机关和基层群众性自治组织，都要健全民主选举制度，实行政务和财务公开，让群众参与讨论和决定基层公共事务和公益事业。"

1998 年 9 月，四川省公布《乡（镇、街道）党政领导干部选拔任用工作办法》，该办法第八条提出，选拔任用乡（镇、街道）党政领导干部，必须经过民主推荐提出考察对象，"落实群众对干部选拔任用的提名权"③。1998 年 10 月召开的中共十五届三中全会上，农村基层民主建设的许多实践得到肯定。

---

① 《中共遂宁市市中区步云乡委员会关于步云乡乡长直选的请示》，1998 年 11 月 27 日。
② 《中共遂宁市市中区关于步云乡人民政府乡长直选的批复》，遂区委发〔1998〕100 号。
③ 《四川省乡、镇党政领导干部选拔任用工作暂行办法》，川委发〔1998〕37 号。

随后，全国人大正式通过《村民委员会组织法》，将村民自治中的直选、秘密投票等方法纳入了法律文本。这些政策和法律文件的出台，让一些政治嗅觉灵敏的地方干部相信，发展基层民主，特别是创造人民群众直接行使民主的权利，在"政治上是正确的"。而且步云乡所进行的乡长直选，还得益于此前中组部在眉山县城南乡进行的乡镇党委书记直选试点，"正因为有城南乡的直选试点在前，四川才对步云乡采取默许的态度"①。中央的政策指向，村民自治上升为国家制度，中组部和省委的相关做法，都为步云乡开展直选实验"提供了法理和事实依据"②。

三、能动者：地方上的"张锦明们"

关于步云乡直选改革的能动者，我们概括为"台前的地方，幕后的社会，若隐若现的中央"。在台前张罗，推动事态发展的是地方行动者。上文已经提及，紧张的干群关系、薄弱的干部信任度、一触即发的社会矛盾，以及地方官员对"政治正确"的判断，是促使地方行动者开展直选的根本原因。在当事人看来，如果通过直选乡长能够创造出更加优良的治理，而且能够在贯彻中央政策方面抢得先机，无疑对于他们的"绩效"，也就是对于自身的政治前途是极为有利的。

许多观察者都注意到，步云乡乡长直选改革的出现，同时任市中区区委书记张锦明的力推是分不开的。"以区委书记张锦明为首的决策者的敏锐的政治洞察力，勇于探索、创新的精神，敢于抒发民意的政治责任感发挥了重要作用。"③不仅如此，当时的地方政府对推动这项改革形成了程度

---

① 李凡接受《决策》杂志的采访，见徐浩程：《"蜀官"是怎样炼成的》，《决策》2008 年 Z1 期。

② 张劲松：《步云选举：社会主义国家人民地位高》，《中国改革》2002 年第 1 期。

③ 黄卫平、邹树彬主编：《乡镇长选举方式改革：案例研究》，社会科学文献出版社，2003 年，第 250~251 页。

颇高的共识。当直选乡长的改革议题摆到市中区委常委会上征求大家的意见时,"一阵静默后,第一个人开口了'干',接着第二个、第三个,最后是所有人都表了态:'干'"①。时任市中区委组织部部长马胜康回忆说:"基层民主选举制度改革重在实践,虽然当时全国没有'乡长直选'的先例,但是市中区领导一班人思想统一,愿意在理论和实践中对农村基层民主制度改革开出一条新路。"②

与此类似,在 2004 年云南红河自治州石屏县下辖的 7 个乡镇进行的乡镇长直选实验中,中共红河州委书记罗崇敏也是主要策划者和推动者,然而"罗崇敏的这个思考得到了州委班子的认同,当年 2 月州委全委会通过了开展'直推直选'工作的决定"③。可以说,每一个地方民主改革背后通常都站着一位卓尔不群的"张锦明",但正是一群思想开放的"张锦明们"的共同意志,才"推动中国的基层民主不断开创新的局面"④。

人们容易注意到台前的地方,但不容易看到幕后的社会,更容易忽视若隐若现的中央。而实际上,后两者的作用同样不可小视。第一,正是接连不断的社会抗争,直接引发了地方政府进行制度创新。第二,群众的不信任,使得地方政府的执政成本大大提高,为了重塑自身形象和优化干群关系,地方政府不得不诉诸民主发展。第三,在社会抗争等政治互动中,群众主动提出来要改革过去由"上面"任命干部的做法。资料显示,由于 1998 年 6 月,遂宁市市中区保石镇领导班子发生集体贪污受贿案,二十多名工作人员同时落马。在这样的背景下,1998 年底换届选举的时候,乡里老百

---

① 张锦明、马胜康主编:《步云直选:四川省遂宁市市中区步云乡直选实录》,西北大学出版社,2004 年,第 236 页。

② 吴星:《步云回眸:精英推动下的乡长直选及其跟踪研究——以四川省遂宁市步云乡为例》,华中师范大学硕士学位论文,2015 年。

③ 田舒斌、李自良、王研:《"要改革,就别怕风险"——访中共云南省红河州委书记罗崇敏》,《半月谈》2004 年第 21 期。

④ 徐浩程:《"蜀官"是怎样炼成的》,《决策》2008 年 Z1 期。

姓提出请求,要直接选举乡长。市中区委在慎重考虑以后,同意进行乡长的直接选举试点,[①]而试点的具体场域就选在了步云乡。第四,通过民主实践,老百姓的利益诉求以及对民主的热情被进一步激发起来,这样来自社会的驱动力就由一开始仅仅是"事件性的政治对抗"逐渐转变为"持续性的民主诉求"。

就步云直选而言,在选举活动一开始,群众的参与带有"泄愤"的成分,这有效纾解了民间情绪,而随着谭晓秋逐步落实其竞选承诺,老百姓开始切实感受到"民主的好处",其参与行为也就逐渐由被动转为主动。虽然2001年全国人大常委会明确要求,在乡镇长换届选举中停止进行直选的试点。但步云乡在征求意见时发现,群众强烈要求坚持乡长直选,"90%以上的乡村干部和70%以上的选民坚定地认为,上届乡长让群众选举,这一届又不让群众选,是把群众当儿戏"[②]。在2001年10月12日召开的步云乡人民代表大会上,人大代表也一致认为直选乡长是个好办法,强烈要求继续直选乡长。[③]正是来自社会的强大民主诉求,使得地方政府不得不在中央要求和社会压力之间寻找平衡。所以步云直选最开始是依靠地方政治精英的推动,不过立足点却是普通民众对民主发展的需求,这也成为直选试验的"土壤"。[④]

若隐若现的中央其实也发挥着巨大作用。不仅1998年试点开始是由于中央释放了基层民主改革的信号,而且2001年之后公推直选改革的转向也同中央的"调控"直接相关。中央就像一只"看不见的手",虽然行迹并不明显,但却有力地掌控着大局。

---

① 参见李凡:《步云乡是中国政治体制改革的"小岗村"吗?》,《中国社会导刊》1992年2月。

② 田小泓:《从步云的乡长直接选举实践看中国政治改革的趋向》,载张锦明、马胜康主编:《步云直选:四川省遂宁市市中区步云乡直选实录》,西北大学出版社,2004年,第325页。

③ 参见李昌平:《目击步云换届选举》,《中国改革》2002年第1期。

④ 参见吴星:《步云回眸:精英推动下的乡长直选及其跟踪研究》,华中师范大学硕士论文,2015年。

四、选样:贫穷偏远反倒是有利条件

直选试点选择在步云乡,有着深刻的政治考量。步云乡是市中区离市中心最远的一个区,1998 年农民人均纯收入只有 1636 元。步云乡贫穷且偏远, 照理说不应当是民主发展的理想之地。但在中国民主发展的逻辑中,贫穷偏远恰恰意味着试验有了一个比较好的"初始条件"。一方面,步云乡民风淳朴,社会矛盾相对较少,干群关系相对融洽,而且都具有较高的政治热情。[①]这样的条件有利于选举顺利进行,风险相对较小。另一方面,更主要的政治考量是要尽可能切断信息流,让试验尽量在秘密状态下进行。试验过程中,所有信息对外严密封锁,记者们也被谢绝入境。对于向选民发布的信息,除了文告,所有信息都通过有线广播发布,以免外传。[②]为什么民主试验要保守秘密?除了担心由于试验失败可能带来的风险,以及防止过早地对周边地区产生示范效应之外, 最根本的考量其实是要控制试验环境,即让试验尽量少地受到外部干扰。而外部干扰因素中,最有可能的还是来自中央的合法性压力。可见,当时的试验者对于中国民主发展所处的"结构"有着清醒的认识。事情的发展证明,当地官员的这种考量不是没有道理的。

五、中介:媒体和学者"推波助澜"

在步云乡的直选改革中,最主要的政治中介是媒体和学者。学者比媒

---

① 参见马胜康:《四川省遂宁市市中区步云乡两次乡长选举的概况、比较及思考》,张锦明、马胜康主编:《步云直选:四川省遂宁市市中区步云直选实录》,西北大学出版社,2004 年,第 241 页。

② 参见唐建光:《直选乡长》,《南方周末》1999 年 1 月 15 日。

体更早地介入了直选试验,一开始便提供专业咨询和技术支持。比如,步云乡乡长选举的选票设计就体现了李凡的建议,在 1998 年的第一次选举时,他建议将所有选票做三等分,三位正式候选人的名字交叉排列,占选票第一位的比例均为三分之一。据李凡介绍,这样的设计主要是为了避免人们以"排名先后"论权重,从而影响投票行为。到 2001 年换届时,初步候选人变为两人,但这一技术仍被沿用,谭晓秋、谭志斌按排名先后各占选票的一半。[①]除此之外,由于信息控制做得比较好,在媒体没有介入选举试验前,学术界对此尚不知情。

虽然地方官员在信息控制方面煞费苦心,但一次公开的选举终究难免"走漏风声"。最初披露消息的是《华西都市报》。这是我国第一份都市类报纸,虽然只是地方性报纸,但发行量和影响力都颇大。它在 1999 年 1 月 4 日,即谭晓秋当选乡长得到步云乡人民代表大会"确认"的前一天,以《谁当父母官 我们说了算》为标题发表了一篇新闻稿,向外界公布了步云乡"直选"的事实。不得不说,在长达几个月的直选筹备工作中,地方官员的保密工作是相当出色的。一个可能的情况是,假如有关方面在筹备过程中就大张旗鼓,那么试验将很有可能胎死腹中。

在中国,对于敏感问题的报道,新闻媒体一直保持着某种默契。对于那些尚摸不准报道尺度的新闻事件,如果某一家媒体刊发出了"第一声",而有关方面又没有直接"叫停",那么其他媒体很快就会跟风而上。对于时政媒体来说,步云乡直选乡长的消息,新闻价值和社会价值都是毋庸赘言的。1999 年 1 月 4 日,《南方周末》的记者就出现在了步云乡,这是一家向来对社会和时政新闻嗅觉灵敏的报纸。《南方周末》是中国发行量最大的周报,这份以"读懂中国"为使命的报纸不仅对知识阶层有着广泛的影响

---

① 参见张锦明、马胜康主编:《步云直选:四川省遂宁市市中区步云乡直选实录》,西北大学出版社,2004 年,第 166 页。

力,也拥有许许多多的普通市民读者。1 月 15 日,《南方周末》刊发了一则题为《直选乡长》的新闻报道,详细介绍了步云乡直选乡长的经过,并且通过一位直选的策划者之口,再次强调直选的"合法性",但这位策划者也承认直选突破了现有法律规范,"没有突破又谈何改革"①。随后,《法制日报》《中国化工报》《杂文报》《四川党的建设》《中国社会导刊》等一大批报刊陆续跟进报道。这一新闻还吸引了消息灵通的境外媒体闻风而至。美联社的记者也来到了步云乡实地采访,对发生在这里的"民主试验"一探究竟。故事很快就在美国影响力颇大的主流媒体《新闻周刊》上作为封面报道刊发,美国《时代周刊》更是将"步云直选"列为新中国成立 50 周年的 50 大事件之一。②经过媒体的广泛报道,一个秘密试验就此转变为一起带有重大政治意味的"公共事件"。

关于直选是否"合法"的争论也率先在媒体上展开。1 月 19 日,《法制日报》发表题为《民主不能超越法律》的署名文章说,步云乡直选乡长是"不合法的"③。这是中国的一份官方报纸,隶属于国家司法部。但随后,中国民政部下属的另一份刊物《中国社会导刊》却对步云乡直选做出了完全不同的定位,文章认为,乡镇长直接选举的改革有着类似于"小岗村"的巨大意义。有意思的是,1 月 23 日,《法制日报》也刊文将"步云乡直选"和"小岗村包产到户"相提并论了。④

随着媒体的广泛介入,步云乡的试验已经不再是一个秘密。现在外界在等待的,是中央对地方上这样一个具有突破性的做法到底持何种态度。"中央似乎持有一种观察的态度,这一部分原因在于半竞争性选举这种非

① 唐建光:《直选乡长》,《南方周末》1999 年 1 月 15 日。

② 参见李凡:《"突然袭击"——步云乡》,《中国社会导刊》2000 年第 9 期。

③ 查庆九:《民主不能超越法律》,《法制日报》1999 年 1 月 19 日。该文被包括《山东人大工作》等在内的地方人大的官方刊物转载。

④ 参见《中国第一个直选乡长产生》,《法制日报》1999 年 1 月 23 日。

传统的实践形式发生在政治体制的边缘地带,还有一部分原因在于允许公民表达自身意见的压力正在增大。"①在中央还在观望或一时拿不定主意的"窗口期",学术界错过了开展阐释工作的最佳时机。实际上,在此期间,中央各部门对于直选的态度是有差异的。民政部门和组织部门对此比较支持,但政法部门担心由此引发社会不稳,人大则担心因此被削弱权力。

2001 年 4 月,乡镇领导干部又一次面临换届选举。时任中共中央总书记江泽民在全国社会治安工作会议上讲话时表示,西方一些人对村委会直接选举很感兴趣,但不少人是有政治目的的,"扩大社会主义民主要坚定不移,但必须有计划有步骤,必须看是否有利于加强和改善党的领导、有利于坚持和巩固社会主义制度、有利于保持社会安定团结的局面"②。这个表态虽然并非针对乡镇干部选举,也没有直接否定直接选举这一机制,但敏感的地方干部很容易明白,这等于表明中央已经一改三四年前对于基层选举改革的积极鼓励态度,转而变得谨慎起来了。2001 年 7 月,中共中央正式向全国转发了《全国人大党组关于做好乡镇换届选举工作的意见》,即 12 号文件。该文件明确规定,各地在换届中,不得对乡镇长进行直接选举,"这说明中央直接否定了步云乡的直选试验"③。

等中央的态度明确之后,一些人这才开始对"直选"进行价值再造,试图为这一"突破性"的试验建立道义和法律正当性,一方面影响中央决策者,另一方面呼吁保留地方试验的空间。这些观点包括,乡长直选"有利于

---

①　[美]安·弗洛里妮、赖海榕、[新加坡]陈业灵:《中国试验——从地方创新到全国改革》,中央编译出版社,2013 年,第 75 页。

②　《政治体制改革的目的是完善社会主义政治制度》,《江泽民文选》(第三卷),人民出版社,2006 年。

③　李佳佳:《从地方政府创新理解现代国家——基于"非协调约束的权力结构"的分析框架》,学林出版社,2015 年,第 91 页。

维护基层政权稳定"①,"符合中央政府的利益"②,"并没有弱化党的领导"③,诸如此类。不少人将步云直选和安徽小岗村"包产到户"相提并论,认为这是中国在制度上的又一大创新。④浦兴祖认为,直选乡长虽不合法,但是有合理性和必要性,符合中国国情,有助于社会稳定,这一步"迟早要走的"⑤。任中平认为,乡镇长直选虽然涉及一些法律问题,但并非不可解决,对于"政治合法性"与"法律合法性"之间存在的矛盾,应当通过进一步试验和探索来寻找解决办法。⑥还有人建议我国应修改宪法的相关条款,"以解决'乡镇长直选'的法律依据问题"⑦。

但也有人持不同意见。宪法学家童之伟认为,选民直选乡镇长"在性质上是一种根本改变中国宪制的行为",不仅违法,而且"不合理"。直选不仅违反了我国宪法条文,而且还不符合我国的根本政治原则。按照我国的宪制原则,人大是人民行使国家根本权力的机关,行政机关需要由人大产生,二者并非平行关系。如果人大代表和行政官员均由选民直接选出,则二者变为平行关系,这明显属于"权力分立"的宪制原则。所以行政领导由直选产生,属于彻底的"违宪改革",地方公共机关"完全没有必要付出违宪的代价将乡镇长由本级人大选举改为选民直选,而是应争取在宪法的框架内给选举过程注入竞争机制"⑧。

---

① 沙林:《步云直选乡长三年记》,《凤凰周刊》2002 年第 12 期。

② 日曰鸣:《步云选举:一次有意义的民主尝试》,《中国改革》2002 年第 1 期。

③ 张劲松:《步云选举:社会主义国家人民地位高》,《中国改革》2002 年第 1 期。

④ 参见吴象:《步云乡选举的历史意义》,《炎黄春秋》2004 年第 6 期。

⑤ 浦兴祖:《直选乡长是扩大农村基层民主的一次探索——关于四川步云乡个案的思考(上)》,《云南行政学院学报》2001 年第 6 期。

⑥ 参见任中平:《乡镇长直选有待进一步试验和探索》,《探索与争鸣》2009 年第 4 期。

⑦ 严朝均、杨先涛:《关于乡镇长直选的思考》,《四川行政学院学报》2005 年第 1 期。

⑧ 童之伟:《重提"违宪改革合理说"宜审慎——以过去数年之乡镇长直选"试点"为事例》,《法学家》2007 年第 4 期。

应当说，童之伟的分析在理论上是站得住脚的。也因此，行政领导"直选"这条路，不仅在事实上不被许可，就是在理论上也是行不通的。然而"直选"不合法并未使专家们停止为基层的选举改革出谋划策。比如，童之伟就认为："执政党地方组织完全可以在不违反宪法和法律的情况下，进行以下各项改革"[①]：在尊重人大选举权的基础上设法扩大选举的竞争性，比如接受代表候选人自愿报名，对领导干部候选人进行公开竞争，扩大差额选举的比例等。这些建议，在我们的类型学中，不再是"创造性"的，而是"嵌入式"的改革。实践证明，这类没有合法性风险的"嵌入式"改革方案将在今后的乡镇领导选举制度改革中大显身手。

六、转折：从创造到嵌入

2001 年是乡镇领导干部选举机制改革的转折点。不过，这方面的改革并未因此而停止，而是在策略和方式上发生了重大变化。在我们的分析框架下，这种变化就体现为民主发展的路径机制由"创造"变为"嵌入"。

按照我国宪法和相关法律的规定，地方各级人民政府的领导由地方各级人民代表大会选举产生。在实际操作中，乡镇长选举通常是先由区县党委常委会确定预备人选，预备人选以党委副书记身份提前到岗实践，经组织部门考察合格后向乡镇党委提名，再由乡镇党委向同级人大主席团提名，最后由乡镇人大主席团提交人民代表大会间接选举产生。可见，乡镇长选举方式改革受到两大基本权力结构的限制：党的领导和人民代表大会制度。如果步云乡的改革是在遵守这两条基本原则的基础上进行的，那么它就属于"嵌入式"改革；而如果步云乡的改革突破了上述原则，就属

---

① 童之伟：《重提"违宪改革合理说"宜审慎——以过去数年之乡镇长直选"试点"为事例》，《法学家》2007 年第 4 期。

于"创造性"改革。

1998年步云直选最突出的制度创新表现在三个方面：一是候选人的产生方式，公开报名和党委推荐相结合。在公开报名的基础上，只要符合《步云乡选民直接选举乡长试行办法》的相关规定，均得确定为初步候选人；再通过选区联席会议进行选举，产生两名正式候选人；党委推荐一名当然的正式候选人。二是大大增强了竞争性并增强了候选人同选民的联系。过去的乡镇长选举是等额选举，几乎没有竞争性，而现在则是三人竞选，自主报名和党委推荐的候选人都存在落选的可能。由于过去是间接选举，不需要进行选民互动，而现在候选人则要进行巡回竞职演讲和答辩。三是由人大间接选举变为选民直接选举。

1998年步云直选对党的领导原则带来的改变主要在于：第一，自主报名稀释了党的推荐权和提名权；第二，竞争性选举使党推荐的人选存在落选风险；第三，选民互动增加了选举的组织领导难度。但由于党依然享有当然的推荐权，而且总揽选举组织过程，所以党的领导原则依然得到了一定程度的体现。从过程来看，步云乡直选的决定不仅报经了乡党委批准，也得到了市中区区委的同意。整个选举工作是在党委领导下组织进行的，区乡两级党委对直选的整个过程及各方面的工作都进行了严格的监督和指导，党推荐的人选最终当选。而且直选仅限于乡长一人，直选产生的乡长也要在党的领导下工作。在"互动"过程中，步云乡、市中区的改革"操盘手"也反复表明，直选改革有力地坚持了党的领导。步云乡人大主席团主席刘仕国在《关于步云乡乡长直接选举工作的报告》中表示，"党的领导始终体现在整个直选过程中"①。

不过，直选即便没有突破"党的领导"的权力结构原则，也肯定突破了

---

① 《遂宁市市中区步云乡人大主席团关于步云乡乡长直接选举工作的报告》，载张锦明、马胜康主编：《步云直选：四川省遂宁市市中区步云乡直选实录》，西北大学出版社，2004年，第84页。

人民代表大会制度这一根本政治制度，所以肯定属于"创造性"改革。乡镇长由人大间接选举产生变为由选民直接选举产生，在法律上违背了我国人民代表大会制度的规定和宪制原理，在实际上则侵夺了人大的人事任免权。显然，地方行动者不是没有看到这一点。为了体现对人大选举权的尊重，《步云乡选民直接选举乡人民政府乡长试行办法》规定，经过村民直接选举产生乡长后，乡人大需要通过一个决议"确认"当选的有效性。然而"确认权"毕竟不同于"选举权"，所以直选不构成对人大制度的"嵌入"，而是对我国乡镇长选举方式的根本性"创造"。也正是由于这一点，引发了不同立场的"政治中介"进行话语权争夺，并让中央有充分的理由介入这一原本希望秘密进行的地方试验，而且中央最终也是根据这一合法性瑕疵，"叫停"了步云乡的直选试验。

在乡镇长选举这一政治过程中，基本的权力格局是：党委负责推荐、考察、提名人选，并总揽全局；人大负责选举产生正式官员；选民只是通过人大代表间接行使权力。从理论上看，这一权力格局所体现的是党的领导、人民当家做主、依法治国三者的统一。步云乡乡长的选举改革无疑是对这一现有体制的突破，其本身的合法性就存在一定的问题。无论是增强人民性的需要，还是增强群众性的需要，都应该在党的领导、人民当家做主和依法治国三者的有机统一中展开。

1998 年步云乡的直选改革，无疑提升了"竞争性"，扩大了"参与度"，并从而增强了当选官员的"人民性"和"群众性"。同时，步云乡还制定了《步云乡选民直接选举乡长试行办法》《联席会议协商提名乡长正式候选人实施办法》《正式候选人演讲答辩会选民提问规则》等详尽的程序规范，连选票设计和提问表都有严格设计和规范，所以其程序的"规范性"也大大加强。不过，上述改革方式却由于对权力结构和"法律文本"都带来了冲击，因而受到"合法性"质疑。那么要实现乡镇长选举机制改革的根本目标，就必须调整策略，在改革与守法之间寻找平衡点。一方面，通过改革提升竞争性，扩大参与度；另一方面，尊重权力结构和法律文本，避免合法性风险。因此在改革路径上，从"创造"走向"嵌入"，不失为一个务实的选择。

七、嵌入：从分离到聚合

上文已述，步云乡 1998 年的直选改革方案符合社会利益和地方绩效的诉求，但存在合法性风险，从而使利益、绩效、合法性三方面处于"分离"状态。如果要实现三者的"聚合"，路径上可以选择从"创造"到"嵌入"。因为嵌入是避免合法性风险的最直接方式。

在乡镇长选举的政治过程中，并非没有嵌入性改造的制度空间。乡镇长选举改革，无非是在保证党的领导和人大选举权的基础上提升选举的竞争性并扩大选民的参与度。实际上，有很多制度组合形式可以达成这一目标。比如在推荐和提名环节，可以将自主报名、联合推荐与党委推荐相结合；在候选人产生环节，可以引入竞争性直接选举，进行演讲答辩，增加选民互动；在正式选举环节，也可以扩大差额比例，增强竞争性。那么步云乡 2001 年换届选举又是如何做的呢？

在基本环节上，2001 年直选和 1998 年大体相似。比如都经过了公开报名—资格审查—联席会议初定人选—选民选举。[1]第一次选举时所采用的演讲答辩、选民互动、秘密投票等技术方式也得以沿用。但实际上，两次选举在诸多方面存在重大的根本性变化。

第一，在推荐和提名环节，取消了政党的当然提名权。在 1998 年的《试行办法》中，有政党推荐和选民联合推荐（自主报名）两种提名方式，并

---

[1] 参见马胜康：《四川省遂宁市市中区步云乡两次乡长选举的概况、比较及思考》，张锦明、马胜康主编：《步云直选：四川省遂宁市市中区步云乡直选实录》，西北大学出版社，2004 年，第 247 页。

且特别规定"政党按政党有关规则推荐乡长正式候选人 1 名"，也就是保障了政党的当然提名权。而在 2001 年的《实施办法》中，报名办法则简化为"自主报名"和"联合推荐"两种，政党不再具有推荐和提名权。

第二，将选民直接选举乡长变为直接选举乡长候选人。这一改变，在两次选举办法的名称中就有明确体现。1998 年时选举办法名为《遂宁市市中区步云乡选民直接选举乡人民政府乡长试行办法》，2001 年的办法名则改为《遂宁市市中区步云乡选民公开直选第十三届乡人民政府乡长候选人实施办法》。这一改变的根本原因，无疑在于避免上文提及的破坏人民代表大会制度的合法性风险。

第三，正式选举产生乡长的权力重新回到人大，但在产生乡长的正式选举环节取消了差额竞争。在 1998 年的改革办法中，乡人大丧失了选举乡长的权力，仅保留了"确认权"。这一点正是改革受到合法性批判的根源。2001 年的改革办法中，正式选举产生乡长的权力重新回到人大，但在产生乡长的正式选举环节取消了差额竞争，进入乡人大选举的只有通过选民直选产生的唯一候选人。这样一来，乡人大名义上行使了乡长的选举权，不过由于这个环节缺乏竞争，乡人大只能"赞成""反对"或"另选他人"，实际上往往只能接受选民直选产生的唯一候选人。这一安排，相当于将选民的直选权"前移"，而人大仅仅保留了形式上的选举权。其目的显然在于既要保证选民的直选权，又不违反相关法律，但这也带来了人大代表意志同选民意志发生冲突的可能。

上述三点变化，综合起来看，有一个非常明确的目标。那就是，一方面避免由于破坏人民代表大会制度而带来的合法性风险，另一方面保留了选民"直选"的形式，并在最大程度上确保了选民意志得到贯彻。按照 2001 年选举的程序，选民的直接选举仅限于候选人产生的环节，如果唯一的正式候选人产生，接下来的程序将回到既定的组织和法律制度，即由区委将该名当选的唯一候选人推荐给乡党委，后由乡党委推荐给乡人大主席团，再由主席团提名到人大选举产生。十分明显，这个程序设计的意图就是将直选"嵌入"既有的组织和法律制度。在地方行动者看来，这样的制度设计，"是完全符合现行法律和党的组织原则的"①。但由于中央 12 号文所释放出的明确的政治信号，他们对于 2001 年直选改革的方案依然感到心里没底。所以当选民直选产生了唯一候选人之后，步云乡人大的选举并未随即进行，而是直到《四川日报》上刊出《遂宁日报》记者所摄的一张选举现场照片，僵局才被打破，"报道被认为获得了某种程序的认可，历史得以继续前进"②。

经过上述改变，2001 年的选举方案，由原先的"创造"变为了"嵌入"，从而在形式上避免了直接的合法性风险。但严格来说，这个改革方案在实质上依然未能实现利益、绩效与合法性的真正聚合。这一方案虽然保留了"党委推荐—人大选举"这一形式，但党委并不能起到实质的推荐把关作用，人大也不能进行真正的选举。可以推测，改革方案的设计者或许存在一定的理想主义心理，意图将选民意志贯彻到底。但我们的分析已经表明，要产生一个稳定均衡的民主制度，必须经过中央、地方、社会的充分互动，从而真正实现合法性、绩效、利益的实质性聚合。实质性的嵌入和聚合，应当是在保障党在选举过程中的领导地位，以及人大的实质性选举权的基础上，扩大选民的参与和竞争程度；而不是用选民参与直接替代党的领导权和人大选举权。而 2001 年改革方案，由于实际上既排除了党的推荐权，又架空了人大的选择权，从而造成新的失衡。所以它多少是一厢情愿的，甚至是机会主义的。这样的方案很难得到党委和人大的真正认可，其道理就和参与度和竞争性不足的传统选举方式很难得到社会的真正认可是一样的。

---

①② 这是遂宁市市中区区委组织部副部长唐进平的话。参见唐建光：《直选乡长续任》，《新闻周刊》2002 年第 20 期。

第二节 富裕的大鹏镇和贫穷的步云乡

步云乡选举改革的故事足够完整,它清晰地向我们展示了中央、地方、社会的三方互动,以及合法性、绩效、利益的分离与聚合,会如何影响到一个民主创新的前途和命运。接下来,我们再通过一个简单的跨案例比较,进一步证明我们的假设。

在跨案例比较研究中,最常用到的科学方法有两种:最相似系统设计(a most similar systems design)和最相异系统设计(a most different systems design)。①前者是通过找出相似案例之间的差异性,来解释因果关系。比如,在次国家层级比较(sub-national comparative)中,两个地方(比如乡镇)具有相同的发展水平,但是居民受教育程度差别很大,一个地方的民主创新成功了,而另一个地方却没有。那么一个简单的逻辑结构就是:发展水平作为控制变量(相同点),教育程度作为自变量(不同点);民主创新的结果作为因变量(不同点)。可以推论,教育程度会影响民主创新的结果。后者则是找出两个实施极其相似的政策,但差别极大的案例。其问题是:为什么其他方面差别极大的案例,却有着相同的政策或政策结果? 其基本逻辑结构是:一对案例,具有一大组的不同点(控制变量);一小组的相似点(自变量);一小组的相似点(因变量)。

我们选择广东省深圳市龙岗区大鹏镇和四川省遂宁市步云乡作为一组案例进行对比。大鹏镇距深圳市区 50 千米,距香港平洲 2.25 千米,总面积 82.81 平方千米,1998 年总人口 4 万多人,常住人口约 7000 人,辖 6 个

---

① 参见〔美〕扎哈里亚迪斯:《比较政治学:理论、案例与方法》,宁骚、欧阳景根等译,北京大学出版社,2008 年,导论部分《比较的逻辑》。

行政村、2 个居委会。1998 年，全镇工业总产值 4.75 亿元，农业总产值 0.53 亿元，税收 2.66 亿元。步云乡位于遂宁市市中区西北，距城区 60 千米，是市中区最偏远的一个乡，总面积 22.4 平方千米，1998 年总人口16202 人，有 4000~5000 人常年在外打工。1998 年工农业总产值 6766 万元，财政收入 117.48 万元，农民年均纯收入 1636 元。就文化程度和开放意识而言，大鹏镇居民普遍高于步云乡。①可见，这两地差异极大，一个位于东部沿海，经济发达，一个地处西部内陆，经济落后。但相同的是，两地都在 1998 年前后进行了乡镇领导干部的选举改革。

步云乡的选举改革前文已述，下面我们简单介绍一下大鹏镇的相关改革。大鹏镇选举镇长的改革办法被称为"三轮两票制"，意思是镇长的产生，需要通过三轮评价，两轮投票。具体做法如下：第一，选区划分，将全镇党政机关、镇属企事业单位、各行政村和居委会划分为若干个推选区。第二，公开推荐，由各推选区选民按照既定条件②无记名公开推荐镇长人选名单。第三，资格审查，由镇党委对获得提名者进行资格审查，根据一定标准确定若干位初步候选人。③第四，民主测评，由全体党员、干部、职工和农户代表对初步候选人进行测评投票。第五，党委推荐，党委根据民主测评投票的结果，将得票最高者作为正式候选人推荐给镇人大主席团。第六，正式选举，大鹏镇人大对主席团推荐的人选进行选举投票。这样一来，整个环节除去党委资格审查和推荐之外，一共是三轮测评两轮投票。这一程序设计，有效地在镇长选举过程中直接纳入了选民意志，扩大了选举中的

---

① 参见黄卫平、邹树彬主编：《乡镇长选举方式改革：案例研究》，社会科学文献出版社，2003 年，第 222 页。

② 根据大鹏镇选举办法的规定，候选人的条件主要有：符合干部"四化"方针和德才兼备、群众公认的原则，年龄在 50 周岁以下，身体健康，大专以上文化程度，一般应为中共党员。

③ 公开推荐共产生 76 人名单，党委根据获得提名的选民人数多寡，以及既定的推荐条件，确定了 5 人的初步候选人名单。原本共有 6 人获得选民 100 人以上提名，但李炳全由于年龄已经超过 50 岁，不符合条件。

民主参与范围和程度。而且这一机制设计比步云乡的"公推直选"更加符合现行法律和制度，不仅尊重了人大的选举权，而且有力地体现了党委对选举的领导，在合法性方面，完全不存在问题。然而大鹏镇的改革，不仅在实施过程中没有取得像"步云直选"一样的参与效果，普通选民对改革的参与热情并不高，而且改革仅仅进行了一次便戛然而止。这说明大鹏镇选举改革的动力机制是严重不足的。

照道理，步云乡和大鹏镇是一组十分适合于用"最相异系统设计"进行比较的案例。两地的经济、社会、文化、教育和地理条件差异极大（控制变量），却同时进行乡镇长的选举改革（因变量）。那么合理的逻辑推论就是：第一，经济、社会、文化、教育和地理条件等差异性因素，不是导致当地进行乡镇长选举改革的主要因素；第二，两地存在导致相同政治现象出现的相似点（自变量）。

民主发展的推动力来自两方面：一是经济、社会、文化、教育和地理条件等"结构因素"，二是各类行动者这一"能动因素"。在上述逻辑推理中，我们已经排除了"结构因素"对两地乡镇长选举改革的影响，因此两地的相似点（自变量）只有可能是"能动因素"。在中国，中央、地方和社会是推动民主发展的三个主要的能动因素。对于大鹏镇和步云乡来说，中央这一因素对其民主创新的影响是相同的，两地都不是中央授权的特殊政策地。所以导致大鹏镇和步云乡几乎同时出现乡镇长选举机制改革的共同因素，只有可能是地方和社会行动者。当然，地方行动者也有层次之别，两地的乡镇长选举改革都是由区级政府主导的，而省级和市级政府的态度差异也有可能影响改革的结果。但就民主和开放程度而言，两地的"上级政府"起码是旗鼓相当的，广东省和深圳市由于是改革开放的排头兵，这样看来大鹏镇可能更占优势。实际上，市中区的改革反倒只是得到四川省委的"暗示性支持"①，而龙岗区

---

① 市中区区委书记张锦明在一次会议上，介绍当地的"公推公选"经验得到省委组织部的口头表扬，从而坚定了继续进行试验的信心。

的改革则通过深圳市委请示了广东省人大常委会和全国人大常委会，并得到了明确的支持性回复。①

但问题在于，基础更好、上级支持更明确的大鹏镇改革却昙花一现，仅仅进行了一次；条件差一些的步云乡的改革反而得以持续。这又是为什么呢？

为了回答这个问题，我们需要进行下一层次的逻辑推理。第一，上文已经得出结论，经济社会条件等结构性因素不是影响两地乡镇长选举改革的主要因素，所以在推理中将这一因素排除在外。第二，两地选举改革的主要影响因素在于"地方+社会"的能动者组合。第三，两地的选举改革都得到了上级政府的默许或明确支持（控制变量）。第四，两地选举改革的最终结果完全不同（因变量）。因此，这里我们可以适用"最大相似系统设计"对这两个案例进行比较。将第二点作为大前提，第三点作为控制变量，第四点作为因变量，那么自变量就只能是社会驱动力量的差异。②

社会的民主驱动力，最主要是由利益造成的，没有利益关切就没有民主诉求。前文已经说明，步云直选的出现，受到社会力量的极大推动。而大鹏镇的改革则几乎完全是自上而下推动的，老百姓对选举缺乏必要的利益关切，只不过接受了这份政府提供的民主"美意"，"很多村民根本不明白其中的寓意"，"豆腐磨好了，推出来就是了"。③大鹏镇经济发达，村民收入很高，不仅税费主要由集体负担，村民还能享受村集体分红。因此，村民

---

① 参见黄卫平、邹树彬主编：《乡镇长选举方式改革：案例研究》，社会科学文献出版社，2003年，第275~276页。

② 另一个可能的解释是，在两地的能动者结构中，是地方行动者的差异而非社会行动者的差异导致了最终结果的不同。例子就是，步云乡的改革得到了张锦明的强力推动，而大鹏镇的改革则缺乏这样一位"灵魂人物"。我们当然无法断然否定这一点，精英人物在民主发展中的推动力是不可忽视的。不过，精英人物也是在一定的结构条件中做出理性选择，张锦明之所以持续推动步云的直选改革，本就不可以忽视结构对其偏好的影响和要求。而且大鹏和步云两地，社会利益方面的差异是如此的明显和强烈。所以我们认为两地的社会行动者的驱动力差异才是最主要的自变量。

③ 郑宇硕：《大鹏镇民参与选举镇长》，香港《明报》1999年5月4日。

和镇干部不仅没有税费征收的冲突,日常关联也比较微弱。①在这种情况下,选举与否村民不大关心就不难理解了。通常情况下,经济社会现代化水平等结构性因素都是维持民主创新的重要条件,但是在大鹏镇,现代化水平不仅未能成为民主实践的支撑因素,反而由于削弱了民主的利益相关性,而成为民主发展的消极因素。在一定程度上,我们甚至可以说,缺乏强大利益关切的大鹏镇选举改革,基本属于地方行动者的"自娱自乐"。大鹏镇的改革,不仅动力来源单一,而且即便是作为单一动力来源的地方政府着手进行改革,很大程度上也主要是为了追求考评绩效,而并非出于提升治理绩效的目的。

在 2001 年中央明确表示"停止乡镇长直接选举实践"之后,步云乡进行了一次民意调查,结果绝大部分干部群众赞成继续进行改革举措。一个重要的原因是,谭晓秋在三年任期内几乎完全实现了当初的竞选承诺,步云乡的百姓从乡长直选中得到了实际利益。②由于步云乡的选举已经和利益紧密结合,所以不再进行是"不好交代"的。而大鹏镇则不同了,2001 年之后龙岗区委和大鹏镇委就明确表示:"根据上面文件精神,此类试验将不再搞。"③因为对于大鹏改革的推动者来说,一旦"上面"不再鼓励此类改革,那么想借此博取考评绩效的目标将落空。存在合法性风险的步云乡改革,因为利益驱动得以持续;不存在合法性风险的大鹏镇改革,却因为没有利益基础而浅尝辄止。这一点,无疑是两地对比给我们的最大启示。

---

①　需要说明的是,两地经济条件的差异,并没有直接作用到民主发展上,而是通过影响干群关系和基层治理结构的方式,间接地对各自的民主发展方式产生影响。所以经济条件被我们视为控制条件,而不是自变量。真正的自变量是由干群关系和基层治理结构所决定的"能动者结构"。

②　《步云乡第十三届人民政府乡长述职报告》,2002 年 1 月 25 日。谭晓秋在联席会议上的演讲,2001 年 12 月 15 日。参见张锦明、马胜康主编:《步云直选:四川省遂宁市市中区步云乡直选实录》,西北大学出版社,2004 年,第 194~195 页。

③　黄卫平、邹树彬主编:《乡镇长选举方式改革:案例研究》,社会科学文献出版社,2003年,第 227 页。

　　总的来说，步云乡和大鹏镇的乡镇长选举改革，有着相似的逻辑和结构，但呈现不同的结果。二者存在两个逻辑层次。第一个层次，两地结构条件差异极大，却产生了相同的政治现象。由此我们推断，是两地相似的能动者结构导致两地产生了相同的政治现象。第二个层次，由于两地的选举改革在持续性方面有着完全不同的结果，我们推断，两地的能动者结构之间存在巨大的差异。考虑到大鹏镇有着更利于民主发展的结构性条件，其民主发展结果反而逊色于步云乡，两地在能动者方面的结构性差异更是得到双重强化。究其原因，大鹏镇与步云乡的选举改革，一开始都得到了地方政府的积极响应和推动。但步云乡有着推进选举的更大的利益诉求，选举结果也对这种利益诉求作出了有力的回应，从而使得步云乡的选举与利益得到相互强化。而大鹏镇的改革则主要是由地方政府推动的，缺乏有力的利益诉求作为基础和驱动力，因此选举的结果对于社会利益的影响也更为有限。如果不考虑合法性这一因素，步云乡的改革可以说是一种"聚合型改革"，而大鹏镇的改革则主要是一种"悬浮式改革"。"聚合型改革"的持续性，显然要强于"悬浮式改革"，前者可以克服一定的阻力，而后者则完全是因人兴废。

第三节　冲撞与回响

　　如果乡镇长的选举改革真的像人们说的那样，既能增强党和国家的合法性，又能扩大民主权利，有利于社会稳定，还能遏制腐败，密切干群关系①那么它理应得以制度化。然而为何这类改革最终却无法成为正式制度，从而像村

---

　　① 参见黄卫平、邹树彬主编：《乡镇长选举方式改革：案例研究》，社会科学文献出版社，2003 年，第 76、198、199 页。

民自治制度一样得以纵向转化？我们不从"动机论"的角度来看待这个问题，而是试图去分析这一做法同现行的整体制度框架之间可能存在的冲撞与回响。

一、冲撞：民主选举与组织领导

乡镇长直选之所以难以制度化，既同这一选举方式的内在逻辑的规定性有关，也同其所依存的外部结构的制约有关。就内在逻辑而言，直选乡长转变为直选乡长候选人，虽然解决了直选在形式上的合法性问题，但是还很难说实现了利益、绩效与合法性的实质性聚合。步云乡 2001 年的改革方案仅仅保留了党和人大在选举过程中的"象征性"权力，这种权力分配方式必然难以见容于正式制度。而大鹏镇的改革，虽然既扩大了社会参与，又尊重了党的领导和人大选举权，但它同社会行动者的利益诉求的关联比较薄弱，从而成为一种"悬浮性的改革"[1]。就外在结构而言，单纯的选举机制，嵌入总体性的国家制度体系中，前者遵循的是自下而上的民主原则，后者遵循的则是自上而下的组织领导原则，二者必然发生冲撞。对于民选官员来说，"民选"并不意味着他可以隔绝于体制的要求，他也无法用民意去直接对抗体制命令。因此，他必然夹在二者中间"上下为难"。而且，民选官员要有所作为，去努力实现其民主承诺，必须要得到整个体制的配合。一旦失去体制的配合，民选官员将会处处碰壁，步步维艰。在这样的逻辑下，乡镇领导干部选举机制改革呈现"内卷化"[2]"孤岛化"[3]和"天花

---

[1] 这给我们的启示就是，一个民主机制，如果不和具体的社会利益诉求相结合，即便它十分"民主"，也不一定能够得到社会的认同。因为对于大部分中国人来说，他们所需要的主要不是"民主"本身，而是民主所能实现的"利益"。

[2] 所谓"内卷化"是指其探索形式虽然具有多样性，但操作机制却大同小异。参见陈家喜、刘王裔：《党内公推直选的改革困境与发展路径》，《党建论坛》2012 年第 4 期。

[3] 即改革试点都是呈点状分布，而没有能够形成为统一的制度。郭正林：《乡镇体制改革中的"孤岛现象"》，《半月谈》2004 年第 4 期。

板现象"①也就不足为怪。

步云乡的选举改革赋予了选民真正的民主权利，当选官员也获得了真正的民意基础。然而民选官员的施政却没有人们想象中那么顺利。一个结构性的矛盾是"上面的要求"和"下面的利益"可能发生冲突。而且民选官员在竞选时做出的种种承诺，势必要得到整个官僚体系和组织资源的配合才有可能落实。通过民主选举，来自于"体制外"的民主要求，会通过民选官员传导给非民选官员，从而给后者带来体制要求之外的"额外压力"，并有可能因此遭到他们的抵触。②另外，在民选官员身上也体现了选举制度与人事制度的冲突，官员虽为民选，但其任用、调动和提拔不可能脱离原先的人事制度，这必然导致"单枪匹马的直选改革夹在组织人事制度、夹在整个乡镇政治制度当中不上不下"③。

以上种种结构性矛盾都决定，乡镇干部选拔机制改革要真正同现有体制"无缝对接"，绝非引入一个民主选举那么简单。

从"民主"的角度来衡量，乡镇领导干部的选举改革，无疑是巨大的民主发展，能够增强民众参与度，提高政府回应性。然而从制度整体的"适应性"和"协调性"的标准来看，在一个高度组织化、官僚化并主要依靠自上而下的组织领导方式进行运作的体系中，单纯的选举则反而显得有些格格不入。这种冲撞，不仅会给当选者的履职带来更大的困难，也对其实现竞选时作出的政治承诺带来巨大的阻力。而一旦其竞选时的政治承诺无法落实，人民群众无法从"选举"中获得除单纯的参与感之外的实际利益，那么选举的价值和重要性就会打折扣。这也是中国的"进取型民主"所面临的特殊困境。

---

① 即选举改革仅仅停留于乡镇层级，并没有随之向区县一级扩散。

② 参见唐建光：《直选乡长续任》，《新闻周刊》2012 年第 20 期。

③ 王怡：《步云直选如何走出尴尬》，《中国改革》2003 年第 8 期。

二、回响：走向党内民主

步云直选虽然由于种种原因而难以制度化，更无法像村民自治制度一样上升到国家层面，但是依然留下许多宝贵的民主经验和制度遗产。这些经验和做法为以后的乡镇领导干部选举改革所学习和借鉴。择其要者言之。第一，候选人的提出更加开放，公开推选候选人此后渐成大势。第二，选举过程更加透明，通过正式程序明确规定选举操作办法。第三，注重选民联系和互动，候选人通过演讲、答辩等方式向选民介绍执政计划。第四，更加规范，进行秘密写票和排队领票。可以说，步云直选本身虽然被禁止，但其实践中所采用的这些民主技术却被保留下来，并得以扩散。

对于乡镇层级的选举机制改革来说，逻辑和结构方面的负面约束是客观存在的，但来自社会的民主压力和民主诉求，以及来自文本和民主承诺的正向激励同样客观存在。虽然前者制约了乡镇干部选举改革的制度化进程，但后者却在源源不断地生产着民主实践的现实推动力。这使得乡镇层级的选举改革以一种颇为独特的方式进行横向转化。总的来看，2001年前后，乡镇领导干部选举改革发生了三个明显的变化：第一，选民不再直接决定选举结果，其参与"前移"到初选或提名环节，从而使得这类改革成为"嵌入式"改革。这样既扩大了选民参与，也不违背法律，还尊重了党的领导和人大的选举权。第二，不再单独进行行政领导的选举改革，而是以党内选举改革为主。第三，党内民主试点地区不断增多，相关程序开始规范化并初步形成党内法规，但尚未成为必须推行的普遍"制度"。

当然，仅就事实发生的先后顺序来说，上述转变并非源自步云直选的转折。实际上，早在1998年5月，四川省遂宁市市中区就在保石镇和横山镇进行了镇长"公推公选"试点。当年10月，四川省南部县将全县79个乡镇 178 个副乡镇长职位进行"公推公选"。[①] 12 月 5 日，四川省眉山市青神县南城乡全体乡民以直选的方式选举产生了乡政府的乡长和副乡长，全体党员也直选产生了乡党委书记[②]。而几乎就在步云直选的同时，山西、广东、云南等地的一些乡镇也以其他形式进行乡镇领导干部选举改革试验。[③]比如，1999 年初，深圳市大鹏镇借鉴村党支部书记选举中"两票制"的做法进行镇长选举。同年，山西省临猗县卓里镇也采用"两票制"方法选举包括镇党委书记、镇长和镇人大主席在内的主要领导。单从时序的先后来说，2001 年之后所出现的种种乡镇干部选举改革举措并不新鲜，因为此前就有类似的试点形态出现过。

然而就整个发展逻辑和趋势来说，则乡镇领导干部选举制度改革在 2001 年步云直选被"叫停"之后，确实经历了一个明显的重心转变。最基本的变化有两点：第一，2001 年之后，除了 2004 年云南省红河哈尼族彝族自治州石屏县进行了乡镇长直选之外[④]，再无乡镇长直选出现过；第二，2001 年之后，单纯的乡镇行政领导选举改革几乎绝迹[⑤]，取而代之的是乡镇党委书记或党委班子或乡镇领导班子选举改革[⑥]。也就是说，2001 年之后，乡镇层级的选举改革重心转向了党内民主。这一趋势请见下表：

---

① 参见黄卫平、陈家喜：《中国乡镇选举改革研究》，人民出版社，2009 年，第 32 页。

② 参见李凡：《中国乡镇选举改革的大胆尝试——南城乡的乡长直选》，参见"世界与中国研究所"网站，http://www.world-china.org/newsdetail.asp?newsid=474，2016 年 12 月 6 日。

③ 参见杨雪冬、托尼·赛奇：《从竞争性选拔到竞争性选举：对乡镇选举的初步分析》，《经济社会体制比较》2004 年第 2 期。

④ 2004 年 4 月，云南省红河哈尼族彝族自治州石屏县有关领导机构安排下属的 7 个乡镇的选民直接选举产生了乡镇长，其中后者被认为是迄今为止我国最大规模的选民直选乡镇长"试点"。参见田舒斌、李自良、王研：《十万百姓选"乡官"》，《半月谈》2004 年第 21 期。

⑤ 仅有 2003 年的江苏省侍岭镇、湖北省杨集镇，2004 年的云南省石屏县 7 乡镇，2007 年重庆市木洞镇。

⑥ 2002 年至 2008 年，共有 21 个地方进行了乡镇党委选举方式改革，其中共有 19 个地方涉及乡镇党委书记选举。参见黄卫平、陈家喜：《中国乡镇选举改革研究》，人民出版社，2009 年，第 98~99 页。

表 4-1　1998—2011 年全国乡镇领导干部选举方式改革一览①

时间	地点	对象	方式
1998 年 5—9 月	四川省遂宁市 保石镇、横山镇	镇长	1. 公开提名 2. 选民选举候选人 3. 镇人大差额选举
1998 年 10 月	四川省南部县 79 个乡镇	副乡镇长	1. 组织推荐、选民推荐、个人报名 2. 测评产生一名候选人;乡镇人大代表联名提出一名候选人 3. 乡镇人大差额选举
1998 年 11 月	四川省 眉山青神县南城乡	正副乡长	1. 组织推荐、选民推荐、个人报名 2. 选民选举候选人 3. 选民差额选举;乡人大备案
1998 年 11—12 月	四川省步云乡	乡长	1. 组织推荐、选民推荐、个人报名 2. 选民选举+政党提名候选人 3. 选民差额选举;乡人大确认
1998 年 12 月	四川省 眉山青神县南城乡	乡党委书记和 正副乡长	1. 公开报名+组织推荐 2. 组织考察 3. 党员或人大选举
1999 年 1—4 月	广东省 深圳市大鹏镇	镇长	公开报名;三轮两票;镇人大等额选举
1998—1999 年	四川省绵阳市 11 个乡镇	正副乡镇长	1. 人大代表提名 2. 人大代表预选 3. 乡镇人大差额选举
1999 年 12 月	河南省孙召乡、 佛阁寺镇	乡镇长	1. 群众推荐、预选 2. 党员群众代表初选 3. 乡镇人大等额选举
2001 年 3—4 月	广西省 桂林市恭城镇	副镇长	1. 组织推荐+群众推荐+自荐 2. 党群代表预选+初选 3. 乡镇人大差额选举

① 这是一份不完全表格,用以反映乡镇领导干部选举改革的趋势变化,由作者根据相关论文和新闻材料整理而成。资料来源于黄卫平、陈家喜:《中国乡镇选举改革研究》,人民出版社,2009 年;史卫民等:《乡镇改革:乡镇选举、体制创新与乡镇治理研究》,中国社会科学出版社,2008 年;吴理财:《中国农村乡镇的党政负责人选举制度创新及改革设想》,《当代中国研究》2003 年第 4 期;陈元中、郑颖瑜:《乡镇党委公推直选模式的比较与思考》,《湖北行政学院学报》2012 年第 4 期。

续表

时间	地点	对象	方式
2001 年 12 月	四川省步云乡	乡长	1. 自主报名+党群代表预选 2. 选民初选 3. 乡人大等额选举
2002 年 8 月	湖北省宜城市、宜都市下辖11 个乡镇	党委书记及党委成员	双推一选
2002 年 9 月	湖北省京山县杨集镇	党委书记及党委成员	双推一选
2003 年 4—5 月	江苏省侍岭镇	镇长	党委、干部、四大班子推荐，县常委会票决初步候选人党群代表初选；镇人大差额选举
2003 年	江苏省宿豫县	乡镇党委书记、乡镇长	公推竞选①
2003 年	四川成都新都区木兰镇	党委书记	公推直选
2003 年	湖北省咸宁市咸安区 12 个乡镇	乡镇党委领导班子	公推直选
2003 年 8 月	湖北省京山县杨集镇	镇长	选民预选 3 人；选民初选 2 人镇人大差额选举
2003 年 8 月	云南省泸西县10 个乡镇	党委书记及党委成员	双推一选
2003 年 12 月	四川省成都市木兰镇	镇党委书记	公推直选
2004 年 1 月	四川省平昌县9 个乡镇	乡镇党委领导班子	公推直选
2004 年 2 月	四川省 10 个市(州)45 个乡镇	乡镇党委书记	公推直选
2004 年 2 月	江苏省沭阳市13 个乡镇	乡镇党委书记	差额直选
2004 年 2—4 月	云南省石屏县7 个乡镇	乡镇长	选民推荐+个人报名干群代表初选选民差额选举+乡镇人大确认性选举
2004 年 3—4 月	江苏宿迁宿豫区黄墩镇	乡镇领导班子	党群代表初步推荐+全体党员和人大代表正式推荐组织考察党员或人大选举

续表

时间	地点	对象	方式
2004 年 4 月	江苏泗洪县归仁、龙集、界集 3 镇	镇党委书记	公推公选
2004 年 4 月	江苏宿迁宿豫区蔡集镇	镇党委书记	公推直选
2004 年 5 月	江苏射阳县特庸镇	乡镇党委书记	党代表常任制下公推公选
2004 年 7 月	重庆渝北龙兴镇	镇党委书记	公推直选
2004 年 8 月	吉林白城龙沼镇	镇党委书记	民主推荐差额选举
2004 年 8 月	云南泸西 10 个乡镇	乡镇党委班子	公推直选
2004 年 8 月	四川省遂宁市船山区下辖乡镇	党委书记	公推直选
2004 年 10 月	吉林通榆七井子乡	乡党委书记	公推直选
2004 年 10 月	四川宜宾大乘镇	镇党委书记	公推直选
2004 年 10 月	江西吉安寮塘乡、富滩镇	乡镇党委书记	公推直选
2004 年	江苏仪征马集镇	党委纪委委员	公推直选
2005 年 1 月	四川蒲江 4 个乡镇	乡镇党委书记	公推直选
2005 年 1 月	河南三门峡 4 个乡镇	乡镇党委书记	公推直选
2005 年 11 月	四川省船山区永兴镇	党委领导班子	公推直选
2006 年	江苏仪征 10 个乡镇	党委纪委委员	公推直选
2007 年 10 月	重庆市木洞镇	镇长	1. 个人报名+组织推荐 2. 民主测评+常委票决 3. 镇人大差额选举
2008 年 11 月	四川省新都区新繁镇、龙桥镇、军屯镇	镇党委书记	公推直选
2011 年 4 月	广西扶绥县岜盆乡	乡镇党委班子	公推直选
2011 年	广西省岜盆乡、雁江镇、北更乡	乡镇党委班子	公推直选

通过上表,我们可以清楚地看到,2001 年之前的乡镇领导干部选举改革主要是围绕乡镇长选举进行的,2001 年之后则主要是围绕乡镇党委领

导选举进行的。这一点，我们也可以通过相关研究文章的主题和关键词分布，从侧面加以证实。在中国知网以"公推直选"为关键词进行搜索，1998年的文章数量为零。1999年以来，开始有相关文章，但基本都是关于村支书的选举，尚未涉及乡镇层级。这说明这一时期公推直选开始在村民自治中得到应用。到2004年，开始出现关于公推直选乡镇党委书记的研究，而且相关文章数量突然增多。2005年以后，有关公推直选的文章基本都是涉及乡镇党委领导干部选举的，而极少涉及村支书的选举。到2010年，有关公推直选的文章数量达到顶峰，多达1450余篇。这说明，公推直选这一基层民主选举方式，大约起始于1998年前后；头几年，公推直选基本局限于村支书的选举；到2004年前后，开始应用到乡镇领导干部选举中，且主要是乡镇党委领导干部的选举。而此后研究乡镇党委领导干部公推直选的文章数量大量涌现，说明这一民主形式已经在很多地方得到推广，并获得了巨大的关注度。

自1998年底四川眉山青神县南城乡第一次试点乡镇党委书记公推直选以来，这一模式在四川、江苏、云南、广西等许多地方得到推广。2004年1月，四川省平昌县在实行乡镇综合改革的基础上，将"公推直选"的试点扩大到全县三分之一共9个乡镇试行。① 2004年3月，成都市新都区又规定只要是"条件成熟的镇"都可以直选镇党委书记。② 2004年7月，成都市委组织部又在总结新都试点经验的基础上，下发了《关于开展乡镇党委书记公推直选试点工作的指导意见》，开始在全市范围内推行乡镇党委书记"公推直选"。2005年6月，成都市委组织部下发了《成都市乡镇党委书

---

① 参见王勇兵：《四川省平昌县乡镇党委公推直选调查》，《中国改革》2007年第10期。

② 参见《新都区关于镇党委书记公推直选的实施意见（试行）》（2004年3月3日），上海市委党校图书馆网，http://db.sdxlib.gov.cn/detail?record=2397&chan-nelid=17371。

记公开推荐直接选举试行办法》。①2005 年 8 月 25 日，四川省委组织部决定在全省范围内大规模推行"公推直选"改革。②截至 2006 年 10 月 2 日，四川省除民族地区外，有 2772 个乡镇党委换届采用了"公推公选"方式，占全省乡镇总数的 63%。③2004 年 2—3 月，江苏省宿迁市在宿豫县(后改为宿豫区)黄墩镇进行了党委书记"公推直选"。④2006 年，江苏省选择了包括南京市高淳县在内的 73 个乡镇进行了不同类型的"公推直选"。⑤2006 年上半年，江苏省 893 个乡镇党委换届，625 个推广使用了"公推"模式，占 70%。⑥截至 2007 年 10 月，全国已有 300 多个乡镇开展了乡镇党委成员"公推直选"的试点。⑦截至 2011 年，乡镇层次的各种公推直选试点可能在千例左右，没有出现的省市只有 8 个。⑧

　　总的来看，在 1998—1999 年间，受到中央相关政策和村级民主发展实践的积极影响，乡镇领导干部的选举改革多点开花，形式多样。但这种多样化的试验得益于中央合法性审查的不在场。但随着 2001 年中央 12 号文件明确"叫停"乡镇长直选试验，此后所有的试验必须考虑合法性的问题。因此，2001 年之后的乡镇领导干部选举机制改革走向了以"公推直选"为主要形式的党内民主。

　　这个转变的发生并不是偶然的，而是体现了某种深刻的逻辑必然性，体现的正是合法性、绩效、利益三方从"分离"到"聚合"的要求。根据《党政

　　①　参见《成都全面推进乡镇党委书记公推直选》，《领导决策信息》2007 年第 4 期。

　　②　参见李伟：《乡镇党委书记公推直选全面推开》，《四川日报》2005 年 8 月 26 日。

　　③　参见《四川大面积公推公选乡镇领导班子成员候选人》，《新华日报》2006 年 10 月 3 日。

　　④　参见史卫民：《积跬步以致千里——2000—2005 年中国基层民主政治建设回顾》，《中国改革》2005 年第 9 期。

　　⑤　参见郭奔胜：《高层聚焦的选拔民主："公推直选"》，《决策探索》2009 年第 12 期。

　　⑥　参见苏组：《江苏乡镇党委换届大面积"公推"》，《中国人事报》2006 年 9 月 13 日。

　　⑦　参见盛若蔚、曲昌荣：《党的建设新的伟大工程扎实推进》，《人民日报》2007 年 10 月 18 日。

　　⑧　参见马得勇：《乡镇"公推直选"的困境与出路》，《中国党政干部论坛》2014 年第 5 期。

领导干部选拔任用工作条例》的规定，党政干部候选人的推荐和考察权本来主要由党委和组织部门行使，参加推荐的主要是各级党政部门。而在公推直选中，不仅全体党员可以推荐人选，进行选举，普通群众也可以分享推荐权。但是普通公民的参与主要体现在候选人提名环节，党员则获得了选举党委成员的权利，所以参与的扩大完全是嵌入性的，不存在合法性问题。2004年4月，中共中央专门出台了《公开选拔党政领导干部工作暂行规定》，以党内法规的形式将公推直选程序规范化。这充分说明，公推直选这一民主形式已经基本成熟，并得到中央的认可，从而具备了制度化和持续化的初步条件。2004年以来，各地公推直选的大量出现，同这一文件的出台有着直接联系。然而从目前来看，公推直选尚未能形成正式制度，而只是停留在"试点"阶段，《暂行规定》虽是党内法规，但它并不要求公推直选强制推行，所以只能起到"半制度化"的效果。

2002年，中共十六大提出"党内民主是党的生命"。对于中央政府来说，党内民主的提法主要意在以一种更加可控的方式增强执政的"合法性"。但这一提法对于地方政府的行动目标和行为方式来说，却具有重要的导向意义。就像1997年中共十五大提出大力建设"基层民主"有力地促进了村民自治的发展一样，中共十六大提出大力发展"党内民主"意味着又有了一个新的"政绩增长点"。正因为如此，在2002—2007年这个政治周期内，涌现了一大批党内民主的试验。

但值得注意的是，在2006年到2007年的乡镇党委换届选举之后，四川、江苏等公推直选的"大省"却并没有因势利导，将之制度化并继续推开。"乡镇领导公推直选制度改革在经过十多年的试验之后出现相当程度的萎缩，基本回归到传统的乡镇领导干部任用体制。"[1]其中的原因，不能

---

① 马得勇：《乡镇"公推直选"的困境与出路》，《中国党政干部论坛》2014年第5期。

不令人深思。有人认为，这是因为，一方面"公推直选"在《党章》中缺乏依据；另一方面则在于中组部虽然明确支持公推产生候选人的做法，但并不主张"公推直选"全面推开，而是要求结合换届继续扩大试点，积累相关经验。[①]作为一个直接原因，中央的推动力度固然是一个不可忽视的解释性因素。但是更加需要我们解释的是，一个已经产生了积极效果，而且并不存在合法性风险的民主改革举措，为什么没能得到中央持续、大力的支持？中组部不主张"公推直选"全面推开的原因何在？

我们认为，要回答这一问题，依然要回到"合法性—绩效—利益"的分析框架中。在我们的分析框架中，公推直选主要是一场"发生在国家层面的改革"。它虽然不存在合法性风险，但几乎毫无利益基础。对于公推直选同参与者的利益相关性问题，从"参与者"的角度来看，目前各地的公推直选实践可以分为两类：普通党员参与公推直选，或者普通党员+普通选民参与公推直选。后一类实践，试图探索吸纳了普通选民参与的党委干部选举机制改革。但是普通选民的参与渠道、程度、确定性、规范性和保障性都十分有限。试点地区的相关文件往往规定，普通选民"可以"参与到公推直选中，因此其参与不仅具有很强的偶然性，而且往往只起到"点缀"作用。所以在选民看来，他们的参与效能感是很低的，公推直选无非是干部任用体制的内部改革，真正具有被选举权、能够参与角逐的依然是体制内的党政干部。而对于普通党员来说，虽然他们获得了此前不曾有过的干部选举提名权甚至投票权，在一些地方的实践方案中，这一权力甚至是实质性的。但是这一权力其实只是对有意愿而且有能力成为"被选举人"的党员有意义，而对于大量的没有意愿或没有能力"参选"的普通党员来说，公推直选并没有明显的利益附着，而仅仅是单纯的选举权利。在党内民主的格

---

① 参见郭奔胜：《高层聚焦的选拔民主："公推直选"》，《决策探索》2009 年第 12 期。

局中，除非普通党员有机会成为候选人，否则无论谁当选，对其利益的实质影响其实并不大。党内民主选举，具有一定的使干部任用方式"民主化"的效果，但并没有明显的利益表达和利益博弈的效果。在党内民主中，普通党员的参与价值主要体现在被选举人的被选举权上，而选举人不可能通过选举权去表达或谋求个人或集体利益。因此，对于广大的普通党员来说，除非其成为被选举人，并因此享受到被选举权所带来的利益价值，否则其选举权是没有利益附着的。而没有利益附着的选举权，很难激发广大普通党员的民主热情。所以公推直选很大程度上只能实现合法性、绩效和利益形式上的"聚合"，从而很容易流于一种"悬浮型改革"。

第四节　本章小结

乡镇层面的选举机制改革是过去二十年中当代中国民主发展的一个重要现象。它一出现，就获得了人们的广泛关注。一些人对它寄予厚望，认为它将开创中国民主发展的新局面。特别是对于步云直选，一些人曾认为中国的民主发展将藉此由村级上升到乡镇，然后由乡镇继续向更高层推动。然而事实证明，民主发展并不是单纯的"理念运动"，它受到各种条件和结构的制约，有着自身的独特规律。

回顾乡镇领导干部选举改革近二十年的历史，曾有直接提名制、两票制、三票制、直选制、党内公推直选制等各种试验形式出现。从这些改革措施的目标和功能来看，着力点大体在于三个方面：一是扩大公民参与，二是增强选举竞争性，三是规范选举程序。一些地方的改革形式较好地实现了上述目标，且并不违反法律文本，比如深圳市大鹏镇的直选镇长改革。照理说，这样的改革既不违法，又有地方政府的推动，理应有更大的适用空间。然而这一改革却最终并没有成功地实现"转化",而是走向了党内民主,并主要变为一项"悬浮型"的干部人事制度改革。其中的原因是值得深思的。

一些人认为,通过自下而上的选举改革推动中国政治体制的整体改革之所以"走进死胡同"(Dead End),根本原因在于中央最高领导层没有像支持小岗村改革一样支持步云乡改革。[①]对于民主发展的任何一种形式来说,中央的支持都是不可或缺的。但中央为何支持某种形式,而反对另一种形式?中央对不同民主实践的支持或反对的力度为什么有大有小?我们认为,中央对于一项民主改革的态度并非机会主义的,而是遵循着前后一贯的原则。中央支持小岗村改革是因为合法性(执政安全)需要,不支持步云乡改革同样如此。对中央来说,改革不能危及执政权(合法性),这是判断中央态度的底线。我们还认为,民主发展的能动者绝不仅仅只有"中央",地方和社会同样对此有着重要影响。一项民主改革,如果中央反对势必无法取得成功,但如果仅由中央推动,同样无法成功。无论是小岗村改革还是步云乡改革,其走向和最终结果的根本决定因素还在于合法性、绩效、利益的分离与聚合的具体情况。

在改革过程中,中央就像一根灵活的"指挥棒",以五年为一个周期,对地方行动者的试验重心进行政治引导。同时,中央还充当了"安全阀",对那些可能危及政治合法性的民主试验进行审查过滤。地方则像服从指挥的乐手,追随着政策指挥棒的"绩效增长点"左右摇摆。而社会,很多时候则充当了观众,然而观众并非无足轻重。实际上,一场没有观众的"演出"很快就会难以为继。乡镇干部选举最终走向一种以党内人事制度改革

---

① See Yawei Liu: Local Elections: The Elusive Quest for Choice, in *China Today*, *China Tomorrow: Domestic Politics, Economy, and Society*, Edited by Joseph Fewsmith, Rowman&Littlefield Publishers, INC.2010, p.177.

为核心的"悬浮型改革"，充分说明了民主发展所需要的苛刻条件：合法性、绩效、利益的高度聚合。单个的能动者或许有能力发起一场试验，但试验要成功地走向制度化，则必须将另外两方的诉求加以聚合。

当代中国之所以会发生乡镇领导干部的选举改革，不外乎四个方面的原因：一是中央释放了进行选举改革的政治信号；二是国家和社会都从村民自治中积累了民主经验，感受了民主的效能；三是地方干部有从事选举改革的压力或激励；四是村民存在希望通过选举乡镇干部而实现的利益诉求。除了极少数直接由中央有关部门推行的试点之外，绝大部分乡镇领导干部选举机制改革是由地方干部和村民推动的。也就是说，在绝大多数情况下，中央的政策导向以及村民自治的示范效应，只是改革得以推行的"外在"因素，而地方干部和群众的需求才是"内在"因素。

如果说步云乡的直选实验走向中断，主要是因为违反了"合法性"原则；那么大鹏镇和其他地区并不违法的改革同样走向萎缩，则是因为缺乏相应的利益基础。在中国，由于人们普遍奉行的是一种"进取型民主观"，人们极少仅仅因为某种理念、价值或习惯就去为追求民主而付出代价。相反，民主需要能够为社会成员带来切实利益才有可能得到认可。这就决定，在中国，选举本身不被认为具有意义，选举必须要是一种"利益驱动下"的政治才有意义。人们在意或拥护的不是选举，而是选举背后所维系的利益。正因为如此，单纯的中央试点，或者单纯的地方"选举秀"，如果不和群众的实际利益相结合，那么不仅客观上其组织和动员成本会很高，而且主观上也很难得到人们的真正认同。对多数村民来说，最重要的关切，依然是生计、负担以及计生和殡葬政策等问题，是否直选乡长似乎并不是那么重要。但是如果选举又没有什么坏处，为什么不选呢？"'选总比不选好'，这几乎是我在步云各个村里听到最多的一句话。"①

---

① 王怡：《步云直选如何走出尴尬》，《中国改革》2003 年第 8 期。

　　在进取型民主观的主导下，人们对选举的核心期待是通过行使选举权而获取利益。[①]一旦人们无法通过行使选举权获取预期利益，或者不通过选举也能获取相应利益，选举的价值和地位就会被降低。问题在于，利益驱动的选举很不牢靠。首先，对于人们在选举活动中提出的利益诉求，国家可以通过其他形式予以补偿，从而降低人们对选举的需要。其次，人们选举官员或代表，无非也是希望他们能够有效维护或推动自身利益。但无论民选的官员或代表，只要在涉及公共利益的情况下，要顺利实现支持者的利益诉求，很多时候都不得不谋求整个非民选体制的配合乃至直接支持。一旦民选官员或代表得不到体制的支持，他们的竞选承诺就会落空，从而失去选民的支持。选民会因此认为，"选举其实也没什么作用"。李昌平就认为，如果直选出来的乡长没有贯彻民意的施政空间，没有制度保障他这个乡有相对的经济独立，他就无力从根本上解决这个乡的三农问题。[②]

　　任何一项民主改革，其发生与发展都无法脱离其存在的"情境"和"结构"，即一种民主形式不仅需要能够满足人们对它的需求，而且需要同整个制度结构相协调。而乡镇干部的选举改革实践表明——无论是行政干部选举还是党委干部选举，都面临强大的制度性和结构性约束。改革者推动乡镇领导干部选举机制改革的初衷，无疑是为了回应群众需要，解决基层矛盾、干群冲突和人事管理困境等问题。然而在目前的整体制度框架下，单纯的领导干部选举改革作用依然十分有限。选举出来的干部，还是需要服从组织原则，可以被调走。他在工作中也必须得到其他整个组织系

---

　　① 　行使被选举权当然也能获得利益，但是不论在理论上还是实际上，被选举权都不可能是普遍性的，而只会是个别性的。在选举中，愿意成为候选人的，通常都只是少数人，大多数人都只愿意或只可能行使选举权。因此，对于大多数人来说，选举权而非被选举权上所附着的利益才是真实有效的。

　　② 　参见王晓丹：《专访中国第一乡官——直选乡长，刚迈出了第一步》，《凤凰周刊》2002年第12期。

统的配合,否则将阻力重重。我们整个国家制度是按照自上而下的原则组建起来,而一个小小的乡镇干部却通过自下而上的民主原则选举产生,这其中势必存在诸多摩擦与冲突。

第五章 案例回归：区县人大代表的自主参选

　　民主，作为一种公民参与和管理公共事务的方式，无非两端，一曰"治事"，一曰"选人"。前者是这样一种政治安排，即公民通过直接管理公共事务，而不假手他人，以实现民主的权力；后者则是指公民通过委托他人代为管理公共事务，本人则通过一定的政治技术对选人过程和管理结果进行监督和控制。[1]就"选人"而言，又有选举政治领导人和选举民意代表的区分。上一章我们着重分析了乡镇领导干部的选举机制改革，本章则聚焦于民意代表的选举变迁。我们的分析对象，是20世纪80年代以来在区县人大代表选举中涌现的"自主参选"现象。由于自主参选是一种主要由社会能动者发起的政治现象，所以本章着重分析社会能动者与国家之间，特别是与地方政府之间的"互动"。本章的资料来源主要有四个方面：一是作者对区县一级自主参选现象的亲身参与和介入观察，二是对部分自主参选人的长期跟踪和深度访谈，三是有关媒体对自主参选现象的新闻报道，四是其他学者对自主参选现象的记录、研究和分析。

---

　　[1]　参见汪仲启：《建构还是生成：中国地方民主发展路径分析》，《复旦政治学评论》（第十五辑），复旦大学出版社，2015年，第320页。

第一节　概念与文本

所谓"自主参选"是我国基层人大代表直接选举中的一个现象，而我们则集中分析发生在区县一级的"自主参选"现象。根据 1953 年《选举法》的规定，当时我国仅在"乡、镇、市辖区和不设区的市"一级实行直接选举，区县及以上层级的人民代表大会之代表，均由其下一级人民代表大会间接选举之。1979 年重新修订《选举法》，将直接选举的范围扩大到县一级，规定"不设区的市、市辖区、县、自治县，人民公社、镇的人民代表大会的代表，由选民直接选出"（第二条）。因此，我们所关注的区县人大代表的自主参选现象也就始于 1980 年。从那时起到 2016 年基层人大换届选举，凡 36 年，共经历了 12 次换届选举。我们目前掌握的资料显示，36 年来，每一次区县人大换届选举中都有为数不少的"自主参选"现象出现。

一、概念辨析

"自主参选"并非一个法律上的名词，而是对基层人大代表选举中的一种现象的学术概括。基层人大代表的选举过程，包括以下基本环节：提出初步候选人（提名）—产生正式候选人（讨论、协商、酝酿、预选）—介绍候选人（选民联系）—正式选举—确认当选。"自主参选"指的是，在基层人大代表选举过程中，原本没有得到政党、人民团体和选民提名的人，主动行使"被选举权"，以各种方式谋求当选为人大代表的现象。他们主动参加选举并谋求当选的方式主要有两种：一是通过征集足够多的选民联名推荐为初步候选人，并争取成为正式候选人，进而参与正式选举环节的角逐；二是不争取成为候选人或在争取成为候选人失败时，直接进入正式选举环节参与角逐，并通过一定的方式进行自我宣传、联系选民，鼓动选民以"另选他人"的方式谋求当选。

对于自主参选人大代表的人，曾有若干不同的概念加以描述，如"独立参选人"①"独立候选人"②"公开自荐人"③"自荐参选人"④"自荐候选人"⑤"民荐候选人"和"自荐竞选者"⑥"非组织提名候选人"⑦等。值得注意的是，"候选人"是一个严格的法律术语，成为候选人需要符合法定条件，即成为初步候选人需要满足《选举法》规定的提名条件，并应通过资格审查；而成为正式候选人更是需要经过讨论、协商、酝酿或预选等过程。而实际上，有的人自主参选，根本没有得到提名，从而不能被称为"候选人"。"竞选人"这一表述则侧重于自主参选人往往采取"竞争性"的选举手段这一事实，突出表现这一群体不同于"确认性选举"⑧中候选人之间往往缺乏竞争性的一面。在选举中表现出一定的竞争性，确实是大部分自主参选人的

①　张千帆：《独立参选人激活地方人大选举》，《新世纪周刊》2011 年第 22 期；常宇璠：《浅析基层民选中独立参选人制度》，《山东社会科学》2013 年第 A1 期。

②　罗大蒙：《"独立候选人"与当代中国政治发展》，《当代中国政治研究报告》，2012 年，第 152~165 页。

③　浦兴祖：《"独立候选人"现象辨析》，《探索与争鸣》2012 年第 3 期。

④　雷弢：《"被选举权"合法性的实践再确认：2011—2012 年人大代表选举自荐参选人现象解析》，《甘肃行政学院学报》2013 年第 1 期；黄锫坚：《"自荐参选人"亮相北京区县人大代表选举》，《经济观察报》2003 年 12 月 8 日。

⑤　周敏：《论自荐候选人制度的完善》，《法制与社会》2007 年第 5 期；《自荐候选人成基层人大选举新亮点》，《新疆人大》2005 年第 1 期。

⑥　黄卫平、陈文：《当代中国政治发展问题研究——中国政治体制改革现状及其成因浅析》，《社会科学研究》2008 年第 2 期。

⑦　徐敏：《论由"确认性选举"到"竞争性选举"的驱动力——对深圳区级人大代表换届中"非组织提名"候选人参选现象的思考》，《宁波高等专科学校学报》2004 年第 3 期。

⑧　唐娟等人认为，中国基层人大代表选举制度长期以来按照自上而下的确认式模式运行，候选人之间缺乏竞争性，因而属于"确认性选举"。参见唐娟：《从确认性选举转向竞选性选举：动因与意义》，《南京社会科学》2004 年第 3 期。

典型特征。不过，"竞选人"概念无法涵盖这种情况，即自主参选人仅仅有"参选"的动作和意思表示，而并没有开展实质性的竞选行动，比如 2011 年诸多自主参选人在网络平台宣布"参选"，但并未有实质性的竞选动作。所以在逻辑上，"参选"构成对"竞选"的包含关系，竞选者一定是参选者，但参选者不一定是竞选者。

此外，"独立""自荐""民荐""非组织提名" 等限定词同样存在歧义或逻辑不周延的问题。第一，"独立候选人"概念多见于美国等多党制国家，其总统、议员候选人如果为非政党提名的，就属于独立候选人；而我国的人大代表候选人存在政党、人民团体、选民联名三种法定提名方式，所以这一概念并不完全符合我国的法律规定和实际情况。第二，我国《选举法》并不允许"自荐"这样一种提名方式存在，因为在"选民十人以上联名推荐"这一方式中，联名推荐者不能包括本人。第三，"民荐""非组织提名"可以对应"选民十人以上联名推荐"的情况，但无法包括不经提名程序，而直接在正式选举环节通过"另选他人"的方式谋求当选的情况。

综合以上分析，我们借鉴何俊志的观点，用"自主参选人"概念来描述这一群体，自主参选人的确切含义是指："在县乡人大代表换届选举过程中，基于自主意识的驱动，通过自我引导和管理，采用各种选举策略而力图使自己当选为人大代表的参选人。"[①]这个概念突出的是这一群体"自主"的主观意愿和"参选"的客观事实，即参选人主动谋求并参加人大代表选举进程，并明确表达了参选的意愿和动作；部分参选者甚至采取了一定的自我宣传和选民联系等竞选行动。

---

① 何俊志：《自主参选人的兴起与中国选举生态的新变化》，《复旦政治学评论》（第六辑），上海人民出版社，2008 年，第 97~100 页。

二、文本依据

规范我国人大代表选举的法律,主要是《中华人民共和国选举法》(以下简称《选举法》)。而"自主参选"这一政治现象之所以能够出现,并呈现当前的种种特点,同《选举法》的相关规定是密不可分的。我国第一部选举法产生于 1953 年。但 1949 年 9 月,全国政协会议通过的《共同纲领》第十二条就规定:"各级人民代表大会由人民用普选方法产生之。"不过,当时我国尚未完全结束军事行动,并不具备实行普选的条件。1953 年 1 月 13 日,中央人民政府委员会通过了《关于召开全国人民代表大会及地方各级人民代表大会的决议》,指出:"必须依照共同纲领的规定,及时地召开由人民用普选方法产生的全国人民代表大会。"①与此同时,成立了选举法起草委员会。同年 2 月,新中国历史上第一部《选举法》诞生了。这部法律,此后经过 1979 重新修订, 以及 1982、1986、1995、2004、2010、2015 年六次修改,构成我国人大代表选举制度最重要的文本依据。

值得注意的是,周恩来在《关于〈中国人民政治协商会议共同纲领〉草案起草的经过和纲领的特点的报告》中表示,通过普选制,国家的政治发展将经历这么一个过程:从人民选举代表,召开人民代表大会;到人民代表大会选举人民政府, 直到由人民政府在人民代表大会闭会期间行使国家政权。②但实际情况是,在人民代表选举出来、人民代表大会产生之前,各级人民政府已经成立。也就是说,从发生学的角度来看,中国的民意机

---

① 浦兴祖主编:《当代中国政治制度》,上海人民出版社,1990 年,第 123 页。
② 参见陈荷夫编:《中国宪法类编》,中国社会科学出版社,1980 年,第 198 页。

关实际上是在政府（党）的组织下选举产生的。[①]这一点也体现在了此后的法律文本之中。1953年《选举法》第三十五条规定："在中央人民政府和地方各级人民政府下成立中央和地方各级选举委员会。中央和地方各级选举委员会为办理全国和地方各级人民代表大会选举事宜之机关。中央选举委员会由中央人民政府委员会任命之。地方各级选举委员会由上一级人民政府任命之。"直到1986年修改《选举法》之前，乡镇的选举委员会依然受乡镇人民政府的领导。1995年第三次修改后的《选举法》，终于规定乡镇选举委员会受区县人大常委会领导。这一点，实际上构成理解人民代表大会制度的一个隐含的逻辑起点。

虽然自主参选行动可能贯穿整个选举过程，但在法律上，自主参选的"切入口"主要是出现在"提名""选民联系"和"正式选举"这三个环节。也就是说，上述三个环节的法律规定，必然存在允许自主参选的文本依据和法律空间。下面我们就从这三个环节的法律文本出发，分析自主参选的空间、边界与争议点。

(一)提名环节

1953年《选举法》第四十七条第二款规定："中国共产党、各民主党派、各人民团体[②]和不属于上述各党派、团体的选民或代表均得按选举区域或选举单位联合或单独提出代表候选人名单。"1979年《选举法》沿用政党、团体和选民、代表可以推荐代表候选人的规定。不同的是，明确规定选民、代表"有三人以上附议"就可以推荐代表候选人（第二十六条）。1986年修

---

① 1953年《选举法》第三十五条规定："在中央人民政府和地方各级人民政府下成立中央和地方各级选举委员会。中央和地方各级选举委员会为办理全国和地方各级人民代表大会选举事宜之机关。"很明显，中国的人大，是在政府的组织下选举产生的。

② "人民团体"是一个严格的法律范畴，就是指工会、妇联、共青团等群众团体，不包括建筑协会、奶牛协会等专业团体，也不包括研究会、基金会、联谊会等。

改《选举法》时,再一次将选民联名推荐的人数要求改为:"选民或者代表,十人以上联名,也可以推荐代表候选人。"(第二十九条)这一规定延续至今。

也就是说,目前我国基层人大代表初步候选人可能通过四种方式提名产生:一是各政党单独提名,二是各人民团体单独提名,三是各政党、各人民团体联合提名,四是选民十人以上联合提名。而实际上,这四种方式又构成一种"双轨提名制"[①],即各政党、各人民团体单独或联合提名+选民十人以上联合提名,前者可以简称为"组织提名",后者则可简称为"选民提名"。而且虽然我国《选举法》没有直接规定选民联名推荐的候选人必须列入候选人名单,但各地的选举实施细则通常都明确规定了这一条,即得到选民十人以上联名提名是参选人成为初步候选人的充分法律条件。与此同时,为了确保绝大多数基层人大代表是由选民提出的,不少地方的选举实施细则还具体限定了各政党和人民团体提名的代表候选人比例,比如上海规定这一比例不得超过 15%[②],北京则规定这一比例在区县不得超过 20%,在乡镇不得超过 15%。[③]上述法律文本给予了普通公民自主参选的巨大空间。实际上,对于一位意在参与基层人大代表竞选的公民来说,只要其在本人的选区里稍微具有一点群众基础,征集十人以上的选民联名推荐自己成为初步候选人应该都不会过于困难。所以说我国基层人大代表的参选"门槛"其实是非常低的。

然而实践当中自主参选人的当选却又困难重重。这不仅仅是因为基

---

① 雷弢:《双轨制提名下的代表当选率研究》,《甘肃行政学院学报》2011 年第 4 期。

② 《上海市区县及乡镇人民代表大会代表直接选举实施细则》第二十五条第一款规定:"各政党、各人民团体联合或者单独推荐的代表候选人的名额总数,一般不超过本级人民代表大会应选代表名额总数的百分之十五。"

③ 而《北京市区、县、乡、民族乡、镇人民代表大会代表选举实施细则》第三十八条第一款则规定:"各政党、各人民团体联合或者单独推荐区、县人民代表大会代表候选人的名额总数,一般不超过应选代表总名额的百分之二十;推荐乡、民族乡、镇人民代表大会代表候选人的名额总数,一般不超过应选代表总名额的百分之十五。"

层选举实践中存在种种人事因素的困扰，更因为其背后有着极为深刻的制度制约。虽然初步候选人的提名门槛很低，但正式候选人的名额却十分有限。《选举法》规定，"选区的大小，按照每一选区选一名至三名代表划分"（第二十四条第二款）；而"县乡两级人民代表大会的正式代表候选人的人数应多于应选代表名额三分之一至一倍"（第三十条）。也就是说，一个选区最多只能有6名正式候选人。这意味着绝大多数选民提名的初步候选人必然无法成为正式候选人。比如，1998年北京市区县人大代表选举中，选民提名的初步候选人为50256人，其中只有6048人成为正式候选人。①

(二)候选人介绍和选民联系环节

关于宣传和介绍候选人，1979年《选举法》规定，推荐候选人的政党、团体和选民"都可以用各种形式宣传代表候选人"（第三十条）。1982年修改的《选举法》规定："选举委员会应当向选民介绍代表候选人的情况。推荐代表候选人的党派、团体或者选民可以在选民小组会议上介绍所推荐的代表候选人的情况。"这一规定不仅将候选人的介绍方式由"各种形式宣传"变为"在选民小组会议上介绍"，实质上也把介绍代表候选人的权力统一收回到选举委员会手里。②

2004年和2010年修改《选举法》继续沿用这一规定。自此，法定的候

---

① 从这几年的情况来看，各地人大一般都不公布代表候选人的详细来源和构成方面的数据，比如2011年《北京市区县、乡镇两级人大换届选举工作的总结报告》中只提到"2256个选举区县人大代表的选区，推荐出14437名区县人大代表候选人"，从中共选出区县人大代表4349名；并未说明初步候选人和正式候选人的比例及构成。上海市人大更是没有提到候选人的数据。所以我们只是选取北京市1998年的数据作为证明。由于代表数和候选人数大体稳定，而且即使是2011年的数据也足以说明我们的观点，因此我们引用1998年的数据并不影响其证明力。数据见赵晓力：《县乡人大代表直接选举中的预选程序》，中国宪政网:http://www.calaw.cn/article/default.asp?id=3699。

② 参见雷弢：《双轨制提名下的代表当选率研究》，《甘肃行政学院学报》2011年第4期。

选人宣传方式就主要限于由选举委员会组织的、主要在选民小组上进行的介绍。但为了增强候选人和选民的互动,2004 年修改《选举法》时增加一条:"选举委员会可以组织代表候选人与选民见面,回答选民的问题。"2010 年修改《选举法》时进一步规定,"选举委员会根据选民或者代表候选人的要求,应当组织代表候选人与选民见面,介绍本人的情况,回答选民的问题"(第三十三条)。因此,候选人自我宣传和联系选民的方式受到法律文本的严格限制。自我宣传是竞选的核心因素,选举中的竞争主要就是候选人自我宣传的竞争。所以候选人介绍方式的文本变迁,给自主参选行为带来了不可估量的重大影响。因为组织推荐的候选人不仅拥有更多的资源,而且往往在自我宣传方面有优势,在很多情况下他们甚至不需要专门的自我宣传,选举办公室的工作人员会主动地、有意地帮助他们进行宣传。而自主参选人则必须通过自我宣传才有可能被选民所了解。某种程度上甚至可以说,限制了自主参选人的自我宣传和选民联系,就等于切断了他当选的可能性。因此,在自主参选活动中,围绕候选人的自我宣传和选民联系也产生了大量的互动与博弈。

(三)正式选举环节

当自主参选人谋求提名或谋求成为正式候选人失败后,他还有一种方式可以利用,那就是在正式选举环节通过"另选他人"的方式参选。有的自主参选人考虑到成为正式候选人的难度,甚至绕过提名环节,直接进入正式选举环节进行角逐。

1953 年《选举法》第五十一条规定:"选举人可按代表候选人名单投票,亦可另选自己愿选的其他任何选民。"邓小平在关于《选举法(草案)》的说明中也提到,在选举的时候,选举人可以按照候选人名单投票,也可以另选自己愿意选的其他选民。① 1979 年修改《选举法》时正式规定："选举人对于代表候选人可以投赞成票，可以投反对票，可以另选其他任何选民，也可以弃权。"（第三十四条）这一规定沿用至今。事实上，在历次基层人大代表换届选举中，都有不少自主参选人通过"另选他人"的方式当选为人大代表。比如，1992 年泸州天然气化工集团公司工会干事曾建余、2001 年深圳市高级技工学校校长王亮、2003 年北京工商大学讲师葛锦彪等人都曾以"另选他人"的方式当选为人大代表。《选举法》中的这一规定，甚至被一些人视为自主参选的一条"捷径"。因为通过这一方式可以绕过提名环节和正式候选人产生环节所设置的种种制度性和组织性的障碍。不过以这种方式参与竞选，对自我宣传的依赖性也更高。不能成为正式候选人，意味着参选者失去了官方的宣传渠道；而要得到选民的了解，他就必须通过其他方式进行自我宣传。自我宣传是否合法？他们可以通过何种方式进行自我宣传？如果这些方面发生争议，应该如何解决？这些都是现行法律文本不完善的地方。所以说我国选举法一方面赋予普通公民通过"另选他人"的方式当选人大代表的可能性，另一方面又对参选人的自我宣传进行种种限制。而这个模糊地带，也成为自主参选实践中引发争议和冲突的重要领域。

曾经有自主参选人明确表示，自己参加竞选的主要目的就是为了向大家说明"现在不是我们没有民主，而是没有人去争取"，"现在国家的法律规定体系是非常完善的，但是很多人把这个法律掩盖起来了，不让我们知道。各位去看选举法，其中规定的都很完善"。②总体看来，我国的选举制度和选举立法确实有了长足的进步，不过还远远没有达到"完善"的地步。一部法

---

① 参见钟丽娟：《如何看待"另选他人"的制度设计》，《学习时报》2011 年 12 月 26 日。

② 《舒可心先生与北大同学对话》，邹树彬主编：《2003 年北京市区县人大代表竞选实录》，西北大学出版社，2004 年，第 8~9 页。

律、一项制度,"完善"与否最起码应该符合三个标准:一是具有严密自洽的操作规范,二是能够确保各相关方的大体公平,三是有相应争议解决机制和权利救济程序。我国的选举立法,一方面通过"文本赋权"给公民自主参选提供了巨大的空间与可能性,从而使得我国的选举制度在社会民主诉求日益增长的情况下,仍然具有一定的弹性和包容性,正式制度因而得以容纳社会自发的自主参选行动;但另一方面又留下了足以引发争议的种种模糊地带,从而让大量的选举互动和博弈得以发生。

第二节　事实与过程

前文已述,本章所关注的基层人大代表的自主参选现象,限于区县一级的直接选举环节。因此,其时间起点始于 1980 年。"文化大革命"期间,我国的民主机制建设遭到荒废,整整十年不曾召开人民代表大会,更遑论选举人大代表。"文革"结束后,恢复新中国的民主机制,首当其冲就是要恢复人大代表的选举制度。因此,在 1979 年召开的五届全国人大二次会议上,包括《选举法》在内的七部法律得以率先通过。[①]紧接着,1980 年中共中央第 60 号文件要求:"各级党委必须切实加强领导,统筹兼顾,合理安排,把县级直接选举搞好。"[②]当代中国区县人大代表自主参选的序幕就此拉开。

---

① 1979 年召开的五届全国人大二次会议上,《刑法》《刑事诉讼法》《地方各级人民代表大会和地方各级人民政府组织法》《全国人民代表大会和地方各级人民代表大会选举法》《人民法院组织法》《人民检察院组织法》以及《中外合资经营企业法》七部法律率先通过。

② 腾讯历史,http://news.qq.com/a/20110720/000708_1.htm。

一、观念驱动:20世纪80年代的校园选举运动

1980年的自主参选风潮首先在高校发起。从我们收集到的资料来看,最早一批参与自主竞选的人,几乎是清一色的高校学生。高校的自主参选活动最先源于上海。因为全国各省市自治区开展基层人大代表选举的时间有先有后,而上海的选举安排在1980年五六月份,为全国最早。当时,包括上海师范学院的徐政宇,复旦大学的张胜友、徐邦泰,同济大学的黄清、陈鹰等,均是上海高校竞选运动的积极参与者。[①]相对来讲,上海高校的自主参选人并不算多,并未形成热潮;竞选手段也比较单一,主要是在大会上演讲。同时,其他各地如西安、重庆、成都、长沙的大学生竞选活动也纷纷展开。[②]据1980年自主参选的西南师范学院(现名西南师范大学)历史系1977级学生罗立为回忆,重庆地区的自主参选人当选"密度"是最高的。[③]其他高校,如四川师范大学、湖南师范大学、复旦大学、南开大学、兰州大学、哈尔滨工业大学总计有数十名大学生以自主参选的方式最终当选。

1980年自主参选的高潮发生在北京。北京的选举于1980年10月开始。据统计,当年北京共有17所高校近百名学生自主参选,其中北京大学18人、清华大学13人、中国人民大学6人、北京师范大学14人、师范学院7人、民族学院5人、北大一分校2人、钢铁学院4人、经济学院3人、北京医学院1人、北京商学院3人、北京航空学院6人、人大一分校3人。除

① 参见陈子明:《北京高校竞选运动1980年9月至1981年1月》,共识网:http://new.21ccom.net/plus/view.php?aid=11382。

② 腾讯历史"共和国辞典"(第19期),http://news.qq.com/zt2011/ghgcd019/index.htm。

③ 参见罗立为:《谁是首批独立候选人?》,《南方周末》2003年6月12日。

此之外,还有邮电学院、北方交通大学、人大二分校若干人。北京高校不仅参选人数多,而且竞选手段多样,除竞选演说、竞选答辩之外,公布竞选宣言、张贴和散发传单、发行选举出版物等方式也被广泛运用。而且北京的自主参选人最终当选的数量也比较多,"竞选的结果则是一共有 11 名学生当选为区人民代表。平均每位代表获得了约数千张选票"[①]。以北京大学为例,从 1980 年 10 月 16 日北大一分校历史系学生李盛平贴出"竞选宣言"开始,共有经济系夏申、国际政治系房志远、技术物理系王军涛、哲学系胡平、国际政治系杨百揆、中文系张曼菱、哲学系杨利川、经济系张炜等18 人自主参选。自主参选人在校园里进行了各式各样的自我宣传和竞选活动,比如散发竞选宣言,张贴大字报小字报,组织选民见面会、答辩会,举行民意检测,出版竞选刊物等。正式选举于当年 12 月 21 日进行,12 月23 日公布的选举结果显示,共有 91.2% 的选民参加投票,胡平获得 3467票(选民共计 6084 人),过半数当选为海淀区人大代表。[②]

学生参选热潮的一个明显特征就是观念驱动。学生们的宣言和竞选主张,几乎无一例外地着眼于宏大的政治经济社会改革主题,体现着参选者们忧国忧民的心态。如夏申在竞选中贴出系列论稿:《论整体现代化:一切为了人》(之一)、《也谈经济体制的弊病和改革》(之二)《四化质疑》(之三)、《论高校改革》(之四)、《一个假说:现行体制的革命》(之五);王军涛陆续贴出《论高教制度改革》《重新估价我们的过去、现在和未来组稿之一——历史的回顾》《之二——现状的分析》;还有房志远的《论我国当前

---

① 腾讯历史,http://news.qq.com/zt2011/ghgcd019/index.htm。

② 参见《开拓——北大学运文献》,田园书屋(香港),1990 年。转引自钱理群:《1980 年人大代表竞选——共和国历史上最民主的选举》,《当代中国研究》,见中评网:http://www.china-re-view.com/lishipindaoa.asp?id=27809

社会基本矛盾》，杨利川《社会主义民主大纲》《官僚主义批判大纲》。① 可以说，学生在竞选中所体现出来的那种忧国忧民的情怀和希望进行彻底改革的理想主义心态，同 20 世纪 80 年代新中国上上下下进行思想解放，急于寻找新方向的整体氛围是相当一致的。然而这些竞选宣言和政纲显然远远超过了"人大代表"能够及应该承载的政治意味和政治功能，从而流于意识形态化。以至于当时就引起了一些人的反感。②

从法律的角度来说，1980 年的校园选举运动可以说是对 1979 年《选举法》的"大胆运用"。学生们认为，既然思想解放、改革开放的风潮已经刮起，法律赋予了公民自主参选的权利，中央又十分鼓励大家积极行使民主权利，那么积极参选、大胆竞选就不仅是合法的，而且是必要的。比如，由于《选举法》规定"可以用各种形式宣传代表候选人"，而学生们在竞选中的一些言论就显然已经"越界"了。"这一规定使得 1980—1981 年的人大代表选举变得热闹非凡，在有些地方甚至出现了一些出格的声音。我亲眼见到南方某大学（隐去其校名）的两位候选人进行公开竞选演说。其中一位高声说到'我们要民主'，台下掌声雷动，'我们要自由'，台下掌声雷动，'我们不要社会主义'，掌声再次雷动。"③ 这种现象在高校并不鲜见，并很快引起有关方面的重视，促使全国人大于 1982 年修改《选举法》，对宣传代表候选人的方式做了限制。

经过短暂的实践，中央很快认识到，如果按照这种势头发展下去，基层选举将变得不可控，特别是竞选过程中出现的一些言论和做法，已经超出了中央所能接受的"底线"。1980 年 12 月 25 日，邓小平在中央工作会议

---

① 参见马波：《1980 年北京大学竞选运动大事纪》，见傅国涌的博客：http://blog.sina.com.cn/s/blog_48fe46d901017x40.html。

② 比如，有人说："这是选海淀区人民代表，还是选国家主席啊？"参见陈向阳：《当年北大竞选时》，见爱思想：http://www.aisixiang.com/data/10226-2.html。

③ 浦兴祖教授访谈，2016 年 10 月 10 日。

上发表讲话时强调,要继续解放思想,但同时必须坚持四项基本原则,反对资产阶级自由化。邓小平表示:"最近一些与非法组织有关的人物特别活跃,他们假借种种名义放肆地发表反党反社会主义的言论。这种危险的信号,应该引起全党、全国人民和全国青年的足够警惕!"①细读下来,邓小平的这篇讲话,虽然并未直接点明是针对高校的竞选风潮,而很有可能是针对当时社会舆论的整体走向,但讲话中邓小平所着重提到的几个问题,如"如何对待党的领导""如何对待'文革'历史""如何评价毛泽东"等,恰恰正是学生在竞选活动中反复议论的核心话题。而这些问题,被邓小平认为是涉及中共执政合法性的,一旦在这些根本问题上"失守",中国共产党的执政地位都将受到威胁。邓小平的讲话,显然给方兴未艾的高校自主参选活动泼了冷水。紧接着,1981年2月20日,中共中央、国务院下达《关于处理非法刊物非法组织和有关问题的指示》(9号文件)。文件指出, 一些非法刊物和非法组织"打着'民主''自由''人权''改革'等旗号,进行反对党反对社会主义的活动","在引诱、欺骗、蛊惑、煽动少数政治上幼稚的、没有经验的青年,以达到其险恶的政治目的"。《指示》要求,在全国清查处理"非法组织"和"非法刊物",对于有明显反党反社会主义言论和行动者"应由公安、司法部门依法惩处"。"机关、学校和各企业、事业单位,要有组织地办好壁报、板报、校刊、学报以及小型学术刊物和文艺刊物……壁报、板报、校刊、学报和其他报刊,特别是各种全国性的报刊,都要坚持四项基本原则,努力办出自己的特色,一律不准刊登煽动性的、反党反社会主义的作品,不准转载非法刊物的文章。"②上述《指示》虽然同样并未言明学生的自主参选活动有什么问题,但其针对意味如此明显,以至于人们很容易意识到中央已经对1980年学生竞选活动的主要方面表达了否定。按照中

① 《贯彻调整方针,保证安定团结》,《邓小平文选》(第二卷),人民出版社,1994年,第365页。
② 中共中央、国务院《关于处理非法刊物非法组织和有关问题的指示》,中发〔1981〕9号文件。

央精神，竞选中的许多言论将被定性为资产阶级自由化的表现，参选人的种种自我宣传的方式也将被认为是非法的。

随后，1982 年 12 月 10 日，五届全国人大五次会议修改《选举法》。这次修法最主要的变化，就是将候选人的介绍方式由推荐人"可以用各种形式宣传代表候选人"变为选举委员会"可以在选民小组会议上介绍代表候选人"。经此一变，中央对自主参选的态度，已经由此前的"积极鼓励"彻底转变为"适度从紧"。而且中央的态度，已经由领导人讲话转变为执政党政策，再由政策上升为国家法律。由此，自主参选活动也进入了一个相当长时间的低潮期。不过，即便在低潮期，每次换届选举中依然不乏通过自主参选方式当选的区县人大代表的零星事例。[1]比如，1984 年北京外语大学吴青当选；1987 年北京大学朱淑娴、岳阳理工学院宋君健当选；1992、1997 年泸州天然气化工集团公司工会干事曾建余两度当选，1997 年还被推选为泸州市人大代表[2]；1998 年潜江姚立法当选[3]，等等。

二、利益诉求：自主参选的社会化

时间到了 2003 年，中国的自主参选再度迎来高潮。然而这一次高潮的背景、内涵和方式，同 1980 年那一次已经大不相同了。自主参选不再局限于高校学生，而是在实际利益的驱动下开始走向社会化。2003 年的自主参选在上海、北京、深圳、湖北、四川、甘肃等地都曾出现，但又以深圳和北京最为典型，可谓一南一北两相呼应。

---

① 参见陈英波：《中国"自主竞选人"现象研究》，复旦大学硕士论文，2013 年。

② 参见曹勇：《曾建余：戴罪而被罢免的人大代表》，《南方周末》2002 年 12 月 26 日。闪捷：《曾建余：竞选出来的代表》，《中国青年报》2002 年 1 月 14 日。

③ 参见朱凌：《我反对：一个人大代表的参政传奇》，海南出版社，2006 年，第 43 页。

(一)深圳

深圳的基层人大换届选举在 2003 年 4 月进行。从目前检索到的资料来看,有关当年深圳自主参选的最早的报道出自《南方都市报》。2003 年 4 月 22 日,《南方都市报》曾报道肖幼美自主参选的事迹。[①]肖幼美是深圳市有色金属财务有限公司总经理助理,时年 48 岁,她还有一重更重要的身份——深圳市人大代表(2000 年由组织推荐当选)。肖幼美在罗湖区天景花园居住了 10 多年,长期热衷社区事务,并由此得到社区居民的熟识和认可。2003 年 3 月,在社区居民的联名推荐下,肖幼美参加了罗湖区人大代表选举。据肖幼美表示,由于她十分关注社区和周边群众的实际需要和问题,但又感觉到市人大代表不太好反映那些过于"微观"的问题,而且由于当选市人大代表是间接选举,自己并不清楚具体过程。

肖幼美一方面觉得"微观层面的问题由区人大代表提出比较得体"[②],如果当选为区人大代表可以为百姓做一些更加实实在在的事情;另一方面也是想通过自主参选了解一下人大代表直接选举的过程。更加特别的是,肖幼美还成功地在选区多个单位张贴了自己的宣传海报,被媒体称为"贴海报竞选人大代表的第一人"。所以肖幼美的参选完全是"主动"的。对于肖幼美粘贴海报的行为,当时的罗湖区选举委员会表示:"既不支持也不反对,如果肖幼美坚持要张贴竞选海报,居委会可予以配合。"[③]在 4 月 18 日的正式选举中,肖幼美在本选区 809 张有效选票中,共获得 191 票,虽未当选,但得票数已大大超过她的预料。虽然肖幼美最终并未当选,但其参选的动机和方式却具有很强的代表性和示范意义。选民联名推荐、同

---

①③　参见苟骅:《贴海报竞选区人大代表》,《南方都市报》2003 年 4 月 22 日。

②　《贴海报竞选人大代表的第一人》,《南方日报》2010 年 6 月 9 日。

选举组织机构良性互动、张贴竞选海报进行自我宣传，这些做法成为当年深圳一批自主参选人的共同特点。

肖幼美张贴海报进行自我宣传的做法无疑给其他自主参选人以启示，"她的海报和民意推荐书，引发了一场'肖幼美效应'"①。紧接着，在2003年5月6日，南山区民营企业家吴海宁专程去向肖幼美取经，讨教有关自主参选的事宜。吴海宁回来后即贴出了自己的宣传海报，与组织推荐的候选人陈慧斌展开竞争。张贴海报进行自我宣传的做法也引起叶原百、邹家健、徐波等自主参选人的效仿。

2003年，深圳的自主参选人一个非常明显的特点是，参选者大部分都是改革开放以来逐步成长起来的"新兴阶层"，其参选动机大部分是为了维护"权益"——本人的经济或政治权益、所在社区的利益等。这一点和20世纪80年代的自主参选有了明显的不同，那时候的学生们大多是基于某种抽象的观念或理想而参选，具体诉求其实是比较模糊的。从媒体报道的几位参选者来看，除肖幼美为企业白领并代表社区参加选举外；吴海宁为民盟成员、私营企业主，同时也是社区维权行动的积极分子，其参选动机是社区维权和社区服务。②邹家健是私营业主业委会主任，其参选动机是社区维权。③其他自主参选人的情况也大体相似。不过，这批以新兴阶层为代表、以维权为目的的参选人无人当选。

值得一提的是，2003年深圳有一位自主参选人通过"另选他人"的方

① 唐娟、邹树彬主编：《2003年深圳竞选实录》，西北大学出版社，2003年，第17页。

② 在提名阶段，吴海宁得到其所在社区凯丽花园260名选民中151人的联名推荐，他的竞选承诺是设立"南山区人大代表吴海宁办公室"，全天候接待与倾听选区居民、群众反映的社情民意，解决社区的医疗、健身、出行、环保、公共活动场所等方面的问题。其参选动机参见吴海宁：《致麻岭社区选民和广大居民的一封公开信》。参见苟骅：《深圳南山麻岭区人大代表直选延期事件》，《南方都市报》2003年5月8日。

③ 参见唐娟、邹树彬主编：《2003年深圳竞选实录》，西北大学出版社，2003年，第77页。

式最终当选,他就是深圳市高级技工学校校长、党委书记王亮。王亮是"文革"后恢复高考的首届大学生,1977年考入大学,1984年考入吉林工业大学攻读硕士学位;1989年担任深圳市劳动局信息中心主任,1999年到美国加州大学攻读公共管理硕士学位,2002年被任命为深圳市高级技工学校校长兼党委书记。可以说,王亮本来就是"体制内"的资深人士,他走上自主参选之路并最终当选具有很大的偶然性。王亮所在的深圳市高级技工学校属于深圳市福田区29选区,福田区选举委员会把该校纳入社区选举范围。但由于学校是副局级单位,社区居委选举工作领导小组又把该校划入市属单位的教科文卫系列。这样一来,社区单位选区和市属单位选区都没有对该校进行选区登记,而学校方面一开始也没有注意到这一情况。这导致深圳市高级技工学校的所有选民整个被"漏登"了。

根据我国法律,选区和选民登记长期以来采取的是"选民到站登记和选举机构上门登记相结合,事实上以上门登记为主"[1]的方式,所以选区和选民登记的工作,实际上主要依靠选举组织机构来进行。因此,某种程度上,我们可以说选区漏登属于当地选举组织部门的一次"事故"。正因为选举组织部门存在"理亏"的地方,加之王亮本身十分可靠,又十分熟悉同各方面打交道,所以当王亮向福田区人大常委会副主任、选举委员会副主任兼办公室主任刘魁文反映有关情况时,刘魁文主动建议王亮以"另选他人"的方式实现参选的愿望。[2]另外,王亮的一个特殊优势是,他所在的学校选民集中,而他作为校长,获得选票相对来说是比较容易的。所以说,王亮的当选具有不可复制性。

即便如此,王亮当选的意义仍然被很多人所认可。首先,王亮的参选确实是"自主"的,在得知选区漏登后,是他主动要求并谋求当选为人大代

---

① 袁达毅:《县级人大代表选举研究》,中国社会出版社,2003年,第149页。

② 参见唐娟、邹树彬主编:《2003年深圳竞选实录》,西北大学出版社,2003年,第117页。

表。更重要的是,王亮是以"另选他人"的方式当选的。在积极评价者看来,通过"另选他人"的方式能够当选,在事实上证明了人大代表的当选途径不止于组织推荐这一条路。对那些意在参选,但又无法获得组织推荐的人来说,王亮的当选意味着他们的"希望"。比如浦兴祖认为,王亮当选可谓中国选举制度改革端倪初现。①杜钢建更是认为,王亮以非正式候选人身份当选是"一个令人惊喜的结果,这在我国政治文明建设过程中具有标志意义。这在全国开创了风气之先,同时也体现出中国政治生活已变得更加宽容,民主选举日益开放和透明,是继农村基层选举改革之后,中国城市人大代表选举日趋民主化的标志"②。当代中国的选举,总体上被认为是一种"确认型选举"③,其最为人诟病的地方是组织安排过度,竞争性不足,而"另选他人"这一方式却能够有效地增强选举的竞争性④,以这种方法当选的代表也因此被称为"从票箱里跳出来的代表"⑤。

(二)北京

2003 年的北京基层人大换届选举从当年 10 月份开始。同 20 世纪 80 年代的那次参选高潮一样,在 2003 年的换届选举中,北京各高校又涌现出一批学生参选者。据邹树彬等人的不完全统计,在当年的区县人大代表

① 参见浦兴祖、郭中军:《王亮当选可谓中国选举制度改革端倪初现》,《社会科学报》2003 年 6 月 5 日。

② 左颖:《不是正式候选人却获得最高票:王亮当选人大代表记》,《北京晚报》2003 年 5 月 22 日。

③ 梁妍慧:《从"确认型选举"到"竞争性选举"》,《学习时报》2010 年 9 月 13 日。

④ 比如许崇德认为,就王亮当选来看,它实际上涉及一个"竞选"的问题。无论是参与和正式候选人的角逐,还是在角逐的过程中宣传推介自己,都属于竞选。参见陈杰人:《"独立候选人"的是是非非》,中国青年报网,2003 年 5 月 23 日。

⑤ 沈路涛、邹焕庆、李南玲:《票箱里"跳"出来的代表:王亮当选人大代表回放》,新华网,2003-06-06;http://news.xinhuanet.com/newscenter/2003-06/06/content_907838.htm。

选举中,北京市共有十余名大学生自主参选,比如北京大学的殷俊、李敏、欧阳闻捷、赵嘉、陈猛,清华大学的陈俊豪、谢岳来,中国政法大学的明亮、姚遥、陈日强,中央民族大学的石磊、李孟林等。① 但同上一次不同的是,2003 年的大学生参选者几乎"全军覆没",没有人最终当选,大部分人甚至未能成为正式候选人。一个重要的变化是,学校方面对于大学生参选多持冷淡乃至反对态度。② 另一个更大的变化在于,2003 年北京的自主参选人不再限于学生,一批律师、维权人士、知识分子、小区业主等也加入到自主参选行列。比如,曾获得"全国法律援助先进个人""中国保护未成年人十大杰出公民"等荣誉称号的佟丽华律师③,职业打假人王海④,北京邮电大学教师许志永⑤,北京工商大学教师葛锦彪⑥,朝阳园业委会主任舒可心⑦,回龙观社区的杜茂文、杨逢臣和聂海亮,水清木华园的邵夏珍,银地家园业主陈俊超等小区业主⑧。普通业主和公民自主参与人大代表选举,是民主诉求社会化的一个显著标志,同高校学生主要基于价值理念参选不同,新兴社会阶层和业主们的核心诉求是自身及社区的切实利益。而且这些人当中,有许志永、葛锦彪、司马南等人最终当选。

---

① 参见邹树彬主编:《2003 年北京竞选实录》,西北大学出版社,2004 年,第 92~93 页。

② 据《新闻周刊》报道,一些自主参选者甚至婉拒了记者的邀访,或者一再要求记者不要在报道中透露他们的身份。北大一位不愿公开姓名的自主参选人告诉中国《新闻周刊》,系里的老师已经与他谈过话,希望他不要接受媒体的采访。这位老师委婉地向他表达了"上面"的理由:他的自荐参选"不太符合系里领导的想法"。参见吴佩霜、唐益:《自荐竞选风动北京高校》,《新闻周刊》2003 年第 43 期。

③ 崔参见丽、方兴亚:《我们自荐参选人大代表》,《中国青年报》2003 年 11 月 16 日。

④ 参见姜英爽:《从职业打假人到参选人大代表——王海:我想参与规则的制定》,《南方都市报》2003 年 11 月 17 日。

⑤ 参见秦文:《许志永:"请相信我们的选举权是真实的"》,《南方都市报》2003 年 12 月 16 日。

⑥ 参见若凡:《北商博士自荐当选全纪录》,《凤凰周刊》2004 年第 2 期。

⑦ 参见胡奎、吴佩霜、张澜:《舒可心的个人竞选之路》,《新闻周刊》2003 年 11 月 4 日。

⑧ 参见万兴亚:《北京六业主自荐人大代表的台前幕后》,《中国青年报》2003 年 11 月 21 日。

2006—2007 年的自主参选活动,虽然媒体报道和学术研究的热度不如上一届,但其整体类型和特点同 2003 年非常相似。何俊志的研究表明,在 2006—2007 年的这一轮区县人大代表换届选举中,自主参选者的职业构成依然主要是大学生、知识分子、律师、企业白领和私营业主、小区业主,这和 2003 年换届选举中的情况是一样的。只不过,在党派背景方面则有了新的发展,除了民主党派和无党派人士,"一些具备共产党员身份的选民,同样投入了竞选过程"①。这说明,整个社会对于自主参选的心态是更加开放的,认同度是有所提升的。

三、社会联结:自主参选的互联网化

到了 2011 年区县人大换届选举的时候,有媒体表示中国迎来了自主参选的"第三波高潮"②。这一轮的自主参选能否被称为"高潮"可以讨论,但确实出现了一些不同于以往的新变化。我们认为,这种变化最突出的特征是自主参选的"互联网化"。

前文已述,20 世纪 80 年代的第一次自主参选高潮的参与者大多为高校学生,第二次参选高潮的参与者除部分大学生外,大部分都是律师、白领、私营企业主、小区业主和维权人士等新兴群体。而在 2011 年第三次自主参选高潮中,参选者的身份背景同过去十年以来的情形大体相似,除了仍有部分高校师生参选外,参选人主体还是新兴社会阶层。③其中比较典

---

① 何俊志:《自主参选人的兴起与中国选举生态的新变化》,《复旦政治学评论》(第六辑),上海人民出版社,2008 年,第 99 页。

② 《人大代表参选第三波高潮:改变从一张选票做起》,《21 世纪经济报道》2011 年 5 月 31 日。

③ 何俊志等人的统计表明,2011 年通过新浪微博宣布参选的人中,有学生 37 人、媒体工作者 25 人、企业中层 18 人、律师 12 人、教师 9 人、公益人士 5 人、专业作家 4 人,其中有维权经历者有 49 人。参见何俊志、刘乐明:《公民自主参选人大代表过程中的新特征》,《上海行政学院学报》2012 年 7 月。

型的如,以维权为目的的江西下岗女工刘萍,以推动社区民主和社区服务为目的的上海私营企业主刘生敏、张耀洲等。他们的参选目的也主要是为了维护或争取利益。比如,刘萍在上访维权过程中了解到,拥有人大代表身份不仅可以维护自身权益,还能通过制度内渠道表达民意,"于是刘萍便开始着手准备竞选其所在地渝水区的人大代表,并于 2011 年 4 月在微博上发布了参选声明"①。张耀洲曾经在一次研讨会上说明自己的参选动机:"我一直是体制外的,在民企和外企工作。从利益的角度看,我认为有必要站出来为自己的利益说话。"②梁树新参选广州市番禺区人大代表的初衷也是为了以人大代表的身份维护弱势群体的利益。③

　　除了这些相同点之外,2011 年自主参选一个最显著的特征就是自主参选的"互联网化"。这主要表现在四个方面:一是通过网络宣布参选的人数比较多,从 2011 年 5 月 25 日至 2012 年 5 月 25 日,仅在新浪微博平台宣布参选的人就达到 217 人。④二是相当一部分参选人为网络名人、网络意见领袖和网络公共知识分子。比如李承鹏,他原来是一位足球记者,后来成为一名时事评论员、知名博主,其在新浪微博上的粉丝量有数十万之

---

① 中国选举制度改革研究课题组:《以刘萍为例对江西新余人大代表换届的选举观察》,世界与中国研究所网站,2011 年 7 月 5 日。
② 《"独立候选人"现象学术研讨会纪要》,复旦大学选举与人大制度研究中心,2011 年 7 月 10 日。
③ 梁树新曾在一次接受记者采访时说,是一个人实名求助 10 年无门,最终采取偏激手段解决问题的个案触动了他。他的新浪微博上,几乎每天都会收到私信的求助,有求申冤的,有生病无钱治的,各种各样,看了很难受。"有些我不知道应该如何帮助他,只能一一地安慰。我希望成为人大代表后,能把这些求助都收集起来,然后交给相关的处理部门,起到搭桥作用,最终为他们解决问题。"参见尹辉、郭晓燕:《广州微博名人梁树新参选天河区人大代表》,《新快报》2011 年 5 月 28 日。
④ 参见何俊志、刘乐明:《公民自主参选人大代表过程中的新特征》,《上海行政学院学报》2012 年 7 月。

多。①三是几乎所有的参选人都在一定程度上借助了互联网平台作为参选工具。自主参选人大多通过微博等互联网平台宣布参选并聚集人气，即便是刘萍、刘生敏等以"线下"活动为主的自主参选人，也懂得充分利用互联网工具进行自我宣传。比如，刘萍在新浪微博和推特(Twitter)上发布了参选消息，并获得了很多中国网民的支持；刘生敏则设立了个人网站，宣传他的竞选纲领。四是参选人之间、参选人和选民之间、参选人和政治中介之间开始通过网络相互交流、相互帮助，以成群体化之势。至于参选人是否有明确的参选利益诉求，是否参与具体的社区竞选活动和社区公益活动则因人而异。不仅参选者从高校和社区走上互联网，民间对自主参选人表示支持也主要是通过互联网平台来进行。所以说，2011年的自主参选的主要场域已经由"线下"转移到了"线上"。但是从结果来看，至少目前我们所掌握的资料表明，2011年尚未有自主参选人当选的记录。

2016年进行了新一轮的基层人大换届选举，但是参选空间被进一步压缩，不仅社区参选受到严格控制，网络上也不再像2011年那样出现自主参选的热潮。但是我们仍然看到，在广东、湖北、北京、甘肃、山东等地还有一些自主参选人出现。从笔者的电话访谈来看，这一次的自主参选行动所遭遇到的阻力大概是前所未有的，一些曾经自主参选的公民表示，考虑到严峻的环境，今年将不再参选。几乎所有自主参选人都被基层选举组织的工作人员当做怀疑对象和捣乱分子来对待，他们被用各种方式"劝退"、

---

① 除此之外，著名博客达人五岳散人(本名姚博)，知名评论人、前《南方周末》主笔笑蜀，中国政法大学副教授吴丹红，上海作家夏商，北京新启蒙研究所熊伟，以及杭州市民徐彦、梁永春等都纷纷在微博上表示将参选当地人大代表。另外，从一些微博和博客等信息来源得知，还有"媒体人徐春柳宣布参选北京东城区人大代表，天涯社区高管梁树新先生宣布参选广州番禺区人大代表，深圳市民罗志渊先生宣布参选龙岗区人大代表，深圳市高中学生刘若曦同学也已决定参选深圳市福田区人大代表"。参见童之伟：《计划政治莽原上嫩起的市场政治星火》，中国选举与治理网，2011年6月6日。

阻挠,从而无法顺利参选。比如广州的外企白领钟越强,虽然于 2003 年当选广州市黄埔区第七届人大代表,但当他 2016 年自主参选的时候,由于错过提交选民联名推荐表的时间,而不得不谋求"另选他人"方式当选。然而其在社区进行拉票演讲进行自我宣传的行为却被萝岗区选举委员会办公室称为是"违法"的。[①] 2016 年 6 月 20 日,甘肃省永靖县公安局以涉嫌"破坏选举"为名,在选举日当天将自主参选人刘明学及其助选人瞿明学等人采取强制措施。[②] 这和 21 世纪头十年各地对待参选人的态度已经有了天壤之别。可以说,2011 年以来,中国的自主参选活动实际上是进入了一个低谷期。

四、中央的"指挥棒"

我们认为,自主参选现象之所以出现跌宕起伏的走势,最主要的原因可能还是中央的指挥棒在起作用。我们知道,20 世纪 80 年代和 21 世纪初的两次自主参选高潮,推动主体有所不同,一个是高校学生,一个是新兴社会阶层。而在同样的推动主体并未萎缩,甚至有所壮大的情况下,之所以会紧接着两次跌入低谷,显然主要是受到中央态度的影响。前文已述,80 年代那次参选高潮之后,中央领导人很快发表讲话进行降温,随后中央还通过政策与立法进行限制。故那一次中央态度的变化不再赘述。

21 世纪以来的自主参选之所以能够再度集中涌现,一方面由于改革开放培育了一大批受过良好教育的新社会阶层,另一方面同中国加入世

---

① 《广州非正式候选人自荐拉票参选人大代表被叫停》;http://news.makepolo.com/6541958.html。

② 参见瞿明学的辩护律师张磊、崔金平的律师意见:http://www.weibo.com/1669764455/DCDhg-pWG4?type=comment#_rnd1485444316181。

界贸易组织之后整个国家的风气比较开明有关。相对而言，2003年的自主参选，舆论氛围是最好的。2006年、2009年换届选举时，虽然在内部培训中强调过不允许使用"独立候选人"概念，但中央并没有明确提出来。但是在2011年的选举中，中央明确表达了对自主参选的"反对"态度。据2011年6月8日中央电视台报道，全国人大常委会法工委负责人在就县乡人大代表选举进行答问时称，我国的县乡人大代表候选人，只有由各政党、各人民团体和选民提名推荐的"代表候选人"，经协商或经预选确定的"正式代表候选人"，而"没有所谓的'独立候选人'，'独立候选人'没有法律依据"[①]。这个表态的高明之处在于，没有宣布独立候选人"违法"，即没有直接表明中央"反对"公民自主参选的立场，而只是说自主参选"没有法律依据"。这个表态以法律为依据，且并不明显违反中央一贯的民主承诺，但足以让地方选举组织者体会到中央的意图。所以中央的表态看似是对社会说的，但实际上是对地方选举组织者说的。地方选举组织者很容易因为中央的这个表态，而对自主参选"从严控制"。如果将自主参选比喻为一辆正在行进中的汽车，中央的这个表态就好比是亮起了红灯——虽然没有直接设置有形的路障，但是已经足以让司机踩刹车，特别是让交警（地方政府）迅速采取行动加强交通管制。

那么21世纪头十年，中央的态度发生如此明确的变化，最主要原因是什么呢？我们认为，大致有以下方面：第一，2003年自主参选现象虽然得到不少媒体的报道，但仍然只能算是发生在部分地区的"零星事件"；2011年的自主参选却在互联网的推动下，开始突破地域的限制，形成一种"整体事件"的态势。第二，2003年自主参选大量出现的时候，其政治后果尚在观察之中；2011年中央却判断其有可能对政治合法性构成重大冲击。第

[①] 罗大蒙：《"独立候选人"与当代中国政治发展》，《当代中国政治研究报告》（2012年第10辑），社会科学文献出版社，2012年，第153页。

三,2003 年由于缺乏互联网这一重要中介,独立参选的影响是地域性的;2011 年由于互联网的高度发达,特别是网络意见领袖等政治中介的推广,独立参选的社会影响大大提升。第四,2003 年参选的公民大部分联系社区,有实际利益诉求;2011 年参选的部分候选人纯粹通过网络进行活动,同社区缺乏实际联系,导致自主参选已经偏离了人大代表的本义。第五,2003 年参选的公民一般只具有利益诉求而不具有政治诉求,因此不危及政治合法性;2011 年却有部分参选人明确地将政治合法性排斥的一些因素带入选举过程中。

综合来看,我们认为,正是互联网对自主参选的"放大效应"和"联结效应",使得中央对其政治影响力的判断发生了重大转变。比如,有人观察到,"2011 年的地方人大代表选举中的一个全新现象是:在新浪微博的平台上,四处涌现的自主参选人之间初步形成了某种群相呼应的趋势,自主参选人之间不但在一定程度上实现了跨地域的交流,而且还在微博平台的公共空内带出了范围更加广泛的参选人群,这一空前的现象显然引起了地方政府和有关人士的更大关注,从而再次引起了中国地方选举生态的某些新变化"[1]。自主参选作为政治相对关系中的"弱者"一方的政治参与和表达方式,在深度结合互联网因素以前一直是分散的、孤立的,从而是软弱的。然而一旦通过互联网将这种原本分散个体行动"联结"起来,那么不仅自主参选这一行为本身的性质会发生变化,使之从不具政治威胁的个体行动变为颇具政治压力的集体行动。更重要的是,通过互联网的渲染和加工,在这些分散的行动背后原本潜藏着的共同的意识形态文本有可能得到提炼和阐发,从而使得原本仅是同政治体制进行单个"接触"的个体行为,由于分享了某种共同的意识形态"背景",而成为一种对政治体

---

[1] 何俊志等:《公民自主参选人大代表过程中的三对关系》,《当代中国政治研究报告》(2012 年第 10 辑),社会科学文献出版社,2012 年,第 107 页。

制的集体挑战。①而这显然是中央所不愿意看到的。

五、小结

回顾三十多年来自主参选的事实与过程,可以说它经历了两次低谷、三次高潮,但每一次参选高潮的内容和特点都是不一样的。概而言之,20世纪80年代,随着"文革"的结束,来自党内的改革力量和社会的民主诉求汇合,思想解放运动不可阻挡地唤醒了人们的民主意识。由于《选举法》的出台开辟了自主参选的法律空间,特别是赋予自主参选人"用各种方式进行宣传"的巨大自由,在这样的时代氛围和制度条件下,开风气之先的大学生们推动了新中国第一次自主参选的高潮。学生思想观念开放,民主意识浓厚,理想主义色彩鲜明,自主参选这样一种凸显参与者个人的民主形式受到学生们的追捧是很正常的。不过,由于当时改革开放刚刚起步,新兴社会力量尚在萌芽阶段。所以20世纪80年代的参选热潮更多的只是一种校园民主现象,其意义可能主要是观念的启蒙和机制的"试错"。由于缺乏相应的利益基础,80年代的民主参选,还未普遍开启社会化过程。从参选者们的言论和主张来看,他们并非意在通过当选人大代表而表达选民利益诉求,而显然是抱着通过民主选举彻底改造中国政治制度的理想情怀的。②

这次参选高潮被中央认为是"资产阶级自由化"的表现形式之一,并

---

① 参见[美]詹姆斯·斯科特:《弱者的武器》,郑广怀等译,译林出版社,2011年,第45页。

② 比如参选者们在竞选辩论时讨论的主要是"'文革'的性质""毛泽东是否马列主义者""社会主义的本质""人民民主的道路"这样的比较宏大抽象的政治问题。而21世纪以来的自主参选人更多的主张具体的利益问题、权利问题。关于后者,下文再述。参见钱理群:《1980年人大代表竞选——共和国历史上最民主的选举》,《当代中国研究》,中评网,http://www.china-review.com/lishipindaoa.asp?id=27809。

随之从政策到法律上进行了限制。因此,这次高潮转瞬即逝,随之而来的是长达十余年的参选低谷期。21世纪以来,自主参选再次涌现高潮。虽然几乎在每一届人大代表换届选举中,都不乏高校学生的积极参与。不过,2003年的这次高潮同20世纪80年代那一次明显不同。这一阶段以来的参选行动开始同具体的社会利益相结合,自主参选从"观念驱动"走向"利益驱动"。究其原因,随着改革开放进行了二十余年,中国社会的观念进步、阶层分化和利益成长此时都已经进入了一个新的阶段。中国的民主发展很大程度上已经超越了简单的观念启蒙阶段,民主诉求开始同具体利益发生结合。随着法治建设的深入,越来越多的人开始敢于运用法律表达诉求,开展政治活动。我们看到,越来越多的自主参选者是改革开放以来成长起来的"新兴社会阶层",他们大多受过良好的教育,拥有不错的职业背景和经济基础,有的则有着深厚的社区经验和群众基础,他们还能有意识地运用法律文本同国家开展互动;更重要的是,这批人有了比较明确的参选利益诉求,而且更加懂得利用体制的力量去表达自己的声音、维护本人或社区的权利。如果说80年代学生参选主要是凭借满腔热情,那么2000年以来的参选则已经具备深厚的利益基础,自主参选进入了一个"社会化"的新阶段。

到了2011年,随着互联网工具的普及,新世纪以来的自主参选也带上了互联网色彩。自主参选的"互联网化",影响是双重性的。积极方面,网络进一步降低了自主参选的门槛,扩大了自主参选的影响力,从而使得它很容易演变为一次"热潮"。首先,"网络环境相对宽松、自由,独立候选人可以在网络上发布竞选声明,主动联系所在选区民众,宣传自己,寻求支持者,而这些在现实政治环境中都是不允许的"[1]。同时,自主参选的互联

---

[1]　罗大蒙:《"独立候选人"与当代中国政治发展》,《当代中国政治研究报告》(2012年第10辑),社会科学文献出版社,2012年,第159页。

网化使得自主参选的示范效应得以急速扩大，其对公民权利观念和民主意识的启蒙作用得以大大扩展。另外，互联网使得自主参选的"关联性"得到前所未有的加强。此前的自主参选人大多呈现"原子式的孤立"状态，在观念和行动两方面都缺乏联系。而通过互联网平台，孤立的自主参选得以形成一种"运动"，从而制造了更大的政治影响力。

但消极方面，自主参选的互联网化也使得它走向异化，从而很快走向了"低谷"。首先，它使得自主参选脱离了公民的日常生活，使民主行动脱离了其本该具有的利益基础。其次，它也使某些人的自主参选行为变得更加不负责任，甚至在某种程度上仅仅变成了一种"姿态"，一种自我宣传的营销模式。同20世纪80年代的校园民主一样，互联网化的自主参选的主要影响是观念启蒙；但它的冲击范围和力度显然又大大超过了80年代，这让我们必须重视它的积极意义。但同时，由于自主参选的"互联网化"脱离了社区和选民，这一开始就预示着它必然难以承担其作为一种民主形式的利益表达的基本功能。在我们的分析范式中，自主参选一旦走向"互联网化"，就意味着它步入了歧途。不仅国家会因为它的潜在的政治影响力而对之严加控制，社会也会因为它无法实现利益表达功能而对其冷漠处之，这就使得互联网化的自主参选不可能在现有的制度框架下实现"合法性—绩效—利益"的聚合。这一点在它的实际运行中体现得十分明显。随着2011年6月8日，全国人大法工委负责人在中央电视台表示"独立候选人没有法律依据"，当代中国的自主参选又陷入了一个新的低潮期。

第三节　自主参选人的类型学分析

关于自主参选的类型学，目前主要有以下观点。2011年6月，时任上海市委书记的俞正声来到上海交通大学,给同学们上党课。针对当时网上热议的"独立候选人"问题,俞正声指出,不能认为群众推荐是不正常的现象,而是要分析四种情况:"第一种是有的人是真正希望参与对党和政府的监督,这个是要支持的;第二种是他想参与监督但没有经验,有时候说话偏激,这个也要支持,不要在乎;第三种可能是为了个人出风头,我看也没有什么了不起;而第四种可能就是出于想推翻现有制度,追求西方制度。"①这其实是从参选动机的角度对自主参选现象所进行的类型学分析,俞正声认为,参选人的动机主要表现为:监督党和政府、出风头、推翻现有制度。

浦兴祖认为,自主参选人的动机主要有四种类型:一是利益表达,一些人拿起"被选举权"表达自己的利益诉求,维护自己的合法权益,这种"利益激起权利"的情况为数众多。二是参政志趣,一些人希望通过当选为人大代表来行使国家权力,从而实现自己"推动民主进步,监督政府权力"的政治抱负。三是风头主义,四是别有图谋。②浦兴祖同俞正声的分类大体一致,所不同的是增加了"利益表达"这一类型。陈英波则将自主竞选人分为"权利主导型"和"利益主导型"两大类别。"权利主导型"参选人最主要的诉求是实现民主权利或者公民的政治权利,主要分布在大学师生和律师这两个群体之中,他们一般没有"明显的直接的利益诉求","都期望促进政治权力架构的变迁,具有浓厚的理想主义和政治浪漫主义色彩"。③"利益主导型"参选人则可进一步分为个人利益型和公众利益型,他们"的主要动机或者核心诉求是为了自己或者社会群体进行现实利益表达"④。

---

① 《听俞正声上党课——"执政者的声音"》,《南方周末》2011 年 6 月 23 日。

② 参见浦兴祖:《"独立候选人"现象辨析》,《探索与争鸣》2012 年第 3 期。

③④ 陈英波:《中国"自主竞选人"现象研究》,复旦大学硕士论文,2013 年。

何俊志的分类更加复杂一些，他将自主参选人分为：一是理想主义者，主要包括学校师生和律师；二是维权人士，主要包括失业者、小区业主、普通农民、职业维权人士和拆迁户户主；三是国有单位负责人，主要包括政府行政机关和国有企事业单位负责人；四是基层精英，主要包括城乡私营企业主和农村两委班子成员。①

考虑到目前我国自主参选人的身份背景十分复杂，不仅包括高校师生、小区业主、律师、私营业主、下岗工人、白领职员、拆迁户主、普通农民，甚至还有党政机关工作人员和国有企事业单位的负责人参与其中。所以用"身份背景"作为分类标准是不现实的，而以"参选动机"作为参选类型的区分标准比较科学。

综合考虑上述既有的分类方法，俞正声的分类显然没有注意到"维权"和"利益表达"这个类型，而这类参选人恰恰是非常多的。何俊志的分类主要以参选人的职业身份背景为标准，又混合了参选人的动机，从而在分类标准上显得并不一致。实际上，国有单位负责人和基层精英，也难免会有理想主义者和维权人士的区分。所以这一分类方法并不科学。但是何俊志提出的"理想主义者"和"维权人士"的分类很有启发意义，出于"理想"还是出于"权益"的参选，构成一对比较鲜明的分类关系。陈英波在一定程度上借鉴了何俊志的分类方法，他将"权利主导型"对应"理想主义者"，将"利益主导型"对应"维权人士"。但是"权利"和"利益"并不构成典型意义的分类关系。一方面，"权利"和"利益"往往很难区分，通常被以"权益"并称；另一方面，这两个概念无法体现那部分主要是怀着"理想主义"动机的参选人，而这部分参选人的数量恰恰又是很多的。相对而言，浦兴祖的分类是比较周全的，不仅考虑到利益表达和参政志趣这两大主要类

①　参见何俊志：《自主参选人的兴起与中国选举生态的新变化》，《复旦政治学评论》（第六辑），上海人民出版社，2008 年，第 101 页。

型,而且兼顾风头主义和别有用心这两个辅助类型。不过,我们认为,"参政志趣"这一概念无法很好地概括这一部分参选人的"理想主义"动机。严格来讲,"参政"只是一个"行为",而并不构成一个典型的"动机",从某种程度上讲,参政只不过是参选的同义词;促使参选人参政的那个因素,才是他真正的动机。

综上我们认为,参选人的动机主要包括四种:理想主义、利益诉求、风头主义、别有用心。其中,风头主义和别有用心这两个类型,一是人数比较少,二是政治学意义有限,我们不作为自主参选的主要类型。而理想主义和利益诉求这两个类型,人数多,非常典型,具有很高的政治学分析价值。另外,在这两个类型之外,还有一个"中间类型"。他们具有理想抱负,但又非典型的理想主义者;他们具有利益诉求,但又非纯粹的利益诉求者。结合以上分析,我们将自主参选的类型分为理想型、利益型和中间型三种类别。

一、理想型

理想型参选人的参选动机和目的主要是某种抽象的理念和理想,意在改革①中国的体制,比如推动民主法制建设,提高政治和社会自由度,等等。他们大多会在参选过程中提出一些抽象的口号,而较少提出比较具体的落实方案;他们一般具有一些现代政治观念,但通常不具备娴熟的同选举机关打交道的能力和技巧;他们也很少真正花心思去深入群众、联系选民,而通常只是在一般意义上进行选举动员,甚至只是进行纯粹的自我宣

---

① 其目的是"改革"中国政治体制,而非颠覆或推翻它,这一点使得"理想型"参选人同"别有用心"的参选人区别开来;但有的时候,中央可能会怀疑"理想型"参选者有颠覆国家政权的动机或实际可能性;而且二者之间存在转化的可能。

传。因此，这类参选者很难同选举机关开展良性的互动与合作[①]，也很难真正得到普通选民的了解和支持，从而难以获选。

大学生参选群体以及所谓的网络参选人大部分都是这一类型，其典型代表如王军涛、胡平、许志永、李承鹏等。比如，20 世纪 80 年代北京大学学生参选者王军涛的竞选宣言是："让我们新一代推动中国！"他认为："改革政治体制，改革经济体制，改革教育体制，改革文艺体制，今天已经成为我们社会最强有力的呼声"。大学生参选者张炜说明自己的参选动机是："我参加竞选，以表明我对改革的拥护。"[②]在 2011 年的换届选举中，北京的一位模特在网上宣布参选，她的参选主张是"实践民主、普及法律、回报社会、改变模特的社会形象"；福建的一位僧人则在网络上宣布，他要通过参选人大代表"参与监督政府，并为人民服务"。根据何俊志等人所收集到的数据，2011 年仅在新浪微博宣布参选的自主参选人就有 217 位，但"只有 104 人实际上开展过有实际意义的竞选活动，39 人曾成为初步候选人，6 人曾成为正式候选人，最后则只有 2 人当选"[③]。

二、利益型

利益型参选人的参选动机和目的主要是维护或谋求某种"具体利益"，意在解决本人或社区的实际问题和困难，比如个人维权、改善社区交通和卫生状况等。这类参选人大多为具有现代政治观念的"新兴社会阶

---

① 其中也有一些特例，比如许志永就十分注意同选举机关进行良性互动，这也是他最终得以当选的关键因素之一。

② 《开拓——北大学运文献》，田园书屋（香港），1990 年。转引自钱理群：《1980 年人大代表竞选——共和国历史上最民主的选举》，《当代中国研究》，参见中评网：http://www.china-review.com/lishipindaoa.asp?id=27809。

③ 何俊志、刘乐明：《公民自主参选人大代表过程中的新特征》，《上海行政学院学报》2012 年 7 月第 13 卷第 4 期。

层",他们有比较强烈的权利观念,也愿意运用体制工具进行维权和利益表达。他们大多具有丰富的社会生活经验,同当地选民有比较良好的关系,他们参选除了自身的意愿之外,往往还得到部分选民的支持。他们的政治经验、资源和技能有着很大的差别,有的人脉广泛,政治经验丰富,非常善于同选举机关打交道;有的则单枪匹马,十分缺乏这方面的经验和技巧。而这些在资源、经验和技巧上的差别,很大程度上会影响其参选的过程和结果。资源丰富、善于互动者有机会在竞选中脱颖而出,而单打独斗、拙于互动者则往往处处受阻。

大部分业主和维权者都属于这一类型,典型代表如叶原百、刘萍等。理想型参选和利益型参选的一个基本区分标准在于,前者往往同实际的选区和选民脱离联系,特别是同选民的具体利益诉求脱离联系;而后者则有着紧密的社区和选民联系,以服务社区、表达选民诉求为基本特征。值得注意的是,还有两类参选人也属于广义的利益型参选者。一是参选人不是为了某种具体的经济或社会利益,而是为了满足某种"自我实现"的需求,即希望通过当选人大代表而享受到荣誉感、成就感等"精神上的愉悦"①。实际上,这种精神愉悦也是利益的一种表现形式。二是希望当选人大代表获得一些特殊的甚至不正当的好处,比如政治资源。现实中一些人通过"贿选"②当上人大代表往往就是抱有这一动机。

---

① 罗伯特·达尔在分析人之所以参与政治的动机时指出,介入政府会产生某些"直接满足",包括作为公民履行义务的成就感,同朋友和熟人的社交乐趣,同显赫人物交往或接触内部信息带来的自尊心的提升,赢得政治竞争所引起的兴奋,等等。参见[美]罗伯特·达尔、布鲁斯·斯泰恩布里克纳:《现代政治分析》(第六版),吴勇译,中国人民大学出版社,2012年,第137页。

② 贿选属于一种畸形的自主参选。

三、中间型

中间型参选人介于理想型和利益型之间。他们的参选动机具有理想性，但又不是抽象的理想信念；他们的参选动机属于某种利益诉求，但又不是具体的利益诉求。我们将之概括为"具体的理想"或"抽象的利益"，比如通过当选人大代表监督政府权力、提高政府效率、打击腐败等，参选人的本意在于通过当选人大代表来监督或改善政府运行。这一类型比较类似于浦兴祖所说的"参政志趣"型。他们虽然是出于理想而参选，但是这种理想是为各类政治文本所允许甚至鼓励的；他们虽然并不直接追求社区或选民的具体利益，但他们追求的抽象利益又是受到选民普遍欢迎的。

中间型参选者的政治经验和技能通常强于"利益型"参选者，因此其同选举机关的互动，往往也更加积极灵活，他们即便开展带有抗争性的行动，也十分注意"依法抗争"、伸缩有度。这类参选者往往具有较强的政治韧性，不容易因一时的挫折而退缩放弃，也不苛求毕其功于一役的政治变革，而是追求渐进中的政治进步。因此，他们的行动策略是非常务实的。中间型参选者往往缺乏同选民的具体的、直接的利益联系，但其监督政府的理想又受到选民的普遍欢迎，符合选民的一般利益。他们深入群众和社区，进行选民动员的程度高于理想型参选者，但弱于利益型参选者。他们往往抱持一种"为民请命"的情怀，而不是"为本选区选民服务"的态度。所以这类参选人的问题通常表现为脱离选民的实际利益，选民可能一开始会出于理念上的认同而给予其支持；但从长期来看，缺乏实际利益支撑的参选行为最终还是难以唤起选民持续的热情和支持。姚立法、黄松海是中间型参选者的典型代表。

需要说明的是，以上分类主要是分析性的。在实践当中，这三种类型的边界并不清晰,也不固定。不排除一个具体的参选者兼具两方面甚至三方面的特征①,也不排除一个具体的参选者在类型上发生变化。根据以上分类,我们从"参选动机""互动方式"②和"选举结果"等方面对自主参选人的类型进行概括,制作下表:

表 5-1　自主参选人类型比较

	参选动机	互动方式	选举结果	典型代表
理想型	抽象理念	脱离具体的社区和选民利益,对选民进行一般动员,较少同体制进行良性互动	极难当选③	胡平 许志永
利益型	具体利益	主要着眼于本人、社区或选民的具体利益;同选民有深厚的联系,对选民进行具体动员;体制互动能力参差不齐	极少当选	聂海亮 肖幼美
中间型	具体理想 抽象利益	通常着眼于社会的抽象利益;能够较好地联系并动员选民,但双方缺乏有力的利益关联点;具有较强的体制互动能力	偶有当选	姚立法 黄松海

第四节　真实的"互动"环境

根据我们在文本部分的分析,自主参选本属合法的政治行动,也就是说,从法律上讲,每一个未被剥夺政治权利的公民,都可以行使"被选举权",自主参加基层人大代表选举。但是任何一项政治权利都不会自动实现,而必须经过权利主体的主动追求,在同权力结构的互动中才能实现。任何一个国家的选举,都必然是一个有组织的政治活动。因此,选举活动

---

①　比如姚立法就兼具三方面特征,但他并不是典型的理想型,也不是典型的利益型,而是更接近中间型。

②　包括其同选民的互动,以及同选举机关的互动。

③　1980 年换届选举中,有不少理想型参选者最终当选,但我们认为这具有很强的偶然性和不可复制性,自那时以来,理想型参选人当选的例子就非常少见了。许志永作为一个理想型参选者能够当选有很多条件,后文将会分析,特别需要提到的是他的竞选策略是非常务实的。

的参加者首先必须要同选举的组织机构①和其中的工作人员打交道。

中国的区县人大代表选举的组织机构比较复杂，包括领导机构、指导机构、主持机构、办事机构和裁判机构五个大类。②其中，领导机构包括区县党委和区县人大常委会，通常各地在选举期间还会成立由各党政机关重要领导同志组成的选举工作领导小组，对选举的日常工作进行领导③。指导机构是省、自治区、直辖市、设区的市、自治州的人民代表大会常务委员会④。主持机构包括选举委员会、选区工作组和选民小组正副组长。

选举委员会是法定的负责主持选举事务的机构⑤，根据《选举法》的规定，其职权包括选民登记、划分选区、确定和公布正式候选人、规定投票日期、主持正式选举、确定选举结果、受理选举违法行为等。选举委员会为临时机构，选举工作完成即行撤销，有的地方还会根据实际需要设立选举委员会分会。选区工作组是选区的选举主持机构，受选举委员会领导，办理本选区的选举事务。选民小组正副组长则是选举主持机构的神经末梢，主

① 我们这里将所有与人大代表选举的组织活动有关的机构通称为选举组织机构。

② 参见袁达毅：《县级人大代表选举研究》，中国社会出版社，2003年，第1页。

③ 区县人大常委会是法定的选举领导机构，现行《选举法》第八条第二款规定："不设区的市、市辖区、县、自治县的选举委员会受本级人民代表大会常务委员会的领导。"而区县党委对选举的领导权则根源于宪法所做的原则性规定，并在历届选举中得到事实体现。这表现在，不仅选举工作领导小组的成员主要来自党委，而且历次人大代表换届选举是中共中央根据的决定而发动的；各级人大常委会或选举工作委员会所制定的换届选举工作安排，也需要经过同级党委的批准；选举的主持机构和指导机构的建立、人员的任命都要经过同级党委批准。在实践中，区县党委的领导通常是通过其所设立的选举工作领导小组来实现的。参见邱家军：《人大代表选举中政治把关权的运行维度》，《复旦政治学评论》（第六辑），上海人民出版社，2008年，第124~125页。

④ 现行《选举法》第八条第三款规定："省、自治区、直辖市、设区的市、自治州的人民代表大会常务委员会指导本行政区域内县级以下人民代表大会代表的选举工作。"

⑤ 我国选举委员会的领导和隶属关系经历了一个由行政隶属到人大领导的过程。1953年《选举法》规定，各级选举委员会隶属于各级人民政府，1979年《选举法》中，区县选举委员会的领导机构改为本级人大常委会，但乡镇选举委员会依然受本级政府领导，直到1986年修改《选举法》时规定乡镇选举委员会受区县选举委员会的领导，1995年修改《选举法》时进一步规定乡镇选举委员会受区县人大常委会的领导。

要负责法律法规和政策的宣传、选举活动的组织动员(包括召集选民提名、酝酿、协商代表候选人,介绍代表候选人情况等)、传送选举信息、反映选民意见和要求等工作。而选举活动的领导、指导和主持机构通常都会设立自己的办事机构,办理具体的选举事务。以选举委员会为例,它通常会设立一个由秘书、组织、宣传、选民资格审查、联络、巡视接待和行政(后勤)等小组组成的办公室,办公室的工作人员一般从区县党委组织部门、宣传部门,及人大、公安、民政等部门抽调。[①]选举的裁判机构包括选举委员会和人民法院,选举委员会可以受理选民的申诉并做出处理决定;申诉人对决定不服的,可以向人民法院起诉。

可见,在区县人大代表选举活动中,具体的选举事务主要是通过选举委员会(及其下设的办公室)、选区工作组和选民小组正副组长来主持落实。因此,自主参选人要开展选举活动,就必须要同上述机构及其工作人员打交道。而这些机构的运行原则和人员组成,实际上就将构成自主参选活动的某种"潜规则"——权力结构。自主参选人是否娴熟地掌握了同这些机构和人员进行互动的话语、行为和策略,将在很大程度上决定自主参选行为的过程和结果。我们无意于对选举组织机构的运行原则和人员组成展开宏篇大论,而只需要点明其核心原则和特征,即可达到我们的论述目的。

我国选举组织机构的运行原则具有高度的"组织化+官僚化"特征,其人员构成则具有高度的"政治性+依附性"特征。前者表现为它是一套自上而下组织起来的官僚系统,以贯彻落实组织意图为根本使命;后者表现为选举委员会工作人员大多是党政机关的领导干部和部门骨干,而选区工作组和选民小组负责人则是单位和社区的政治可靠的优秀分子,这决定了他

---

① 参见袁达毅:《县级人大代表选举研究》,中国社会出版社,2003年,第29页。

们是严重依附于党政机关的,其办事的首要原则是"讲政治"。在实践中,一个地方的选举主持机构的人员构成往往是这样的:选举委员会主任由县(区)委书记(副书记)担任,选办主任由人大常委会主任担任,公安局户籍处处长担任选举委员会办公室选民资格审查组组长,区委宣传部副部长担任宣传组组长,街道办主任担任指导组组长①,居委会主任担任选区工作组组长,单位科室领导担任选民小组负责人等。②这样的机构设置和人员组成,是确保我国基层人大代表换届选举顺利进行的有力的组织保障。有人将这种组织原则和工作方式总结为"党委领导,人大主办,各方面配合"③,我们认为这一总结是恰如其分的。正因为如此,我国基层人大代表选举实际上是我国党政机关活动的一部分,选举不是独立于党政机关,而是在党政机关的主持和领导下进行的。中国的基层人大代表选举,并不是由一个固定的、独立的选举机构来组织,而是由党政机关、人民团体的领导人物组成一个临时性的选举委员会来负责。这才是自主参选人的互动环境和互动对象。

第五节　本章小结

　　无论从哪个角度来说,自主参选现象的出现都是民主发展的一种表现形式。回顾近四十年来的自主参选历程,其发展进步的势头似乎并不明显,而是更加突出地表现为在高潮与低谷之间徘徊。我们认为,从根本上来说,这种徘徊和变化依然是受制于中央、地方、社会三者之间的互动关系。而一些参选人的故事,则向我们具体而微地揭示了国家行动者和社会

---

① 参见袁达毅:《县级人大代表选举研究》,中国社会出版社,2003 年,第 50 页。

② 在 2016 年底的区县人大换届选举中,本人所在的选区和选民小组就是这种情况。

③ 史卫民、雷兢璇:《直接选举:制度与过程》,中国社会科学出版社,1999 年,第 428 页。

行动者之间的互动方式与过程。[①]对于蕴含在自主参选现象中的民主发展逻辑，我们从如下方面进行总结。

一、文本的"激活"

自主参选本属公民的法定权利，但只有自主参选的行动才能使这一权利得以激活。正因为如此，自主参选应当是最具草根性和大众性的一种民主形式，任何一个未被剥夺政治权利的公民，无论其性别、年龄、职业、收入、宗教信仰如何，一旦意识到有必要行使这一权利，就可以马上去激活它。我们看到，很多研究者都用了"激活"一词来形容自主参选行为之于选举制度的关系。张千帆说："公民自发参与地方人大选举，对于激活地方人大选举是一件大好事。"[②]唐娟说："肖幼美以个人的微薄之力，进一步激活了我们的选举制度中本来包含的民主因子，同时也促使人们思考现行选举制度所存在的缺陷。"[③]据统计，2003 年北京市共提出初步代表候选人41637 名，其中选民十人以上联名提出的初步代表候选人为 40906 人，占提名总数的 98%。在 6748 位正式候选人中，89%都是选民联名产生的；最终当选的共 3662 人，占当选代表总数的 83.2%。[④]这表明，现有文本制度中的民主因素已被极大地"激活"。[⑤]李承鹏在接受《羊城晚报》专访时说，他参选人大代表的原因是为了实践自己的公民权利，"我首先作为公民，

---

① 由于出版的原因，微观的具体案例暂不发表。

② 张千帆：《独立参选人激活地方人大选举》，《新世纪周刊》2011 年第 22 期。

③ 唐娟、邹树彬主编：《2003 年深圳竞选实录》，西北大学出版社，2003 年，第 17 页。

④ 参见崔红：《北京：804 万人投票直选说明人大代表的分量重了》，《北京晨报》2003 年 12 月 11 日。

⑤ 参见邹树彬、唐娟、黄卫平：《2003 年人大代表竞选的群体效应：北京与深圳比较》，《马克思主义与现实》2004 年第 2 期。

应该实践自己的公民权利，被选举权是国家赋予我们的'武器'，如果一次都没使用过，将让我情何以堪？"①这充分说明，一旦权利人对法定的民主权利"当真"起来，并去"激活"它，它就会产生政治影响。

从基层人大代表"自主参选"的经验来看，虽然一部分参选人也会引用政策和意识形态文本作为自己参选行为的依据，但只有法律文本才是确定的、刚性的依据。法律赋予自主参选人的"切入口"是明确无误的，1979年《选举法》关于候选人介绍的条款所造成的政治影响令人印象深刻。透过一个个参选案例，我们能够清楚地看到各方能动者如何围绕法律文本进行博弈；通过《选举法》的修改历程，我们还能够清晰地看到法律如何在"技术上"对民主权利进行手术刀般的精确切割。可以说，自主参选能够出现是得益于法律所提供的民主空间，但自主参选之所以呈现目前这样的发展面貌，在很大程度上也是由于法律对选举权和被选举权的实现采取了种种限制。因此，自主参选所带来的民主发展，就不能仅仅表现为参选的行动越来越频繁有力，而且应表现为参选的制度越来越完善。

二、社会能动力量的增长

社会行动者不仅是自主参选行动的主体，也是推动选举制度完善的重要力量，一定程度上可以说，社会能动力量的发展是自主参选得以进步的根本原因。从参选人的角度来看，如果想要最终当选，他应当具备观念、利益与能力等各方面条件，即参选者首先需要具有现代民主观念和参选的意愿，其次需要有参选的利益需求，再次还要有参选的资源与能力。几十年来的自主参选者，大致可以分为"理想型""利益型"和"中间型"三大

---

① 洪启旺：《微博红人李承鹏要参选》，《羊城晚报》2011年5月26日。

类。理想型参选者以高校学生为主体,利益型参选者则以新兴社会阶层为主体。在超越了观念启蒙阶段以后,利益型参选者的比例和重要性会越来越突出,因为任何一个民主机制的根本职能都不是为了建立理想的政治制度,而是为了表达民意,维护和争取利益。可以说,利益是民主的根本动力。在实践中,我们可以清晰地看到,选民对于自主参选的积极性不高,"主要不是因为选民的民主素质不高,而是因为选举与选民的利益相关度低"①。所以说,对于自主参选这种起自社会的民主发展,虽然有观念的影响,但最主要的是受到现实利益的驱动。那些真正扎根于社区,服务于选民的参选人,往往能够获得强大的选民基础;而那种仅仅基于抽象民主理念去参选的人,则往往无法唤起选民的持续热情。

经验表明,要在自主参选中有当选的可能,参选者的条件要求是十分苛刻的。他除了要熟悉相关法律和制度,具有较强的参选意愿,以及比较好的综合素质和履职能力之外,往往还需要具备一定的政治和社会地位,一定的经济基础和良好的人际关系,甚至还要"配备"比较合适的选区等。因此,主要以小区业主、律师、教师、媒体人、企业主等为主的"新兴社会阶层",无疑具有得天独厚的优势。这些人的最大特点是民主法治观念比较强,维权的色彩比较浓厚。他们既有争取民主的"意愿",也有较强的互动"资源"和"能力",更有采取实际行动的"利益"驱动力。

三、自主参选的前景

总的来说,因为自主参选具有明确的法律文本基础。因此,中央即便可能通过一定的模糊性政策对此加以限制,但不可能将之直接禁止。这使

---

① 蔡定剑:《中国选举状况的报告》,《文汇报》2003 年 3 月 2 日。

得自主参选将会在接下来的基层人大代表换届选举中不断出现，但很难成为所谓的中国政治体制改革的"突破口"。

短期来看，自主参选的发展走势依然取决于中央、地方、社会的互动博弈。随着新兴社会阶层的不断成长，来自社会的自主参选诉求可能越来越突出。自主参选会给地方的选举组织工作带来一些困难，但不足以对地方的治理绩效直接产生根本性的影响，所以地方政府不会主动欢迎自主参选，但也不会不顾成本地强烈反对自主参选。①因此，自主参选的发展前景关键还是取决于中央的态度。中央如果明确支持，那么不仅社会会受到鼓舞，地方也会予以配合；中央如果明确反对，虽然社会中仍会有参选者不断涌现，但会抑制大部分人的参选积极性，更主要的是会引导地方对此进行干预和阻挠。由于 2011 年中央有关部门已经明确表示独立候选人"没有法律依据"，故而目前来看，自主参选再度大规模出现并不现实。

从长期来看，自主参选将以一种"鲶鱼效应"的方式，对目前的基层人大代表选举起到重要的补充和刺激作用，并促使选举制度趋于完善。由于自主参选依然是一种重要的、法定的政治参与途径，中央出于文本的制约不大可能直接关闭这个渠道。所以我们预计，作为一种主要由社会力量驱动的民主发展的形式，自主参选将不断出现。随着中国社会观念和社会力量的变化，其政治能量和政治影响力或许还会有进一步的发展。但是我们不认为自主参选可以成为所谓政治体制改革的"突破口"。②最后，理想型的自主参选人可能会心灰意冷，维权型的自主参选人可能会另选他途，自主参选行动也将因此而难以形成有力的民主发展势头。在功能上，由于当

---

① 这一点已经得到实践证明，我们在事实与过程部分已做过分析，此处不再赘述。

② 一些人将自主参选视为政治体制改革的"突破口"，参见王长江：《只有顺应潮流，才能立于不败之地》，《中国新闻周刊》2011 年 6 月 6 日；罗大蒙：《"独立候选人"与当代中国政治发展》。《当代中国政治研究报告》（2012 年第 10 辑），社会科学文献出版社，2012 年，第 163 页。

代中国政治利益的生产和分配，主要是通过选举以外的方式——比如党的领导、群众路线、协商民主等来完成的,自主参选能够为选民带来的直接政治利益是十分有限的，而中国人又普遍抱持一种进取型民主观。因此,在选举同利益尚未充分结合的情况下,选民对自主参选的"冷漠"态度将很难得到根本性的改观。在逻辑上,自下而上的民主发展同自上而下的组织原则和国家运行机制之间存在着难以避免的张力,在选举的框架下,我们很难看到圆满化解这一张力的办法。

第六章　案例回归:"治事"中的民主

在第三、四两章,我们分别对"选举"环节——领导干部和人大代表的民主机制试验和发展情况进行了分析,本章我们聚焦于"治事"环节的民主发展。单论公民在治事环节中的民主参与,依然有程度和形式的分别,而当代中国治事方面的民主实践形式也是十分多样的。其最直接的形式莫过于公民亲自管理公共事务,比如村民自治;而间接一点的形式,则是公民通过一定的渠道参与到国家权力的运行过程中,如参与到行政决策中的"开放式决策",参与到立法中的"立法听证",参与到人大监督中的"参与式预算",等等。

本章以"治事"民主中的"民主恳谈"和"参与式预算"为主要分析对象,[1]透视当代中国民主发展的机制与规律。之所以选择这方面的案例,一是因为"民主恳谈"和"参与式预算"实践发展时间较长,不仅形成了较为典型的做法,而且经历过典型的阶段变迁,叙事过程十分完整,适于进行

---

① 所谓参与式预算是一种民众能够参与到预算编制、使用和监督过程,并在其中发挥作用的民主机制。在参与式预算中,民众参与的主要形式是对话协商,因此参与式预算属于广义的民主恳谈。

历史过程追踪分析；二是因为有关参与式预算的改革，在地域分布上十分广泛，适于进行跨案例比较分析；三是因为材料方便之故，这方面的民主实践不仅得到媒体的广泛报道，学术界也有很多参与和研究。另外，民主恳谈和参与式预算作为一种不同于选举的、颇具中国特色的民主形式，很有进行研究与总结的必要。

第一节 从民主恳谈到参与式预算

“恳谈”是中国共产党由来已久的一种重要的工作方法，是指党在实行重大决策的时候，为了实现决策的科学化、民主化，通过谈话和协商等形式，听取各方面意见的决策方式和过程。所谓“恳谈制度”，本质上是“政府与公众、国家与社会之间的对话机制”[①]。因为党和政府在决策中主动采取了对话和协商的方式，所以恳谈被认为是落实党的群众路线的一种具体形式；又因为这一决策过程有了社会公众的参与，吸收了公众的意见，从而也具有了民主的性质。因此，许多地方的恳谈，特别是具有了一定制度形态的恳谈，大多被称为“民主恳谈”。恳谈通常都是发生在直接的“治事”环节，即由公众直接参与到公共事务治理和决策过程中，从而成为一种重要的治事民主形式。在当代中国，民主恳谈发展最早、效果最好、应用最广、制度化水平最高的地方当属浙江温岭。

温岭是一个温暖湿润的海滨小城，坐落在浙江东南沿海，台州湾以南。没有去过温岭的人，单凭它的名字，或许以为它属于温州，而实际上温岭是台州市下辖的一个县级市。温岭下辖太平、城东、城西、城北、横峰 5

---

① 李凡主编：《中国基层民主发展报告（2010）》，群众出版社、中国人民公安出版社，2010年，第 157 页。

个街道,泽国、大溪、松门、箬横、新河、石塘、滨海、温峤、城南、石桥头、坞根 11 个镇,共 98 个社区(居)委会,830 个行政村。截止到 2015 年年末,温岭的户籍人口为 121.53 万人,其中城镇人口 59.01 万人,乡村人口 62.52 万人。改革开放以来,温岭的市场经济飞速发展,社会结构也发生了许多重大变化。在中国的县域经济百强名单中,温岭市长期位于前列。温岭还形成了体制灵活、市场活跃、民资丰厚等鲜明的区域经济发展特色,先后获得"全国农村综合实力百强县(市)""中国明星县(市)""全国农民收入先进县市""国家级可持续发展实验区"和"国家级生态示范区"等称号。①2015 年,温岭市的生产总值达到 834.37 亿元,同比增长 5.8%;财政总收入为 98.36 亿元,同比增长 9.0%;城镇常住居民人均可支配收入 44743元,农村常住居民人均纯收入 23739 元,分别增长 8.5% 和 9.0%。②

一、缘起:农村党的基本路线教育

温岭的民主恳谈缘起于农村党的基本路线教育活动。1949 年新中国成立前夕,毛泽东指出,回顾中国共产党 28 年的理论和实践,可以总结出两条经验:"在国外,是联合世界上平等待我的民族和各国人民,共同奋斗"③;而在国内,就是"唤起民众"。毛泽东还提出:"严重的问题是教育农民。"④为了达到唤起民众、教育农民的目的,中国共产党在 1949 年后依然长期坚持在农村进行党的基本路线教育活动。可以说,党在农村的思想政治教育活动是长期坚持、一以贯之的,有所不同的只是每一个时期宣传和

---

① 参见温岭政府网:http://www.wl.gov.cn/web/zjwl/jrtf/jjfz/201603/t20160316_181719.shtml。

② 参见徐仁标:《温岭市人民政府 2016 年 3 月 7 日在温岭市第十五届人民代表大会第五次会议上的工作报告》,温岭市人大网站:http://www.wlrd.gov.cn/article/view/14180.htm。

③ 《论人民民主专政》,《毛泽东选集》(第四卷),人民出版社,1960 年,第 1477 页。

④ 同上,第 1482 页。

教育的重点不同。①

浙江省的"农村党的基本路线教育"活动从 1988 年开始。在浙江省委看来,这一教育活动形式成为"抓农村改革、发展和党的建设、精神文明建设的有效载体"②。然而由于基本路线教育活动强调自上而下的单方面宣传贯彻,而且形式比较单一,年年老一套,到了 1998 年前后,干部群众普遍产生了厌烦情绪。于是,浙江省委于当年暂停开展这一活动。③

1998 年 10 月,时任中共中央总书记江泽民在浙江嘉兴农村考察时提出:"沿海发达地区要率先基本实现农业现代化。"浙江省委迅速响应,于当年年底制定并通过了《浙江省农业和农村现代化纲要》。《纲要》提出,政治民主是农业和农村现代化的基本要素之一,现代化的农村应当"实行广泛的民主和法治。村民自治和乡镇人民代表大会制度完善,农民依法直接行使民主权利"④。在此背景下,浙江省委从 1999 年开始在全省范围内开展了新一轮的农村教育活动——农业农村现代化教育。⑤但是这一轮的教育活动同以往已经有了明显的不同。第一,不再是单方面进行党的路线的宣传和灌输,而是注意听取群众的意见;第二,在内容上,明确增加"政治民主"板块;第三,在形式上,更加注重群众参与和民主互动。这些特点使

---

① 在社会主义改造时期,教育重点是"向农民群众不断灌输社会主义思想,批判资本主义倾向",改革开放以来的教育重点则是爱国主义、集体主义、社会主义,要让广大农村干部群众做到"四个明确"。参见陆校:《让党的基本路线深入人心——省农村党的基本路线教育回顾》,《今日浙江》1996 年第 9 期。

② 吕祖善:《持之以恒抓好农村党的基本路线教育》,《今日浙江》1996 年第 1 期。

③ 参见朱圣明:《温岭民主恳谈之发生学研究》,载《秩序与进步:浙江社会发展 60 年研究理论研讨会暨 2009 年浙江省社会学年会论文集》。

④ 《浙江省农业和农村现代化纲要》,中共浙江省委第九届委员会第十四次会议于 1998 年 12 月 18 日通过。

⑤ 农业和农村现代化教育显然不止于台州地区,而是作为浙江省委布置的一项政治任务,在浙江全省普遍推行。比如 1999 年浙江温州乐清召开农业农村现代化教育动员大会,全面开展该项活动。参见陈群扬:《乐清市全面开展农业农村现代化教育》,《老区建设》1999 年第 11 期。

得教育活动具有了向"民主恳谈"转型的基础。

1999 年，台州市委决定以省委全面推进农业和农村现代化教育活动为契机，通过试点，试验新的教育形式，以克服过去教育活动和实际工作中群众冷漠、干群关系紧张的问题。时任台州市委副书记薛少仙提出，搞试点没有别的要求，"但必须与过去不同，要有特色"①。可见，当时台州市委有关领导同志，大概希望通过搞出一些有特色的创新形式，解决一定的治理难题，博取一定的政治"绩效"。台州市委将这项工作交由台州市委宣传部具体负责，以扩大试点的宣传和社会效应。在选取试点地区时，有关方面主要考虑以下因素：一是试点地区要有代表性，应尽量选择发展比较均衡，既非太靠前也非太落后的地区；二是当地"一把手"要有开拓创新精神和实干能力。于是，温岭市推荐了其下辖的松门镇作为候选地。当时的松门镇，经济社会发展处于台州乡镇的中上游水平，且产业结构比较完整，发展势头良好；时任松门镇党委书记朱从才思路开阔，创新意识和实干精神都比较强。值得一提的是，当时松门镇虽然发展较快，但干群关系比较紧张，在推行很多重要工作的时候都遇到阻力，工作难以开展。松门镇党委政府也希望利用试点的机会，找到改善政府工作，提升治理绩效的突破口。②于是，台州、温岭和松门镇在试点创新一事上一拍即合。

在研究试点方案的时候，有人提出，可以采用"现场办公"的形式，为群众解决实际困难。但现场办公的人力和时间成本都很高，很难长期推行。也有人建议，采用类似"记者招待会"的形式，当面听取群众意见，互相沟通。朱从才综合考虑各种方案后提出，央视"焦点访谈"的对话形式比较可取。通过干部群众在论坛上面对面沟通交流，群众既可以提出意见、发

---

① 朱圣明:《温岭民主恳谈之发生学研究》，《秩序与进步：浙江社会发展 60 年研究理论研讨会暨 2009 年浙江省社会学年会论文集》。

② 参见同上。

泄情绪,干部也可以了解民意,现场作答,干群双方通过"谈心"达成共识、消除矛盾、解决问题。这一设想得到了温岭和台州两方面的一致同意。不过,也有人提出,召开群众论坛,一怕没有人来,冷场子;二怕控制不了局面,出乱子;还有人担心,这可能变成干部批斗,甚至是"文革"再现。但朱从才不为所动,他认为只要党员干部端正态度,认真准备,拿出诚意,辅之以稳重有经验的干部主持论坛秩序,这些问题都可以避免。实践证明,朱从才的设想和预计是正确的。

经过精心策划和准备,松门镇首期"农业农村现代化教育论坛"于1999 年 6 月 25 日正式举行,主题为"推进村镇建设、改善镇容村貌"。[①]现场有一百五十多人参加论坛,其中除了 15 人为指定参加的村干部之外,其余群众都是自发前往的。讨论现场气氛热烈,但秩序井然,并没有出现人们所担心的问题。此后,松门镇于当年 8 月 17 日、9 月 2 日、11 月 3 日,分别召开论坛第二、三、四期,讨论主题涉及经济发展、村容村貌和科教兴镇等。[②]据统计,当年共有逾六百名群众参加松门镇民主恳谈会,提出问题110 件,当场解释、答复 84 件,承诺交办 26 件。[③] 1999 年 11 月底,松门镇远景村也召开了首次村级论坛,那次论坛的到会者达到一千多人。曾经参加过村里论坛的一位退休小学教师表示,刚开始对于论坛的效果及持续性并无信心,只是抱着试试看的态度去"看看热闹"的。后来发现干部的态度十分坦诚,大家的发言也越来越放得开。[④]

松门镇的经验很快得到温岭其他乡镇的效仿,一些乡镇、街道和村也开展了类似的对话活动。比如"农民讲坛""现代化论坛""民情直通车",甚

---

①③ 参见陈奕敏主编:《从民主恳谈到参与式预算》,世界知识出版社,2012 年,第 4 页。

② 参见李凡主编:《中国基层民主发展报告(2010)》,群众出版社、中国人民公安出版社,2010 年,第 177 页。

④ 笔者对朱从才的访谈材料,2012 年 2 月 9 日。

至还有地方直接叫"村民民主日",等等。1999 年 12 月,台州市委牵头,邀请一些专家学者前往松门镇观摩。有专家指出,这种干群对话形式已经不再仅仅是党的基本路线教育活动,而是一种新的基层民主形式,温岭有必要将之与民主挂起钩来。①温岭市委宣传部也感到,有必要将形形色色的创新论坛统一冠名,既有利于总结经验,完善相关制度,也方便传播,扩大社会影响。恰好温岭市高龙乡在 2000 年 6 月的一次论坛活动中打出了"民情恳谈"的标语。温岭市委宣传部的同志们感到,"恳谈"二字十分贴合论坛的形式,也符合党的群众路线工作原则。加之此前专家建议将论坛与民主挂钩,于是温岭市委宣传部决定,用"民主恳谈"的名字统一称呼辖区内各地的教育论坛。2000 年 8 月,温岭市在松门镇召开现场会,将此前的各种对话形式统一命名为"民主恳谈"。8 月 21 日,温岭市委出台了《中共温岭市委关于在我市非公有制企业开展"民主恳谈"活动的意见》,提出"企业'民主恳谈'活动,是企业主与企业职工之间交流沟通的一种重要方式"②。"民主恳谈"这一名称首次出现在温岭市委的正式文件之中。

2001 年 5 月,台州市委召开会议,对"民主恳谈"作出高度评价,并决定将之作为推进民主政治建设的载体, 在全市全面推广。③ 2001 年 6 月 12 日,温岭市委正式将两年来的民主恳谈经验加以初步"制度化",出台了《中共温岭市委关于进一步深化"民主恳谈"活动加强思想政治工作推进基层民主政治建设的意见》。《意见》提出:"我市各地上几年大胆探索的名称各异、形式不一的基层民主政治建设创新载体, 在名称上统一称作

---

① 参见《民主恳谈——温岭市基层民主政治建设的探索和实践》,温岭市委宣传部编:《民主恳谈:温岭人的创造》,2003 年,第 25 页。

② 中共温岭市委:《中共温岭市委关于在我市非公有制企业开展"民主恳谈"活动的意见》,世界与中国研究所网站,http://www.world-china.org/newsdetail.asp?newsid=2986。

③ 参见《民主恳谈——温岭市基层民主政治建设的探索和实践》,温岭市委宣传部编:《民主恳谈:温岭人的创造》,2003 年,第 23 页。

'民主恳谈'。"《意见》还明确表示,民主恳谈要"在党的领导下,广泛发动群众参与,依法有序地开展党群干群之间平等对话,实施双向交流;用民主法制的办法,改进领导方式和方法",要"以'民主恳谈'为载体推进基层民主政治建设"。[①]至此,在温岭市委内部,民主恳谈作为一种基层民主形式的定位已经明确,虽然它依然承担"党的基本路线教育"功能,但其"民主"功能得到确认。因此,可以说民主恳谈是由党的群众路线"内生"出来的,而1999—2001年可谓是民主恳谈的"初创阶段"。

二、定型:纵横扩展与制度完善

2001年以来,民主恳谈飞速发展,不仅纵横两方面的适用范围大大扩展,而且制度化水平和规范化程度也不断提升。据统计,到2002年初,温岭市参加"民主恳谈"的群众就已达30万人,占到全市人口的四分之一以上,群众提出的意见和要求1.5万余条,当场答复9千余条,解决落实近4千条。[②]

在适用范围方面,民主恳谈原来主要局限于乡镇(街道)、村和企业三个层面,而此后则进一步延伸到城镇居民社区、基层事业单位、党政机关、群团组织。比如,从2003年开始,新河镇在羊毛衫行业实行工资集体协商制度,这一做法得到时任国务院总理温家宝的肯定。2008年,浙江省委和全国总工会专门就此进行经验交流和推广。到2012年,台州97%以上的

---

① 中共温岭市委:《中共温岭市委关于进一步深化"民主恳谈"活动加强思想政治工作推进基层民主政治建设的意见》,李凡主编:《中国基层民主发展报告(2010)》,群众出版社、中国人民公安出版社,2010年,第272页。

② 参见汪彦、刘芷淇:《探索有中国特色的基层民主政治——浙江省温岭市创建"民主恳谈"纪实》,《学习时报》2002年3月11日。

企业都已经实行了工资集体协商制度。①另外，2002 年温岭市太平派出所率先推出"警民恳谈"，温岭市公安局于 2003 年即制定了警民恳谈考核机制，将"警民恳谈"全面铺开。这一做法得到国家公安部的充分肯定，台州市此后将每月的 6 日确定为"警民恳谈日"，②此例遂成定制。2004 年 6 月 8 日，温岭市委进行了首次党内民主恳谈会，由市委领导与党代表面对面交流对话。这一时期，民主恳谈还开始与人大制度相结合，如 2004 年 8 月，温峤镇将经过民主恳谈后确定的建设项目和预算方案形成议案，提交镇人大审议表决。③

在制度完善方面，虽然温岭市委 2001 年 6 月的《意见》就提出要完善制度，"进一步健全'民主恳谈'活动的配套机制"，但这份《意见》提到的所谓具体制度如承诺交办制度、限时反馈制度、跟踪督查制度、部门协调机制、建议收集机制等，内涵并不明确，特别是缺少程序性规定。2004 年 9 月 29 日，中共温岭市委出台了《中共温岭市委关于"民主恳谈"的若干规定》，正式以党内法规的形式对民主恳谈的定义、基本原则、议题范围、参加对象、基本程序和实施监督等事项加以确定。④ 2008 年 1 月 12 日，中共温岭市第十二届代表大会第二次会议还专门通过了《中共温岭市委关于党内民主恳谈的若干规定（试行）》，将党内民主恳谈加以制度化，提出党

---

① 台州市总工会权益保障部部长周正翔表示："2012 年底，我市共有 34000 多家建会企业，其中 33000 多家企业都建立了工资集体协商制度。"参见卢珊、包斌斌：《台州 33000 多家企业用工资集体协商制度留住员工》，浙江新闻网 http://news.zj.com/detail/2013/05/09/1454804.html。

② 参见卢剑锋：《参与式民主的地方实践及战略意义——浙江温岭"民主恳谈"十年回顾》，《政治与法律》2009 年第 11 期。

③ 参见同上。

④ 参见中共温岭市委：《中共温岭市委关于进一步深化"民主恳谈"推进基层民主政治建设的意见》，李凡主编：《中国基层民主发展报告（2010）》，群众出版社、中国人民公安出版社，2010 年，第 283~287 页。

内民主恳谈"是重大决策的必经程序"①;明确规定了党内民主恳谈的事项、方法与程序。民主恳谈的制度化、规范化程度大大提高。

需要特别强调的是,在 2001 年《中共温岭市委关于进一步深化"民主恳谈"活动加强思想政治工作推进基层民主政治建设的意见》中,民主恳谈的功能定位依然是"教育、服务、民主"三合一,它依然被认为是重要的思想政治工作形式。而 2002 年 10 月 9 日,中共温岭市委出台的《中共温岭市委关于进一步深化"民主恳谈"推进基层民主政治建设的意见》则将民主恳谈的功能定位彻底落实为"一种新型的基层民主形式"②,文件中不再提及民主恳谈与思想政治工作的关系,从而有意淡化乃至取消了其"教育"功能。而且此后温岭市出台的有关民主恳谈的正式文件,都将其定位为一种民主形式。由此,民主恳谈作为一种新型的基层民主形式得到温岭市委的明确肯定,它所适用的层级、行业、议题也得到大大扩展,逐渐成为温岭市各方面普遍采用的一种"主流"民主机制。因此,可以说 2001—2005年间,是民主恳谈经历纵横扩展和制度完善的"定型阶段"。

三、深化:预算中的民主恳谈

2005 年以来,温岭的民主恳谈又有了重大进展。一方面,它依然是得到温岭市各方面广泛应用的一种重要的基层民主形式;另一方面,它开始同公共财政预算问题相结合,寻找更加坚实的制度化载体或表达形式,逐步形成了"参与式预算"制度。从本质上看,参与式预算是一种专门针对公

---

① 《中共温岭市委关于党内民主恳谈的若干规定(试行)》,李凡主编:《中国基层民主发展报告(2010)》,群众出版社、中国人民公安出版社,2010 年,第 288 页。

② 《中共温岭市委关于进一步深化"民主恳谈"推进基层民主政治建设的意见》,温岭市委宣传部编:《民主恳谈:温岭人的创造》,2003 年,第 10 页。

共财政预算问题、制度化程度更高的民主恳谈形式。典型意义上的参与式预算首先发起于温岭市的泽国与新河两镇，并由此形成了以政府为中心的"泽国模式"，和以人大为中心的"新河模式"。①

(一)泽国模式:政府主导

泽国镇的参与式预算始于城市建设项目资金投入的分配问题。泽国的参与式预算是在政府的主导下进行的,其整个运行模式的设计和完善,体现出很强的"理念性"和"创造性",专家学者在其中发挥了非常重要的作用②,被认为是"协商民主的典型形式"③。之所以如此,主要是因为泽国模式应用了美国斯坦福大学费什金教授发明并实践的"协商民意测验"(Deliberative Polling)这一带有鲜明社会科学方法论色彩的协商民主形式。协商民意测验是一种经过严格程序设计的协商民主形式,目的在于避免代议制民主所固有的诸如参与不足、票决"暴政"和缺乏沟通对话等问题,其基本要义在于"随机抽样""多次协商"和"民意对比"。④通过随机抽样的机会平等来实现参与者的政治平等;通过多次协商来修正原始民意,以达成审慎共识;通过协商前后的民意对比,可以检验"协商"作为一种民主形式的有效性。⑤协商民意测验所强调的"协商",恰好同温岭"民主恳谈"的做法高度契合。将协商民意测验应用到公共财政资金的分配中,就形成了

---

① 需要注意的是,在中国的政治结构中,无论是泽国模式的政府主导,还是新河模式的人大主导,都是在党委领导下进行的。

② 比如,澳大利亚迪肯大学何包钢教授、美国斯坦福大学费什金(James S.Fishkin)教授、浙江大学郎友兴教授、复旦大学韩福国副教授等人都曾作为泽国模式的设计者、研究者或咨询者参与其中。

③ 陈朋:《国家与社会合力互动下的乡村协商民主实践》,上海世纪出版集团,2012年,第214页。

④ See James S.Fishkin, *Democracy and Deliberation:New Directions for Democratic Reform*. New Haven, Yale University Press, 1991, pp.33-41.

⑤ 参见[美]詹姆斯·费什金:《实现协商民主 虚拟和面对面的可能性》,劳洁译,《浙江大学学报(人文社会科学版)》2005年5月第35卷第3期。

参与式民主的泽国模式。

泽国的参与式预算改革,始于 2005 年初,包括以下基本环节[1]:

第一步,泽国镇政府在广泛调研的基础上,提出一定数量的城市建设项目;

第二步,泽国镇政府聘请专家对本年度的城建项目进行分析论证,提出各个项目的资金预算;

第三步,由专家设计民意调查问卷;[2]

第四步,提前公布初选项目的详细说明及参与方式;

第五步,采用随机抽样的方式在全体居民中抽取一定比例的民意代表;

第六步,向当选代表发放问卷,进行第一次民意调查,并通过数据分析,了解民意代表的"原始意见";

第七步,召开民意代表的民主恳谈会,进行 2~3 轮小组讨论和大会集中讨论;[3]

第八步,进行第二次问卷调查,[4]并形成民意测验的正式结果;

---

[1] 2005 年的第一次试验的相关情况介绍,参见蒋招华、何包钢:《协商民主恳谈:参与式重大公共事项的决策机制——温岭市泽国镇公共参与 2005 年城镇建设资金使用安排决策过程的个案报告》,《学习时报》第 308 期。

[2] 问卷包括受访者的基本情况、预选项目意向调查和泽国镇财政基本情况三大类型,共计50 个小题。

[3] 参与项目论证设计的专家被邀请参加民意代表恳谈会,作用在于回答民意代表的提问,提供更加丰富的项目信息,以方便民意代表协商。恳谈过程中,人大代表和政府官员也可以旁听,但不参与讨论。

[4] 为了验证协商的效果,费什金设计的协商民意调查会将民意代表分为实验组和控制组,实验组在协商会议前后分别进行问卷调查,两次问卷调查的题目完全一致;控制组则在不召开协商会议的情况下直接进行民意调查,以观察协商会议对民意的影响。泽国镇的实验表明,经过民主恳谈会的协商过程,民意代表的意向发生了明显改变,这说明协商的有效性。

第九步,镇政府根据民意测验结果调整项目排序和预算计划,制定预算报告并提交镇人大讨论审议。[①]

可以看出,泽国镇的参与式预算过程是由政府主导的。在实行参与式预算改革前,预算编制和公共财政资金的使用与分配都是通过封闭的政府过程决定的;而通过协商民意测验,这一过程被"打开",公众得以通过随机抽样参与到公共财政资金的使用分配问题讨论中。在泽国模式中,民主恳谈主要体现为两种形式:2008年以前,是民意代表之间进行恳谈,民意测评结果作为政府调整预算草案的参考依据;2008年以后,在预算审议环节增加了人大代表和政府官员之间的恳谈。但是在两种形式中,都不存在民意代表同政府官员或人大代表之间的恳谈。[②]

泽国模式形成之后,经过了若干次优化与调整。

第一,协商项目的范围。协商项目最初仅限于城市建设项目,2008年扩展到全部财政预算。但项目范围扩大后,民主协商反而失去了焦点,并进而降低了参与质量。于是,从2009年开始,协商项目集中在财政政策补助和建设项目预算上。[③]

第二,民意代表的抽选方式。2005年是以村居和家庭为单位随机抽

---

① 2008年以来,政府在根据第二次民意测验结果对预算草案进行修改之后,还会与人大代表召开一次民主恳谈会。

② 在民意代表恳谈环节,邀请部分人大代表旁听,但旁听代表没有发言权;在预算审议环节,人大代表与政府官员的民主恳谈中,也会邀请一定数量的民意代表旁听,民意代表也没有发言权。参见何包钢、郎友兴:《协商民主在中国的深化——泽国镇2008年财政预算民主恳谈会》,《学习时报》2008年3月10日。

③ 朱圣明:《协商民意测验之中国版本——来自泽国预算民主实验的案例研究》,载《"浙江经验与中国发展模式"国际学术研讨会论文集》,2009年。

选[1]；2006 年以来则按照人口比例随机抽选产生，而且有一定比例来自本镇中等以上规模企业的外来务工人员当选[2]。

第三，备用资金。从 2008 年开始，在政府提出的项目列表之外，安排一定比例的资金留作备用资金。这一安排的意义在于，民意代表借此获得了一定的"议题设定权"[3]，因为民意代表此前无权设定议题，只能在政府给定的项目范围内进行选择，而备用资金则可用于未列入政府项目名单而民意代表集体主张的项目。

第四，辩论程序。从 2008 年开始，在大会讨论环节除了阐述观点之外，还增加了一个辩论程序，以便民意代表们更好地对话沟通、寻求共识。

第五，二维恳谈。2008 年之前，恳谈仅在民意代表之间进行；从 2008 年开始，增加一个政府官员同人大代表恳谈的环节。

第六，表决方式，2008 年开始将人大表决的方式由举手表决，改为无记名投票。

上述调整之后，整个程序设计更加科学，民主性进一步增强。不过，这些调整并未改变泽国模式的基本内核。[4]

规模较大的政治体不适于采用直接民主制，故而产生了代议制民主

---

[1]　抽样办法是：2000 人以上的村每村 4 人，1500~2000 人的村每村 3 人，1000~1500 人的村每村 2 人，1000 人以下的村每村 1 人。全镇每户分得一个号码，被抽中的家庭派出一位代表参加恳谈会。2005 年共产生 275 名民意代表。

[2]　在实践当中，随机抽样也带来利益代表不集中，被抽中的民意代表议事能力低下等问题。后来韩福国提出可以采用"分层抽样"替代随机抽样，解决代表不足的问题。

[3]　[美]罗伯特·达尔：《论民主》，李风华译，中国人民大学出版社，2012 年，第 33 页。

[4]　我们认为，泽国模式的基本内核在于两点，一是随机抽样，二是民意代表恳谈（而不是民意代表和国家代表之间进行恳谈）。这两点，正是泽国模式不同于新河模式的关键所在。

作为可操作的替代性形式。①代议制民主又往往因为走向"精英主义"，而失去民主政治所应有的广泛性和包容性。随机抽样却是一种"铁面无私"的选择技术，它不仅能够过滤掉民意代表产生过程中的权力干涉因素，也因为随机抽样的绝对的机会平等，而避免了选举民主可能带来的精英主义问题。在随机抽样的情况下，政治体内所有人都有被抽中的平等机会。当然，以随机抽样和民意调查为核心的"民意检测"技术，也同样存在问题。②一类属于规范性质的问题，即民意测验本身所固有的问题。正如霍布斯所说："人类的事情绝不可能没有一点毛病。"③放眼世界，我们不可能找到一种政治技术是只有好处而没有弊端的，当然任何一种既存的政治安排也不可能只有弊端而绝无好处。比如，随机抽样固然能保证民主的平等性和包容性，但同样很可能将一些参政意愿和议事能力极低的人抽选出来，也有可能将与议题有关的真正的利益相关者排除在外。当然，这类问题也可以通过一定的补救机制加以改进。如果时间足够长，公民们经过充分的民主训练，其议事能力可以得到普遍提高。另外在技术上，也有人提出，可以根据中国国情将"随机抽样"改为"复式多群随机抽样"④，以适应中国的社会分层结构和政治决策结构。一类属于实践性质的问题，即某一政治技术在实践应用过程中所面临的问题。比如，民意测验技术需要比较高的组织、时间和经济成本，仅 2005 年泽国镇的财政预算"民主恳谈会"的组织

① 参见［美］罗伯特·达尔、爱德华·塔夫特：《规模与民主》，唐皇凤译，上海人民出版社，2013 年，第 8 页。

② 关于这一技术方法的优劣，参见何包钢：《协商民主：理论、方法和实践》，中国社会科学出版社，2008 年，第 102~106 页。

③ ［英］霍布斯：《利维坦》，黎思复、黎延弼译，商务印书馆，1985 年，第 141 页。

④ 韩福国提出，用"复式协商民主"的做法整合各个群体的意见，将"随机抽样"改为"复式多群随机抽样"，使之适应同中国具体的社会分层结构和政治决策结构。具体办法是，将原来单一的随机抽样改为由随机抽样+社区工作者随机抽样+自愿参与者随机抽样+专家参与者随机抽样的复式随机抽样方式。参见韩福国：《我们如何具体操作协商民主：复式协商民主决策程序手册》，复旦大学出版社，2017 年，第 61~64 页。

成本就达到 8 万元。①每一次的民意测验过程，从项目考察到确定，从问卷设计到民意调研，从民意代表的选择到相关人员的培训，都需要花费不菲的成本。高昂的成本有可能构成这一技术进行推广的重要障碍。

相比于以上问题，还有一类结构性质的问题可能更加关键。即协商民意测验以何种方式同目前的权力结构形成对接，是将其设计为一种权力机制还是咨询机制？从类型学的角度来说，如果将之设计为一种权力机制，那么就会形成“以民众为中心的民意测验”，民意测验的结果将具有一定的强制性，政府或人大应当将之作为预算编制或预算审批的“决策依据”。而如果将民意测验设计为一种咨询机制，那么就会形成“以政府为中心的民意测验”，民意测验结果仅仅是政府制定预算的“决策参考”。“以民众为中心的民意测验”无疑是最具民主性的，这相当于将决定预算的权力转移到了民意代表的手中，从而有可能同现有权力结构发生冲突。根据宪法和法律，预算编制权属于政府，预算审批权属于人大。而如果经随机抽样产生的民意代表可以“决定”预算项目排序和经费投向，那么就“架空了”政府和人大的相关权力。②民意代表直接代表人民，乡镇人大也直接代表人民，二者权力如何兼容？③在理论上，政府或人大如果违反民意测验结果，就相当于违背人民意志；而政府或人大如果必须遵守民意测验结果，则民意代表竟成了一种可以凌驾于正式宪法制度之上的更高权力。在预

---

① 参见王建勋：《钱袋子中的公众参与》，蔡定剑主编：《公众参与：风险社会的制度建设》，法律出版社，2009 年，第 250 页。

② 民意代表给项目打分排序，相当于一种投票行为。由此形成的结论虽然仍需要提交人大进行审批，但此时人大的审批仅仅相当于在形式上履行了一个法律程序，其性质相当于“确认”，而非“审批”了。

③ 人大代表和民意代表意见相左的情况并不鲜见。比如，2008 年泽国镇对全部预算进行民主恳谈和民意测验，并将民意测验的结论提交人大无记名投票。最后，政府根据民意调查结论而提出的预算报告，在 107 名应到人大代表中仅获得 60 票赞成，可谓“涉险通过”。这种情况，无疑反映出人大代表同民意代表之间的分歧。

算问题上,绕开既有权力结构"另起炉灶",显然是政府和人大都难以接受的。[①]"以政府为中心的民意测验"不会造成直接的权力冲突,但其民主性又显得不足。目前,民意测验主要还是作为一种咨询机制在起作用。而当民意测验仅能充当一种咨询机制,那么它比其他咨询机制有何独特优势呢? 老百姓为何会为这种大费周章、成本高昂的民意测验埋单呢? 实践证明,泽国模式虽然设计严密、理念成熟,但并未成为此后通行于温岭的主流模式。

(二)新河模式:人大主导

在温岭市得到广泛应用的是新河模式。同泽国镇一样,新河镇之所以采用民主恳谈来进行预算审议和监督,直接动因也在于应对财政赤字。[②] 2004 年,时任新河镇党委书记、镇人大主席团主席的金良明接受了温岭市委宣传部理论科科长、民主恳谈办公室主任陈奕敏的建议,在本镇开展参与式预算的改革试验。新河镇的试验也得到了专家学者的直接参与和支持,世界与中国研究所所长李凡、中山大学教授马骏、复旦大学教授浦兴祖、上海市人大常委会研究室周梅燕等一大批专家学者曾参与到新河模式的设计和运行中。

新河模式的核心和区别于泽国模式的关键之处在于:一是将民主恳谈放在人大的制度平台上来进行,充分利用人民代表大会既有的预算监督和审查权,强化人大代表的预算监督职能;二是组织党委、政府、人大和社会公众四方共同参与民主恳谈;三是并不突出强调民意代表的独立意

---

① 协商民主机制可以应用于不同层级、不同领域,在其他不涉及权力结构的层级或领域——比如基层自治、公共决策等——应用协商民意测验则不会遇到类似的结构性问题。

② 2004 年,温岭市新河镇由于预算缺乏监督、财政收支控制不当,镇政府财政赤字达四千多万元。这促使刚上任半年的新河镇党委书记、镇人大主席团主席金良明毅然接受了陈奕敏的建议。参见郑赫南:《亲历新河预算民主恳谈会》,《检察日报》2006 年 8 月 7 日。

见,而只是适当扩大普通民众对预算编制和审查的知情权和参与权。

具体而言,新河模式的运行机制和独特性在于:第一,组织和主导参与式预算的部门是人大;第二,民主恳谈的参与者包括党政干部、镇人大代表,以及自愿参与的社会公众;第三,民主恳谈针对镇政府的全口径预算;第四,社会公众通过自愿报名+资格审核的方式参与预算恳谈,只享有知情权以及有限发言权,而没有表决权;第五,社会公众虽然在会前初审和大会审议阶段都有一定的参与权和表达权,但民主恳谈的主体是政府官员和人大代表;第六,其民主性主要体现在,人大代表和民众在恳谈中有权提出问题和意见,政府官员应当进行回应和解答,政府还应根据人大代表和民众的意见修改预算方案并提交人大审议表决;第七,在预算审议阶段,五名以上人大代表可以提出预算修正案,符合格式的修正案将列入大会表决;第八,人大成立常设的财经工作小组,对预算执行情况进行持续跟踪和监督。①

可以看出,新河模式是一种"人大主导"的参与式预算。在新河模式中,社会公众的主体性和参与性并不明显,其产生并无明确的制度保障,特别是社会公众不能像泽国模式一样通过民意测验结果单独发出自己的声音,这也是它被认为民主性不足的主要原因。②

经过不断完善,新河模式已经形成了一套"会前初审""大会审议""会后监督"的基本流程。③"会前初审"具有一定的创造性,《中华人民共和国

---

① 相关情况的介绍参见陈朋:《国家与社会合力互动下的乡村协商民主实践:温岭案例分析》,上海人民出版社,2012年,第175~190页;陈家刚、陈奕敏:《地方治理中的参与式预算——关于浙江温岭市新河镇改革的案例研究》,《公共管理学报》2007年7月。

② 浦兴祖教授认为,严格意义上的参与式预算应当仅指公民对预算审查的直接参与,人大代表审查预算是行使法定职权,不能被称为参与式预算。因此,新河模式很难说是严格意义上的参与式预算。浦兴祖教授访谈,2017年2月20日。

③ 参见张学明:《深化公共预算改革增强预算监督效果——关于浙江省温岭市参与式预算的实践与思考》,《人大研究》2008年第11期。

地方各级人民代表大会和地方各级人民政府组织法》第九条第四款规定，乡镇人大有权"审查和批准本行政区域内的财政预算和预算执行情况的报告"，可见法律并未赋予乡镇人大参与财政预算编制的权力。但实际上，由政府编制的预算报告往往十分笼统，人大代表根本无法在有限的时间内详细审查。而在新河模式中，人大代表和社会公众得以"提前介入"到预算编制这一环节。因此，我们认为，新河模式中人大代表的"参与"从预算编制环节就开始了。要在预算编制过程中进行民主恳谈，不仅要求政府细化预算草案，而且提前给了代表和公众提问和表达诉求的机会，以方便政府同代表和公众沟通并修改预算报告。在实践当中，新河镇的会前初审包括"代表初审恳谈"和"代表及公众初审恳谈"两种模式。在前一种模式下，全体人大代表同政府进行恳谈，公众有权旁听但不发言[1]；在后一种模式下，代表和公众都可以参与预算民主恳谈。在大会审议阶段，先由政府方面对预算草案报告和预算细化进行说明，各初审小组作初审汇报，然后人大代表提问，政府负责人进行回应和解释。此后，镇人大主席团和政府召开联席会议，政府和人大代表进一步互动，并根据大会讨论意见修改预算方案。经联席会议修改后的预算方案，再次交由人大代表和公众进行分组讨论。在此期间，人大代表可以提出预算修正议案。至此，最终形成并提交人大表决的预算报告，至少已经经过 4~5 轮民主恳谈，使各方面的意见都能够得到充分表达。在会后监督阶段，新河镇人大也创造性地成立了常设财经工作小组。财经工作小组的成员由本年度的镇人大主席团决定，可以邀请财政、会计等方面的专业人士参加。按照规定，政府需每季度向财经小组汇报预算执行情况，财经小组也可以根据需要启动对政府预算执行情况进行监督。另外，"人大主席团、财经工作小组，以及人大代表审查和

---

① 按照规定，列席旁听的公众没有发言权，但实际上也有旁听代表直接提问。参见陈朋：《国家与社会合力互动下的乡村协商民主实践：温岭案例分析》，上海人民出版社，2012 年，第217 页。

讨论的预算信息,不仅仅基于预算报告,而且还来自对于公共项目的实地考察"①。

可以看出,作为一种"嵌入"人大制度的民主机制,新河的参与式预算同样有着诸多创新之处,其最为突出的创新点在于:一是增加了会前初审环节,二是赋予了普通民众一定的参与权,三是赋予人大代表联名提出预算修改议案的权利,四是成立了常设的人大财经工作小组,五是文本审查与实地调查相结合。经过这样的创新性改革,宪法和法律赋予人大的预算"监督权"得以大大地充实,人大代表的履职积极性也得以大大地提高。②因此,新河模式也有着重新配置政治权力的作用。

然而新河模式的不足之处也是显而易见的。其一,最突出的问题就是参与不足。这不仅体现在普通民众在整个民主恳谈过程中的"表达权"不够充分,更主要是社会公众的参与面不够广。在实践中,一次民主恳谈的自愿报名者通常不足 30 人③,这和泽国模式随机抽样产生民意代表 200人左右的规模相去甚远。而且,在目前的自愿报名者中,"公民参与多以村干部和企业领导者为多"④。这一问题,同新河模式中民意代表的产生方式直接相关。在新河模式中,社会公众代表主要通过自愿报名和定向邀请的

---

① 陈家刚、陈奕敏:《地方治理中的参与式预算——关于浙江温岭市新河镇改革的案例研究》,《公共管理学报》2007 年 7 月。

② 每一次的预算恳谈人大代表都十分积极,甚至曾经出现一些片区的人大代表由于其所提交的预算修正议案没得到通过而集体退场的情况。浦兴祖教授访谈,2016 年 10 月 18 日。

③ 自愿报名的方式很难保证参与人数,如新河镇 2011 年民主恳谈,自愿报名者仅为 10 人左右。参见孟元新:《2012 年中国参与式预算实践综述》,李凡主编:《中国基层民主发展报告 2012》,第 244 页。以新河模式为蓝本的温岭市级机关民主恳谈,自愿报名参加者,2011 年为 18 人,2012年为 26 人。参见彭天宇:《2012 年度温岭市政府部门预算编制民主恳谈会观察》,李凡主编:《中国基层民主发展报告 2013》,第 65 页。注:自 2011 年开始,李凡主编的《中国基层民主发展报告》系列不再由出版社出版,而是由世界与中国研究所直接印刷。

④ 陈家刚对陈奕敏及新河镇相关官员和人大代表进行访谈。参见陈家刚、陈奕敏:《地方治理中的参与式预算——关于浙江温岭市新河镇改革的案例研究》,《公共管理学报》2007 年 7 月。

方式产生。定向邀请主要是针对专家学者，而这样难以避免"关系代表"和"安全代表"的问题；自愿报名者则多为社会精英，如村干部、企业主、中介机构、行业协会、社会团体代表等。而泽国模式随机抽样的优势，恰恰就是能够确保参与的平等性和包容性。

其二，由于民主恳谈主要是在人大代表和政府官员中间展开的，二者之间往往过于"和谐"，难以形成有效的"交锋"。人大代表之间的恳谈也大体如此，各自表态的较多，进行争论的较少。笔者在会场上的感觉是，人大代表似乎也有意地避免激烈的争论①。

其三，新河镇的民主恳谈是在人大的组织下举行的，而没有像泽国模式一样引入独立完整的技术环节，因此恳谈过程容易受到操控。

2006 年新河镇通过了《新河镇财政预算民主恳谈会实施办法（草案）》，民主恳谈的规范性大大提高，但仍然对许多细节缺乏规定。例如 2007 年，在专家学者的帮助下，新河镇设计了《新河镇 2007 年参与式预算工作方案》，并得到人大全体会议通过。《工作方案》明确规定人大采取无记名投票方式表决。然而由于担心预算报告通不过，人大主席团竟临时宣布采用举手表决的方式，公然违反既定程序，而且这一情况在 2008 年再度出现。②

（三）为什么是新河模式

通过以上比较，我们可以比较清楚地看到，在理论上，泽国模式和新河模式各有优劣。泽国模式的优势在于逻辑严密、设计科学，但问题主要

---

① 当然，激烈争论也并非没有。在 2008 年的财政预算调整民主恳谈会上，塘下片区的人大代表就由于"关于增加对塘下片中小学教育投入"的议案没有在主席团会议上通过，而在讨论人大主席团提交的两项预算修正案议案时集体退场，以示抗议。此情节为浦兴祖教授访谈时所说，浦兴祖教授当时正在现场观摩。

② 2007 年的情况见杨子云：《浙江温岭新河镇试水"参与式公共预算"》，《中国改革》2007 年第 6 期。浦兴祖教授则证实了 2008 年的这一情况。

在于同权力结构难以兼容;新河模式的优势则在于可以同现行体制无缝对接,但问题在于参与不足,且制度漏洞较多,容易出现人为操控的弊端。但在实践中,两种模式的发展空间则大不一样。泽国模式主要在当地进行,而新河模式却得到温岭其他乡镇及温岭市级机关的效仿。当然,其他地方在学习新河模式的过程中,也对泽国模式的技术有所借鉴,并通过机制创新,以克服新河模式的弊端。例如,箬横镇在新河模式的基础上增加了一个"片区初审恳谈"环节。该环节由镇人大组织,以片区为单位,镇政府官员、人大代表下到基层,同村民代表和各界人士开展恳谈。温峤镇也同样如此,将预算编制的主导权交给村民。[①]通过降低恳谈层级,缩小恳谈范围,不仅村民们的参与更加广泛和充分,参与者的利益相关性也大大增强。温岭市级部门的预算恳谈也以新河模式为蓝本,但一定程度上借鉴了泽国模式随机抽样的技术。为了避免定向邀请中存在的"关系代表"问题,温岭市在专家的建议下设立了预算审查监督参与库和人才库,每次参与恳谈的专家通过随机抽样从中产生。[②]虽然加入了这些改进措施,但这些地方的做法不改其新河模式的内核。所以说,目前温岭通行的参与式预算恳谈模式是新河模式。

为什么是新河模式而不是泽国模式得到更广泛的应用呢?我们认为,根本原因不在于泽国模式本身不科学、不民主;恰恰相反,单从理论和技术上衡量,泽国模式其实更加科学、更加民主。根本原因在于,两种模式对现行体制的适应性存在差异。泽国模式和新河模式虽然都被称为"参与式预算"民主恳谈,也有着大体相似的产生背景,比如都得益于过去几年来

---

① 参见陈朋:《国家与社会合力互动下的乡村协商民主实践》,上海世纪出版集团,2012年,第192~195页。

② 参见孟元新:《2012年中国参与式预算实践综述》,李凡主编:《中国基层民主发展报告2012》,世界与中国研究所,2012年,第244页。

温岭市民主恳谈所积累的经验，直接动机都是为了解决镇政府的财政赤字问题，都得到专家学者的深度参与和支持。但实际上，二者的理论基础却有着重大差别。

泽国模式的内核是"协商民意测验"，而"协商民意测验"的理论基础是西方的协商民主。①在理论源头上，协商民主所强调的是"公民之间的协商"②，因此其程序设计往往是以国家与社会的二元分立为基点。这一点在泽国模式中也体现得非常清楚，民意代表恳谈，政府官员和人大代表可以旁听，但不能发言；政府官员和人大代表恳谈时，民意代表可以旁听，但也不能发言。新河模式的载体则是"人民代表大会"，其理论基础是人民民主，所强调的是国家和社会之间的协商。这一设计基于政治社会的整体与和谐理念，强调各方面进行"共同协商"，因此严格来说，它不是一种协商民主，而是一种协商政治。③协商民意测验的初衷，是让公众"获得"政治决定权。其实质是通过引入新技术，完成权力创设和权力转移——社会通过民意测验技术从国家手中"拿回"本属于自己的民主权力，从而在根本上改变了既有的权力结构。所以说，泽国模式的核心并非随机抽样这一技术，而是其强调"民意"作为民主属性和要素的权力地位。新河模式虽然也对政治权力进行重新配置，但这主要发生在国家机构之间，社会公众只是获得了"加入"既有政治过程的有限参与权。因此，它本质上只是提高了预算决策过程的民主性和科学性，而并未在根本上改变权力结构。虽然二者

---

① 虽然我们将民主恳谈和参与式预算等发生在中国语境下的民主形式也称为"协商民主"，但必须注意到此"协商民主"同西方语境下的"协商民主"不同的内涵。

② 比如，科恩认为，协商民主发生在独立的社团中，拥有不同偏好和信念的社团成员，在管理自身生活时进行的理性的公共交往和协商。See Joshua Cohen.Deliberation and Democratic Legitimacy.In James Bohman，William Rehg.*Deliberation Democracy.Essays on Reason and Politics*.The MIT Press，1997，pp.67–73.

③ "协商民主"和"协商政治"的区别参见陈家刚：《协商民主与政治协商》，《学习与探索》2007 年第 2 期。

都是参与式预算,但泽国模式是通过创造权力转移——预算决定权从国家转移到社会,来实现公众参与;而新河模式则是开放权力过程——社会参与到预算决定过程中,来实现公众参与。因此,泽国模式可以说是严格意义上的协商民主,而新河模式则只是一种民主协商。协商民主的立足点是"民主",即社会的民主权力;而民主协商的着力点是"协商",即国家与社会通过对话,寻求整体共识。①所以说,新河模式和泽国模式的差异,表面上是技术和操作方式的差异,实质上是理论基础的差异。

从国家与社会关系的角度来看,协商民主可以有"权力型协商""咨询型协商"和"对话式协商"②三种实践形式。泽国模式的民意测验如果落实为一种"决策依据",那么就形成了"权力型协商"——协商在公众之间进行,且预算权力归社会;如果落实为一种"决策参考",那么就形成了"咨询型协商"——协商在公众之间进行,但预算权力归国家。新河模式则属于"对话式协商",党委、政府、人大和社会公众共同对话,以寻求达成整体共识。在"对话式协商"中,虽然政府行使法定的预算编制权,人大行使法定的预算审批权,但这两个环节都有其他主体的直接参与。在泽国模式的两种落实方式中,国家与社会都处于"分立"状态,不同的只是预算权的归属一为国家,一为社会;而在新河模式中,国家与社会则处于"合一"状态,各方共享预算权。这恐怕才是二者在理论上的根本区别。

那么两种模式能否共存呢?或者说协商民意测验能否嵌入人民代表大会制度呢?我们认为,两种模式相互借鉴对方的一些做法,在实践上是可行的。比如,温岭市级机关的预算恳谈,就应用了泽国模式的随机抽样

---

① 对于二者的上述区别,虽然学术界尚未从理论上加以清晰的界说,但实践操作者已经有了切实的感受。很明显的一点是,参与新河模式与泽国模式的专家学者理念和类型不同,泽国不会邀请新河模式的参与者,反之亦然。韩福国访谈,2017 年 2 月 17 日。

② 毫无疑问,任何一种协商都是通过"对话"来实现的,但"对话式协商"特指在国家与社会之间通过对话进行协商,寻求国家与社会之间的整体共识。

技术。但这样做的结果，必将是新河模式"吸纳"泽国模式，而不可能是泽国模式"吸收"新河模式，从而会使泽国模式丧失其理论上的独特性。即应用了随机抽样技术的新河模式依然是新河模式；而一旦民意代表开始同国家进行协商，泽国模式就不再成其为泽国模式。因为民意测验一旦嵌入国家机器当中，就将失去其本义，从而变得同群众座谈会、听证会一类的民主协商机制没有本质的区别。而且假如在新河模式中纳入随机抽样技术，随机抽样所产生的代表数量不可能太多，否则会出现参与过载的情况。其结果要么是恳谈会耗时长久，要么就是很多参与者根本得不到发言机会，从而使参与失去意义。

对于上述两种模式的关系和内涵，笔者制作下表，以作说明：

表 6-1　参与式预算的类型

参与式预算	类型	协商主体	恳谈结果	效果	国家与社会关系	主导者	理论类型
泽国模式	权力型	民众协商	决策依据	权力转移	分立	民众中心	协商民主
	咨询型	民众协商	决策参考	权力分割	分立	政府中心	准协商民主
新河模式	对话型	各方协商	整体共识	权力开放	合一	人大中心	民主协商

仅从理念和技术的角度来看，泽国模式本身无疑是相当"完美"的。然而当我们将之放在一个复杂的权力结构中来审视，它又显得有些突兀。单独来看，民意测验作为一种"理想的"民主技术，应当像逻辑公式一样有着放之四海而皆准的效力。但实际上，这个技术最大的问题就是"屏蔽"了权力结构，将民主单纯视为一种"公民+技术"的组合——在一定的公民团体中应用这一技术以实现民主的政治。问题是，在权力结构不可避免的情况下，任何技术的应用都不可能是自在自为的，而必须通过一定的权力组织来实现，而一旦应用这一技术会损害既有权力，那么权力就必然会三思而后行。在中国的政治结构中，真正应用民意测验技术，不仅会削弱政府的

预算编制和主导权，也会架空人大的预算监督和审查权。[①]而这样的设计，显然难以打动国家行动者。正因为存在以上种种难题，泽国模式的推广存在困难，到目前为止依然只在泽国镇得以应用，甚至一些曾经采用抽样方法的地方，最后也回到了自愿报名和定向邀请等老路上来。[②]

但新河模式就不存在上述问题。新河模式的意义，主要不在于引入了新的民主技术，而在于其在现有的制度基础上拓宽了民主空间，使民主恳谈获得了“制度内”身份。民主恳谈最初是由党的群众路线教育活动演变而来，并主要由地方党委根据具体事项和议题的“需要”而相机举行。民主恳谈虽然得到温岭市委红头文件的明确赋权，但相对于国家制度而言，仍然只能算是一种“体制外”的民主形式。[③]即便是泽国模式，也未能改变其“体制外”的身份。而新河模式一方面保留了民主恳谈中的公民参与和互动协商要件；另一方面则同正式的国家制度——人民代表大会制度进行对接，从而不仅为民主恳谈提供了“法定”的制度载体，也为人民代表大会制度的改革和完善提供了动力。

新河模式最大的价值在于，在预算问题上引入一种对话机制，并设置一些看似无关紧要的权力机制，使党委、政府、人大和社会进行预算协商和恳谈成为可能。其本义不在于再造权力结构，而是要增进各方在预算问

---

① 但在实践上，泽国模式也通过修正其做法而进行了一定的妥协。这种修正主要体现在两方面：一是缩小民意测验的项目范围，仅有限项目应用此法；二是将民意测验结果作为政府的“参考依据”。而这两种做法，都使协商民意测验的“民主性”有所折扣。

② 参见韩福国：《协商民意测验的程序性与效度——基于分层抽样、结构内替代与深度访谈的修正》，温岭人大网，http://www.wlrd.gov.cn/article/view/5176.htm。

③ 比如，陈奕敏认为：“民主恳谈作为一种基层民主形式，源于基层的实践创新，是没有法律地位的，属于体制之外的制度安排的自然生长。而这种体制外的制度安排是否具有合法性，是否具有可持续性呢？这就涉及一个制度框架问题，也就是民主恳谈与法律、法规和现有的一些具体制度协调的问题，其中最主要的是与基层人大制度如何协调。”参见陈奕敏：《预算民主：乡镇参与式公共预算的探索》，《学习时报》2006年5月22日。

题上的沟通与妥协，即人大代表和公众可以提出问题，表达诉求；而党委政府则听取意见，做出解答，并根据前者的意见调整预算方案。总体上，这一模式所体现出来的权力合作要强于权力制衡。其本质，相当于在现有的"府院关系"中增加了民主恳谈的润滑剂，使双方能够在预算问题上"商量着来"。而人大代表的预算修正提案权、人大财经工作组等创新性机制的加入，则使得人大有了同政府"商量着来"的制度抓手。更重要的是，由于在民主恳谈过程中落实了预算公开，扩大了公民参与，因此公众也有了参与预算问题的制度渠道。这样就在正向博弈的情况下，使民主获得了增量发展——在不触动现有权力结构的情况下，增加民主因素。这让新河模式成为一种各方都大致可以接受的民主发展机制。正因为如此，2006年以来，新河模式不仅得到箬横、温峤等其他乡镇的模仿，也得到温岭市级机关的应用。2008年以来，以新河模式为样板的参与式预算在温岭市级机关、各乡镇和村居全面铺开；新河模式首创的种种机制，诸如人大代表的预算修正提案权、人大设立财经小组等，也得到其他乡镇的效仿。目前，人大代表五人以上提出预算修正议案的做法已经应用到温岭的11个镇，表决预算修正议案成为乡镇人代会审查预算的必经程序。据不完全统计，从2006年至2017年初，"温岭11个镇共提出预算修正议案119件，列入大会表决的预算修正议案57件，其中49件获得通过，预算调整资金额达3300余万元"[1]。2015年，温岭市人民代表大会也通过了首个预算修正议案；2016年市人代会共收到预算修正议案10件，其中2件经全体代表审议通过。

---

① 吉卫国、赵宇星等：《温岭人大工作系列报道之一：奏响预算审查监督时代强音》，《人民代表报》2017年2月11日。

四、扎根：形成习惯和气候

民主恳谈和参与式预算在温岭的发展也并非毫无波折。比如 2007 年，新河镇的参与式预算就曾"停摆"。当时由于领导班子换届，"新河镇《2007 年财政预算》在未经人大代表和居民'刁难'的情况下顺利通过"①。新河镇人大于 2006 年通过的《新河镇财政预算民主恳谈实施办法》竟成虚设。但是总体而言，温岭民主恳谈和参与式预算的发展之路是相当顺利的。这不仅体现在民主恳谈和参与式预算在纵横两个方向应用范围不断扩大，也体现在其制度和程序不断完善，更体现在这一做法得到台州市、浙江省乃至中央的肯定，并吸引了其他地区到温岭取经学习。

经过若干年的发展，民主恳谈这一民主形式早已经贯彻到温岭市各级党政机关的决策协商、预算协商、工资协商、作风建设、部门预算、专项资金使用的绩效评估、社会矛盾化解等党政工作的方方面面。②而参与式预算，也在 2008 年迎来了一个分水岭。

第一，参与式预算于 2008 年被引入市级部门，温岭市交通局首先举办预算恳谈试点。2009 年，温岭市级层面参与式预算的范围进一步扩大到交通、水利、建设规划、科技、计生等五个部门，以及农民建房、重点建设项目、反"两抢一盗"促社会稳定工作、食品安全工作等四个专题预算审议。③

第二，从 2008 年开始，温岭市箬横、滨海、大溪等乡镇也开始参与式预算试点，到 2009 年，温岭大部分乡镇开始了预算恳谈实践。温岭市人大

---

① 杨子云：《浙江温岭新河镇试水"参与式公共预算"》，《中国改革》2007 年第 6 期。

② 参见中共温岭市委《关于认真学习贯彻党的十八届三中全会精神全面深化改革的决定》2014 年 8 月 29 日。《温岭年鉴 2015》，第 501~504 页。

③ 参见李凡主编：《中国基层民主发展报告 2010》，群众出版社、中国人民公安大学出版社，2010 年，第 56 页。

还设想,2009 年以后全市参与式预算的比例要达到"两个 80%",即乡镇和市级财政的 80%都要通过民主恳谈来确定。[①]如今,参与式预算已经成为温岭市的一个"品牌"。据统计,从 2008 年至 2017 年初,仅温岭市一级的参与式预算恳谈现已举行 42 场次,每年恳谈的预算总额占全市总预算的 70%以上,参与的人大代表和公众近 4000 人次。[②]

第三,在机制建设方面,温岭市级部门及各乡镇以新河模式为基础,建立了以人大为中心的参与式预算制度,但同时进行一定的改进和完善。比如,2010 年 9 月,温岭市级机关参与式预算为了克服参与广度和参与质量之间的矛盾问题,建立了"参与库"和"专家库"[③],从中随机抽选参加民主恳谈的代表和专家,这明显借鉴了泽国模式的随机抽样的做法。2010 年,温岭市人大还制发了《温岭市 2010 年水利建设重点项目民意调查问卷》,这一做法也吸收了泽国模式中的民意调查方法。箬横和温峤等乡镇则在新河模式的基础上增加会前恳谈环节,将恳谈"下降"到村或片区。这样既扩大了参与范围,也避免了领导指定参与者的问题。另外,预算监督的范围也从预算编制和审查环节,延伸到预算执行的绩效评估。如从2011

---

① 参见卢剑锋:《参与式民主的地方实践及战略意义——浙江温岭"民主恳谈"十年回顾》,《政治与法律》2009 年第 11 期。

② 参见吉卫国、赵宇星等:《温岭人大工作系列报道之一:奏响预算审查监督时代强音》,《人民代表报》2017 年 2 月 11 日。

③ "参与库"由全体市人大代表、镇人大代表、村民代表、民情联络员、担任过副处实职以上离退休老干部、妇女代表、科技界代表、税收 50 万~100 万元企业法人代表、大专以上学历外来人口等 10 个方面的人员组成,共计 32478 人,其中村民代表 2 万多人,占三分之二以上。"人才库"由熟悉财政预算知识的专业人员,包括部分市人大代表、机关人员、人大财经工委议事委员会成员、镇(街道)人大领导干部、村民代表、居民代表、中介代表、企业代表、老干部代表等 12 个方面人员组成,共计 336 人。参见朱圣明:《参与库与人才库——温岭预算民主恳谈的新元素》,《地方财政研究》2011 年第 9 期。

年开始,温岭市人大开始将财政预算绩效评价同参与式预算相结合[1];泽国镇对城建线 2013 年度预算进行绩效评价;箬横镇探索开展税收收入民主恳谈;大溪镇举行预算执行情况专题询问。[2]这些做法进一步丰富了参与式预算内涵。

经过不断发展,民主恳谈和参与式预算已经在温岭上下扎根,人大机构从被动到主动,人大代表从基本业余到相对专业,相关各方尤其是政府从不习惯到习惯,总体上来说已经养成了习惯,形成了气候。[3]以 2014 年为例,温岭市相继开展 7 个部门预算民主恳谈,在 32 个代表联络站分别举行部门预算征询恳谈,认真听取选民和社会各界意见,提出有价值的建议 250 多条。温岭市人大常委会在分代表团对 24 个部门预算开展"一对二"专题审议的同时,进一步深化部门预算人代会票决制,将票决范围延伸至整条科技"资金链",涉及市科技局、农林局、经信局、科协 4 个部门,资金总额达2.54 亿元,增强了预算审查的刚性和实效。[4] 2016 年则探索政府性重大投资项目初审票决制,在深入代表联络站广泛听取民意基础上,温岭市人大常委会首次对 10 个新增政府性重大项目逐项开展初审和票决。温岭市人大常委会还深化全口径预决算审查监督,进一步完善部门预算专题审议,促使 24 个部门调整预算项目 82 个,涉及资金 3858 万元。[5]

---

① 温岭市十四届人大常委会第三十九次会议专门审议了部分重点工程和项目绩效评价情况的报告,温岭市人大常委会在审议中特别提出,要注重绩效评价同参与式预算相结合。参见李凡主编:《中国基层民主发展报告 2012》,世界与中国研究所,2012 年,第 246 页。

②④ 参见张学明:《温岭市人民代表大会常务委员会工作报告(2015 年 3 月 10 日)》,《温岭年鉴(2015 年)》,第 11 页。

③ 参见孟元新:《温岭市 2009 年十四届人大三次会议预算民主恳谈观察》,世界与中国研究所,2009 年 4 月 8 日《背景与分析》第 185 期。

⑤ 参见张学明:《温岭市人民代表大会常务委员会工作报告(2016 年 3 月 9 日)》,温岭市人大网站,http://www.wlrd.gov.cn/article/view/14234.htm。

温岭的相关做法也得到了台州市和浙江省其他地方的学习借鉴。比如，仙居县于 2001 年在全县 721 个行政村推行了村务大事民决制度，凡涉及村民利益的重大事务都按照"一事一议"原则提交村民公决。2004 年三门县委组织部制订了《关于全县农村实施重大村务村民代表票决制的意见》，投资额超过 5 万元的村集体经济项目立项、承包方案、村公益事业等内容，村党支部、村委会须提交村民进行票决。2005 年 8 月天台县推出村级民主决策"五步法"：民主提案—民主议案—民主表决—公开承诺—监督实施。五年来，天台县共收到村民提案 11289 件，有 8851 件村级重大事项提交表决，269 件被否决，承诺事项完成率达到 99.8%。全县农村信访量下降 47%，集体访下降 57.9%，连续 5 年获"浙江省平安县"称号。2009 年，天台县的公众满意度、党风廉政建设满意度和组织公众满意度测评均居全市第一。[①]到 2011 年，民主恳谈已经在台州 97%的乡镇得到推广，行政村一级的覆盖面则达到 83.5%。[②]

在浙江省一级，据统计到 2002 年，全省有 77%的村将民主恳谈活动作为制度固定下来。[③] 2006 年，浙江省在总结各地经验的基础上出台了《关于实施村级重大事务民主决策制度的意见》，"民主恳谈会"这一提法正式进入省级层面的规范性文件。2011 年 6 月，时任浙江省省委书记赵洪祝在全省人大工作经验交流会上提出，要将温岭经验适时推广到其他乡镇进行学习借鉴。同年，浙江省委出台的《中共浙江省委关于加强"法治浙江"基层基础设施建设的意见》(浙委〔2011〕85 号)提出，要"积极推进'参与式预算'制度，由基层人大负责组织，人大代表和群众代表参与，对政府

---

① 参见杨胜杰：《在省委党校中青班学员赴天台县街头镇山头下村进行"五步法"现场教学时的汇报材料》，2010 年。

② 参见杜才平主编：《台州民主政治概论》，知识产权出版社，2012 年，第 136 页。

③ 参见何显明：《治理民主：中国民主成长的可能方式》，中国社会科学出版社，2014 年，第 232~233 页。

及部门预算编制、预算执行情况进行民主恳谈,实现实质性参与的预算审查监督,提高政府财政预算、部门预算的科学性和透明性"①。可见,民主恳谈和参与式预算确实已经在浙江扎根。

协商民主的"温岭经验",也引起了中央高层的高度关注。2011 年,由中宣部、国家发改委主办,新华社承办《辉煌"十一五"大型图片展》,温岭的民主恳谈和参与式预算作为国家"十一五"期间的重要民主创新案例得到展出。2014 年,中央办公厅调研组专门来温岭调研协商民主的实践经验和做法,全国人大则专门到温岭调研参与式预算的相关经验。中央调研组对温岭的基层协商民主和参与式预算实践经验高度肯定,并在国家层面提出"按照在社会主义民主政治建设上走在前列的要求,深化民主恳谈制度建设,大力发展社会主义协商民主,推进协商民主广泛多层制度化发展"②。温岭的相关经验和做法还在中共十八大报告、《中共中央关于加强社会主义协商民主建设的意见》(中发 2015〔3〕号)、《预算法》修正案等党和国家重要法律和文件中得到体现。得到中央肯定后,全国其他地区也纷纷到温岭学习借鉴相关经验和做法。根据《温岭年鉴》的记载,仅 2014 年,就有江苏、重庆等省(直辖市)级人大,广州、大连、沈阳、湖州、天津滨海新区、安庆等市(区)级人大,共九批次专程到温岭市考察学习参与式预算和预算审查的相关经验。③可见,民主恳谈和参与式预算的相关经验已经在纵横两方面得到深度"转化"。

---

① 周先苗(时任温岭市委书记):《创新基层民主模式 拓宽社会管理渠道——在浙报集团 部分百强县市社会管理创新座谈会上的发言》,《温岭日报》2011 年 10 月 28 日。

② 徐淼:《积极适应新常态 融入台州都市区 为开启温岭跨越发展新征程而努力奋斗》(2015 年 1 月 29 日在中国共产党温岭市第十三届代表大会第四次会议上的报告),《温岭年鉴(2015 年)》,第 8 页。

③ 参见《温岭年鉴(2015 年)》,第 50~51 页。

第二节　对比：参与式预算在全国

　　温岭的参与式预算固然典型，但并非唯一。自 2005 年以来，河南焦作、江苏无锡、黑龙江哈尔滨、上海闵行、江苏常州、四川巴中、安徽淮南、浙江临海、广东顺德、云南盐津等地出现各种形式的参与式预算实践。[①]这些实践，各有特色和重点，但在基本方面，依然同新河模式或泽国模式大同小异。当然，它们最显性的区别，乃是结果的不同。有的像温岭一样，不但延续至今，而且制度化程度不断提高；有的则昙花一现，无疾而终。本节择其要者做一介绍，以资比较。

一、河南焦作市预算听证会

（一）背景

　　据目前的资料显示，河南省焦作市的预算改革是全国启动最早的。1998 年，由于受到亚洲金融危机的冲击，加之国内环保政策调整，以煤炭行业为主的焦作市陷入困境，财政收入锐减，甚至一度连公务员工资都发不出来。而一些单位则私设小金库，篡改会计信息，甚至胡乱收费、胡乱摊派。于是，焦作市委、市政府决定收回各单位的财权，清查小金库，并由市

---

　　① 这一名单并非全部，而仅仅是知名度相对较高、做法相对典型的例子。例如 2003 年，重庆市财政局即制定了《预算追加听证会暂行制度》，首开预算听证会之例，只不过仅限于预算追加一项；2006 年广东省佛山市政府颁发《佛山市财政支出绩效评价评审专家库管理办法（试行）》，较早开展预算支出绩效评估。

财政局统一委派会计进驻各单位。当时收回各单位的小金库、账外账、闲置资金共计两亿多元。①钱收回来之后，要解决怎么花的问题，需要给各单位和公众一个交代。焦作市委决定，通过预算公开、社会听证和绩效管理等方式走透明财政之路。

（二）主要做法

焦作市的预算改革先从预算公开做起，后逐步扩展到预算的编制、监督、执行等环节，并于 2005 年开始引入独立的第三方进行预算绩效评估。2004 年，焦作市第一次举行预算听证会，吸收专家和公众参与到预算决策中来，针对焦作市水利局、卫生局、司法局和焦作大学四个单位的部门预算进行了局内听证和社会听证会。不过，焦作市的预算听证会具有"半公开性质"②，参会人员仅限于财政局副科级以上干部、预算单位代表、各会计站站长，以及由市财政局从人大代表、政协委员、新闻单位和社区中聘请的 10 位社会财政监督员。③可见，焦作市预算听证会的参与者以政府干部为主。2004 年的第一次听证会，社会公众方面仅有一人报名，且最终并未到会。④从此后的情况来看，公众参与的积极性也始终不高。不过，焦作市并未因此就停止预算听证会，反而在此基础上对相关做法进行完善。

从 2012 年开始，焦作市开展"十件民生工程"项目，在预算听证会之前，先将部分群众关心、涉及群众切身利益的民生工程项目放在网上，由网民投票评选。在广泛征集民意之后，再组织专家论证会和社会听证会。这种方式，大大提高了民众的参与度。焦作市参与式预算的基本流程包括

①④　参见杨华云：《焦作预算公开的"孤军"之困》，《新京报》2011 年 12 月 27 日。

②　参见蔡定剑主编：《公众参与：风险社会的制度建设》，法律出版社，2009 年，第 228 页。

③　参见河南省焦作市财政局：《焦作市部门预算听证会：财政工作公开、透明的体现》，《财政研究》2004 年第 5 期。

十个步骤：信息公开、部门申报、财政汇审、民意测评、专家论证、社会听证、人大初审、审计监督、绩效评价、结果公开；[①]而民意测评、专家论证、社会听证、人大初审和绩效管理又是其中最核心的环节。可见，焦作参与式预算的基本做法包括以下特点：一是政府主导，主要由市财政局组织开展；二是部门预算和项目预算相结合；三是网络民意测评、内部听证和社会听证相结合。

（三）制度化与延续性

为了加强参与式预算的制度化水平，焦作市委、市人大、市政府先后出台了《关于完善公共财政体系推进和谐焦作建设的意见》《焦作市市级预算监督暂行办法》《焦作市市级预算管理暂行办法》《焦作市财政支出绩效评价管理暂行办法》《焦作市市级部门预算绩效目标管理暂行办法》等15项重要法规制度办法，形成了较为完整的制度体系。[②]目前，焦作市的预算听证和网络评议已成常态，已经形成"四权分离"[③]的基本结构，包括预算编制、财政监督、预算执行和绩效管理四大板块，而且这四大板块已经在焦作市财政局官网上形成固定板块和模式。[④]

---

① 参见申相臣：《焦作参与式预算的实践探索》，《地方财政研究》2011年第9期。

② 参见申相臣：《焦作财政"分权制衡"制度成型》，《经济参考报》2013年3月15日。

③ 参见郝峰磊：《焦作财政"分权制衡"获第七届中国地方政府创新奖》，人民网，2014年1月14日。

④ 参见焦作市财政局网站，http://www.jzczj.gov.cn/sitegroup/root/html/ff8080812d6db8ac012d97c88cd32e45/c7a84322eecb46dc866d18e6523ee85e.html。

二、江苏无锡市参与式预算

(一)背景

2005 年,刚刚当选为无锡市委书记的杨卫泽提出,要在无锡建设"阳光工程",实行政务公开,规范权力运行。而财政公开正是阳光工程的重要组成部分。彼时,中国发展研究基金会(国务院发展研究中心下属机构)正好在进行一个参与式预算试验项目。2005 年 10 月,在中国发展研究基金会的组织下,无锡市、哈尔滨市和上海市财政系统的有关人员到巴西交流学习参与式预算经验。随后,在无锡市委主要领导的支持下,无锡市成立了由副市长牵头,包括市政府副秘书长、市财政局局长、滨湖区区长和北塘区区长在内的无锡市参与式预算试验推进工作领导小组。试点被选择在滨湖区河埒街道和北塘区北大街街道进行。

(二)主要做法

在无锡的参与式预算试验过程中,虽然中国发展研究基金会也起到了重要的推动作用,比如组织了研讨会和海外考察、进行跟踪研究与报道等,但在无锡参与式预算的程序设计和实施方案的制定这一关键环节,并没有见到专家学者和基金会的参与,而主要是由无锡市财政局自行设计制定的。[①] 其基本流程包括:第一,广泛宣传,由"试验推进工作领导小组"通过各种方式,对参与式预算进行宣传动员;第二,征集项目,由具体承担试验的街道参与式预算试验工作办公室组织,以社区为单位推荐候选项

---

① 参见吴彦:《中国参与式预算改革的研究——以无锡市为例》,中山大学硕士论文,2009 年。

目；①第三，确定代表，由街道工作办公室根据居民的职业、社区人口标准推荐产生；②第四，开会表决，街道工作人员介绍候选项目，后由居民代表直接进行投票表决，中间没有恳谈程序，投票结果作为立项依据；第五，项目实施，街道试验工作办公室负责细化项目预算，对外发包，无锡市财政局负责规范项目管理；第六，项目执行和监督，在此过程中，组织居民进行监督和质询，并向有关部门反馈意见；第七，项目审计，组织居民代表和专家进行绩效评估，审计和评估结果作为试验是否成功及财政拨款的主要依据。

可见，无锡的参与式预算有如下基本特点：一是政府主导，无锡市财政局牵头，街道具体组织实施；二是以项目支出为载体，具有一定的民生色彩；三是公众有项目决定权，而没有项目设定权；四是公众参与主要体现为项目征集阶段提出意见和项目确定阶段投票，缺乏沟通协商环节。

（三）制度化与延续性

无锡参与式预算从 2005 年开始准备，2006 年试点，2007 年扩大到全市 25 个街道中的 16 个街道实施，2011 年扩大到全市所有街道，③但在 2012

---

① 办公室工作人员同居委会工作人员一起，通过走访社区了解居民实际需求，并在各个社区通过组织座谈会、听证会、发放民意调查表等方式征集居民意见。在意见征集阶段，居民表现十分活跃，提出许多项目意见，但最后需要街道统筹确定最终入围的候选项目，即候选项目的决定权在政府。参见王建勋：《钱袋子中的公众参与》，蔡定剑主编：《公众参与：风险社会的制度建设》，法律出版社，2009 年，第 231 页。

② 街道推荐的基本原则是"平衡"和"代表性"，即各阶层、职业、性别、年龄段都要有代表。因此，最后产生的代表群体包括人大代表、政协委员、离退休人员、外来务工人员、个体私营业主、低收入人员、居民小组长等。从代表的实际构成来看，绝大部分都是党员干部和居民小组长，年龄普遍偏高。如 2007 年崇安区上马墩街道的 75 名代表中，有男性代表 39 人，女性代表 36 人；50 岁以上代表将近 80%，40 岁以下代表仅占 5.3%；居民小组长占 40%。参见同上，第 231~236 页。

③ 孟元新：《2011 年中国参与式预算实践综述》，李凡主编：《中国基层民主发展报告 2012》，世界与中国研究所，2012 年，第 242 页。

年之后便销声匿迹了。究其原因,最重要的可能就是制度化水平不高。无锡的参与式预算体现了较为浓厚的个人意志,理性色彩稍显淡薄。这体现在若干方面:第一,参与式预算的方案和程序完全由政府设定,而不是像温岭、盐津、闵行、顺德一样,在专家的指导和帮助下进行设计,这使得无锡的做法科学性和规范化程度不高①。无锡市也没有适时对改革实践进行制度化规范,从而难以延续②。第二,政府主导的色彩过于浓厚,公众参与度较浅。从参与的发起到项目意见征集,从候选项目确定到居民代表推荐,再到项目实施的整个过程,都是由政府组织开展,程序设计者似乎并不关心居民是否觉得这些步骤合理。第三,所涉及的项目基本都属于居家养老、文化娱乐、健身设施等"见效快"的短期项目,而并不在意公众是否真的需要这些项目,以及公众真正需要什么项目。③究其实质,无锡参与式预算仅仅由财政局拿出少部分资金,用于少量基层社区的民生项目,④既没有将之作为预算工作同人大制度对接,其本身也没有进行制度化建设,充其量只能算是一项同财政资金使用与分配有关的"民生工程",而不能算严格意义上的参与式预算改革的"制度建设"。这也就难免出现"人走政息"的结果,在其主要发起者杨卫泽于 2011 年 3 月离任无锡市委书记后,

---

①　比如居民代表的产生方式和标准比较随意,项目确定仅仅经过一个投票环节,而没有对话与协商。

②　整个过程中,仅仅由无锡市财政局通过了一个《关于加强"参与式预算"试验项目管理的指导性意见》(2006 年 6 月 26 日),这属于市级层面的规范性文件。其余仅靠承担项目的街道,在每一年度的参与式预算活动开展前,制定当年的工作方案。可见其具有很强的临时性。

③　参与式预算项目主要有三类:一是与群众生活密切相关的为民办实事项目,能够较快产生社会效益使群众受益;二是注重提高群众生活质量,满足百姓日益增长的物质文化需求,优先发展环境整治、医疗卫生、文化教育和安全保障等民众关注的热点领域项目;三是规模小、周期短、切合实际、体现民情,容易获得多方支持的项目。参见沐滟:《无锡新区参与式预算放大百姓声音累计实施项目 21 个》,《无锡日报》2012 年 8 月 22 日。

④　截至 2012 年,无锡市累计建成参与式预算项目 172 个,投入财政资金 2.8 亿元。这相对于无锡市一年数千个项目,数百亿财政支出,仅仅是九牛一毛。参见孙彬:《无锡:参与式预算改革激活基层民主意识》,新华网-江苏频道,2012 年 4 月 2 日。

很快便悄无声息了。①

三、上海市闵行区预算审查监督

（一）背景

2006 年，由财政部财政科学研究所所长贾康和中国政法大学宪政研究所所长蔡定剑共同领衔的"中国公共预算改革研究课题小组"同上海市闵行区人大合作，试点"公共预算审查监督制度改革"。这项工作得到时任闵行区区委书记孙潮和区长陈靖的大力支持。2008 年 6 月，闵行区邀请 5 名美国预算管理专家介绍国外先进的预算理念和做法；7 月起，闵行区人大分批对区人大代表进行预算审读的专业能力培训。②改革从区级财政公共预算编制和绩效评估为切入口，改革的目标被确定为：预算编制更加科学和细化、预算审查更加民主化和程序化、预算执行更加透明公开。③预算细化和预算公开首当其冲，从 2008 年开始，闵行区人大代表审议的区年度财政收支报表从以往的"一张纸"变成了厚厚的一本书，并用图文并茂的方式对预算项目加以详细说明，④支出项目细化到每一张椅子、每一个书架。预算民主化方面，不仅人大代表从预算编制阶段就提前介入，而且还增加了面向公众的预算听证会。在预算执行效果评估方面，2010 年，闵行区首次尝试引进第三方独立评价机制，委托上海财经大学中国教育支出绩效评价（研究）中心及 7 家会计师事务所，对 2009 年度 28 个项目进行评估。

---

① 目前能见到的关于无锡参与式预算的公开报道，最晚的止于 2012 年 8 月 22 日。参见沐滟：《无锡新区参与式预算放大百姓声音累计实施项目 21 个》，《无锡日报》2012 年 8 月 22 日。

② 参见鲁宁：《闵行预算改革步入"中场"》，《东方早报》2012 年 1 月 19 日。

③ 参见王炜、朱琦：《预算监督改革 打造阳光财政》，《上海人大月刊》2008 年第 2 期。

④ 参见张建松：《人大代表有效监管政府"钱袋子"》，《新华每日电讯》2012 年 2 月 11 日。

(二)主要做法

闵行区的"公共预算审查监督制度改革"包括预算公开、项目听证会和绩效评估三大支柱。其中,预算公开的要义是向人大代表公开经过细化的预算方案,方便人大代表审查;绩效评估则针对预算支出的实际效果,由专业的第三方加以实施。这两个方面虽然都有着面向社会的积极意义,但真正体现"参与式预算"特点的环节要数预算项目听证会。闵行区的预算项目初审听证会包括以下基本流程:

第一,预算编制恳谈。在启动预算编制后,政府即邀请人大派代表到场,提前介入预算编制过程。第二,项目自评。当年参加听证的项目,由各单位自主申报。在申报前,单位先行运用专家制定的"PART"评级工具,对本单位项目进行自评。①第三,召开内部评审会。由区人大组织内部的项目评审会,邀请相关专家、人大代表、财政局官员出席,项目申报单位必须出席,接受专家和代表的询问。评审中发现问题较多的项目,也可能被刷去。第四,项目预审。由闵行区人大财经工作委员会对项目进行预先审查,并提出修改意见,选择可听证的项目上听证会。第五,召开听证会。由闵行区人大常委会组织预算项目初审听证会,通过"自愿报名"和"邀请参加"的方式,确定专家学者、政府官员、人大代表和普通市民参加者,②听证结果

①　每个项目都必须回答 14 个问题,"无效"的项目可能被刷去。

②　以 2017 年的预算项目初审听证会的参加者为例,当年共确定 4 个项目进行听证,每个项目的听证从本区人大代表中确定不多于 6 名陈述人和 40 名旁听人；从社会公众中确定不多于 6 名陈述人和 40 名旁听人;邀请若干名专家作为陈述人出席听证会;听证陈述人的报名人数超过 6 名时,由听证机关根据各种意见大体相当、地区分布等原则确定;旁听人的报名人数超过 40 名时,从符合条件的报名人中随机抽样产生;陈述人或旁听人不足规定人数时,则符合条件的报名人和邀请人都可以确定为陈述人或旁听人;闵行区人大代表或年满 18 周岁的在闵行区居住或工作的公民都可以报名。以上规定见《闵行区第五届人民代表大会常务委员会关于举行 2017 年预算初审听证会的公告》,《闵行报》2016 年 11 月 4 日。

提交人大常委会。第六，项目初审。由闵行区人大常委会对项目预算提出修改意见，并将听证会意见转交政府，政府据此对进行修改。第七，大会审议。在区人民代表大会上，将政府修改后的预算草案下发到人大代表手中，代表可以提出修正案。第八，大会表决。①

从预算公开和审查角度来说，闵行区的做法类似于新河镇，都是以人大为制度依托，吸收公众参与预算审查监督。不同的是，新河镇的参与式预算目前已经走向了全口径预算审查监督，而闵行区则限于部分民生项目；新河镇是采用民主恳谈的方式，而闵行区则通过听证会的方式。从公众决定公共财政资金使用的角度来说，闵行的做法类似于泽国镇。但泽国采用民意测验方法，且涉及项目较多；而闵行区参加听证会的项目偏少（通常不超过 5 项），但流程也比较规范。

（三）制度化与延续性

为了让改革形成制度化成果，闵行区人大相继出台了《闵行区人民代表大会常务委员会预算审查监督办法》（2008 年 2 月 27 日）、《闵行区人民代表大会常务委员会预算审查监督办法修正案》（2010 年 9 月 25 日）、《预算初审听证规则》《闵行区人民代表大会常务委员会关于进一步完善预算初审工作的暂行办法》等一系列制度文件。由于建立了比较完备的制度，而且通过人大这个法定的制度平台发挥作用，闵行的预算审查监督改革得以延续。②

---

① 以上流程介绍参见吴鹏：《预算监督 闵行发力》，《新京报》2009 年 3 月 2 日。
② 《探索创新预算监督审查体制机制 切实提高预算审查实效》，闵行区人大网站，2016 年 12 月 8 日。

四、四川省巴中市白庙乡的财政公开与民主议事会

(一)背景

　　四川省巴中市是一个贫困地区,但是有着比较丰富的民主创新传统。巴中市很早就开展了乡镇领导干部直选的试点改革。2006 年,巴中市就被四川省委确定为首批常委分工负责制改革试点市, 巴中市委推动建立开放式民主生活会制度。2007 年,巴中市委市政府出台了《关于进一步推进党务政务公开工作的意见》,推行"阳光党务政务"工作。时任巴中市委书记的李仲彬多次强调要打造"阳光政府"[1],但财务公开方面一直没有进展。2008 年 3 月,李仲彬在一次交流基层党建工作时,对巴中市委党校常务副校长、市委组织部副部长王国勤表示,是否可以考虑在这方面"做些探索性的试验"。王国勤本打算在市级部门寻找试点机关,可是大家缺乏积极性,于是只好将眼光转向乡镇一级。而此时,巴中市巴州区白庙乡党委书记张映上正在为白庙乡思考发展对策。白庙是有名的贫困乡,2005 年就负债 380 多万元,[2] 乡财政收入几乎全部要靠上级转移支付,2009 年人均收入才 3393 元,低于巴州区平均水平 4000 多元。有一次,张映上请王国勤出主意,后者建议他"多从基层民主建设上想想"[3]。世界与中国研究所所长李凡也正好想在中西部地区寻找一个开展参与式预算的试点地区。四川省委党校新农村建设研究中心副主任彭大鹏博士向李凡推荐了巴中的白庙乡和恩阳镇。2009 年 11 月,李凡和彭大鹏来到白庙,给张映上

---

①　钟欣:《"中国第一个'全裸'乡政府"的台前幕后》,《四川党的建设·城市版》2010年第 5 期。

②　参见石破:《白庙乡的"全裸史"》,《南风窗》2011 年第 18 期。

③　刘俊:《"全裸乡政府"台前幕后》,《南方周末》2010 年 3 月 25 日。

介绍了参与式民主预算的相关经验与做法。得知情况的王国勤也参与其中。2010年1月24日，白庙乡首次召开"白庙乡财政预算暨民主议事会"，王国勤、李凡、彭大鹏等人都亲自参与。在召开民主议事会之后，白庙乡将公共财政事无巨细地公布在乡政府网站上。2010年3月，相关情况经有关人员发布在天涯论坛之后，迅速引起大量媒体的关注。人民网强国论坛旋即邀请张映上做客，介绍有关情况。① 白庙乡在其政府网站上，专门开辟了"财务公示栏"，对本乡的财政收支数据详细公示，"不仅仅是告诉公众各项开支花了多少钱，还明确告诉公众这些钱具体是怎样花的，为公众监督的开展创造了条件"②。

(二)主要做法

白庙乡的主要做法包括两方面：财政公开和预算公众参与，公众参与以预算细化和预算公开为条件。其财政公开的内容和方式主要包括：公开范围涉及村乡两级的财务状况，具体包括乡政府机关和部门的财政财务收支情况，村委会的公用经费、集体经济组织收支，土地补偿和安置补助费用等情况，所公开的事项必须落实到细目③；公开的方式则包括网络公开、政务栏公开、会议公开和其他方式公开（比如对在外人员通过手机短信、电话、书信等方式公开）等。公用经费收支，原则上每月公开一次。为了落实公开效果，白庙乡还专门设置了举报机制和群众评价反馈机制，公布了白庙乡和巴州区纪委的电话。④

---

① 参见《白庙乡党委书记张映上谈"政府财政公开"》，人民网-强国论坛。

② 《张映上：财政公开，"全裸"又何妨》，《国际金融报》2010年3月16日。

③ 其中公款接待、公车消费、政府采购等都有明细，如吃饭、烟酒、矿泉水、纸笔、纸杯等，甚至还包括价格为1.5元的信封。公布内容除金额外，还包括事由、时间、证明人、审批人、安排人等。见白庙乡政府网站。注：2016年后，该网站已无法打开。

④ 参见连玉明、武建忠编：《决策1101》，中国时代经济出版社，2011年，第167页。

在预算公众参与方面,设立了由乡党委书记和乡长任组长、副组长的财政预算公众参与领导小组,负责对预算工作的领导和督查,乡党委政府领导班子成员全部作为领导小组成员。领导小组下设由乡财政所所长担任主任的办公室。预算公众参与主要体现在预算编制环节,包括"民意台""议定会""编制组""公示墙"四个具体方面。"民意台"由领导小组办公室负责,以村为单位收集村民意见和愿望。在编制预算前,由领导小组办公室组织"议定会",邀请人大代表、政协委员、干部代表、专业人士、村民代表和无职党员代表等六方面人士参加。①议定会的基本流程为:乡财政所说明上年度财政决算情况和本年度预算方案;参会代表进行讨论,提出项目意向;白庙乡主要领导根据讨论情况总结重点,确定若干候选项目;代表对候选项目当场投票,确定具有可行性的项目一至三件。接下来,由领导小组办公室根据"议定会"确定的事项,结合上级财力编制预算。预算草案编制完成后,将详细内容进行公示。此外,白庙乡的参与式预算还同人大审查相结合,人大代表可就预算草案中的问题提出询问和质询,政府必须进行答复,并可根据人大代表的审议意见对草案进行修改。白庙乡还成立了由纪委书记、人大代表和政协委员组成的人大预算监督小组。政府需要将预算执行和变动情况向监督小组报告,并接受后者的监督。②

(三)制度化和延续性

虽然白庙乡和张映上由于财政公开而成为"明星乡镇"和"明星官员",财政公开和参与式预算也得到当地群众的认可,但白庙乡的做法不仅没

① 《巴中市巴州区白庙乡财政预算公众参与试行办法》并未确定上述参会代表的具体产生办法,仅规定"参会代表名额的分布案地理区域、经济状况和民族状况均匀分配",可见其代表产生办法存在"内定"的可能性。

② 以上内容参见《巴中市巴州区白庙乡财政预算公众参与试行办法》,李凡主编:《中国基层民主发展报告 2010》,群众出版社、中国人民公安出版社,2010 年,第 87~89 页。

有得到推广，在本地的实践也岌岌可危。2015 年 1 月，白庙乡还在其政府网站上公开了最新的财务支出状况。[①]但是此后点击白庙乡政府网站，显示为"整改维修中……"已无法查看相关信息。2015 年下半年，张映上调任巴中市巴州区安全监管局党组书记、局长。白庙乡的参与式预算改革，很有可能因为领导人调动而就此终止。

五、广东省佛山市顺德区的参与式预算

（一）背景与过程

2011 年，广东省佛山市顺德区委出台《中共顺德区委区人民政府关于推进社会体制综合改革加强社会建设的意见》。《意见》提出，要深化财政管理体制改革，涉及预算方面，则专门提到要"推进财政预算决算公开""试行参与式预算""完善财政预算人大审议制度"三方面。[②]2012 年 7 月，顺德区人民政府正式出台了《顺德区参与式预算试点工作方案》。9 月，顺德区从各部门 2013 年年预算中，拿出两个金额在 300 万元及以上、关系民生的项目进行试点，[③]引入人大代表、政协委员、行业专家、社区群众召

---

① 共支出 61 笔，最大一笔 3208 元，为"场镇路灯费"，最小一笔 5 元，为"纸杯一提"。同时公开了该月的财务运行情况简要分析，包括总支出 28481 元的构成及支出环比减少金额和原因。参见杨志成：《白庙乡五年"晒账"晒出嬗变——记白庙乡人大主席张映上和中国第一个"全裸"乡》，参见四川省人大网站，http://www.scspc.gov.cn/jcrd/201503/t20150316_25740.html。

② 参见《中共顺德区委区人民政府关于推进社会体制综合改革加强社会建设的意见》顺发〔2011〕25 号，2011 年 11 月 12 日。

③ 据区财税局有关负责人介绍，试点项目必须是涉及社会民生、与群众利益密切相关、群众关注度高、金额在 300 万元及以上。2012 年，申报金额为 622.12 万元的孕前优生健康检查项目和申报金额为 338 万元的残疾人辅助器具适配、居家无障碍改造项目，作为首批参与式预算试点项目。参见余娜：《顺德参与式预算试点有新进展》，《珠江商报》2012 年 9 月 25 日。

开"参与式预算面谈会"。顺德的参与式预算,同样遇到了公众参与积极性不高的问题。第一次会议时,在报名截止日期前仅有 1 人报名,导致原定的会议不得不延期。[①] 2013 年同样遇到类似的情况。[②]

为了方便公众参与,克服参与不足的问题,顺德区在 2013 年底举行的 2014 年度参与式预算中引入网民投票环节,将线上评议和线下恳谈结合起来。当年共有 28193 位网民参与投票,最终从 9 个项目中选出了 4 个,涉及的资金由上一年的 1000 多万元增长到 7000 多万元。[③] 2014 年,公开进行网络评议的项目增加到 39 个,涉及金额超过 15 亿元。网络评议分为"代表评议"和"公众评议"两部分。人大代表、政协委员、专家、行业代表属于"专家组",普通市民属于"网民组"。二者分别对项目进行投票,并对项目提出具体的意见和建议,作为项目预算安排的重要参考。"项目所属部门经过评估后,将在网络平台上直接回复代表和网友的提问,三方通过网络实施互动。"[④] 2015 年的网络评议项目继续扩大到 41 个,涉及资金近 20 亿元,吸引了超过 20 万人参与。[⑤] 2016 年、2017 年的项目数量和涉及金额同 2015 年大体持平。[⑥]

(二)主要做法

根据《顺德区参与式预算试点工作方案》,其基本流程如下:第一,项

---

① 参见魏琴:《顺德参与式预算遇冷 仅一人想当代表》,《羊城晚报》2012 年 10 月 12 日。

② 2013 年,曾有 160 多位市民表达参与项目恳谈会的意向,但当工作人员联系时,不少人却无法到场,恳谈会时间一再调整。见郜小平:《顺德参与式预算将问民于网络》,《南方日报》2014 年 8 月 29 日。

③ 参见贺林平:《广东顺德参与式预算"动真格"》,《人民日报》2014 年 10 月 19 日。

④ 参见郜小平:《顺德参与式预算改革 首次网络评议启动》,《南方日报》2014 年 10 月 16 日。

⑤ 参见罗湛贤:《20 亿元预算怎么花 政府邀市民来评议》,《南方日报》2015 年 10 月 16 日。

⑥ 参见顺德区财政局网站:http://sdcz.shunde.gov.cn/portal/upload/resource/cms/previewcontent1.jsp?contentId=2020。

目筛选与确定①；第二，财税局通过政府门户网站、新闻媒体、村居公示栏、宣传栏等发布项目信息；第三，财税局选取代表组成"代表委员会"②；第四，财税局组织代表委员会同预算单位开展项目面谈会，编制预算，预算草案经政府批准后向社会公布；第五，项目执行，跟踪监督；第六，项目验收审计；第七，绩效评价；第八，通报情况。③根据《顺德区参与式预算试点工作实施细则》第五章第十三条的规定，面谈会结束后三个工作日内，区财税局根据财政管理的需要，结合项目面谈的情况，拟定试点项目经费审核意见，连同会议纪要一并上报区政府审批。可见，面谈结果是作为政府编制预算的"参考依据"。

2016 年，顺德区结束试点，将其做法形成《顺德区参与式预算工作方案》，正式在全区推广。同试点方案相比，正式方案最大的变化就是将 2013 年开始引入的网络评议纳入其中，在面谈会前后分别增加了一个"网络评议"和"专家评审"环节，前者是在网络平台上接受网民投票和意见，后者则是聘请第三方评审机构对预算项目进行评审。④可见，顺德区的参与式预算也是由政府主导，以项目为导向。《顺德区参与式预算工作方案》明确指出，顺德区的参与式预算贯彻的是"政府主导，群众参与"的原则，区政府领导和指导，区财税局具体实施，区纪委负责项目审计，预算单位协助，

---

① 由区财税局根据财政管理需要，选取涉及社会民生、与群众利益密切相关、群众关注度高、金额在 300 万元以上的项目作为试点项目。从 2013 年开始，项目金额降低为 200 万元。

② 代表委员会一般控制在 15 人以内，包括人大代表、政协委员 4 名，专家、行业代表 5 名，群众代表 6 名。人大代表和政协委员可通过自愿报名、随机抽取的方式产生，也可通过区参与式预算工作领导小组推荐（聘请）产生；专家和行业代表通过区参与式预算工作领导小组推荐（聘请）产生；群众代表全部从网上报名的市民中随机抽取。项目面谈会结束后，代表资格即行终止。参见欧阳少伟、吴曦、何帆燕：《参与式预算能避免走过场吗？顺德参与式预算项目代表名单出炉，代表担忧开成"内定"的听证会》，《南方都市报》2012 年 10 月 23 日。

③ 以上程序参见《顺德区参与式预算试点工作方案的通知》（顺府办发〔2012〕97 号），2012 年 7 月 12 日。

④ 参见《顺德区参与式预算工作方案》，佛山市顺德区人民政府办公室，2016 年 10 月 25 日。

社会各界参与。值得注意的是,《方案》第十四条规定:"区财政局根据区政府批复安排项目经费。"可见,顺德区的参与式预算并未体现其先前所说的"完善财政预算人大审议制度",未能将公众参与和人大审议相结合。

(三)制度化和延续性

如前所述,顺德区的参与式预算注重制度建设。试点之初即通过了包含详细程序内容的《试点工作方案》。在试点经验成熟后,顺德区出台了正式的《工作方案》。顺德区还针对试点方案和正式方案分别制订了《顺德区参与式预算试点工作实施细则》和《参与式预算操作指引》,对相关事务的标准、期限和具体程序作出了详细的规定。顺德区财税局在其官方网站的显著位置开辟"参与式预算"板块,对参与式预算的相关文件和工作安排予以公示。目前,顺德区参与式预算已成定制和常态,2017 年的参与式预算工作也在正常进行。

六、云南省盐津县群众参与预算

(一)背景与过程

盐津位于云南省东北部边缘与四川省交界处,当时是国家级贫困县,财政自给率不足 10%,人均国内生产总值和人均可用财力在云南省都处于落后位置。"财政运行中主要存在财源基础薄弱、结构单一,财政资金使用效率不高,对上级的依赖程度较高等突出问题。"[1]为了提高乡镇工作积极性,有效发挥财政资金的作用,在云南省财政厅的支持下,盐津县于

---

[1] 李晓时任(中共云南昭通盐津县委书记):《财政改革的"盐津模式"》,《中国党政干部论坛:深化国家监察体制改革》2017 年第 2 期。

2012 年开始了财政体制综合配套改革。

盐津县的财政改革包括县乡财政体制改革、县直部门"比例·绩效预算改革"和乡镇群众参与预算改革三个方面。[①]其中，县乡财政体制改革意在让乡镇成为独立的预算主体，拥有独立的预算收支权；"比例·绩效预算改革"目的在于确定县直部门的预算比例，并进行绩效评估；乡镇群众参与预算则针对乡镇具有独立的财力和预算后如何花钱的问题。在这三项改革内容当中，只有乡镇群众参与预算才是严格意义的参与式预算改革，但前两项改革构成群众参与预算的前提和基础。

2012 年，盐津县邀请云南省、昭通市财政部门和高校有关专家进行指导，借鉴国外和浙江温岭的改革模式，选择庙坝、豆沙两个镇作为群众参与改革的试点。当年，庙坝镇和豆沙镇分别拿出 290 万元和 161 万元纳入"参与式"预算管理资金，通过民主恳谈或民主议事等方式确定若干项目。[②]2013 年，盐津在庙坝、豆沙两个先行试点的基础上，将群众参与预算试点范围扩大至中和、牛寨等四个乡镇。2014 年 2 月 27 日至 3 月 1 日，盐津县邀请云南省财政厅专家、复旦大学苟燕楠教授和中山大学马骏教授为当地县乡领导和群众参与式财政预算改革议事员授课，就群众参与预算改

---

① 参见罗文华:《群众参与预算改革走向何方》，《盐津县财政改革资料汇编》。

② 2012 年庙坝镇纳入"参与式"预算管理资金 290 万元(转移支付 119 万元，体制补助 46 万元、项目补助 125 万元)，通过群众代表恳谈，确定了必保项目 8 个，资金 160 万元，竞争性项目 5 个、资金 68 万元。豆沙镇纳入"参与式"预算管理资金 161 万元(转移支付 105 万元，体制补助 56 万元)，民主议事通过 6 个项目。当年除豆沙镇长胜村红沙 T 型水泥桥未完成外，其余 18 个项目全部建成投用。2013 年，庙坝镇纳入"参与式"预算管理资金 531 万元(上年超收 397 万元、转移支付 88 万元，体制补助 46 万元)，较上年增加 241 万元，增长 83.1%。通过 3 次群众代表恳谈，确定了必保项目 7 个，资金 163 万元，竞争性项目 10 个，资金 368 万元。豆沙镇纳入"参与式"预算管理资金 476 万元(上年超收 321 万元、转移支付 47 万元，体制补助 108 万元)，民主议事通过 17 个项目，资金 380 万元，剩余资金 96 万元待重新进行民主议事通过。截至目前，有 26 个项目已经完工，8 个项目正在实施。参见李晓(盐津县委书记):《努力构建跨越发展的核心动力机制》，《盐津县财政体制改革汇编》。

革、项目编审、绩效评价等相关知识进行辅导和讲解。[①] 2014 年，盐津县四个试点乡镇，通过县改革领导小组确定项目 93 个（候选项目由群众议事员和乡镇政府提交），通过民主议事会表决项目 56 个，共涉及资金 3300 多万元。[②] 2015 年，群众参与预算的做法在盐津全县 10 个乡镇普遍推行。

盐津县的乡镇群众参与预算改革，得到专家学者的大力支持和深度参与。除云南省和昭通市财政局相关专家外，还有复旦大学苟燕楠教授、中山大学马骏教授、财政部财政科学研究所贾康教授、复旦大学韩福国副教授、清华大学贾西津教授、中国人民大学孙柏瑛教授、世界与中国研究所李凡教授、上海财经大学蒋洪教授等专家学者为盐津的改革提供了项目设计、咨询、培训等服务。

（二）主要做法

试点之初，盐津县的乡镇群众参与预算在庙坝镇和豆沙镇以不同模式进行试验。庙坝镇以"民众竞争为主"来决定"怎样花政府的钱"，采取民众代表参与、竞争立项的方式进行预算编制，是一种"自下而上"的方式（以下简称"庙坝模式"）。豆沙镇是以"政府主导"预算资金分配，镇政府按照当年全镇财力状况和经济社会发展的需要，拟定当年建设项目交由民众代表议事表决后编制预算，是一种"自上而下"的方式（以下简称"豆沙

---

① 参见江鸣：《盐津打响群众"参与式"财政预算改革战》，盐津县委宣传部，见盐津新闻网，http://www.ynyj.gov.cn/html/2014/ldcx_0303/2565.html。

② 2014 年，群众议事员和乡镇政府共提交项目 191 个，资金 6805.4 万元，经县改革领导小组政策性和技术性审查，通过项目 93 个，资金 2235.3 万元。通过民主议事会讨论表决，试点乡镇共 56 个项目 1106.9 万元通过并纳入预算编制。目前，各试点乡镇已将通过项目进行公示后，编制细化预算报乡镇人大主席团审批后执行。参见李晓（时任中共云南昭通盐津县县长）：《在盐津县第十五届人民代表大会第三次会议上的政府工作报告》，2015 年 1 月 18 日。

模式")。①庙坝模式的核心特征是更加民主,而豆沙模式的核心则更加积极稳妥。庙坝模式的主要程序包括"推荐代表、民意调研、额度测算、确定项目、民众恳谈、公开公示、人大审定"七个方面;豆沙模式的主要程序包括"项目额度测算、拟定项目计划、推选民主代表、推行民主议事、项目公开公示、人大审议批复"六个方面。但两个模式的核心,都包括推选代表、测算额度、民主议事(恳谈)、项目评议和编制预算五个方面。②

2014 年,盐津县在总结试点经验的基础上将两种模式合二为一,形成了一个新的做法——"群众参与预算",并增加中和、牛寨等四个乡镇继续试点。根据《盐津县群众参与预算改革试点方案》(盐政发〔2014〕3 号)的规定,盐津县人民政府成立了"盐津县乡镇群众参与预算改革领导小组",负责对群众参与预算改革工作统一领导、统一部署和统一安排。试点乡镇建立相应的领导和工作机构,具体负责改革工作的实施。③

新的"群众参与预算方案"主要包括五方面内容:第一,推选群众议事员。群众议事员由两种方式产生,一是每个行政村定额产生两名,二是按照每个行政村人口总数的 0.5‰ 的比例随机抽选。④第二,项目准备。项目

① 尽管政府也可提出项目,但从 2014 年的实施情况看,项目主要是由群众议事员提出。民主议事会审议和讨论的也绝大部分是群众议事员提出的项目,政府提出的项目只占很小的比例。据调查数据显示,被调查群众认为"全部项目"或"大部分项目"代表了全镇要求的比例分别为 29.8% 和 59.6%,由此可见由群众议事员主导的项目提议方案具有一定代表性,能够满足大部分群众的利益要求。参见马骏:《盐津县"群众参与预算":国家治理现代化的基层探索》,《公共行政评论》2014 年第 5 期。

② 参见刘进(盐津县财政局局长):《盐津县深入推进乡镇"参与式"预算改革试点》,《盐津县财政体制改革资料汇编》。

③ 参见《盐津县群众参与预算改革试点方案》(盐政发〔2014〕3 号)。

④ 乡镇工作小组负责组织实施群众议事员选举工作。群众议事员由村两委直接推选的议事员与按人口规模随机抽取的议事员共同组成,分别通过两种渠道产生:一是定额推荐。以行政村为单位,每个行政村无论大小,均有 2 名议事员,由村两委召开会议提名推荐;二是随机抽选。按照每个行政村人口总数的 0.5‰ 的比例分配议事员名额,并从各村民小组推荐的人选中随机抽取。推选结果报领导小组与监督委员会备案。群众议事员一经产生,任期 3 年。不能有效履责的,按照群众议事员的相关管理规定执行。群众议事员退出和补选的有关规定另行制定。县改革领导小组负责组织对群众议事员及相关工作人员的培训。

准备环节包括确定资金总量、建立项目库两项工作。①第三,项目审查。②第四,民主议事。③第五,执行反馈。执行反馈包括预算执行、决算及绩效评价两项工作。④

可以看出,盐津的群众参与预算改革有着自身鲜明的特点。首先,它是县财政综合配套改革的一部分,而并非参与式预算改革单兵突进。其次,它注重结合政府与群众两方面的积极性,在项目提出环节,政府和群众都有提名权;在项目确定环节,二者则通过民主恳谈寻求共识。最后,它注重同人民代表大会相结合,民主议事会确定的项目,最终需要经过人大

---

① 一是确定资金总量。乡镇政府组织财政所测算全年财力及项目资金安排总量。将当年财力减去基本支出与必保刚性支出后的财力余额,即为本年度群众参与预算总金额。县级财政按中央清理归并专款的原则,对上级专款中未指定具体项目的部分进行测算预计,并按一定比例预下达到乡镇,乡镇将其纳入群众参与预算项目资金安排。群众参与预算总金额需在项目提交前通报群众议事员,并在民主议事时作为确定项目的资金控制依据。二是建立项目库。群众议事员与政府提出的项目一并列入项目库管理。群众议事员可采用调查研究或者村民大会讨论等方式,提出其最为关心的项目,原则上每位议事员可以提出 1 个项目,最多不超过 2 个。群众议事员所提项目应当符合项目管理的基本条件,并按统一规定的格式文本填报。群众议事员所提项目应当广泛、充分体现本村组村民的意见。乡镇政府根据本区域的发展规划和产业发展政策以及导向,拟定当年政府主导发展的项目,经政府办公会讨论通过进入项目库。

② 纳入项目库的各类项目由县改革领导小组组织相关部门人员或委托专业机构进行技术性、政策性独立审查,出具审查意见,并在民主议事会上予以通报。项目审查主要内容包括资格审查、形式审查、内容审查。项目库审查情况需在民主议事会召开 10 天前提交群众议事员,并予以公开,供群众查阅。

③ 由乡镇工作小组组织召开民主议事会。民主议事会的议程主要包括:通报上年项目执行、绩效评价及问责情况;通报相应项目的技术性与政策性审查意见;通报项目库项目及资金总量测算意见;群众议事员和政府对所提项目进行陈述、提问、讨论;投票表决。技术性与政策性审查出具否定性意见的项目,不能进入本次民主议事会陈述、讨论和表决。民主议事会议每年召开两次,分别研究决定编制年初预算及调整预算。根据实际需要,亦可召开民主议事会临时会议,讨论确定相关事宜。

④ 一是预算执行。经乡镇人代会或人大主席团会议审议通过后批复的预算,由乡镇人民政府统一负责组织执行。调整预算需经民主议事会议表决,由乡镇财政编制预算调整草案,经乡镇政府审核签字并报乡镇人大主席团审议批复后,方可执行。二是决算及绩效评价。财政年度结束后,由乡镇财政所组织决算。县财政局牵头组织项目绩效评价及问责,次年在民主议事会上公布。

审批方能生效。究其实质,盐津模式仍然属于"政府主导,项目依托"模式的一种。它是在政府主导下进行的,而且并非针对整个政府预算方案,而仅仅针对"减去基本支出与必保刚性支出后的财力余额"进行参与式预算。这样一方面降低参与难度,减少因为行政开支预算的公开与审查可能带来的压力和争议,另一方面则增强群众参与的利益相关性,提高参与的效度。

此外,由于盐津模式注重同人大审批相结合,也就避免了法律上的瑕疵。而且盐津模式的具体程序环环相扣,细节设计非常到位。盐津模式的民主性是毋庸置疑的,在实际操作过程中,"原属于政府的预算草案编制权事实上转移给了群众,乡镇政府主要承担预算编制过程中的技术性、程序性环节,群众和政府在预算编制权上进行了重大调整"①。总的来说,盐津模式的程序设计是比较科学合理的,不仅符合现行法律规定,也比较符合现有的权力结构。

(三)制度化和延续性

盐津群众参与预算改革在试点之初即提出,要建立机制,完善制度。在实践过程中,盐津县不断完善群众议事员推选办法、项目库管理办法、项目审查制度、民主议事会制度、绩效考核评价办法和群众议事员误工补助机制等操作性和程序性机制,并形成文件。自试点以来,共出台了《盐津县群众参与预算改革试点方案》《盐津县群众参与预算群众议事员推选办法》《盐津县群众参与预算议事规则》《盐津县绩效评价管理办法》《盐津县绩效预算部门考核办法》《盐津县群众参与预算考核办法》等一系列制度性文件。总体来说,盐津的参与式预算改革的制度化水平是比较高的。正因为如此,也得益于其他一些条件,盐津县的相关改革也得以延续。①当然,

---

① 罗文华:《群众参与预算改革走向何方》,《盐津县财政改革资料汇编》。

盐津的参与式预算改革历时毕竟不长,其主要推动者尚在任内,而且盐津的相关做法并未见在云南省内得以推广,其工作方案依然只是"试点方案",而未形成正式方案。故其延续性仍存隐忧。

当然,多年以来,进行(过)参与式预算改革的地区远不止于以上几个,但上述地区的做法较为典型,其他地方的做法,与之大同小异②,故不再赘述。

七、参与式预算模式的比较与总结

经过梳理参与式预算的发展历程,总结其典型做法,我们可以对这方面的民主发展得出一些基本结论。

第一,我国的参与式预算,从 2005 年前后开始,各地涌现出一大批实践案例,十多年来不断有新的做法出现;覆盖的地区北至黑龙江,南至广东,东至江浙,西至云川。可见,这一做法,虽然没有上升为一般性的国家制度,但已经得到比较普遍的实践,其适应性已经得到证明。更重要的是,十多年来,中央对于这一做法基本持肯定态度,这充分说明,参与式预算

① 我们可以看到,盐津县的群众参与预算活动目前仍在进行。相关报道见盐津县财政局:《群众参与预算改革助推精准扶贫工作》,参见盐津新闻网,http://www.ynyj.gov.cn/html/2016/yjxw_0420/18989.html。

② 比如,黑龙江哈尔滨于 2006 年开始在道里区和阿城市开展参与式预算试点,2008 年扩展到全市。其做法类似于无锡,都是由财政局牵头,通过群众代表大会等形式,民主决定部分财政资金的投向。江苏常州从 2010 年开始在部分街道试点参与式预算,其做法也类似于无锡。不过,2012 年之后,以上两地的参与式预算鲜见报道,其政府官方网站也难以搜索到相关信息。安徽淮南市从 2011 年开始,拿出部分财政资金,以项目制的方式进行分配,候选项目通过网络投票和会议评审得以确定。其做法同顺德区相类似,不过似乎也未能延续。浙江临海市 2011 年开始试点,临海市人大常委会通过了《临海市市级部门参与式预算实施办法》,由市人大牵头,在人代会召开之前举行有人大代表和选民代表参加的民主恳谈会。临海市人大常委会还设立了市级部门预算审查监督委员会,对市级部门预算的编制、预算的执行实施监督。临海的做法类似于新河模式。

具有得到推广的可能性。

第二，我国的参与式预算实践形式多样，做法不一，既有落实在乡镇层级，也有落实在地市层级；既有政府主导，也有人大主导；既有全口径的预算编制中的参与，也有部分财政资金分配与使用中的参与；既有群众直接决定预算结果的，也有群众提供决策意见的。但是不管哪一种形式的参与式预算，"预算"和"参与"这两个基本要素是共通的，即参与式预算都是针对财政预算问题而发，都有不同程度的群众直接参与，因此属于一种"决策性""治事性"民主形式。在实行参与式预算之前，普通民众对于财政预算问题的参与只是一种间接参与，即通过人大代表审查批准监督预算和决算情况。但参与式预算不同，不管它是否同人大的预算监督权相结合，它都是某种形式的直接民主，它有效地提高了公民对政治事务和政治过程的影响力。所以参与式预算肯定是一种民主发展。

第三，各地参与式预算用到了种种民主技术，如民意测验、听证会、议事会等，表面上看起来似乎是"八仙过海各显神通"，但实际上都程度不一地应用了"对话协商"这一最基本的民主技术，从而显示出与单纯的票决民主不一样的气质。我们看到，在各地的参与式预算实践中，"对话协商"有的是发生在民意代表之间，有的是发生在政府和群众之间，有的是发生在人大代表和政府官员之间，有的是发生在民意代表和国家代表之间，但总而言之，预算的参与各方是在试图通过"对话协商"来寻求共识。正是在这一点上，参与式预算属于广义的民主恳谈，即围绕预算问题的民主恳谈；也正是这一点决定，参与式预算属于某种协商性质的民主，或者带有民主意味的协商。

所以从定性的角度来说，我们可以将以上三点总结为：参与式预算是一种围绕预算和财政资金的分配、使用与监督的直接民主形式，它以对话协商为基本载体，以寻求共识为主要目的，是一种有可能在中国得到普遍应用的协商民主形式。

以上可谓是对参与式预算的"共性"描述，但各地参与式预算的具体方式毕竟有着较大的差异。我们有必要对它们之间的差异进行分类总结，以便认清其性质，分析其优劣，指导其应用。我们将各地参与式预算的核心要素加以提炼，编制表 6-2。

根据表 6-2 的要素分类，我们可以对各地参与式预算的类型和差异进行如下总结：

第一，从发起和落实层级来看，参与式预算基本限于乡镇和县市区两级。这是参与式预算本身的性质所决定的。县乡财政预算，同普通民众往往有着直接联系，群众参与的利益相关性很高；同时，其预算编制和资金分配的难度相对适中；另外，作为一种直接民主形式，县乡的范围使之尚属可行。因此，参与式预算主要发生于县乡两级，主要原因可能并非国家有意限制，而是由这一民主形式本身的性质所决定的。

第二，从政策流向来看，参与式预算基本遵循的是"自上而下"的模式。这表现在两方面，一是从国家与社会关系的角度来说，参与式预算主要是由国家行动者发动的，社会压力和社会需求在其中起到了某种推动作用，但并非发起主体；二是从国家行动者内部来说，参与式预算多是由上级政府发起，在下级政府（部门）落实。①所以参与式是一种国家自主的政治改革行动。

第三，从具体主导机关来看，参与式预算可以分为以资金分配为重点的"政府主导模式"和以预算编制审查监督为重点的"人大主导模式"两大类。前者以"泽国模式"为典型，包括江苏无锡、广东顺德、云南盐津、安徽淮南、江苏常州、黑龙江哈尔滨等地都是这一模式。这一模式的最大特点

---

①　四川巴州白庙乡的改革除外。白庙乡的改革虽然得到了巴州区部分领导的肯定与支持，但其核心的促动者、设计者和主导者都是乡政府。

表6-2 参与式预算的要素与类型

要素\地方	启动时间	发起层级	落实层级	主导机关	发起方式	参与环节	参与对象	参与方式	参与者的产生方式	参与意见作用形式	是否需要人大审批	是否延续
焦作	2004	市	市级部门	财政局	预算单位申报项目	部门预算编制	干部、专家、网民	网络投票听证会	自愿报名	决策依据	是	是
新河温岭	2005	镇	镇	镇人大	镇人大主持预算恳谈会	预算编制	居民、人大代表	民主恳谈会	自愿报名	达成共识	是	是
泽国温岭	2005	镇	镇	镇政府	镇政府在调研基础上提出项目	财政资金分配	居民代表、专家	民意测验	随机抽样	决策参考	是	是
无锡	2005	市	街道镇	财政局	街道收集意见后推荐项目	财政资金分配	居民代表	代表投票	街道推荐	决策依据	否	否
哈尔滨	2006	市	区县	财政局	政府提出项目	财政资金分配	居民代表	代表投票	政府推荐	决策依据	部分需要	否
闵行	2006	区	区	区人大	预算单位申报项目	预算资金分配	人大代表、居民代表、专家	听证会	自愿报名随机抽取	审批参考	是	是
常州	2010	市	区	财政局	街道提出项目	财政资金分配	居民代表	代表投票	政府推荐	决策依据	否	否
白庙巴州	2010	乡	乡镇	乡政府	政府收集民意后提出项目	财政资金分配	各方代表	议定会	政府邀请	决策参考	是	否
淮南	2011	市	市级部门	财政局	部门申报项目	财政资金分配	社会公众、专家	网络投票会议评审	自愿报名	决策参考	否	否

续表

要素 地方	启动时间	发起层级	落实层级	主导机关	发起方式	参与环节	参与对象	参与方式	参与者的产生方式	参与意见作用形式	是否需要人大审批	是否延续
临海	2011	市	市级部门	市人大	人大组织预算恳谈会	预算编制	人大和选民代表	民主恳谈	自愿报名	达成共识	是	是
顺德	2012	区	区级部门	财税局	财税局选取项目	财政资金分配	人大、政协、行业、群众代表	代表委员会面谈	自愿报名 随机抽取	决策参考	否	是
盐津	2012	县	乡镇	县政府	群众议事员、政府提出项目	财政资金分配	村民	恳谈投票	推举 随机抽取	决策依据	是	是

是，参与式预算由政府牵头，拿出部分财政资金，以公众参与的方式决定资金的投向。各地所不同的，只是涉及资金的多少、项目的类型、参与的方式、是否需要人大审批等。这种做法易于操作，涉及面小，而且多将财政资金用于民生项目，容易产生立竿见影的效果，并受到老百姓的欢迎。后者则以"新河模式"为样板，包括上海闵行和浙江临海等地应用这一模式。这一模式的最大特点是，参与式预算由人大主导，不仅针对项目资金的分配，而且涉及政府预算的编制、执行和监督的整个过程。如果说前者重在"以民主促民生"，那么后者则重在"以民主促合法性"。当然，二者的区分并非截然对立，而是相互交织。比如，政府主导的项目资金分配可以结合人大审批，人大主导的预算编制也可以结合项目资金分配。

第四，从项目发起方式来看，参与式预算包括政府根据实际需要提出预算项目①、政府根据调研意见提出预算项目、群众或民意代表提出预算项目、各方通过民主恳谈会提出项目等多种形式。在这些方式中，普通群众的影响力是不一样的。在政府根据实际需要提出预算项目的情况下，群众没有议题设定权，也没有表达权，因此影响力是最小的。在群众或民意代表提出预算项目的情况下，其享有最大的议题设定权，影响力也因此是最大的。在另外两种情况下，群众的影响力适中，但影响力的作用形式不同。在政府根据调研意见提出预算项目的情况下，群众意见是政府决策的重要参考；而在各方通过民主恳谈会提出项目的情况下，最有可能寻找出"最大共识"。

第五，从参与对象角度来看，可以分为群众参与和共同参与两种。两种形式中，群众都是固定的、必然的参与者。只不过，群众参与是完全由群

---

① 包括由参与式预算主导者直接提出候选项目名单，和由政府部门提出项目申请，参与式预算主导者进行审批得出候选项目名单两种情况。所谓实际需要，包括财政盘子大小、社会的实际需求等。

众来决定项目;共同参与则包括群众(代表)、人大代表、政协委员、行业代表、专家学者、政府官员等多种主体,各方共同决定项目。在参与者的产生方式上,又包括全体参与(群众)、自愿报名、名额分配、定向邀请和随机抽选等若干形式。从参与方式角度来看,可分为投票和协商两种,实际上投票与协商往往是互相结合的,有的是在同一个环节先协商后投票,比如盐津;有的是将协商和投票分为不同的环节,比如无锡的参与式预算,虽然在确定项目的环节没有协商,但在提出项目的环节存在协商(征集意见)。

第六,从参与者意见的作用形式来看,可以分为决策参考、决策依据和形成共识三种。从各地的文件来看,泽国、闵行、白庙、淮南、顺德等地的参与者意见是作为政府或人大审批的参考依据,但上述地区在参与式预算的实践中往往都是遵循参与者意见的。在焦作、无锡、哈尔滨、常州、盐津等地,参与者的意见则是明文规定作为决策依据。而在新河与临海的做法中,政府、人大代表和公众主要意在通过民主恳谈达成共识。

第七,从是否需要人大审批的角度来看,大部分地区的做法都将参与式预算同人大审批相结合。新河、闵行、临海等人大主导的参与式预算固然自不待言,就是焦作、泽国、盐津等由政府主导的参与式预算,最终也需要通过人大审批的法律程序,这些地方的人大审批主要是形式上的。也有无锡、常州、淮南、顺德等地不需要人大审批,政府(主要是财政局)就可以直接作出最终决定。顺德等地的参与式预算还在探索与继续发展当中,不排除将来同人大制度衔接的可能。

可见,在参与式预算中,有很多种具体技术可以选择,可以形成很多种技术组合方式,因此也就形成了不同的参与式预算模式。种种民主技术本身并无优劣之分,但不同的组合却有不同的环境适应能力,会产生不同的效果。所以一个地方的参与式预算模式是否民主、是否科学,不可单独依据某一民主技术的有无来判断,而应该考察其各项技术的组合是否科学,能否达到民主参与的标准和目的，以及这个组合是否适合于当地的情况。

最后，不同地区的参与式预算实践体现出结果的差异，有的延续了较长时间，具备了较高的制度化程度；有的则制度化水平不高；有的甚至已经终止。

第三节　性质、原因与结构

上文的分析表明，民主恳谈和参与式预算兴起至今虽然只有十余年，却已在全国各地形成大量实践。这些实践虽然也有一些未能持续，但作为一个民主类型，民主恳谈和参与式预算已经得到各方面的肯定与认可，具备了普遍推行的可能性。我们希望知道的是，为什么这样一种民主类型可以得到各方面的认可？它在部分地区未能延续的原因又是什么？在本节，我们将结合既有研究，通过"定性–规范"分析和"能动–结构"分析，对民主恳谈和参与式预算成功或失败的原因进行探索。

一、性质与定义

学术界对民主恳谈和参与式预算的"定性–规范"分析是比较充分的，人们从不同的角度对这一现象进行了概括。

(一)强调其参与特性

在我们的民主定义中，"参与"是其核心特征。我们认为，有民主必然有参与，有参与必然有民主。在此前的公共决策和公共预算过程中，群众参与是十分不足的。而民主恳谈和参与式预算最显在的特性，恰恰就是群众参与,故其也用"参与式预算"来命名。因此,有人借用西方学术界的"参与式民主"①概念来描述中国的民主恳谈和参与式预算,提出"民主恳谈是从基层民主发展而来的一种参与式民主形态"②。参与意味着公民与公民,公民与共同体决策机构,乃至公民与整个共同体之间建立密切的联系,为公民平等的发言创造条件,为公民维护个人利益及共同利益奠定基础。③

(二)强调其协商做法

在民主恳谈和参与式预算中,"协商"是一个最重要的工作方法。民主恳谈自不待言,各地的参与式预算实践中也有大量诸如"听证会""恳谈会""面谈会"等协商形式出现。有人借用西方理论界的"协商民主"④概念来描述这一现象,提出民主恳谈和参与式预算属于一种协商民主形式。⑤因为在这一民主形式下,党政官员、人大代表、政协委员、私营业主、普通村民,甚至外来务工人员等受到相关决策影响的群体,都可以参与到决策讨论协商过程中,以理性的沟通交流为基础,表达自身诉求、监督决策过程,从而实现良好的治理过程与效果。实际上,泽国模式的民意测验就是

---

① 西方参与式民主有其自身的理论脉络,产生于西方社会和理论界对代议制民主不足的反思。参与式民主理论主张从基层、从社区开始公民积极参与决策过程,通过自下而上的民主化路径,建构一种参与性的社会,最终实现每个人自由和平等的发展。参见陈尧:《西方参与式民主理论及其对中国社会主义民主政治的启示》,《社会主义研究》2008 年第 1 期。

② 卢剑峰:《参与式民主的地方实践及战略意义——浙江温岭"民主恳谈"十年回顾》,《政治与法律》2009 年第 11 期;王运宝、孙建光:《温岭参与式民主恳谈》,《决策》2008 年第 1 期。

③ 参见陈家刚:《协商民主:概念、要素与价值》,《中共天津市委党校学报》2005 年第 3 期。

④ 协商民主理论在西方社会兴起于 20 世纪后期,强调政治共同体中自由、平等的公民,通过参与政治过程,提出自身观点并充分考虑他人的偏好,根据条件修正自己的理由,实现偏好转换,在达成共识的基础上赋予立法和决策以合法性。参见陈家刚:《协商民主:概念、要素与价值》,《中共天津市委党校学报》2005 年第 3 期。

⑤ 参见陈朋:《国家与社会合力互动下的乡村协商民主实践:温岭案例分析》,上海人民出版社,2012 年,第 256 页。

协商民主的一种典型形式。①

（三）强调其决策内容

很显然，民主恳谈和参与式预算是不同于选举的民主形式，其作用领域限于公共决策。因此，有人从内容的角度，将民主恳谈定性为"一种创新的决策过程"②，即将之视为一个吸纳了公民参与的公共政策过程，③着重强调民主恳谈作为"参与式重大公共事项的决策机制"④的属性。参与式预算则属于由制度外的民主恳谈，演变而来的"制度内的人大参与式决策"⑤。也有人据此将其定性为一种"行政民主"，提出温岭模式是"以行政民主为特色、以吸纳民众参与公共事务决策过程为主要内容、以改善基层权力结构决策质量为直接目的的一种民主建设途径"⑥。

（四）强调其监督功能

但也有人认为，民主恳谈不是真正意义上的民主决策，而只是涉及民主管理和监督两个环节。⑦而参与式预算，由于多和人大制度相结合，其典型做法如预算公开、预算绩效考评、人大代表审查等都具有明显的监督功

---

① 参见何包钢、王春光：《中国乡村协商民主：个案研究》，《社会学研究》2007 年第 3 期。

② 陈家刚：《参与式预算的理论与实践》，《经济社会体制比较》2007 年第 2 期。

③ 参见陈剩勇、吴兴智：《公民参与与地方公共政策的制定——以浙江省温岭市民主恳谈会为例》，《学术界》2007 年第 5 期。

④ 蒋招华、何包钢：《民主恳谈：参与式重大公共事项的决策机制》，《学习时报》2005 年 12 月 20 日。

⑤ 张滨辉、李坚：《基层民主制度创新比较研究——以温岭制度外"民主恳谈"到制度内人大参与式决策实践为例》，《云南行政学院学报》2011 年第 1 期。

⑥ 张小劲：《民主建设发展的重要尝试：温岭"民主恳谈会"所引发的思考》，《浙江社会科学》2003 年第 1 期。

⑦ 参见王浦劬：《民主恳谈，是一种原创性的民主载体》，慕毅飞、陈奕敏主编：《民主恳谈：温岭人的创造》，中央编译出版社，2005 年，第 1 页。

能。故有人提出,参与式预算"激活"了现有的人大制度,使人大得以真正行使宪法和法律赋予的职权。[①]不过,温岭市委则认为,民主恳谈"是落实民主决策、民主管理和民主监督行之有效的途径"[②],将决策、管理和监督三种功能统一起来。

(五)强调其群众路线属性

在民主恳谈和参与式预算的发源地温岭, 这一民主实践直接起源于农村党的基本路线教育,也就是说其"雏形"是党的群众路线的一种具体形式。而在其他地方, 也由于党委政府在民主恳谈和参与式预算中强调"党委领导,政府组织"原则,突出"服务群众,服务民生"目的,并大量运用了"座谈会""听取群众意见"等群众路线工作方法,从而表现出和群众路线的精神与原则的高度契合。景跃进提出,民主恳谈是党的"群众路线"工作方法;[③]李景鹏则认为,民主恳谈是基层民主的创造和党的群众路线的深化。[④]徐珣和陈剩勇认为,民主恳谈的出现,一个很重要的原因是中国共产党一贯坚持群众路线工作方法和工作作风。[⑤]

(六)强调其功能扩展和价值超越

在西方, 参与式民主和协商民主都被认为是一种不同于代议制民主

①　参见周梅燕:《公共预算启动中国乡镇人大的制度改革——以温岭新河人大预算民主恳谈为例》,《公共管理学报》2007 年第 3 期。

②　《中共温岭市委关于"民主恳谈"的若干规定》,慕毅飞、陈奕敏主编:《民主恳谈——温岭人的创造》,中央编译出版社,2005 年,第 220 页。

③　参见景跃进:《行政民主:意义与局限——温岭"民主恳谈会"的启示》,《浙江社会科学》2003 年第 1 期。

④　参见李景鹏:《建立民主恳谈和民主决策的新机制》,温岭市委宣传部编:《民主恳谈:温岭人的创造》,中央编译出版社,2003 年,第 38 页。

⑤　参见徐珣、陈剩勇:《参与式预算与地方治理:浙江温岭的经验》,《浙江社会科学》2009年第 11 期。

的新的民主形式，并意味着对后者的超越。① 而民主恳谈和参与式预算被广泛地从参与式民主或协商民主的角度进行解读，于是一些人据此提出其功能扩展和价值超越方面的意义。谢庆奎认为，民主恳谈是基层民主政治建设的重大举措，"意味着基层民主由民主选举，扩展到民主决策、民主管理和民主监督等各个方面"②。也就是说，民主恳谈虽然不涉及选举维度，但覆盖了决策、管理和监督三个维度。苟燕楠和韩福国则提出："多样化的预算参与程序为传统的政府主导型决策模式提供了新选择和有益补充，可以有效缓解简单代议制下的民众参与不足问题，而通过参与程序的不断优化和完善，则可以在更大程度上赢得人民群众对预算分配结果公正性的认同，有效减少经济社会发展中的矛盾和冲突。"③

（七）强调其治理结构

以上各类观点，分别从某一个角度对民主恳谈和参与式预算进行了概括。也有人用综合性的方式，强调其作为一种治理结构的多重属性。王浦劬认为，民主恳谈属于一种以参与和协商的方式，达到培植政治合法性目的和效果的"事务性的民主"，而这几方面的特征结合起来，就构成了它"治理型的模式"。④ 郎友兴认为，通过有效的政治参与，民主恳谈形成了一种"商议-合作型治理"模式。⑤ 马骏认为，选举是民主政治非常关键的一

---

① 参见贾西津：《参与式预算的模式：云南盐津案例》，《公共行政评论》2014年第5期。

② 谢庆奎：《基层民主政治建设的拓展——论温岭市的"民主恳谈"》，《浙江社会科学》2003年第1期。

③ 苟燕楠、韩福国：《参与程序与预算认同：基于"盐津模式"与"温岭模式"的比较分析》，《公共行政评论》2014年第5期。

④ 参见王浦劬：《发展基层民主，建设政治文明》，载温岭市委宣传部编：《民主恳谈：温岭人的创造》，中央编译出版社，2003年，第34页。

⑤ 参见郎友兴：《中国式的公民会议——浙江温岭民主恳谈会的过程和功能》，《公共行政评论》2009年第4期。

维,但对于治理现代化来说,单纯的选举则远远不够,而参与式预算恰恰是"国家治理现代化的基层探索"①。徐珣和陈剩勇认为,参与式预算"具有民主发展与治理提升的双重效用"②。罗文剑和吕华认为,参与式预算是实现财政民主的重要路径,是中国实现治理与善治的全新努力。③

治理是一个在功能上比民主更加宽泛,而在价值上则意识形态色彩更加弱化的概念。所谓治理,"是各种公共的或私人的机构和个人管理器共同事务的诸多方式的总和,它是使相互冲突的或不同的利益得以调和并且采取联合行动的持续过程"④。可见,治理具有一些基本特征,比如治理主体的多元性,虽然政府机构依然在治理中发挥重要作用,但政府机构并非唯一的治理主体;治理过程的互动性,各治理主体之间相互尊重、相互依靠、相互合作,以达成治理目标;治理方式的协商性,治理是一个不断商议与协调,最终达成共识的过程。俞可平认为,好的治理(善治)具有若干要素,诸如合法性、透明性、责任性、法治、回应性、有效性等。⑤从这些特征可以看出来,治理是一个可以包容多元、参与、协商、民主、决策、责任、规范、回应等诸多功能和价值的政治结构。从概念"弹性"的角度来说,治理概念要大大超过其他概念。从特征和要素角度来看,民主恳谈无疑是非常契合于治理理论的。所以从治理的角度来定性民主恳谈和参与式预算,在理论上显然是可行的。

---

① 马骏:《盐津县"群众参与预算":国家治理现代化的基层探索》,《公共行政评论》2014年第5期。

② 徐珣、陈剩勇:《参与式预算与地方治理:浙江温岭的经验》,《浙江社会科学》2009年第11期。

③ 参见罗文剑、吕华:《参与式预算的中国样本:"成长上限"的视角》,《现代经济探讨》2015年第8期。

④ Commission on Global Governance: *Our Global Partnership*, Oxford University Press, 1995, pp.2-3.

⑤ 参见俞可平:《作为一种新政治分析框架的治理和善治理论》,《新视野》2001年5月。

从什么角度来定性民主恳谈和参与式预算,这个问题本身并不是我们的重点。但是这些定性研究却很能说明我们需要说明的问题,那就是:民主恳谈和参与式预算为什么能够得到各方面的认同,特别是得到中央的认同? 从上述定性中我们可以看出:第一,民主恳谈和参与式预算是一种重要的民主形式,具有重要的民主功能和民主价值[1]——姑且不论其到底应该被命名为"参与式民主""协商民主"抑或"行政民主";第二,这一民主形式避免了选举民主对权力结构带来的刚性冲击,在继续巩固和加强党的领导和政府主导的情况下,提供了扩大公民参与的可能;第三,这一民主形式以解决老百姓实际困难、增进老百姓直接福利为主要内容和目的,符合"进取型民主"的社会心理,容易激发老百姓的参与热情,并受到老百姓的支持;第四,这一民主形式所强调的"协商""群众路线""治理现代化"等要素,属于中国共产党的传统执政资源,是中国共产党所认可并坚持的政治原则和方法。而正是这些性质方面的特点,使得民主恳谈和参与式预算,有可能成为一个让"合法性—绩效—利益"发生聚合的"均衡点"。换言之,中央、地方和社会,有可能在民主恳谈和参与式预算中实现各自的基本诉求:中央能够兑现其民主承诺而获得合法性,地方能够解决实际问题而获得治理绩效,社会能够创造参与和收益而实现利益。如此看来,民主恳谈和参与式预算能够持续,绝对不是偶然的,而是有着必然性;它之所以在某些地方难以为继,原因也不在于其本身,而在于某些外在因素。

---

① 何俊志认为,无论将民主恳谈和参与式预算视为民主的治理、民主的协商、民主的参与,都承认其具有民主的属性,但也同样都没有"将其视为一种完全意义上的民主",无论是哪个角度的定位,都无法忽视它是一种"选举之外的'恳谈'"。因此,何俊志主张,将民主恳谈视为一种民主的"工具",它具有落实民主、开发民主空间的功能。参见何俊志:《民主工具的开发与执政能力的提升》,《公共管理学报》2007年7月第3期。

二、原因与机制

上述定性分析,还只能从“规范”的角度解释民主恳谈和参与式预算之所以能够持续的原因,而其之所以能够兴起和持续的经验方面的原因,则必须到具体的案例中去寻找与总结。对于民主恳谈和参与式预算这个民主“类别”(category)来说,其性质决定它有兴起与持续的可能;而对于一个个民主恳谈和参与式预算的具体“案例”(case)来说,它的兴起和持续则有赖于具体的原因和条件。

(一)结构论

结构论者认为,经济文化社会结构的变迁是民主恳谈产生的最重要原因。他们发现,用结构论解释温岭模式似乎特别有效。浙江是我国市场化发育最早、民营经济最为发达的地区之一;温岭更是素有“民营经济之都”的美誉,民营经济占比高达 90% 以上。发达的民营经济造就了一大批以私营业主为代表的基层精英, 他们不仅有着坚实经济基础, 较强的民主、平等和自由意识,参与意愿和参与能力也比较强。方柏华和董明认为,民众经济社会地位发生变化,直接导致其民主意愿和素质提高,以及博弈诉求和博弈能力增强。在这种情况下, 地方政府官员不得不进行治理创新,对经济文化社会的结构变迁进行“适应性变革”。[1]王国勤则认为,民主恳谈之所以能够得到推广,主要是由于“先富参政”的经济绩效迎合了压力型体制的要求。[2]

---

[1]　参见方柏华、董明:《政治社会学视野下的先富参政与民主恳谈现象研究》,人民出版社,2009 年,第 104~105 页。

[2]　参见王国勤:《先富参政与民主恳谈的治理逻辑——乡村治理的结构与绩效研究》,《甘肃行政学院学报》2009 年第 5 期。

政治和社会方面，20世纪90年代温岭乡村同全国其他地方的乡村一样，也面临着一系列复杂的问题。比如乡村政权与社会之间的紧张关系长期得不到疏解，干群矛盾愈演愈烈。市场经济发展则不仅改善了基层民众的经济状况，也让他们逐渐产生了平等、竞争、契约、责任、公开、透明、参与等一系列现代民主诉求。陈朋认为，这些变化直接催生了政治体制改革的需要。①

文化方面，王益的研究表明，以公民精神、参与文化为核心的社会资本对于民主恳谈和参与式预算的产生和发展起到了重要作用。社会资本"为当地创造更为良好的协商民主环境，促使公民的有序参与及缓解社会矛盾提供了良好的社会基础"②；反过来，这一民主模式也有力地促进了社会资本的增加和积累。但是结构论似乎并不足以解释河南焦作、黑龙江哈尔滨、四川巴州、云南盐津等经济不发达地区的情况。

（二）能动论

还有一批论者用能动论解释民主恳谈和参与式预算兴起的原因，且特别强调地方政府和官员的作用。陈家刚认为，无论是民主恳谈的产生还是发展和深化，都受到当地经济发展状况、社会制度环境和思想文化水平等结构性因素的影响，但能动力量的作用更加关键。他认为，一个具有责任意识、创新意识的管理者群体是民主恳谈得以产生和发展的根本动因。另外，公民社会的推动，以及一大批关心中国地方政府改革创新和基层民主政治建设的学者也起到了关键性作用，温岭民主恳谈的发展"为我们提

---

① 参见陈朋：《国家与社会合力互动下的乡村协商民主实践》，上海世纪出版集团，2012年，第67页。

② 王益：《社会资本与基层民主治理——以泽国镇2010年民主恳谈会为例》，《浙江社会科学》2011年4月。

供了一个政府与民间力量良性互动的精彩案例"①。牛美丽也认为,这一民主形式的发展是当地党政一把手强有力的领导,上级的支持,当地经济社会条件,专家学者的智力支持,媒体的大力宣传等各方面因素共同作用的结果。②我们的案例分析部分表明,闵行区、无锡市、白庙乡、盐津县等地的参与式预算改革无不如此,几乎都是由当地部分领导人在专家学者的帮助下一手推动起来的,而媒体则有效地扩大了它们的影响力。

当然,结构因素和能动因素并非截然分开的,而是交织在一起共同发挥作用。民主恳谈和参与式预算发轫于党的基本路线教育,是从权力端和体制内"生长"出来的;同时,也受到学术界、媒体和社会组织的促动。后者为前者的制度创新提供了观念引导、价值论证、制度设计、技能培训和舆论塑造等很多帮助。所以说,民主创新和发展是多因素共同作用的结果。因此,何俊志将其原因归结为"权力—观念—技术"的接合。③但是这些因素之间的作用是不平衡的。

(三)两种因素的不平衡作用

对于民主恳谈和参与式预算的兴起来说,能动因素的"促动"作用显然更加明显而且必不可少,而结构因素则通常是可遇不可求的——有了当然更加有利,没有也不必然阻碍其发生。但是对于民主恳谈和参与式预算的延续来说,结构因素所起到的作用或许更大。当然,结构因素和能动因素并非截然分开的,而往往是交织在一起,共同发挥作用。对于一个具

---

① 陈家刚:《通过对话寻求决策共识——浙江省温岭市"民主恳谈"案例研究》,载陈家刚主编:《民主决策》,中央编译出版社,2013 年,第 53~55 页。

② 参见牛美丽:《预算民主恳谈——民主治理的挑战与机遇》,《华中师范大学学报·人文社会科学版》2007 年 1 月。

③ 参见何俊志:《权力、观念与治理技术的结合:温岭"民主恳谈会"模式的生长机制》,《南京社会科学》2010 年第 9 期。

体的民主实践而言，促使其发生和维持其延续的因素存在交叉，但并不完全相同。相对而言，有些因素通常是作为一种"促动"因素起作用，比如领导人的理念和追求，专家学者的支持；而有些因素则更主要是以"维持"因素起作用，比如群众的参与愿望和需求，当地的社会结构、文化环境和政治习惯，制度化程度等。一般来说，在发生阶段，能动因素的作用更加突出，而在延续和发展阶段，结构因素可能更加重要。具体而言：

1. 政府的促动

中国的制度创新，直接动因大多来自于政府。在实践当中，许多制度创新，都是先由地方政府发起，但中央往往早先做了或明或暗的引导；当制度创新的效果和可行性在地方得到证明之后，中央才有可能将之上升到国家层面，并以法律或政策的形式加以推广。[1]以民主恳谈和参与式预算为例，政府的促动作用表现为：

第一，中央的积极引导。温岭民主恳谈之所以会发生，一个直接动因是江泽民在浙江嘉兴的讲话。这个讲话给地方领导人以积极的"暗示"，从而促成了"农业农村现代化教育论坛"的出现。而 2000 年 10 月 10 日，劳动和社会保障部部务会议通过的《工资集体协商试行办法》，则为地方进行工资集体协商实践提供了文本"依据"。预算改革方面，早在 2000 年，中央就开始了部门预算改革试点，及公共支出改革。[2]中央的改革对地方起到了积极的引导示范作用。而温岭改革经验形成后，中共中央办公厅、全国人大常委会多次专门到温岭进行考察和交流推广，温岭的经验和做法还被写入中央文件。在中央的这一系列动作之后，很多地方的党委、政府和人大系统都到温岭"取经"。所以说，对于民主恳谈和参与式预算在全国的兴起和发展来说，中央的积极引导作用是不言而喻的。

---

[1] 参见郭小聪：《中国地方政府制度创新的理论：作用与地位》，《政治学研究》2000 年第 1 期。

[2] 参见王雍君：《中国的预算改革：评述与展望》，《经济社会体制比较》2008 年第 1 期。

第二,地方的主动追求。由于中央对民主恳谈和参与式预算的态度主要是引导和推荐,而并未将之作为普遍化的国家制度加以推广,所以还必须要有地方政府的主动追求,它才有可能出现。实践表明,大多数地方的参与式预算实践都是在当地党政官员的直接促动下产生的,地方党委一把手的支持更是必不可少,而绝少有中央直接试点或公民促动的案例出现。另外,民主恳谈和参与式预算运转的整个过程通常也处于党委政府的控制之下。① 所以对于一个民主实践的产生和发展来说,地方政府往往是最核心的角色。有论者甚至认为,制度创新"必须由政治企业家来完成"②。各地民主恳谈和参与式预算的产生、发展与深化的各个阶段,地方干部同样起到了"政治企业家"的作用。他们通过采取诸如机会辨识、方案设计、集体行动的组织、问题诊断、制度完善、价值推广、体制更新等一系列行动策略,推动了民主恳谈的产生、发展与定型。③ 当然,在采取上述行动时,当地党政干部并非独自起舞,而是深度倚仗专家学者的智力支持和媒体的舆论宣传。

第三,地方政府的促动作用具有很强的偶然性。地方政府官员促动一个民主实践的动机是多种多样的,有可能出于政治理想,也有可能出于解决实际问题的需要,还有可能出于个人名望或政治收益的考虑。而无论是出于哪种动机,政府促动都有极强的人身属性,容易受到个人动机和职务变化的影响。一旦促动者的想法、需求和职位发生变化,促动力也就会发生变化。所以单纯的政府促动因素或许可以发起一场改革,但往往不足以维持改革,容易出现"朝令夕改""人亡政息"的情况。比如,无锡市的参与

---

① 参见何包钢:《近年中国地方政府参与式预算试验评析》,《贵州社会科学》2011 年第 5 期。

② 刘洪军:《论政治企业家》,《经济评论》2002 年第 6 期。

③ 参见陈海春、韩翠萍:《制度演化中政治企业家的作用机制研究——基于温岭"民主恳谈"生命周期的视角》,《理论与改革》2013 年第 3 期。

式预算改革带有浓厚的"长官意志"，也受到非政府组织的外力推动，但缺少了内生性的改革动力驱动。①所以当主要领导调换岗位和非政府组织撤出之后，改革就迅速淡化以至消亡了。

2. 社会力量的促动

在很多情况下，虽然群众并非民主恳谈和参与式预算的直接促动因素，但来自社会的政治需求和压力，是促使地方政府进行回应，并进行制度创新的重要原因。实践表明，很多地方的民主恳谈和参与式预算的直接促发因素是经济社会发展中的现实问题，比如紧张的干群关系、基层政府公信力缺失、地方财政赤字等。比如，20 世纪 90 年代，温岭同全国其他地区一样，群体性事件、非正常上访及缠访现象频发，这使得当地党委政府必须创新治理方式，"引导群众有序参与公共事务和维护自身权益，加快民主的制度化和法律化进程，以确保社会稳定大局"②。而"农业农村现代化教育论坛"这一民主恳谈的雏形之所以会产生，正是由于干群关系紧张和基层政府公信力缺失，使得原先的思想政治教育活动流于形式，并引起了群众的不满。焦作之所以会开展预算听证会，直接原因也在于收回"小金库"后需要"给社会一个交代"。当然，总体来看，中国参与式预算的发起，并不是在公民社会力量增强的情况下产生的，也没有带来公民社会力量增强的效果，依然体现出"党委主导，政府操办，社会参与"的基本格局。

相比较而言，社会促动力是比政府促动力更加持久的一种因素。某种程度上，社会促动力更加接近某种结构性的因素。因为社会促动力的形成，往往是由于经济结构的发展。而且社会需求通常都是集体需求，社会

---

① 参见赵早早、杨晖：《构建公开透明的地方政府预算制度研究——以无锡、温岭和焦作参与式预算实践为例》，《北京行政学院学报》2014 年第 4 期。

② 王红艳：《浙江温岭民主恳谈：实现公民有序参与的有效机制》，载于陈红太主编：《中国民主政治建设创新案例调研》（二），中国社会科学出版社，2014 年，第 33 页。

行动通常都是集体行动,故个别社会成员意图和偏好的改变,不足以直接引起社会需求和社会行动的改变。所以一个地方民主的社会需求越强烈,在当地产生民主实践的可能性就越大,其民主实践得以持续的可能性也越大。

3. 政治文化和习惯

我们很难简单地证明,一个地方民主机制的持续同当地的政治文化和习惯,到底是谁塑造了谁。有可能是民主机制的持续逐渐塑造了当地的政治文化,有可能是当地的政治文化造就了民主机制的持续,二者之间也有可能是一种双向强化的关系。但有一点可以明确,即民主实践经过一段时间,必然有助于形成相适应的民主文化和习惯,而这种文化和习惯反过来又能够帮助民主实践保持延续,越是在环境发生变化或遇到困难的时候,这种民主文化和习惯的积极作用就越是明显。郎友兴认为,民主制度和治理机制创新,一段时间后转变为一种习惯和公民文化,这种习惯和公民文化是民主制度和治理机制得以保持的重要因素。[1]朱圣明认为,经过十多年的实践,民主恳谈已经成为当地干部群众的一种生活习惯和生活方式,甚至成了一种内生的路径依赖。[2]何包钢认为,温岭协商民主的推进和重复实践"已经使某些地方官员和农民喜欢这种做法,尝到其甜头"[3],逐渐习惯于用民主恳谈的办法解决问题,甚至不开民主恳谈会,农民就会抱怨。浦兴祖认为,在创新初始阶段,有些政府官员存在不适应,但目前已习惯并接受。

---

[1] 参见郎友兴:《公民文化与民主治理机制的巩固和可持续性——以温岭民主恳谈会为例》,《中共浙江省委党校学报》2012 年第 2 期。

[2] 参见朱圣明:《温岭恳谈文化之生成逻辑与本质特征》,《中共杭州市委党校学报》2010 年第 1 期。

[3] 何包钢:《地方协商民主制度会持续发展吗?》,《学习时报》2006 年 10 月 23 日。

4. 制度化水平

制度化和民主创新的持续性之间同样存在某种双向强化关系。一般来讲,一个民主创新持续的时间越长,制度化的可能性就越大;反过来说,民主实践制度化程度越高,维持持续的可能性也越大。这一点在我们的案例分析部分已经得到证实。像温岭、闵行、顺德和盐津等地,从创新开始阶段就十分注意制度建设,而且随着实践的深入,不断完善其制度体系。像无锡、哈尔滨、常州等地,制度化水平则相对较低,没有就相关民主机制制定统一的、较高规格的规范性文件,有的地方甚至是每年参与式预算开始前,临时出台一个工作办法。而结果则证明,制度化水平较高的地方,民主实践持续性更强。当然,制度化不是确保民主实践持续的充分条件。比如四川巴州白庙,也是在创新初始阶段就制订了较为详细的程序文件,不过其民主实践似乎也已中断。

民主恳谈和参与式预算制度的价值基础虽然同西方的协商民主有共通之处,但其在各地的生长逻辑则具有很强的"内生性"。只有当一系列的内外部条件汇聚,才能造就这一民主形式的产生和发展。改革开放以来的市场经济发展和社会利益格局分化,20 世纪 80 年代以来发展起来的村民自治制度和传统,中国共产党一贯坚持的群众路线工作方法和工作作风,中国传统儒家文化与协商商谈民主机制的内在相容性等共同构成民主恳谈和参与式预算兴起的大环境。而一个地区发达的私营经济,或者紧张的干群关系,或者谋求改变的社会需要;一批包括私营业主阶层和地方干部在内的观念开放、参与意愿和参与能力较强的"地方精英阶层"的存在;民众的平等意识、权利观念和政治参与诉求的增强;专家学者的参与和媒体恰当的宣传报道等诸多条件则构成其小环境。这些内外部条件的汇聚,共同形成了民主恳谈和参与式预算兴起和发展的结构性条件。

三、能动与结构

上文的案例展示和原因、机制分析,已经足以说明民主恳谈和参与式预算的"能动-结构"样式。为了能够更加清晰地证明这一样式符合我们所提出的理论模型,我们再对这一点加以简单梳理和说明。

(一)能动者和中介

1. 地方

实践表明,地方政府和地方官员是民主恳谈和参与式预算发生与发展的核心能动者。从动机角度来看,地方官员之所以会促动改革,无非是出于主动或被动的原因。一般而言,地方对于此类改革是不热心的,除非他们受到明确的政治激励——中央要求, 或面临明显的政治压力——社会要求。也就是说,除了个别人在个别情况下,可能出于"理想"动机主动促发改革外,改革通常都是在外部因素激发下产生的。这种外部因素,大体包括以下方面:一是受现实问题所迫,不得不进行适应性改革;二是追求政府利益,直接利益包括和谐的干群关系,稳定的社会环境,较高的社会认同度,间接利益则包括上级的认可和地方的知名度等;三是,政府官员个人的政绩追求当然也是不可忽视的重要因素。[1]在中央发展基层民主,改革预算制度的积极引导下,地方官员如果能够创造出既满足中央要求,又符合法律规定,还能一定程度上解决治理难题的民主形式,他们无疑会积极追求。[2]当然,不同的政府部门态度会有差别。比如,人大部门推

---

① 参见陈朋:《国家与社会合力互动下的乡村协商民主实践:温岭案例分析》,上海人民出版社,2012 年,第 81~82 页。

② 参见方柏华、董明:《政治社会学视野下的先富参政与民主恳谈现象研究》,人民出版社,2009 年,第 106 页。

行参与式预算改革的意愿较强,因为改革能落实甚至增强其预算权;而政府则未必有积极性,因为改革会带来诸多掣肘。但归根到底,地方的态度关键取决于党委一把手的态度,一旦一把手认准,这类部门分歧可以解决。

2. 社会

从目前的实践来看,大部分地方的群众参与都是比较被动的,即使参与者和民意代表在参与过程中表现出较强的积极性和参与素质,但总体而言社会并没有形成相对自主且具有较强博弈能力的参与主体。研究表明,在知识和财富等方面阶层越高的公民,自我意识、权利意识和民主意识够就越浓厚,也就懂得利用法律或党和国家的文件来表达诉求、维护权益。社会弱势群体则"还处于参与性学习的起步阶段"[1],更加关注直接物质利益的获得。有学者认为,中国的参与式预算,大部分还属于"草根式"的参与式预算,参与者多是土生土长的农民,他们"原本接触预算的机会就很少,民主意识也不是很强烈"[2]。但也有实证研究表明,随着参与式预算在当地的实施,民众的态度和行为有明显的转变,"动员性参与和自主性参与之间存在一种动态关系,动员性参与可以逐渐转化为自主性参与"[3]。在中国,政治参与的机会总的来说必然是越来越多的。因此,可以预见,民众参与的主动性也将越来越高。

这方面走在前列的是温岭,温岭的经济社会结构是目前其他许多地方所不具备的。首先,市场经济起步早,民营经济发达,造就了一大批市场精英。在市场经济活动中,这批精英阶层提出民主参与的需求是自然而然

---

[1] [德]托马斯·海贝勒、君特·舒耕德:《从群众到公民——中国的政治参与》,张文红译,中央编译出版社,2009年,第215页。

[2] 马蔡琛、李红梅:《参与式预算在中国:现实问题与未来选择》,《经济与管理研究》2009年第12期。

[3] 林慕华:《参与式预算中的群众议事员:舞台、角色与演绎》,《公共行政评论》2014年第5期。

的。企业纳了税就要关注怎么花，农民办起了工厂，就得关注道路交通、市场摊位、税收政策等公共问题。他们走南闯北，见多识广，经济实力雄厚，所以"当他们面对官员时，也有了平起平坐的底气，当他们面对公众甚至面对电视镜头讲话时，也能表现得思路清晰、镇定自如"①。除此之外，还有一大批在改革开放过程中崛起的"新社会阶层"，他们主要包括国家和社会管理者、经理人员、个体工商户、专业技术人员等。据统计，这个新生的社会群体，2008年即达到88.53万人，所创造的经济总量占台州全市经济总量的90%以上，直接或间接地贡献着全市70%以上的税收。②这个群体的参与意愿和参与能力都是很高的，在温岭各地开展的民主恳谈活动中，最活跃、作用最突出、获益最大的就是这个群体。③其次，这个群体不仅人数众多，参与意愿和参与能力强，而且组织性很高。私营企业主已经形成自己的社会组织，比如行业协会、联合性社会团体、专业性社会组织等，一些大企业的董事长、总经理成为当地工商联的领导。④我们通过台州的一些数据作为参照。2002到2010年底，台州市依法登记的社会组织从1969家发展到3349家，增长近80%。⑤截至2009年8月，台州共有行业协会

①　杜才平主编：《台州民主政治概论》，知识产权出版社，2012年，第65页。

②　参见同上，第68页。

③　这个群体的参政意愿还有一个直观指标，那就是他们担任人大代表和政协委员的人数。据统计，台州市有136位私营企业主担任市人大代表，有103位私营业主担任市政协委员，在市政协常委中私营企业主有10人，占14.5%。台州市路桥区二届人大20名常委中，私营企业主占3名，196名人大代表中私营企业主占29名。33名政协常委中私营企业主有11名，133名普通委员中私营企业主占61名。另外，路桥区有全国政协委员1人、省政协委员1人，均为私营企业主；市政协委员29人，有16名是私营企业主。参见刘春萍：《私营企业主政治参与的现状、问题与对策——以浙江省台州市L区为例》，《南京林业大学学报（人文社会科学版）》2007年第2期。

④　参见郑福华、杨利民、杜才平：《转型期社会阶层分化与统一战线成员构成的变化发展研究——以台州市椒江区为例》，中共浙江省委统战部招标课题研究报告，2010年。

⑤　参见杨供法、丁素君、陈亮：《台州社会组织发展的现状与对策》，《台州学院学报》2011年第5期。

248 家，涵盖了农业、渔业、机械、电力、电器、医药、化工、金融、保险、房地产、流通、运输、文化等多个领域和行业。这些行业协会起到了很好的组织和代表作用，承担了大量的社会管理职能。①从 1999 年温岭市启动民主恳谈算起，迄今已有二十多年；而且温岭市已经历经王金生、王建平、陈伟仪、叶海燕、周先苗、徐淼六任市委书记。将时间跨度和人事变动两个指标结合来看，温岭的民主恳谈和参与式预算应当是成功了的，其成功的背后很大的原因就是上述经济社会结构。

3. 中央

中央在民主恳谈和参与式预算的形成发展过程中，扮演了一个比较超然的角色。但这仅是指中央通常不会直接插手具体事务而言的，实际上中央对于这一民主创新的出现和扩散起到了非常关键的作用。而中央起作用的最基本形式，是为地方和社会行动者提供文本依据。如果说上文提到的诸如江泽民关于农业农村现代化的讲话、劳动部的工资集体协商文件等中央的“动作”只是无心插柳的话，那么以下中央文件和举措则明显是有意为之。民主恳谈方面，2006 年初，中共中央颁发了《中共中央关于加强人民政协工作的意见》。《意见》提出：“人民通过选举、投票行使权利和人民内部各方面在重大决策之前进行充分协商，尽可能就共同性问题取得一致意见，是我国社会主义民主的两种重要形式。”2012 年中共十八大报告用较大篇幅提出“健全社会主义协商民主制度”，特别强调要“加强议事协商、强化权力监督”。2015 年 2 月，中共中央印发《关于加强社会主义协商民主建设的意见》，村居议事会、民主恳谈会、工资集体协商等实践中的做法写入执政党的最高文件中。这些文件的出台，意味着中央对包括民主恳谈在内的协商民主的高度肯定，这不仅明确宣示了地方相关创新实

---

① 参见杨供法：《论台州行业协会运作模式的选择》，《台州学院学报》2010 年第 1 期。

践的合法性,还给出了明确的"政绩增长点"。

预算改革方面同样如此。不仅中央部门于 2000 年率先开展了部门预算改革,中央还出台多个文件对这一改革方向表示肯定。中共十八届三中全会提出,要改进预算管理制度,全面实施规范、公开透明的预算制度。2013 年,全国人大法工委到温岭调研,为预算法修订吸取相关经验。2014年 5 月全国人大有关机构再度到温岭调研参与式预算和预算审查监督的经验和做法。^① 2014 年新修订的预算法将温岭多年来的实践成果上升为法律,在第四十五条等具体条文中体现。^② 新修订的预算法增加一条,作为第四十五条:"县、自治县、不设区的市、市辖区、乡、民族乡、镇的人民代表大会举行会议审查预算草案前,应当采用多种形式,组织本级人民代表大会代表,听取选民和社会各界的意见。"温岭市参与式预算的做法得以形成法律,上升为正式国家制度。^③

中央的上述做法,对地方的引导作用是相当明显的。例如,盐津县在进行群众参与预算改革时明确表示,改革是为了全面贯彻落实中共十八届三中全会精神,发展基层民主、深化财税体制改革。^④ 可以看出,盐津县的改革是在地方党委的主持和推动下,落实中央政策精神的相关举措之一。

4. 中介

民主恳谈和参与式预算改革还有一个鲜明的特征是专家学者、媒体和非政府组织的深度参与。实践表明,几乎各个地方的民主恳谈和参与式预算改革都有专家学者和媒体不同程度的参与,部分地区的改革还得到非政府组织的大力帮助。这些中介组织虽然不是民主发展的直接能动者,

---

① 参见《温岭年鉴(2015 年)》,第 49 页。

② 参见《温岭年鉴(2015 年)》,第 110 页。

③ 参见张学明:《温岭市人民代表大会常务委员会工作报告（2015 年 3 月 10 日）》,《温岭年鉴(2015 年)》,第 11 页。

④ 参见《盐津县群众参与预算改革试点方案》(盐政发〔2014〕3 号)。

却是不可或缺的重要因素。学者在民主发展过程中，主要起到咨询和阐释作用，前者主要是为改革者提供制度设计和技能培训，后者主要是对公众和中央进行价值和功能阐释。媒体的主要作用则是阐释、沟通和引导。媒体的阐释工作往往同专家学者结合起来，后者提供观点，前者提供平台。沟通和引导则主要针对大众和社会舆论，以为改革争取更多的认同和支持。无锡、哈尔滨、闵行等地的改革则不仅有专家学者参与，还有非政府组织进行指导。而且这些中介组织的参与不仅仅体现在创新发起环节，每当改革面临转折或困难的时候，它们也会及时地提供帮助。比如，当时陈奕敏对民主恳谈会的持续性感到担忧，因为它没有法律地位，不是体制内的东西，经过与李凡讨论，决定"把民主恳谈和人大制度两者结合起来"[1]。

经过这样一梳理，我们相信民主恳谈和参与式预算的能动－中介结构是非常清晰的。中央、地方、社会共同推动，政治中介提供重要帮助。对于这一结构，我们用表6-3展示：

表6-3　参与式预算的能动－中介结构[2]

能动者与中介		动机	功能	资源	回报
中央		增强合法性	引导+提升+推广	国家权力	经验+认同
地方	政府	绩效+消除赤字	启动或参与改革	行政权力	政治激励+效率+认同
	人大	责任+增进权力	启动或参与改革	预算审批权	政治激励+权力+认同
社会		利益	参与	经济力量偏好	公共分配+参与效能

---

① 王红艳：《浙江温岭民主恳谈：实现公民有序参与的有效机制》，载陈红太主编：《中国民主政治建设创新案例调研(二)》，中国社会科学出版社，2014年，第37页。

② 本表格参照陈家刚、陈奕敏：《地方治理中的参与式预算——关于浙江省温岭市新河镇改革的案例研究》一文中的相关表格绘制。参见陈家刚主编：《民主决策》，中央编译出版社，2013年，第132页。

能动者与中介		动机	功能	资源	回报
政治中介	非政府组织	利益+理想	咨询(设计和培训)+阐释	组织资源+技术	组织经验+声誉+社会影响
	专家学者	经验+理想	咨询(设计和培训)+阐释	知识+公信力	经验+理论
	媒体	新闻素村+理想	阐释+沟通+引导	影响力	关注度

(二)结构中的边界

上述能动者和中介并非在真空中开展行动,而是处于一定的结构之中。对于文本结构,上文已有说明,不再赘述。这里简单说一下权力结构。

1. 党政结构

这里的党政结构,是在一般意义上说的,而不是指某一地方具体的党政关系。在中国,党政结构是权力结构的核心,权力结构的最高表现形式就是党的领导。我们在定性分析部分已经表明,民主恳谈和参与式预算从性质上来说,不会对党政结构构成明显冲击,在这种民主形态中,党的领导依然占有主要地位。另外,中共中央也已经通过各种文件和具体行动表明,民主恳谈和参与式预算不存在合法性风险。所以党政结构对于这一民主形式的发展是包容甚至支持的。

2. 部门结构

这里的部门主要包括党委、政府和人大三方面。上文在能动者分析部分已经说明,一个地方不同部门对于民主恳谈和参与式预算的态度是不一样的。所以部门结构对于民主恳谈和参与式预算实践的影响是条件性的。一般来说,政府部门通常是冷淡乃至拒斥的,因为这一民主形式有可能压缩政府权力,强化对政府的监督。但是也不排除政府领导出于理想或绩效考虑,主动或被动地发动相关改革。此外,人大部门对于这一民主形式通常持欢迎态度,因为改革能落实或增强人大权力。但是中微观层面的部门结构也要服从于党政结构，一旦当地党委一把手决定启动相关改革，上述部门分歧就可以被克服。部门结构对民主恳谈和参与式预算的启动与延续有着至关重要的影响。

实际上，目前出现的这些民主恳谈和参与式预算改革实践，大部分都是由政府或人大出于相应目的而促动的，而政府或人大的行动背后，普遍得到当地党委的支持；能够延续的实践，基本都较好地解决了潜在的部门冲突问题；未能延续的实践，则有可能是由于原先作为促动者的部门力量"撤出"，也有可能是由于部门间冲突没有得到很好的解决，而导致改革停止。而目前尚未进行民主恳谈和参与式预算的地区，很大原因就是当地的部门促动力量尚未形成。总的来说，地方政府是促动民主创新的核心力量，但部门间的关系会影响到民主创新的发展过程和结果，而处理部门间关系的关键在于党委。

3. 层级结构

层级结构对于民主恳谈和参与式预算也有重要影响。一般来说，民主恳谈受到层级结构的影响相对较小，各政治层级都可以进行民主恳谈；但参与式预算受层级结构影响较大。比如，村居一级十分适于进行民主恳谈，但由于不是一级预算主体，无法进行参与式预算。前文已经说明，最适宜于参与式预算的政治层级是区县和乡镇。从财政自主性和稳定性角度来看，区县比乡镇更加合适；从利益相关性和参与成本角度来说，乡镇比区县更加合适。而地级市以上政治层级，参与式预算的难度比较大，一是因为预算更加复杂，二是因为地域范围太广，三是因为不适于对直接财政项目开展参与式预算。层级结构对参与式预算的影响是非常明显的。我们收集的案例表明，这一类型的民主实践全部集中在区县和乡镇一级。这说明，在其他层级进行参与式预算会遇到结构性制约。

4. 财政结构

财政结构本不属于严格的权力结构之列,但将之作为权力结构处理亦无不可。因为财政结构的一部分内容同层级结构是交叉的,比如乡镇的财政自主权问题,就既是一个财政结构问题,又是一个层级结构问题。不过,财政结构中也有不属于权力结构的内容,比如一个财政单位的具体收支状况,特别是财政收入能力。财政结构对参与式预算的影响相较于前三个结构要小,它不一定会直接决定参与式预算改革的成败,但会影响到参与式预算改革的必要性和具体的制度安排。比如,有的贫困地区,财政收入连基本行政支出都难以保障,进行参与式预算是不大可能也没有必要的。[①]而财政结构对制度安排的影响,最明显的例子就是白庙乡和盐津下辖乡镇的相关改革。

按照我国预算法,乡镇属于五级财政主体中的一级,有着独立的财政预算权。但现实是,农村税费改革之后,大部分乡镇没有了稳定的财政收入,主要依靠转移支付,而且往往"入不敷出"。在这种情况下,单兵突进的参与式预算改革,可能看起来很规范,但实际上会带来很多麻烦。第一,在参与式预算过程中,经过民主商议确定的预算方案可能由于资金不足而无法落实;第二,依赖转移支付的现实会让实行参与式预算的乡镇在向上级"要钱"的时候陷入尴尬。

以白庙乡为例,虽然有人认为白庙乡提供了一个"乡财县管"的经济不发达地区开展参与式预算的样本。[②]但白庙乡的做法得到了巴中市和巴州区有关领导的肯定,巴州区曾召开"动员大会",要求区辖所有乡镇"普及白庙模式"。白庙乡的改革甚至曾惊动国务院专门电令四川省政府就白

---

① 参见陈奕敏:《参与式预算的路径与前景》,《学习时报》2014 年 12 月 29 日。

② 参见幸宇:《参与式预算的评析——以四川省巴中市巴州区白庙乡财政预算公开及民主议事会为例》,《理论与改革》2013 年第 3 期。

庙乡"公业务费"公开一事写成专报上达国务院。[①]但是白庙乡的做法并未得到当地其他乡镇的支持，甚至它本身的延续性也已经成疑。原因就在于，白庙乡参与式预算改革遇到了财政结构的严重制约。白庙乡改革的两项核心，一是财务公开，二是群众议事会决定财政资金投向。财务公开触及某些"潜规则"，不仅直接减少了乡政府机关工作人员的收入，而且给其他乡镇带来无形的压力。更重要的是在"乡财县管"的情况下，乡镇的财政来源很大程度上要依赖上级政府的转移支付，因此通过"招待"等方式维持同上级领导的关系，对于稳定并拓宽乡镇财政收入来说至关重要。而财政公开之后，各方面对于这种招待势必有所忌惮，于是这无形中给乡镇同上级部门的接触增加了阻力。最终，财政公开有可能导致转移性财政收入减少，也有可能导致乡镇提请上级支持的项目得不到财政支持；由此进而导致群众议事会的决议难以落实。

作为一个国家级贫困县，盐津县下辖乡镇进行参与式预算改革面临着同白庙乡大体类似的财政结构制约。而盐津改革的关键之处就在于，它不是参与式预算改革单兵突进，而是综合配套改革。盐津县的改革以划分县乡各自独立的财政关系为先决条件，确保乡镇的财政来源稳定，从而一举解决了乡镇需要向上级政府"要钱"的财政结构难题。这一点，或许是两地改革结果不同的根本原因。所以缺乏财政自主性的乡镇政府要进行有效的参与式预算改革，往往需要设计相关的配套制度，首先破解财政结构的制约。相对来说，经济条件优越的乡镇政府，在推行相关改革的时候，就要从容得多。这也从一个侧面证明了，经济条件对于民主发展确实存在重要影响。

至此可以看出，乡镇领导干部选举改革、基层人大代表自主参选、民

主恳谈和参与式预算等各类民主发展,表现出大体相似的"能动–结构"样式,遵循着几乎一样的规律。

第四节 本章小结

作为一种"治事"的民主形式,协商民主的应用范围极为广泛,既可以应用于党内民主、人大审议与表决、政协提案与咨询、政府公共决策等正式的政治过程,也可以应用于企业和社会组织协商、基层社会自治等非国家政治过程。可以说,只要存在公共事务的地方,就可以应用协商民主。本章所聚焦的民主恳谈和参与式预算,只是整个协商民主体系中的一种。在逻辑层面,不能说只要参与式预算发展好了,协商民主就发展好了。但在规律层面,可以说通过分析参与式预算的发展规律,可以类推协商民主的发展规律。对于民主恳谈和参与式预算在当代中国的发展规律,我们从三方面进行总结。

一、过程、现状与价值

从民主恳谈和参与式预算的发生和成型过程来看,它经历了三个比较明显的发展阶段:第一阶段是作为初始阶段的"农村党的基本路线教育";第二阶段是作为成型阶段的"民主恳谈"制度的形成;第三阶段则是与人大制度对接和在全国扩散的"参与式预算"阶段。经过二十多年的发展,民主恳谈和参与式预算等协商民主形式在中国许多地方得以开展,已经不再是过去的"孤岛现象",而呈现"群岛现象"。①民主恳谈是从"农村党的基本路线教育"活动发展而来,因此它是党的群众路线的"升级版",属于内生性的民主形态。无论是"农村党的基本路线教育",还是党的群众路线实践,强调的都是执政党深入群众、动员群众、吸纳群众意见并回馈与服务群众的政治过程。这一政治过程本身具有民主属性,但它的动员属性和领导属性同样突出。②民主恳谈和参与式预算作为党的路线教育的"升级版",保留了其"原始版"的大部分特征,但做出了重大改良,最主要的改良有两点:一是政治互动中群众的主动性和话语权提高,二是政治互动的制度化水平增强。

民主恳谈主要是以"事件为中心",往往是一事一议,有了具体的问题和决策事项才会召开民主恳谈会。所以民主恳谈的召开往往具有随机性,通常也缺乏规范的恳谈程序。从温岭的实践来看,民主恳谈自发生阶段开始,就特别注重强化其民主功能,而逐步淡化其宣传和教育功能。不过,虽然其民主属性得到确认和强化,但依然不改其作为"动员式民主"的基本面貌,也难以解决"动员式民主"制度化水平不高的通病。另外,虽然温岭市委出台了一系列落实民主恳谈的文件,并制定了党内法规,但它依然只是一种"制度外"的民主形式。党的文件无法赋予民主恳谈以国家制度的身份,因而民主恳谈所形成的结论也难以具有制度性的约束力。③

① 参见袁达毅:《地方治理创新中的"群岛现象"分析》,中国社会科学网,http://www.cssn.cn/zzx/zzxzt_zzx/zlhy/cx/201511/t20151102_2554798.shtml。

② 李凡认为,这类民主可以称为"动员式民主",动员式民主有如下基本特征:a.政府(党)主动,群众被动;b.不具备完整的法律体系支撑,基本靠政策驱动;c.政府既是政策解释者,也是动员执行者;d.局限于基层;e.采用传统动员方式"发动"群众参与民主行动(比如投票)。参见李凡:《中国民主的前沿探索》,世界与中国研究所,2008 年,第 37 页。

③ 李凡就将温岭民主恳谈的发展历程分为 1999—2004 年的"体制外对话机制"和 2004 年以来的"体制内对话机制"两个阶段。李凡:《用建立政府和公众对话体制的方式推动中国民主发展——纪念温岭民主恳谈十周年》,世界与中国研究所,2009 年 9 月 28 日,《背景与分析》第 214 期。

时任温岭市人大常委会主任的张学明曾经说:"参与式预算作为一种预算监督民主形式,属于体制外的自然生长,尚没有法律地位。而这种形式如想获得生命力,具有合法性,必须与当前人大制度结合,将它导入制度框架之内。"①因此,将民主恳谈引入预算编制和审批过程,与人大制度对接,正是使其获得制度性身份的关键一步。此后,参与式预算的形式更加多样化,但大部分地区的参与式预算都同人大的预算审批相结合。预算编制和审查是人大的法定职能,通过在这个环节"嵌入"公民参与,可以让民主恳谈获得制度性的依托平台和约束力。②参与式预算嵌入人大制度,还会带来一个间接作用,即人大有可能借此强化并坐实法定的预算和监督权力,从而达到某种政治改革的效果。而人大预算和监督权力的提升,本身也是民主发展的表现之一。

不同的民主技术适用于不同的民主层级和民主领域。在层级比较低、范围比较小的政治体中,选举的方式既不经济也无必要,通过协商或自治来实现民主显然更为可取。但是在层级比较高、范围比较大的共同体中,选举代表则不可避免。在这样的共同体中,协商民主的技术可以应用,但应该在选举的基础上发挥作用。因此,选举构成较大政治体民主技术的基础和骨架,选举的质量很大程度上决定着这类政治体的民主的质量。

但是我们不可因此而忽视基层参与式民主的意义。基层是开展民主活动,进行公民民主训练和民主教育的主要场所。基层的公共事务同当地居民利益相关度高,居民的参与意愿最为强烈,参与效果最为直接。基层参与者之间比邻而居,相互熟悉,容易沟通和交流,参与成本和组织难度

---

① 张学明:《深化公共预算改革增强预算监督效果——关于浙江省温岭市参与式预算的实践与思考》,《人大研究》2008 年第 11 期。

② 民主恳谈转化为参与式预算,或许会使民主恳谈的适用范围有所限制,但预算作为政治过程的关键环节,实际上提高了民主恳谈的效力。而且参与式预算的出现,并不会限制其他领域继续适用民主恳谈。

比较低。而且中国的基层并不是很小的政治单元。中国许多村庄，人口多达数千，在规模上完全可以匹敌美国数量最大的自治单元——市镇（county）；而中国乡镇和区县的规模更是相当于许多中等国家省（州）的规模。所以在区县和乡镇乃至村居这样的层面开展民主自治或者民主协商，都具有非凡的政治意义。我们不可因之为"基层民主"而等闲视之。

二、不足与限制

然而参与式预算并非到处可以适用，目前的种种参与式预算模式也并不完美。即便是其中最成熟、最典型的泽国模式和新河模式也不例外。泽国模式因为应用了现代社会科学方法而被认为十分"科学"与"洋气"，[①]而新河模式则由于扎根本土而被认为是"具有中国乡土特色的社会主义民主创新[②]。泽国模式最大的优势是理念清晰、逻辑严密、技术科学，能够确保参与的平等性与包容性；但它的问题是程序繁琐、成本较高，且对既有的权力结构构成冲击。新河模式最大的优势是扎根本土、简便易行，而且几乎不存在合法性风险，但它最大的问题是参与不足。可见，并不存在一种十全十美的参与式预算制度。

民主的本质是公民自己管理自己的事务，但实现民主这一本质的技术，即民主的实现方式应该是一个多样化的体系。协商民主是一项民主的技术，民主恳谈和参与式预算又是协商民主的一项技术。协商民主有其适

---

① 一些人甚至认为，新河模式契合古希腊"抽样民主"的古典形态，能够过滤掉专制的威胁，能够抑制精英主义的弊端，能够补代议民主之不足。参见朱圣明：《协商民意测验之中国版本——来自泽国预算民主实验的案例研究》，《"浙江经验与中国发展模式"国际学术研讨会论文集》，2009 年。

② 马骏、胡念飞：《"新河试验是中国式的公共预算"——访中山大学政治与公共事务管理学院副院长马骏教授》，《南方周末》2006 年 3 月 16 日。

宜的应用层级和领域,民主恳谈和参与式预算更是如此。民主恳谈的适用范围和层级相对较广,参与式预算则更加适宜于在乡镇和区县一级开展。①从技术角度来说,乡镇层面进行参与式预算最为合适,我国参与式预算的实践,大部分也是在乡镇层面展开的。因为乡镇预算编制相对简单,预算支出项目简单明了,对参与者的专业知识要求不高。而且乡镇层面的财政支出,同本地居民的相关性非常高,群众的参与意愿相对较强。而县级预算编制的复杂性要大大高于乡镇,预算项目更加复杂,涉及面更广,参与者若没有一定的背景知识,将很难实现有效的参与。而且区县的人口,少则数十万,多则上百万,几乎相当于一个中等国家省(州)的规模;加之区县往往地域面积较大,直接参与的成本和难度都相应提高。这些都是在区县层面进行直接的参与式预算的困难所在。但如果区县的参与式预算以部门或项目方式进行,并适当地缩小参与范围,上述困难相应会小很多。

从财政收入的稳定性和财政结构的确定性来说,区县则比乡镇更加适合于进行参与式预算。因为我国乡镇虽然是一级预算主体,但并没有独立的税收权,且大部分乡镇的财政收入主要依靠上级政府的转移支付。部分乡镇的"非税收收入"②可以超过转移支付的数额,但由于各乡镇的非税收收入极不平衡,而且非税收收入本身又很不稳定,一旦乡镇政府的实际财政收入没有达到预算计划,就会造成预算支出计划的落空,③从而影响

---

① 街道尽管没有独立的财政,不可能组织社会公众参与政府预算编制,但并不妨碍做公共预算项目选择和预算公开等类型的参与式预算。参见陈奕敏:《参与式预算的路径与前景》,《学习时报》2014 年 12 月 29 日。

② "非税收收入"包括"政府性基金收入""国有资本经营收入""国有资源有偿使用收入"。其中政府性基金收入又是大头,包括国家通过向社会征收以及出让土地(即土地出让金)和发行彩票等方式取得的收入。

③ 目前我国乡镇财政收入高的多达数亿,而低的仅百余万。但高财政收入的乡镇,大部分财政收入来源于土地出让金,而土地出让金是很不稳定的。

参与式预算的实际效果。而县级政府收入中最稳定的来源是税收收入①，这让县级政府进行参与式预算的财政基础更加牢固。

三、结构、动力与前景

民主恳谈和参与式预算发展时间虽然并不长，但在许多地方得到实践，而且得到中央的明确肯定。中共十八大把推进协商民主广泛、多层、制度化发展作为未来中国民主政治建设的重点。② 2015 年，中共中央专门印发《关于加强社会主义协商民主建设的意见》，肯定并推广协商民主经验。

民主恳谈和参与式预算之所以能够在各地得到兴起，一个基本原因是它的性质。这种以参与和协商为主要特征，并且能够保证党的领导的民主形式，不会对权力结构带来明显的冲击。所以它能够得到中央的肯定和推广。实际上，参与式预算和乡镇领导干部选举改革有着类似的初始动力结构，它们的核心推动力量都是地方政府和地方官员，社会主要是被动员的对象。但是二者的发展过程和结果却体现出巨大的差别，根本原因就在于中央的支持力度不同。民主恳谈和参与式预算不冲击根本权力结构，不存在合法性风险，所以具有全面推广的可能性。不过，民主恳谈和参与式预算虽然得到中央支持，也存在各种"利好"，但为什么没有像村民自治一样成为国家基本制度呢？

在我们的"能动—结构"分析框架中，原因主要在于以下方面。结构方面，一是如上文所说，并不是所有政府层级都适宜于或有必要进行参与式

---

① 参见樊勇：《我国县级政府税收收入的结构、规模及影响分析》，《中国财政》2011 年第 12 期。

② 参见陈明明：《"兵家之操典，化学之公式"：中国基层民主的技术操作》，载韩福国：《我们如何具体操作协商民主：复试协商民主决策程序手册》，复旦大学出版社，2017 年，序二。

预算,区县以上的政府要进行参与式预算难度就非常大;或者就是专家参与为主,群众只能象征性参与。二是民主恳谈和参与式预算虽然不冲击根本权力结构,但对中微观层面的权力结构还是会形成一定的冲击。一个明显的现象是,地方人大对于参与式预算往往持欢迎态度,而党委政府官员可能就持排斥态度,因为参与式预算不仅意味着压缩党委政府的实际权力,而且意味着更强的监督。三是民主恳谈和参与式预算的启动条件虽然并不高,但延续条件却比较苛刻。我国很多地方尚缺乏支撑这一实践的经济社会结构条件。在其必要性尚不是十分突出的情况下,中央也没有必要运用权威直接强行推动。

能动方面,参与式预算得到了中央的支持,有助于提升政治合法性;也受到了社会欢迎,真实有效的预算参与,能够为社会成员带来收益。但地方的态度是比较复杂的。在控制地方官员个人偏好的情况下,地方官员支持参与式预算的情况可能有以下三种:第一,由于中央支持,部分地方官员特别是主要官员可能将参与式预算(协商民主)作为一个"政绩增长点",借此谋求政治绩效;第二,部分地方由于存在治理难题,可能希望通过发展参与式预算(协商民主)来解决实际问题,提升治理绩效;第三,人大部门通过参与式预算改革有可能强化部门权力,从而对这一改革表示欢迎。但是也有部分官员可能由于实行参与式预算(协商民主)带来的权力格局变化而成为"相对受损者"——比如政府部门就有可能因此失去一部分预算权力,从而对改革进行或明或暗的抵制。

综上分析,在"可能性"方面,由于参与式预算并不违反既有法律,也不会危及中央的合法性,所以任何地方都有实行参与式预算的可能。但在"必要性"方面,由于有的地方并不希望藉此博取考评绩效,或者并未受到严重的治理难题的困扰,或者担心由于改革而失去既有的权力,从而不支持甚至反对进行相关改革。还有就是地方的财政状况也会影响参与式预算的必要性。在温岭这样的财政状况良好,且民营经济占主导的地方,实行参与式预算不仅可能,而且必要。而在那些财政收入仅仅能够维持政府的正常运转和基本公共服务支出,且严重依赖上级拨款和财政转移支付的地方,"参与式预算只能是奢侈品和装饰品,不会取得实质性效果,不存在推行的意义"①。

总的来说,作为一种协商民主的形式,民主恳谈和参与式预算不存在任何合法性风险。因此无论在何地展开,中央都不可能表示反对。它发展得好不好主要取决于两方面,一是社会对此是否具有充分的利益关切,二是地方政府是否足够开明(自身)或受到足够的压力(来自社会)或刺激(中央)。在大的结构上,民主恳谈和参与式预算可以实现合法性、绩效、利益的结合,因而具有普遍可行性。但在小的结构上,它能否发生和发展,则取决于社会利益的强度,和地方官员特别是地方党委一把手的态度。选举民主的发展,即使地方官员有意推动,也会遇到结构性阻力;而协商民主的发展不存在结构限制,一旦具备条件就可以发展起来。这或许是二者最大的不同。

---

① 陈奕敏:《参与式预算的路径与前景》,《学习时报》2014 年 12 月 29 日。

结论：理论自觉与中国特色社会主义民主理论建构

民主发展是当代中国政治现代化的核心主题。[①]然而西方大量有关民主化的文献表明，无论从定义还是经验的角度来看，中国都是一个"非民主国家"。而且在西方学者看来，政治转型（Political Transition）就是指一个政权从一种类型转变为另一种类型，通常有起点，也有终点。[②]那么作为"非民主国家"的中国要成为一个民主的国家，就必然再来一次"政体的转型"。当代中国的民主发展，真的必须遵循这种"转型范式"吗？中国是否能够走出一条具有自身特色的社会主义民主政治发展道路？

一、思路的展开

我们知道，学术问题是以回答"为什么"为终极旨趣的。因此，"当代中

---

① 参见林尚立：《基层民主：国家建构民主的中国实践》，《江苏行政学院学报》2010年第4期。
② 参见徐浩然：《解读中国民主——西方中国学家的视角》，中国社会科学出版社，2013年，第59页。

国实现民主是否必然经历一次政体转型？"这样一个带有判断性的问题显然不是严格意义上的学术问题。我们希望知道的是：当代中国民主发展的中观性理论是什么？新中国成立以来，在民主制度建设方面有种种具体表现，比如1953—1954年全国普选、村民自治、公推直选、民主恳谈、参与式预算、开放式决策、基层人大代表自主参选……这些民主实践有的发展顺利、形成制度，甚至得以在国家层面普遍推广；有的过程波折，面临种种困难；有的无疾而终；有的甚至被明确"叫停"。其背后的机理是什么？

要回答这一问题，我们不得不先回答一个前提性的问题，即民主是什么？因为如果我们不加思索地以"民主就是公民能够自由地选举领导人"作为它的定义，那么上述问题将失去存在的前提，在转型范式的民主定义下，当代中国的民主实践根本就不是民主实践。因此，我们需要通过以下核心环节来推进对上述问题的讨论：

第一，对哲学和经验两个层面的民主理论进行分析，寻找民主在理论上的"共相"，并对公认的典型的民主国家进行历史社会学分析，回归验证上述理论分析的有效性。这一步，实际上是为定义民主而"正本清源"。我们的研究发现，民主的共相，在规范层面是"人民主权"，在经验层面则是身份解放和机制建设。对一个具体的国家而言，身份解放和机制建设的过程，就是该国民主发展的过程。因此，我们主张抛弃民主转型理论，采用民主发展理论的这两个因素作为关键变量，考察一个国家的民主进步过程。

第二，身份解放是指政治体成员走向普遍、无差别的身份平等；机制建设是指政治体落实上述身份解放成果的具体机制不断形成和完善。要落实身份解放的成果，在政治层面最重要的是共享政治权力。共享政治权力，最重要的是政治体成员能够参与并影响政治过程。所以"参与"是民主机制建设的核心。参与的机制，最主要有"自治、选举、议事、监督、介入"五个层面，这五个层面的参与机制对政治过程的影响力依次降低。

第三，身份解放或机制建设的发展，都构成一个政治体民主的发展。但是单纯的身份解放，或单纯的机制建设，都无法实现充分的民主。而且民主发展的道路不止一条，身份解放和机制建设的具体形式和先后顺序的不同，决定了一个政治体民主发展的具体路径。比如，英国和美国大致都是先完成机制建设，后逐步进行身份解放；而法国是在没有核心民主机制的情况下，先集中且迅速地完成了身份解放过程，而后再逐步进行机制建设；印度完成了机制建设，但尚未完成身份解放。

第四，在上述框架下，中国的民主发展逻辑大致体现为：北洋时期和民国初年，试图在不进行身份解放的基础上先完成机制建设，结果证明"此路不通"。抗战时期到新中国建立期间，通过战争和革命推翻"三座大山"进行身份解放。[①] 1949—1956 年间，机制建设与身份解放并存，完成了订立宪法、建立各级人民代表大会制度、全民普选等一系列重要的机制建设，但也在继续进行社会主义改造等身份解放运动。1956—1976 年期间，通过"文化大革命"的形式继续进行身份解放，几乎完全抛弃机制建设，搞"大民主"，导致"大动乱"。1978 年以来，拨乱反正，强调机制建设而不再进行身份解放。所以 1978 年以来的民主创新和实践，其本质就是机制建设。这些有关民主的机制建设也就构成了这一时段当代中国民主发展的内涵。

第五，为什么这些机制建设的过程和结果各不一样呢？由于此前的身份解放是革命性的、彻底的、通过战争实现的，所以它有领导力量。这个领导力量就是中国共产党。在接下来的机制建设过程中，领导力量一方面要保证政治稳定，巩固身份解放的成果；另一方面要履行其"民主"的政治承诺，通过具体的民主机制让抽象的身份解放在日常的政治生活中得到落

---

① 这一过程曾出现身份解放和机制建设孰先孰后的争议，被雷颐称为"改革"与"革命"的赛跑。参见雷颐：《改革与革命赛跑》，《中国改革》2010 年第 3 期。

实。同时，现代化发展过程会释放、塑造新的社会力量。社会力量会提出民主诉求，追求民主进步。中国共产党落实民主承诺，社会提出民主诉求，都会形成发展民主的压力。这种压力会集中反馈到地方政府层面。地方政府本身也有可能为了绩效而推动民主发展。所以中央、地方、社会就构成当代中国民主发展的三股基本能动力量。三者在民主发展问题上的最大关切分别是合法性、绩效和利益。三方的互动就形塑了民主发展过程的基本形态，合法性、绩效和利益的分离与聚合状态就决定了某一具体民主实践的结果。以专家学者、媒体和社会组织为代表的政治中介在三方互动过程中也发挥了重要作用。三方能动者的互动能力是有差别的，主要表现为资源、技能和意愿方面的差别。目前，国家行动者的综合能力毫无疑问更强，但社会行动者的综合能力正在提升。综合能力对比关系的变化，会影响到三方互动的方式和结果。

第六，三方能动者之间的互动，不是任意而为的，而是在"结构"基础上进行的，故而是有边界的。当代中国民主发展的结构可以分为"权力结构"和"文本结构"两个层面。权力结构又具体体现为党政结构、层级结构和部门结构三方面。权力结构的根本原则是党的领导。文本结构则具体体现为意识形态文本、政策文本和法律文本三方面。结构，特别是文本结构，既是能动者的行动依据，也构成能动者的约束和行为边界。突破边界的行为会遇到阻力，甚至会被宣布为"非法的"而遭到停止。但是能动者也能利用结构开展行动，甚至能塑造结构。中央在结构塑造、文本阐释等方面享有突出优势。

第七，中央需要对政治体制的合法性负责，通过创造稳定、发展和公正，维护和巩固制度认同；地方政府需要对考评和治理负责，通过创造稳定、发展和参与，获得中央和社会两方面的好评；社会则主要追求发展和自身利益。可见，在三方的显在动机背后，都存在一个隐性动机——追求发展、解决问题、共享成果。这一隐性动机就构成了中国人的"进取型民主观":民主发展的观念和价值属性弱,而利益属性强。最终,经过三方互动,如果合法性、绩效、利益高度聚合,则民主实践能够制度化、实效化;如果合法性、绩效、利益高度分离,则民主实践走向中断。

在进取型民主观的支配下,中央、地方和社会分别为了合法性、绩效和利益,在一定的权力结构和文本结构内展开互动。如果合法性、绩效、利益高度聚合,则民主实践倾向于制度化、实效化;如果合法性、绩效、利益高度分离,则民主实践倾向于中断。由此,我们得出有关当代中国民主发展的"能动-结构"分析框架和"互动-聚合"基本理论假设。

以上,就是当代中国民主发展的方向、逻辑、路径与机制的基本推演过程。

为了验证上述分析框架和理论假设的有效性和解释力,我们选取了三组案例进行回归分析。第一组关于乡镇领导干部选举制度改革,第二组关于区县人大代表的自主参选,第三组关于民主恳谈和参与式预算。虽然当代中国的民主实践远不止于这三种形式,还有诸如村民自治、选举制度改革、人民听证、开放式决策等许多其他民主形式。但是上述三种形式最为典型,涵盖了领导干部选举、人大代表选举和协商民主等主要方面。而且我们所选择的具体案例,涉及不同经济发展水平、地区、层级,表现出不同的过程和结果,具有较强的典型性和代表性。通过历史过程分析和跨案例比较分析,我们发现,各类民主发展案例都支持我们提出的分析框架和理论假设。可见,我们的分析框架和理论假设对于当代中国民主发展具有较强的解释力。

接下来,我们对于上述逻辑进路中的关键环节稍作展开。

二、从民主转型到民主发展

从历史的角度来看待人类社会的民主进步，我们会发现，其发展过程呈现两条主线：一条是民主机制的发展演化，比如代议制的出现、政党制度的产生、投票方式的进步，等等；另一条则是民主实质的发展进步，最明显的标志是人类身份的解放、政治权利的平等化，以及政治参与的增加。所以人类社会的民主发展就表现为两方面：一是身份解放的扩大，越来越多的人具有普遍化的公民资格；二是民主机制的完善，即获得公民资格的人越来越拥有具体有效的参与渠道。可见，民主机制的进步是非常重要的民主发展，但单纯的民主机制的演化并不能完全代表民主政治的进步。一个实行选举的政治体完全有可能极其严格地限制了公民身份，就像高度民主的雅典城邦，享有政治权利的公民却只是极少数；近代英国同样如此，虽然英国的议会制度发展很早，并取得了对国家生活的主导权，但由于广大的工人、农民、妇女、非国教新教徒、天主教徒等并未获得身份解放，英国的民主程度并不高。

所以我们将"民主发展"而非"民主转型"理论作为核心的理论背景，来反观当代中国的民主进步和民主实践活动。因为民主化和民主转型理论都局限于高层政治，且局限于将代议制选举制度作为识别民主转型的主要标志；而民主发展理论兼顾地方和基层民主，且关注身份解放和机制建设两方面的内容。更加重要的区别在于：一是在政治体制上，几乎所有的民主转型理论都这样假设，民主化始于权威政体的松动，完成于权威政治的终结，即权威和民主此消彼长，不能两立；二是在民主化条件上，民主转型理论强调民主转型和民主巩固必须具有某些基本的经济、社会、文化条件。但是中国的民主发展经验给民主转型理论模式提出了重大挑战。很明显,中国民主实践的启动,并非以中央政治权威的松动为条件,恰恰相反,中国民主政治的发展是以中央政治权力所创造的基本秩序为条件,在有些情况下,甚至是中央的政治权威主动寻求并推动民主进程。而且很多地方的民主实践经验表明,一定的经济社会条件固然是民主质量的重要条件,但并非必要条件,即在经济社会现代化并未完全展开的地方,民主政治就可能因执政集团的主动追求而有所发展。

借用郭苏建"体制内变迁"(a change in type)和"体制间变迁"(a change between types)的类型分析法①,这样看来,民主转型理论显然是关于体制间变迁的理论,即一个政治体从一种体制转变为另一种体制;而民主发展理论则既可以涵盖体制间的变迁,也可以包含体制内的变迁。诸如"韧性权威"和"回应性独裁"一类的概念,是从体制内变迁的角度来看待当代中国的政治变迁的。但是它们依然假定,这种体制内变迁达到一定程度,就会引发体制间的变迁,体制内变迁只不过是为体制间变迁做"量"的积累和准备。而民主发展理论则不仅关心政体形式,而且关心身份解放和非政体变迁的民主机制的发展。这里一个关键的问题是如何定义民主,如果采取机制性或过程性的方式来定义民主,则民主发展理论殊难成立,而如果采取身份解放+机制建设的方式来定义民主,则民主发展的定义很具有解释力。用民主发展理论来分析当代中国的民主运动,可以说中国的民主"转型"从革命建国时就开始了,新中国成立就基本完成了身份解放的过程。因此,这一过程毫无疑问也应该纳入民主发展的整体过程之中来观察。

由于当代中国的民主发展主要是机制建设,所以民主发展的"发展"有两层含义:一是指民主实践的发起,即民主创新;二是指民主实践的制度化。民主创新容易识别,即民主实践从无到有;民主的制度化则有不同

---

① See Sujian Guo,"The Totalitarian Model Revisited,"*Communist and Post-Communist Studies*,1998,31(3):279-283.

的衡量标准，形式上的标准就是指民主实践的"法律化"①，而实质上的标准是指民主实践的"生活化"，即民主政治扎根于国家政治生活和公民的社会生活，成为公民普遍认同的价值准则和行为方式。形式上的标准，优点在于容易发现和衡量，缺点在于可能脱离实际，实质性标准的优缺点则刚好相反。所以我们在结合形式标准和实质标准优点的基础上，提出了衡量民主制度化的标准：一项民主措施是否制度化，一看其是否已经形成正式制度，二看其是否经历过一定的时间。这一时间的期限，我们设定为十年。②即一项民主创新，如果已经形成正式制度，并至少经历过十年时间且依然运转良好，则它已经实现了制度化。

三、从身份解放到机制建设

民主发展的基本逻辑表现为两方面：革命斗争和政治参与，分别表现为身份解放和机制建设。前者涉及一个政治体中哪些人具有公民资格，后者涉及那些具有公民资格的人如何进入政治过程，分享政治权力。在不同的国家，身份解放和机制建设的形式和先后顺序是不同的。比如英国，首先发展具体的政治参与机制，在封建君主制时期就形成了议会制度。通过斗争，议会在权力格局中的地位越来越高，以至于最后成为核心的权力机制。所以能够进入议会的群体就能分享政治权力，能够主导议会的群体就能主导整个国家。议会制度一经形成就是一种民主机制，但在形成初期，能够进入议会的人相当有限，仅限于王室、教士和大贵族。可见，虽然那时

---

① 此处的法律是指包括党委政府和人大制定的具有普遍约束力的规范性文件，即广义的法律。

② 因为中国向来存在"人亡政息"的现象，官员为了政绩可能进行民主创新，但一旦任期结束，原来的制度创新即搁置不用。而如果一项民主制度能持续超过十年，一般已经超过了官员同一岗位至少两任，则可以认为该措施已经"成活"。

候英国已经有了核心民主机制,但政治参与并未放开。随着新生的资产阶级及而后的工人阶级的崛起,这些新的社会阶层慢慢有机会进入到议会,分享政治权力。再后来,农民、天主教徒、妇女都逐渐获得了合法的政治参与权。在这个过程中,英国的政治机制保持稳定,但英国人的身份解放却不断深化,原先被排斥的资产阶级、天主教徒、工人、农民、妇女都相继获得了公民资格。可见,英国的民主发展过程,无疑包含机制建设和身份解放两方面。

从中国的民主发展历程来看,身份解放在新中国成立时已经基本完成,普通工农群众整体上获得了公民资格。之所以说是"基本完成",因为当时国内还存在少量阶级敌人,而且工农群众也被户籍制度进行了划分,这导致他们在享受政治权利时受到一定限制。另外,随着国家现代化进程的推进,中国社会产生了新的社会阶层,他们主要是以资本家、小资产者、高级职员、知识分子为主的"中产阶级"。新兴群体也在宪法修改后,特别是和谐社会建设中逐步获得平等的公民权。当然,仅有高度的身份解放和普遍的政治平等,却缺乏一定的政治机制,无法让获得公民权的人可以真正参加政治生活,这样的政治体的民主水平同样值得怀疑。因此,在身份解放基本完成之后,中国民主发展的核心任务就应当是民主机制建设和公民政治参与权的实现。但是在"文革"期间,中国曾有一段身份解放完全盖过机制建设的错误时期。实践证明,没有民主机制作依托的身份解放最终结出了"大鸣大放大字报"的"大民主"苦果。1978年以来,中国的民主发展路径发生重大调整。这种路径调整的核心,就是民主发展的重心从身份解放回到机制建设,通过民主机制建设逐步拓宽民主参与渠道,发展有序民主。所以说,当代中国建构现代民主机制的有效实践,主要是发生在改革开放之后。这个实践主要从三个方面展开,"一是修改宪法,重启宪政民主；二是放权民众，孕育现代社会；三是激活制度，吸纳公民参与"①。

这种民主发展方式的内在机理，同民主转型理论所假设与分析的情形具有重大差别。一般而言，西方主流民主理论，即自由主义代议制民主理论强调以"竞争性选举"作为民主的根本特色②，而当代中国的民主实践固然包含有选举的因素，但显然更加强调民主层次和方法的多样性；而且中国民主实践不仅仅关注作为国家权力机关的人民代表大会的选举和履职的民主化问题，也将基层群众自治制度、民主决策制度、民主协商制度等作为民主机制建设的重要维度。

可以说，当代中国的身份解放运动是相对比较彻底的。当代中国，并不存在制度性的阶级压迫和阶级排斥。在中国，公民只要年满十八周岁，均有选举权和被选举权，除此之外并无其他附加条件对普遍、平等的公民身份进行一般性的限制。③借用布赖斯的话，中国并不缺乏民治政治所需的"原料"，所不幸缺乏的"在于没有什么已有的制度可以供民治政治之用"④。由于中国缺乏民主传统，无法从传统中继承有效的民主机制，这导致中国公民在宪法和法律上享有公民权，但在实践中却长期缺乏有效、充分的政治参与渠道。这样就形成了当代中国民主发展"普遍彻底的身份解放"与"相对缺乏的政治参与机制"并存的状态。因此，当代中国民主发展面临的核心问题不再是如何进行身份解放，而是如何进行民主机制建设。而目前的种种民主实践，正是在这一逻辑背景下产生的。

---

① 林尚立：《基层民主：国家建构民主的中国实践》，《江苏行政学院学报》2010 年第 4 期。

② 参见［美］熊彼特：《资本主义、社会主义与民主》，吴良健译，商务印书馆，1999 年，第 370 页；［美］罗伯特·达尔：《论民主》，李风华译，中国人民大学出版社，2012 年，第 33 页。

③ 这里的"限制"仅指资格方面，即获得公民权而言，而公民权的具体行使过程，还是存在诸多限制。

④ ［美］詹姆斯·布赖斯：《现代民治政体》（下册），张慰慈等译，吉林人民出版社，2001 年，第 1002 页。

以中英两国作一简单的对比,英国的最高权力机关是议会,而中国的最高权力机关在党委(政治上)和人大(法律上)。身份解放的结果就是,所有的公民都获得了进入权力机关的资格和机会, 权力机关是对全社会开放的。不过,进入权力机关的方式,中国同英国有很大差别。在英国,公民进入权力机关,主要是通过选举,即公民要成为政治人物,主要是需要接受其他公民的审视和选择。在中国, 普通公民进入权力机关需要通过考试,而且要在官僚体系中得到历练,德能勤绩廉各方面得到组织的认可之后,才有机会逐步获得政治权力。可见,中英两国的差别不在于公民进入权力机关的"资格"和"机会",而在于"方式"。通过身份解放,中国公民获得普遍的进入权力机关的资格和机会, 但对于政治人物的选择缺乏足够的影响力。因此,中国的民主发展,核心任务应当是发展民主机制,赋予普通公民越来越多的选举民意代表及官员的权利和亲自参与政治过程的权利。这个核心任务,是中国共产党对全国人民的政治承诺。宪法和党的文件已经明确承诺"人民主权",关键是通过何种机制加以落实。这个发展路径也是近代以来中国民主发展的历史逻辑的展开,是具有历史基础的。忽视前一点是不明智的, 忽视后一点则是不负责任的。在这样的逻辑背景下,我们理解当代中国的民主实践就有了历史感和现实感。这些民主实践不是权宜之计,也不是投机之举,而是中国民主发展的必然要求。

"民主政治是历史发展的必然趋势"同"代议制民主政体是历史的终结",这两种表达方式都带有一定的历史终结论的意味,然而二者并非同一回事。我们说人类历史必将走向民主,是指走向实现更彻底的身份平等和更广泛的政治参与。至于具体通过哪种民主机制来实现政治参与,落实身份解放的成果,并不能完全限定。所以如果说历史终结论能够成立,那么历史也将终结于平等及参与的普遍扩大, 而不是终结于某一具体的政治制度形式。

四、民主发展中的"能动–结构"分析

本书我们要回答的核心问题是,当代中国民主发展的机理是什么?为什么种种民主实践的过程和结果各异?要回答这个问题,我们需要深入分析:什么"玩家"(player)在参与民主发展的实践?他们各自的行动逻辑和作用方式是什么?他们行动的边界与制约在哪里?最终决定民主发展的过程与结果的因素是什么?

我们回答上述问题的分析方法就是"能动–结构"分析。我们认为,中央、地方和社会构成当代中国民主发展的核心能动因素;能动者都要在权力结构和文本结构中展开行动,因此能动者和结构也就构成了当代中国民主机制建设的核心解释变量。虽然中央可能存在权力斗争,地方利益、部门利益、个人利益和整体绩效之间也存在分化与冲突,社会行动者也并非铁板一块。上述斗争、分化与冲突会对民主发展过程和结果产生程度不一的影响。但是我们在操作过程中,还是将主要的能动者处理为中央、地方和社会,而不将其内部之间的分化、冲突与斗争作为首要考虑因素。

来自中央的动力,表现为直接形式即在地方进行民主试点;表现为间接形式,即通过某项立法、文件、政策甚至领导人"表态",给地方提供方向和引导。对于不信任的民主实践,中央则多通过修改法律、领导人"表态"或内部控制等方式加以制止。所以在微观的民主实践层面,虽然中央的角色似乎并不"在场",但其实际影响力则举足轻重。对于地方或社会行动者来说,中央的一举一动都有着重要的导向意义。地方是推动民主发展的核心主体,目前的实践表明,大部分民主实践由地方政府发起或主导。地方层面甚至还存在一个"政治企业家"群体,这个群体的理念、诉求和行动力,对民主发展起着非常重要的作用。但地方也有可能出于某种原因而阻

碍民主发展。社会是推动民主发展的另一个重要因素,像人大代表自主参选就是由公民直接发起的,那些由国家行动者发起的民主实践,也离不开社会的推动作用。对于民主发展,社会即便有可能不积极,但也不会主动加以阻碍。1978年之前,国家与社会关系基本上是国家统治社会,社会能动主体严重发育不足,能动力量和空间都非常有限,那时候所进行的民主立法、选举普及等,几乎纯粹是国家活动。不过,即使是国家活动,要真正"落实"依然必须得到社会(群众)的配合。如果社会对国家行动进行软硬抵制,那么后者推行的民主计划也难免落空。1978年以来,国家逐步释放社会,社会空间越来越大,社会能动主体越来越丰富,其意愿、技能和资源也越来越强大。因此,在民主发展过程中,能够明显看到社会能动力量的作用在增强。

在政治活动中,一个个行动主体的动机是非常复杂的,但作为被整合起来的能动主体,中央、地方、社会的"最大关切"分别是合法性、绩效和利益。所谓合法性,根本上是指一种对统治正当性的认同的心理结构。所谓绩效,则包括实际上的治理绩效,和发生在官僚体系中的考评绩效。所谓利益,则主要是指经济收益和社会福利。也就是说,中央、地方、社会对一个民主实践的态度,根本上受到合法性、绩效和利益的左右,往往是有利则支持,不利则反对。

当然,能动者并不是任意行动的,而是受到结构的制约。这种结构包括权力和文本两个层面。权力结构主要是指党政关系、层级关系和部门关系;文本结构则包括意识形态文本、法律文本和政策文本。行动者有自己的偏好和主观意志,但受到这些结构的制约;民主实践的结果不仅仅取决于行动的方式和力度,也取决于行动得以开展的结构。如果说三方能动者各自的需求构成了当代中国民主发展的"动力",那么这种结构就构成了当代中国民主发展的"边界"。当然,边界并非不可改变,但改变边界显然需要一定的条件。目前一个突出的问题就是，民主实践中具体的行动可能会与国家的整体制度发生冲突，这种冲突的实质就是行动与结构的冲突。有些民主实践虽然有利于从整体上提高制度的合法性，却得不到现有制度提供的支持，甚至处于"违法"的尴尬境地。"目前的地方创新也较多地停留在计划经济时代形成的政府主导的动员模式中，既没有考虑到治理对象的需求，也缺乏对治理主体的有效激励"①，从而难以实现能动者之间的有效互动。

以上就是我们发现的"能动-结构"样式的基本框架。通过这一框架来观察当代中国的民主实践，我们发现：在一定的政治空间内，中央、地方、社会和法律文本这四个因素，只要其中任意两个因素发生结合，就足以启动一个具体的民主实践。但是这一民主实践要能够持续，则必须实现合法性、绩效和利益的聚合。也就是说，地方民主实践的启动，主要取决于中央、地方和社会三方的"互动"情况；其延续，则主要取决于合法性、绩效和利益的"聚合"程度。

对于上述"能动-结构"样式，我们可以从两个层面进一步细分。第一个层面，中央、地方和社会能动者经过互动，会达成合法性、绩效和利益的某种相对稳定的结合关系。三者的聚合造就了民主发展，三者分离则民主发展中断。第二个层面，能动者的互动能力和方式，受制于种种条件。能动者的意愿、资源、技能和整合程度是限制条件的基本表现。在每一个具体的案例中，能动者的相关情况都是不同的。但总的来说，能动者的行动能力分化体现出两个基本趋势：一是国家行动者特别是中央，掌控着巨大的资源、技能和整合优势，也因此国家行动者主导着中国民主发展的进程；二是社会的民主意愿，社会用于民主发展的资源、技能，及社会的整合程

---

① 杨雪冬、赖海榕主编：《地方的复兴：地方治理改革30年》，社会科学文献出版社，2009年，第25页。

度，正在获得持续的发展，所以社会在民主发展中的角色和地位持续上升。在社会能动者主动发起的民主议程中，当民主诉求的压力足够大，且民主诉求同地方绩效和中央合法性诉求相结合时，往往能够成功，否则容易失败。当社会能动者被动接受一个民主议程时，如果来自地方和中央的民主创新能够为之带来利益，则容易成功，否则失败。除了上述"能动-结构"样式，当代中国民主发展还受到几重根本逻辑的规制。

一是作为中国共产党基本政治承诺的人民民主意识形态，这个承诺是其取得初始合法性的重要基础，不容放弃。无论以何种民主形式为重，中国共产党始终必须在民主政治建设方面有所作为。

二是作为社会文化心理的进取型民主观。进取型民主观意味着人们主要将民主视为一种工具，而非一种价值，即人们并非将民主作为本体来追求，而是将民主作为追求某种"回投"的手段。换言之，如果民主并不能带来实际利益，或者其他方式也能带来，甚至能带来比民主政治更大的实际利益，那么人们并不容易仅仅出于维护民主价值的理念而为之奋斗。经验研究发现，在当代中国，"参与较少地以社会解放为目标，而是在特别考虑某一（地方的）集体当中现存社会关系的情况下，主要以解决和日常生活直接相关的问题为目的"①。在这种情况下，中国民主政治的发展很容易出现"问题替代"和"政策替代"的情况。但由于受到民主政治承诺的约束，一般不会发生"目标替代"的问题。

三是政治发展的正义原则和平衡原则。理想政治的根本目标是"正义"，政者正也；现实政治的根本原则是"平衡"，各类力量通过互动、博弈、社会运动，最终达到一个平衡状态，而非一家独大的失衡状态。在互动过程中，政治体内的各种力量达到了某种"均衡态势"，就能实现相对比较有

---

① ［德］托马斯·海贝勒、君特·舒耕德:《从群众到公民——中国的政治参与》，张文红译，中央编译出版社，2009年，第10页。

效的治理,就实现了"治",否则就是"乱"。民主发展,同样受到正义原则和平衡原则的制约。民主无疑具有很强的正义属性,是现代人所追求的重要的价值目标和政治生活方式。同时,民主发展也取决于各类政治力量的互动,以及最终实现的力量平衡的结果。

五、历史视野下的"互动-聚合"理论

上文所说的"能动-结构"分析框架与"互动-聚合"理论机制,在实践层面可以得到验证。回顾当代中国民主发展的历史过程,以上两点可以清晰呈现。

(一)村民自治

我们没有专门分析村民自治方面的案例,但这个环节确实是当代中国民主发展的重要一维,我们也不妨对之发展过程稍加回顾。村民自治的实践最初发生在广西宜州。改革开放之初,农村基层组织瘫痪,为了解决治安、交通等基本治理问题,广西宜州合寨村村民自发成立村民委员会。[①]1980年,广西宜州市合寨村正式经选举产生了村民委员会。这一做法经广西省委上报中央后,获得了彭真等中央领导的肯定和支持。[②]1987年,全国人大通过《村民委员会组织法(试行)》,村民委员会这一村民自治机制正式成为国家基本民主制度之一。20世纪90年代以来,村民自治的做法,之所以能够在全国推开,一个共同的逻辑背景就是改革开放后"农村社会

---

① 参见徐勇:《最早的村委会诞生追记——探访村民自治的发源地——广西宜州合寨村》,《炎黄春秋》2000年第9期。

② 参见《新时期的政法工作》,《彭真文选(1941—1990年)》,人民出版社,1991年,第430页。

成长同国家行政放权"形成聚合①,它具有社会需求和国家赋权的双重特征。可见,村民自治这一民主形态之所以能够出现,社会、地方和中央三方能动者的共同需求和推动是必不可少的。村民自治的发起,首先在于社会有需求,地方政府看到这一做法的实际绩效予以支持,中央则出于政权稳定和合法性的考虑而进行推广,三方能动者进行了"良性互动"。村民自治之所以能够上升为国家制度得以延续,也是因为得到中央、地方和社会等三方面的认同和拥护,实现了合法性、绩效和利益的"有效聚合"。②

村民自治是国家合法性—地方绩效—社会利益最容易发生聚合的层面,也因此在发展过程中,面临的阻力相对最小,最容易实现较高水平的制度化。当然,三者结合最好并不意味着在这个环节完全没有博弈和摩擦,最明显的比如乡镇政府对村委会的控制倾向同村民自治权的冲突,农村两委的摩擦和冲突等。所以村民自治的制度形态形成后,其实践形态并未完全固化,而是在基础制度框架下继续寻求实践创新和制度完善,"海选""两票制""公推直选"等重要的民主形式因之得以发生。

(二)乡镇领导干部选举

20世纪90年代后期,村民自治的相关经验已经基本成熟,这一直接民主形式开始向乡镇层面发展。各地乡镇领导干部的选举改革,正是在这一背景下产生的。但是从第一批乡镇领导干部选举改革的发起动因来看,

① 参见徐勇:《村民自治的成长:行政放权与社会发育——1990年代后期以来中国村民自治发展进程的反思》,《华中师范大学学报(人文社会科学版)》2005年第2期。

② 而一旦村民自治形成了法律制度,甚至被写入宪法,它就成为一种刚性的民主制度,无论中央、地方还是社会行动者都必须遵守。基层群众自治组织在中国呈现强大的生命力,在实践中不断发展壮大。2007年,在中共十七大报告中第一次提出健全充满活力的"基层群众自治机制"的概念,要求不断地扩大基层群众的自治范围、完善民主管理制度、有步骤地扩大公民有序政治参与,并将"基层群众自治制度"首次写入党代会报告,正式与人民代表大会制度、中国共产党领导的多党合作和政治协商制度、民族区域自治制度一起,纳入中国特色政治制度范畴。

地方政府特别是其中一批官员的作用显然是第一位的。步云乡和大鹏镇的改革,都是在地方政府的促动下发生的。中央一开始对此没有明确表态。而且社会利益诉求在其中也存在较大的变数。可以说,乡镇领导干部选举改革的发起,一方面是村民自治民主发展的惯性使然;另一方面主要是受到一批地方干部的促动,而中央的支持和社会的诉求并不确定。因此,一旦作为发起者的地方领导观念或职位发生变化,中央以某种形式表示"不支持",或者当地的社会需求不强烈(比如大鹏镇),那么乡镇领导干部选举改革就很容易中断。2001年,中央领导正式通过某种场合表示了对乡镇长"直选"的合法性的否定,这成为乡镇领导干部选举改革的一个转折点。此后,乡镇领导干部选举改革就走向了以公推直选为主要形式的党内民主。而党内民主,由于社会参与的角色可有可无,故而只能是"悬浮型"的民主改革,或者体制内的人事制度改革。

总的来说,在乡镇领导干部选举改革的开始阶段,绩效和利益发生聚合的可能性还是有的。一方面,由于此时乡镇政府依然承担着繁重的"资源汲取"任务,并因此同农村社会发生了诸多直接冲突,导致基层社会的群体性事件层出不穷。这种状况不仅直接影响到地方政府的治理绩效,也危及社会稳定和政治安全。另一方面,由于在村民自治中得到民主训练,群众的民主意识提高,他们希望通过进一步扩大民主权利的行使范围,有效减轻负担、推动经济发展、监督党政干部。因此,地方政府解决治理危机的需求同社会扩大民主权利、提升干部监督力度的需求,有可能在乡镇领导干部选举之中加以聚合。

不过,随着2006年1月1日起国家全面取消农业税,基层官民对立的根本矛盾得到解决,这让当初引发乡镇干部选举试验的问题背景被抽取。由于基层社会主要矛盾得到解决,社会重新恢复到相对稳定的状态,地方政府通过发展选举民主缓解社会矛盾的需求随之下降。同时,经过一段时间的民主试验，群众发现，民主选举虽然能够带来一定的参与效能感,能够对乡镇领导干部形成一定的监督和制约,但对于有效减轻负担、有效促进经济发展,作用并不突出。所以一旦中央通过非民主方式(比如税费减免)满足了农民的利益诉求,那么附着在选举民主身上的"进取"效应就会急剧下降。更有甚者,中央始终对乡镇领导干部选举的"合法性",特别是其"附随后果"存在担忧,并因此从未对这一改革表示过明确的肯定和支持。当中央发现,通过税费减免等"政策替代"的方式能够有效降低社会的民主诉求时，中央也就从原来希望通过发展选举来增强合法性转而开始担忧选举不断扩大带来的"意外后果"[1](unintended consequences)。因此,乡镇领导干部选举改革,始终未能实现合法性—绩效—利益的有效聚合,这一改革形式最终走向中断或悬浮是不奇怪的。

(三)民主恳谈和参与式预算

民主恳谈和乡镇领导干部直选改革几乎同时发生，但二者显然表现出不同的发展轨迹。进入 21 世纪后,乡镇领导干部选举改革走向以公推直选为主要形式的党内民主,虽然也得到一定的发展,但同社会的关联度实际上是下降的;而民主恳谈则进一步丰富形式,并演变为颇具正式制度形态的参与式预算，成为扩大基层群众政治参与的又一种重要的民主形式,而且这一民主形式得到了"协商民主"这一受到中央肯定和推崇的民主意识形态的支持。目前,作为协商民主形式之一的民主恳谈和参与式预算,在越来越多的地方得到实践。

在温岭,民主恳谈和参与式预算之所以能够发生,"更多是在其本土政

---

[1] 意思是指行动者"意图之外的后果",即行动者并不希望发生的后果。参见[英]安东尼·吉登斯:《社会的构成:结构化理论纲要》,李康、李猛译,中国人民大学出版社,2016 年,第 416 页。

治社会情境,及其先期已创生的制度路径中所培育出的以基层民众与政府话语交流、合作决策为核心精神的政治参与的制度模式"①。这种本土社会情境,被学术界总结为改革开放所带来的经济发展和社会利益分化、村级民主实践所积累的制度与经验、党的"群众路线"工作方法②,以及中华民族长期追求"和谐"与商谈的传统。而这些条件恰好又在温岭最为突出、最为集中。比如,浙江民营经济发展,直接后果就是社会财富的普遍增加,并由此创造了一个"先富群体",一大批"能人"在基层社会涌现出来。③而且浙江的民营经济有一个突出表现是分散经营、家庭作坊,这让浙江的社会财富和基层精英也相对分散,且数量较多。这一经济社会结构方面的特征,首先改变的是能动者的数量和质量,接下来才会影响到民主的发展。正是结构和能动力量方面的双重变化,使得"既有的农村治理结构既无力承载出现的各种新鲜事物,也无力解决现存的现实问题"④,进而让地方政府不得不主动采取措施,进行治理创新。这些条件最终促使党的思想政治工作形式——教育论坛,转变为一种可以对接既有制度,且有着广阔制度化空间的民主形式。可见,民主恳谈和参与式预算的发起,具备了中央、地方、社会三方共同的推动作用,而且有着群众路线与民主协商的政治传统和基层自治的制度资源,可谓各种条件集于一身。

协商民主⑤的实践之所以能够延续,则同这一民主形式能够实现"合

① 徐琳、陈剩勇:《参与式预算与地方治理:浙江温岭的经验》,《浙江社会科学》2009 年第 11 期。

② 参见景跃进:《行政民主:意义与局限——温岭"民主恳谈会"的启示》,《浙江社会科学》2003 年第 1 期。

③ 参见卢福营:《冲突与协调——乡村治理中的博弈》,上海交通大学出版社,2006 年,第 13~15 页。

④ 方柏华、董明:《政治社会学视野下的先富参政与民主恳谈现象研究》,人民出版社,2009 年,第 33 页。

⑤ 中国的协商民主有着与欧美协商民主理论不一样的发展逻辑。欧美的协商民主理论,是在代议制民主产生合法性危机,国家治理能力弱化的背景下产生的。参见[德]哈贝马斯:《哈贝马斯精粹》,曹卫东选译,南京大学出版社,2004 年,第 32 页。

法性—绩效—利益"的有效聚合息息相关。第一，协商民主在理论上依然属于民主范畴，从而符合中央民主政治承诺，能够让中央在协商民主建设过程中获得合法性积累。第二，协商民主又能避免选举民主可能带来的"意外后果"，风险更加可控。第三，协商民主组织相对容易，成本相对较小。第四，协商民主能够满足基层群众的参与愿望，而且有可能比选举带来更加广泛深入的参与效果。第五，协商民主同样符合群众对"进取"的期待，能够为群众带来实惠，解决实际问题。因此，理论上，协商民主能够得到中央、地方、社会等各方面的认同。2012年，中共十八大首次全面阐述了"协商民主"概念，并对"健全社会主义协商民主制度"进行总体规划和战略部署；2013年十八届三中全会再次强调"推进协商民主广泛多层制度化发展"；2015年2月和7月中共中央分别出台了《关于加强社会主义协商民主建设的意见》和《关于加强城乡社区协商的意见》。可见，以民主恳谈和参与式民主为代表的协商民主，具备了进一步制度化并深入推广的政治基础。

（四）区县人大代表自主参选

总的来说，区县人大代表自主参选，是社会诉求同法律文本相聚合的产物，其主要能动者是社会。20世纪80年代和21世纪初的两次自主参选高潮，都是由某种社会因素促动的结果。前一次，是由于社会的民主观念运动正好同1979年新出台的《选举法》相结合，但这一次高潮缺乏真正的社会利益基础。21世纪初那次自主参选高潮，则是社会力量发育的结果，特别是新兴社会阶层产生了利益诉求和民主诉求之后的结果。人大代表自主参选的发生，同1979年新修订的《选举法》密不可分。如果没有选举法赋予公民的自主参选空间，这一现象是不可能产生的。所以中央虽然不是这一民主现象的直接促动因素，但起到了重要的间接作用。因此，人大代表自主参选这一民主现象，主要是由于"社会利益诉求+中央形式上的合法性认可"相结合而产生的。

那么人大代表自主参选为什么难以持续呢？因为到目前为止这一民主实践尚难以实现"合法性—绩效—利益"的有效聚合。一是，中央虽然从形式上认可了自主参选的合法性，但对于自主参选的"附随后果"并不放心。这体现在，中央一方面通过立法从一般层面对自主参选行为施以重重限制，另一方面通过内部控制引导和要求地方政府对自主参选行动进行具体的干预。二是，地方政府在自主参选中几乎看不到任何绩效增长点，相反，自主参选还会给地方治理带来许多麻烦；而且地方政府几乎没有理由为了促动这一做法而冒着违反中央意图的风险。最后，自主参选的唯一动力也就是社会。而在进取型民主观的作用下，社会大众不会为了单纯的民主权利而"斗争"。所以一旦国家较好地解决了社会利益诉求，或者对自主参选进行"政策替代"，那么这一行动就很容易被瓦解。剩下的自主参选的唯一促动因素可能就是民主的观念了。观念的力量不可小视，而且民主观念还在持续增长，但至少从短期来看，单纯的民主观念还不足以让自主参选形成持续态势。

总的来看，在村庄和社区层面，包括选举、协商在内的各种形式的政治参与都是可以得到各方认可的。但是到了国家正式制度层面，目前尚没有试验出可以实现"合法性—绩效—利益"相结合的选举形式。理论上，通过选举来实现"合法性—绩效—利益"的结合并非不可能，但这样的机制要落实到实践层面，还需要等待利益的增长和观念的成熟。这也可以看出，以经济社会文化进步为核心的"现代化"过程对于民主发展确实有着深刻影响。而与此同时，民主的协商却被鼓励在各个政治层级、各个领域广泛进行。总结来说，在村居自治的层面，各种民主形式通常都不会遇到合法性风险；而民主协商这一民主形式，在各个政治层面同样不会遇到合法性风险。如果允许我们对中国的民主发展前景做一个预测，那么它很有可能是这样的:一是村居自治更加充分,公民在社区的范围内享有相对充分的自治权;二是国家治理更加开放,社会公众会有越来越多的机会参与到国家的正式政治过程中来;三是民主协商全面发展,中国共产党通过在各个层级进行广泛的民主协商,对公民自发的政治参与行为进行"吸纳式的柔性应对"①,在巩固自身合法性的同时,塑造一种稳固、包容和开明的政治秩序;四是民主选举艰难进步,民主选举方面的实践将随着现代化进程的深入而有所进步,但进步的过程将十分漫长和艰辛。

以上,就是我们运用"能动-结构"框架和"互动-聚合"机制对最近几十年民主发展的典型案例进行的回归分析。实践证明,我们所提出的基本假设和分析框架是成立的,有解释力的。

六、进取型民主:中国人的民主观

人们对于民主的理解五花八门。但实际上,这种认知差异主要存在于人们对民主的诉求以及实现这种诉求的民主机制方面, 对于民主的本质——"人民主权",古今中外几乎是没有异议的。

中国人是如何理解民主的呢? 沃玛克(Brantley Womack)发现,与西方人对民主的理解不同,在中国人看来,民主只是一种有序政治过程(orderly procedure)和大众控制地方领导的保障,而非绝对的个人权利;中国人不强调单纯的民主权利,而是认为经济发展和民主建设互为补充。中国的民主发展则主要体现为民主与法治建设并重,个人与团体自主性提高,群众直接参与扩大,人大代表的控制欲和代议机构不断增强。特别是中国为民主改革所做的意识形态辩护与西方民主理论明显不同。西方民主理论更

① 何增科、[德]托马斯·海贝勒、[德]根特·舒伯特主编:《城乡公民参与和政治合法性》,中央编译出版社,2007年,第344页。

加强调公民对国家合法性的理性认同；而中国则反对个人主义，强调参与和共享。①沃马克的观察在一定程度上是十分深刻的。中国人的民主观有以下基本特点：

（一）权威和民主的辩证关系

中国的民主观基于整体政治观念，而非基于个人权利观念；与西方强调国家与社会的对立与斗争不同，中国民主观强调在维护政治秩序的情况下发展"有序民主"，民主发展应以有利于整体政治为要。而在这个过程中，保证一个有力的中央权威始终是基本要点之一。因此，中国的民主发展，不是以民主来替代权威，而是追求权威和民主的平衡。确保权威以保证基本政治秩序，但发展民主以避免权威过于刚性从而走向危机甚至灭亡。毛泽东所谓的用民主来避免"历史周期率"，同西方人所理解的自由民主差异巨大，其用意并非在于用人民取代权威，而在于使权威保证人民性。值得注意的是，随着经济社会现代化进程不断深入，新兴的社会阶层不断涌现，他们的政治观念和政治诉求也在发生变化。个人权利的话语已经在中国获得了越来越大合法性和大众认同，而权威的合法性则受到了越来越大的意识形态冲击。

（二）强调多样化的直接参与

当代中国的民主观以传统的"民本"思想和马列主义"人民民主"观为基础，也受到西方自由主义民主观的影响，其核心的意识形态表达就是"人民当家做主"。可见，在本体层面，中西方对于民主的理解并无根本差别。不过，在机制层面则有较大差别。中国自古即有"民为邦本"的政治理

---

① See Brantley Womack, Modernization and Democratic Reform in China, *Asia Studies*, Vol.43, No.3, May, 1984, pp.431-435.

念,但并无保障人民根本地位的政治制度传统,于是人民的"邦本"地位常有赖于统治者的自觉和儒家的道德约束。通过马列主义"人民民主"理论的补充,中国传统的"民本"思想有了较为具体的政治依托和制度载体,那就是中国共产党领导人民追求身份解放,并创造各种形式的政治参与。党的十八届三中全会《决定》提出:"发展社会主义民主政治,必须以保证人民当家作主为根本……健全民主制度、丰富民主形式,从各层次各领域扩大公民有序政治参与","要发展基层民主,畅通民主渠道,健全基层选举、议事、公开、述职、问责等机制"。[①]可见,中国民主所强调的"参与"不限于西方代议制民主观所强调的通过选举的间接参与,而是更加强调人民群众多样化的直接参与。

(三)强调成果共享

中国人较少单纯地强调民主权利的重要性,而通常希望通过行使民主权利而有所"获得"。西方人则主要将民主权利当作一种"防御性"的政治工具,主要用于控制统治者。就像萧公权先生所说,所有民主类型对于"民有"——主权在民并无争议,但对于"民治"和"民享"的取舍却大异其趣。一般而言,自由主义民主侧重"民治"而忽视"民享",共产主义民主反之。[②]当然,这里的民治并非人民直接统治,而是人民通过选举民意代表来实现间接统治。在中国,民主发展的目标,除了实现更加充分的"民治"之外,获得更加丰富具体的"民享"成果显然更加重要。而要做到"民享",必须要以存在创造民主果实特别是创造发展的主体为前提。这个主体当然是人民,但人民的组织者和统合者,则是中国共产党。所以中国民主观特别突出"人民主权"和"党的领导",党领导人民"创造"民主果实,人民主权

---

① 《习近平总书记系列重要讲话读本》,学习出版社、人民出版社,2014 年,第 78~79 页。
② 参见萧公权:《宪政与民主》,清华大学出版社,2006 年,第 166~167 页。

则保证民主果实为人民所享有。

综合来看，中国的民主观体现出责任、参与、共享的三维特征①，我们把这种民主观称为"进取型民主观"。这种民主观的影响不仅限于理论层面，更重要的是在实践层面深刻影响到能动主体的行动逻辑。具体而言，责任是指中国共产党负有建设与发展社会主义民主政治的责任，即使在推动民主产生与发展的社会主体力量尚不成熟的情况下，中国共产党也需要主动推动民主发展，并提供基本的政治产品。同时，中国共产党对民主发展的状况负有责任，其行为受到人民的监督。参与则体现为政治过程对各种社会力量和社会诉求的包容不断提高。这种包容性，不仅指主体，而且指内容和方法。各类主体有渠道参与民主进程，也有权利参与具体的民主决策，并通过协商来寻求共识。在民主实践中，这种"包容性"是十分明显的，政府官员、企业主、中介组织、工人、农民、老人、妇女、人大代表各色人等齐聚一堂、各抒己见，大家是作为一个整体在寻求共识。这和英美民主模式下，以政党或其他利益团体为代表的"分割""斗争"式民主大异其趣。共享则是指民主发展的成果由全体人民共享，中国共产党有责任创造发展成果，人民参与的主要目的也是为了分享发展成果。

综上，我们考虑民主发展问题，也主要是基于三个层面展开的：一是本体层面，民主就是"人民主权"，具体表现为人民对政治权力的实际占有、使用、分配和监督；二是机制层面，民主的核心要义在于参与，即通过自治、选举、决策、监督、介入等方式参与并影响政治过程和结果；三是功能层面，"进取型民主观"对当代中国的民主发展有着重要影响，这一观念是塑造民主行动者偏好的重要因素。

---

① 参见赖静萍：《包容性民主与政治共识：新中国成立初期中国共产党对民主选举的认知》，《中共党史研究》2012 年第 5 期。

七、当代中国民主发展的前景与展望

虽然世人多以"是否存在真实有效的选举"为标准，判断一个政治体的民主程度。但选举毕竟不是民主本身，也不是民主的真正目的，甚至不一定是民主的主要实现形式。因此，民主选举方面的发展不足，并不妨碍一个政治体通过其他形式获得民主发展。民主发展的这种路径多样性，意味着中国具有在保持基本政治秩序稳定的情况下逐步实现民主理想的希望。

总的来说，中国虽然经历了几十年的快速发展，政治经济社会多方面都有明显进步，但公民社会成长还处于起步阶段，强国家-弱社会的基本格局未有实质改变，多元化的社会政治结构尚未形成。因此，大量的民主创新主要还是在国家行动者的推动下发起的，其过程和结果也在很大程度上取决于国家行动者的意愿和态度。从形式上来说，大部分民主实践还称不上是真正意义上社会多元力量共同参与、平等互动的结果，公民的参与很大程度上还是"邀请式参与""动员式参与"。

然而当代中国的民主发展和民主实践不是以社会取代国家为目的，更不是以政体的变迁或政权的更迭为目的。其实质是在确保和巩固政治合法性与政治秩序稳定的前提下，通过治理技术的创新，整合体制内、外资源，提高公民参与水平和政治影响力，逐步实现"合法性—绩效—利益"聚合的过程。因此，从外观来看，这一过程确实只是"治道民主"。①但是由于这些民主实践在追求政治合法性与有效治理的同时，也创造了形式多样的参与机制、协商机制和自主治理机制，有效扩大了公民参与，训练了公民的民主技巧，培养了公民的民主意识，提高了公民的民主认同和政治

① 参见何显明：《治理民主：中国民主成长的可能方式》，中国社会科学出版社，2014年，第14页。

认同。所以其政治价值是不容否定的。

如果将当代中国的民主机制分为"民主选举"和"民主协商"两种，则这两种民主机制的发展空间和前景是有差别的。单从"结构"的角度来看，协商民主的发展空间显然更大。在第三、第四两章中，我们分析了民主选举的发展在当代中国所遇到的种种结构性难题。目前来看，我们很难说已经找到了破解这些难题的答案。然而中国社会现代化带来的民主诉求只增不减，中国共产党的民主承诺也犹如高悬的利剑，时刻警醒并敦促这个执政集团想方设法去落实这个承诺。在这样的情况下，当代中国必须找到一个合适的机制，既要能够吸纳来自社会的民主诉求，又要能够适应权力结构。这一权力结构，归根到底就是党的领导。而以民主恳谈和参与式预算为代表的协商民主，恰恰具备了这样的可能性。在协商民主的政治结构中，中央的合法性诉求（执政地位），地方的绩效诉求（治理、认同与政绩），社会的利益诉求（表达、参与、影响与获得），存在找到"均衡点"的可能。虽然协商民主不能替代选举民主，协商民主本身亦有其不足，但这并不能否定协商民主发展的意义和必要性。因为任何一种形式的民主发展，都意味着民主总量的增长。

有数据分析表明，中国官方各个系统认为协商民主"是一种民主决策的方式"的比例超过75%，认为协商民主"是促进群众参与的具体机制和程序"的比例总体超过56%，认为协商民主有助于促进"公民参与"的比例将近60%。但同时，半数党政干部将协商民主和选举民主置于同等重要的地位；25.1%的干部认为协商民主更重要，17.5%的干部认为选举民主更重要。[①] 可见，在观念上，中国的政治精英阶层固然欢迎协商民主发展，但也并不排斥选举民主的发展。目前的问题在于我国的法律和意识形态，一方

---

① 参见聂伟：《党政干部的协商民主认知与实践——基于全国12省2223位干部的实证分析》，《社会主义研究》2016年第3期。

面在原则上赋予了公民极高的民主地位，但另一方面却通过层层繁密的法律网络将公民的选举权和被选举权加以束缚。在有关选举的许多案例中，我们都能看到公民的民主诉求和法律规范存在直接的冲突和张力。所以在不改变根本政治制度的前提下，当代中国的选举民主发展在很大程度上就取决于法律所赋予的空间，以及各方能动者对法律文本的运用能力和塑造能力。可以预见，围绕法律文本展开的"选举斗争"，将会在中国民主发展的道路上反复出现。

最后，进取型民主观决定，人民需要进取，也需要民主，这是时代所趋，人心所向;执政党同样需要进取，也需要发展民主，这是它的承诺，是巩固执政合法性的必然要求。这两点决定，国家和社会之间就"发展民主"这一议题是存在"基础共识"的。据此，我们可以大胆地预测，以机制建设和公民参与扩大为基本表现的民主发展必将在未来持续前进。随着经济社会现代化的深入，参与的需求将越来越大。因此，国家除了创造更好的经济社会条件，解决民生问题之外，还必须要通过政治改革"容纳"来自社会的参与需求。不过，这种参与不能以改变基本政治结构为目的，甚至冲击现有的政治秩序——这一秩序的核心和基石是中国共产党的领导。只要政治参与的扩大不影响甚至有助于巩固党的领导，那么它就会有巨大的发展前景;而一旦参与或表达参与需求的方式让执政党感受到威胁，就有可能会受到严格的限制。这就是当代中国民主发展的真正边界所在。如果来自社会的参与诉求冲破了这个边界，也就意味着当前的政治体制受到了根本冲击。而这种情形，显然已经超出了我们的研究范围。

八、民主研究:在"蚱蜢"和"蜜蜂"之间

阿普特曾经用"蚱蜢"和"蜜蜂"来形容两类研究者和他们分别所代表

的研究取向。以理论研究为取向的人,就像蚱蜢一样,在草丛中上蹿下跳,不守常规,渴望超越。而社会科学领域大量实验技术的操作者就像蜜蜂,他们在花丛中来回穿梭,精细勤勉,循规蹈矩地进行着高度专业化的工作。社会科学发展到今天,越来越专业化、精细化,但同时也越来越缺乏理论想象力和思想趣味性。一些人相信,耐心和精确可以掩盖枯燥和无知。但阿普特认为,真正好的研究,需要"在蚱蜢和蜜蜂之间寻找一个恰当的点"①。也就是说,充满想象力的宏大理论,不可没有实操性的经验研究作细化和支撑,而自说自话;工于雕琢的操作性实验,也不能脱离宏观理论的引领和反思,而自娱自乐。

民主研究十分恰当地反映了阿普特所看到的趋势。今天的民主研究越来越"科学化"。但同时,民主理论的研究,几十年来几乎已经停滞。当人们埋头于在一个固有的模式中精耕细作,他们会渐渐失去对历史的尊重,失去对现实的感知,从而错过一个又一个丰富理论的机会。今天的民主研究,是不是已经掉入了某种"转型范式"的窠臼,满足于在固有的理论框架下精雕细琢,而逐渐丧失了理论反思能力呢?

我们的写作方法,暴露了作者"小小的野心"。某种程度上,我们希望在"在蚱蜢和蜜蜂之间"进行一次不自量力的尝试。这个尝试,或许离一只优秀的蚱蜢或者一只专业的蜜蜂都相距甚远,但这种在"跳跃"和"酝酿"、"蚱蜢"和"蜜蜂"之间的选择,代表了作者在对宏观民主理论进行反思的基础上,试图建构中观民主理论的一种愿望,一次努力。

---

① [美]戴维·E.阿普特:《现代化的政治》,陈尧译,上海人民出版社,2011年,第312页。

参考文献

一、中文文献

（一）经典文献

1.《马克思恩格斯全集》，人民出版社，1956年。

2.《马克思恩格斯选集》，人民出版社，1995年。

3.《列宁全集》，人民出版社，1958年。

4.《列宁选集》，人民出版社，1972年。

5.《毛泽东选集》，人民出版社，1991年。

6.《毛泽东年谱（1949—1976）》，中央文献出版社，2013年。

7.《邓小平文选》，人民出版社，1995年。

8.《邓小平同志重要讲话》（1987年2—7月），人民出版社，1987年。

9.《江泽民文选》，人民出版社，2006年。

10.《胡锦涛文选》，人民出版社，2016年。

11.《习近平谈治国理政》（第一、二卷），外文出版社，2014、2017年。

12.《习近平总书记系列重要讲话读本》，学习出版社、人民出版社，2014年。

13.《十三大以来重要文献选编》（中册），人民出版社，1992年。

14.《十五大以来重要文献选编》（上册），人民出版社，2002年。

15.《建党以来重要文献选编（1921—1949）》，中央文献出版社，2011年。

16.《中共中央文件选集：第四卷》，中共中央党校出版社，1989年。

（二）学术著作

1.［英］安东尼·吉登斯：《社会的构成：结构化理论纲要》，李康、李猛译，中国人民大学出版社，2016年。

2.［美］巴林顿·摩尔：《民主与专制的社会起源：现代社会形成中的地主与农民》，托夫译，华夏出版社，1988年。

3.［古希腊］柏拉图：《理想国》，郭斌和、张竹明译，商务印书馆，1986年。

4.包雅钧：《当代中国经济政治协调发展研究》，中央编译出版社，2008年。

5.［美］本杰明·巴伯：《强势民主》，彭斌译，吉林人民出版社，2006年。

6.［美］查尔斯·蒂利：《民主》，魏洪钟译，上海人民出版社，2009年。

7.［美］查尔斯·蒂利：《欧洲的抗争与民主（1650—2000）》，陈周旺等译，格致出版社，2015年。

8.［美］查尔斯·蒂利：《社会运动，1768—2004》，胡位均译，上海世纪出版集团，2009年。

9.陈荷夫编：《中国宪法类编》，中国社会科学出版社，1980年。

10.陈红太主编：《中国民主政治建设创新案例调研（二）》，中国社会科学出版社，2014年。

11.陈家刚编：《协商民主》，上海三联书店，2004年。

12.陈家刚主编：《民主决策》，中央编译出版社，2013年。

13.陈明明：《在革命与现代化之间——关于党治国家的一个观察与讨

论》,复旦大学出版社,2015年。

14.陈朋:《国家与社会合力互动下的乡村协商民主实践:温岭案例分析》,上海人民出版社,2012年。

15.陈瑞莲、张紧跟主编:《地方政府管理》,中国人民大学出版社,2016年。

16.程燎原、江山:《法治与政治权威》,清华大学出版社,2001年。

17.[美]达龙·阿塞莫格鲁等:《政治发展的经济分析:专制和民主的经济起源》,马春文等译,上海财经大学出版社,2008年。

18.[美]戴维·E.阿普特:《现代化的政治》,陈尧译,上海人民出版社,2011年。

19.[英]戴维·米勒、韦农·波格丹诺主编:《布莱克维尔政治学百科全书》,中国政法大学出版社,2002年。

20.[英]戴雪:《英宪精义》,雷宾南译,中国法制出版社,2001年。

21.邓正来:《市民社,会理论的研究》,中国政法大学出版社,2002年。

22.杜才平主编:《台州民主政治概论》,知识产权出版社,2012年。

23.方柏华、董明:《政治社会学视野下的先富参政与民主恳谈现象研究》,人民出版社,2009年。

24.[法]福柯等:《语言与翻译的政治》,许宝强等译,中央编译出版社,2001年。

25.[美]盖伊·彼得斯:《政治科学中的制度理论:"新制度主义"》(第二版),王向民、段红伟译,上海人民出版社,2011年。

26.郭绪印:《新编中国现代史》,上海人民出版社,1996年。

27.[德]哈贝马斯:《哈贝马斯精粹》,曹卫东选译,南京大学出版社,2004年。

28.[德]哈贝马斯:《交往与社会进化》,重庆出版社,1989年。

29.[德]哈贝马斯:《在事实与规范之间:关于法律和民主法治国的商

谈理论》,童世骏译,生活·读书·新知三联书店,2003年。

30.韩福国:《我们如何具体操作协商民主:复试协商民主决策程序手册》,复旦大学出版社,2017年。

31.韩毓海:《五百年来谁著史:1500年以来的中国与世界》,九州出版社,2010年。

32.何俊志:《作为一种政府形式的中国人大制度》,上海人民出版社,2013年。

33.何显明:《治理民主:中国民主成长的可能方式》,中国社会科学出版社,2014年。

34.[德]黑格尔:《法哲学原理》,商务印书馆,1961年。

35.[美]亨廷顿:《变化社,会中的政治秩序》,王冠华等译,上海人民出版社,2008年。

36.[美]亨廷顿:《第三波:20世纪后期的民主化浪潮》,欧阳景根译,中国人民大学出版社,2013年。

37.[美]亨廷顿、琼·纳尔逊:《难以抉择——发展中国家的政治参与》,华夏出版社,1989年。

38.[美]亨廷顿等:《现代化:理论与历史经验的再探讨》,张景明译,上海译文出版社,1993年。

39.洪远朋:《论利益》,复旦大学出版社,2014年。

40.[美]胡安·林茨、阿尔弗莱德·斯泰潘:《民主转型与巩固的问题——南欧、南美和后共产主义欧洲》,孙龙等译,浙江人民出版社,2008年。

41.[美]霍华德·威亚尔达主编:《民主与民主化比较研究》,榕远译,北京大学出版社,2004年。

42.[法]基佐:《欧洲文明史》,程洪逵等译,商务印书馆,2005年。

43.[美]吉列尔莫·奥唐奈、[意]菲利普·施密特:《权威统治的转型:

关于不确定民主的试探性结论》,景威、柴绍锦译,新星出版社,2012年。

44.[美]加布里埃尔·阿尔蒙德、西德尼·维巴,《公民文化》,张明澍译,商务印书馆,2014年。

45.[美]加里·金、罗伯特·基欧汉、悉尼·维巴:《社会科学中的研究设计》,陈硕译,格致出版社、上海人民出版社,2014年。

46.蒋廷黻:《中国近代史》,上海古籍出版社,1999年。

47.景跃进、张小劲、余逊达主编:《理解中国政治——关键词的方法》,中国社会科学出版社,2012年。

48.景跃进等主编:《当代中国政府与政治》,中国人民大学出版社,2016年。

49.[德]卡尔·曼海姆:《意识形态与乌托邦》,黎鸣、李书崇译,商务印书馆,2002年。

50.[德]卡尔·施米特:《宪法学说》,刘锋译,上海人民出版社,2005年。

51.[德]卡尔·施米特:《政治的概念》,刘宗坤等译,上海人民出版社,2003年。

52.李凡:《中国基层民主发展报告2010》,群众出版社、中国人民公安大学出版社,2010年。

53.李佳佳:《从地方政府创新理解现代国家——基于"非协调约束的权力结构"的分析框架》,学林出版社,2015年。

54.[美]李普塞特:《政治人:政治的社会基础》,张绍宗等译,上海人民出版社,2011年。

55.林尚立:《当代中国政治形态研究》,天津人民出版社,2000年。

56.林尚立:《建构民主——中国的理论、战略与议程》,复旦大学出版社,2012年。

57.林尚立等:《复合民主:人民民主促进民生建设的杭州实践》,中央编译出版社,2012年。

58.林毅夫、蔡昉、李周:《中国的奇迹:发展战略与经济改革》,格致出版社、上海三联书店、上海人民出版社,1999年。

59.刘军宁:《民主与民主化》,商务印书馆,1999年。

60.刘世军、刘建军等:《大国的复兴:国家治理体系与治理能力现代化》,上海人民出版社,2014年。

61.卢福营:《冲突与协调——乡村治理中的博弈》,上海交通大学出版社,2006年。

62.[匈]卢卡奇:《历史与阶级意识》,杜章智、任立、燕宏远译,商务印书馆,2009年。

63.[法]卢梭:《社会契约论》,何兆武译,商务印书馆,2003年。

64.吕一民:《法国通史》,上海社会科学院出版社,2002年。

65.吕增奎:《执政的转型:海外学者论中国共产党的建设》,中央编译出版社,2011年。

66.[美]罗伯特·达尔:《多头政体:参与和反对》,谭君久、刘惠荣译,商务印书馆,2003年。

67.[美]罗伯特·达尔:《论民主》,李风华译,中国人民大学出版社,2012年。

68.[美]罗伯特·达尔:《民主及其批评者》(上),曹海军、佟德志译,吉林人民出版社,2011年。

69.[美]罗伯特·达尔、布鲁斯·斯泰恩布里克纳:《现代政治分析(第六版)》,吴勇译,中国人民大学出版社,2012年。

70.[德]马克斯·韦伯:《经济与社会》(下),林荣远译,商务印书馆,1998年。

71.[德]马克斯·韦伯:《论经济与社会中的法律》,张乃根译,中国大百科全书出版社,1998年。

72.[法]孟德斯鸠:《论法的精神》,许明龙译,商务印书馆,2012年。

73.慕毅飞、陈奕敏主编:《民主恳谈——温岭人的创造》,中央编译出版社,2005年。

74.牛铭实、米有录:《豆选》,中国人民大学出版社,2014年。

75.浦兴祖:《当代中国政治制度》,上海人民出版社,1990年。

76.钱乘旦、许洁明:《英国通史》,上海社会科学院出版社,2012年。

77.[美]萨托利:《民主新论》,冯克利译,上海人民出版社,2009年。

78.[美]沈大伟:《中国共产党:收缩与调适》,吕增奎、王新颖译,中央编译出版社,2012年。

79.孙关宏:《政治学概论》,复旦大学出版社,2003年。

80.[希]塔基斯·福托鲍洛斯:《当代多重危机与包容性民主》,李宏译,山东大学出版社,2008年。

81.[美]唐文方:《中国民意与公民社会》,胡赣栋、张东峰译,中山大学出版社,2008年。

82.[法]托克维尔:《旧制度与大革命》,冯棠译,商务印书馆,1992年。

83.[法]托克维尔:《论美国的民主》(上卷),董果良译,商务印书馆,1991年。

84.[德]托马斯·海贝勒、君特·舒耕德:《从群众到公民——中国的政治参与》,张文红译,中央编译出版社,2009年。

85.汪行福:《通向话语民主之路:与哈贝马斯对话》,四川人民出版社,2002年。

86.王沪宁:《政治的人生》,上海人民出版社,1995年。

87.王沪宁主编:《政治的逻辑》,上海人民出版社,2004年。

88.王浦劬等:《政治学基础》,北京大学出版社,2006年。

89.夏征农主编:《辞海》(上),上海辞书出版社,1999年。

90.萧公权:《宪政与民主》,清华大学出版社,2006年。

91.徐浩然:《解读中国民主——西方中国学家的视角》,中国社会科学出版社,2013年。

92.[古希腊]亚里士多德:《雅典政制》,日知、力野译,商务印书馆,1959年。

93.[古希腊]亚里士多德:《政治学》,吴寿彭译,商务印书馆,1965年。

94.俞可平主编:《地方政府创新与善治:案例研究》,社会科学文献出版社,2003年。

95.俞吾金:《意识形态论》,上海人民出版社,1993年。

96.[英]约翰·洛克:《政府论·上篇》,瞿菊农、叶启芳译,商务印书馆,1982年。

97.[美]约瑟夫·熊彼特:《资本主义、社会主义与民主》,吴良健译,商务印书馆,1999年。

98.[英]詹姆斯·C.霍尔特:《大宪章(第二版)》,毕竞悦、李红海、苗文龙译,北京大学出版社,2010年。

99.[英]詹姆斯·布赖斯:《现代民治政体》,张慰慈等译,吉林人民出版社,2001年。

100.[美]詹姆斯·马奇、约翰·奥尔森:《重新发现制度》,张伟译,生活·读书·新知三联书店,2011年。

101.郑楚宣等:《政治学基本理论》,广东人民出版社,2001年。

102.郑永年:《民主,中国如何选择》,浙江人民出版社,2015年。

103.朱光磊:《当代中国政府过程》,天津人民出版社,1997年。

(三)论文

1.蔡禾:《国家治理的有效性与合法性》,《开放时代》2012年第2期。

2.查庆九:《民主不能超越法律》,《法制日报》1999年1月19日。

3.陈海春、韩翠萍:《制度演化中政治企业家的作用机制研究——基于温岭"民主恳谈"生命周期的视角》,《理论与改革》2013年第3期。

4.陈家刚:《参与式预算的理论与实践》,《经济社会体制比较》2007年第2期。

5.陈家刚:《协商民主:概念、要素与价值》,《中共天津市委党校学报》2005年第3期。

6.陈明明:《从超越性革命到调适性发展:主流意识形态的演变》,《天津社会科学》2011年第6期。

7.陈胜强:《"传统"与"现代"之间:晚清政治现代化的启动契机、历程与遗产》,《求索》2014年第6期。

8.陈剩勇、吴兴智:《公民参与与地方公共政策的制定——以浙江省温岭市民主恳谈会为例》,《学术界》2007年第5期。

9.陈雪莲、杨雪冬:《地方政府创新的驱动模式——地方政府干部视角的考察》,《公共管理学报》2009年第3期。

10.陈尧:《西方参与式民主理论及其对中国社会主义民主政治的启示》,《社会主义研究》2008年第1期。

11.陈奕敏:《参与式预算的路径与前景》,《学习时报》2014年12月29日。

12.成伯清:《大众:成因与中介机制——重访大众社会论题》,《江海学刊》2016年第5期。

13.程同顺、高飞:《什么是协和民主——兼与多数民主比较》,《学海》2009年第3期。

14.[美]丹尼斯·A.荣迪内利:《人民服务的政府:民主治理中公共行政角色的转变》,贾亚娟译,《经济社会体制比较》2008年第2期。

15.邓元时:《行政民主探析》,《贵州大学学报(社会科学版)》1996年第3期。

16.樊勇:《我国县级政府税收收入的结构、规模及影响分析》,《中国财政》2011年第12期。

17.高丙中:《社会团体的合法性问题》,《中国社会科学》2000年第2期。

18.苟燕楠、韩福国:《参与程序与预算认同:基于"盐津模式"与"温岭模式"的比较分析》,《公共行政评论》2014年第5期。

19.广东省委统战部调研组(肖莉执笔):《关于非公有制经济代表人士政治要求的调查与思考》,《广东社会科学》1996年第3期。

20.郭小聪:《中国地方政府制度创新的理论:作用与地位》,《政治学研究》2000年第1期。

21.韩雪:《选举改革十年破土》,《中国改革》2008年第3期。

22.何包钢:《地方协商民主制度会持续发展吗？》,《学习时报》2006年10月23日。

23.何包钢:《近年中国地方政府参与式预算试验评析》,《贵州社会科学》2011年第5期。

24.何包钢、王春光:《中国乡村协商民主:个案研究》,《社会学研究》2007年第3期。

25.何俊志:《民主工具的开发与执政能力的提升》,《公共管理学报》2007年第3期。

26.何俊志:《权力、观念与治理技术的结合:温岭"民主恳谈会"模式的生长机制》,《南京社会科学》2010年第9期。

27.何俊志、刘乐明:《公民自主参选人大代表过程中的新特征》,《上海行政学院学报》2012年第4期。

28.何三畏:《"全裸第一乡"不能倒逼国务院》,《南方人物周刊》2010年第11期。

29.何显明:《治理民主:一种可能的复合民主范式》,《社会科学战线》

2012年第10期。

30.何增科：《地方政府创新：从政绩合法性走向政治合法性》，《中国改革》2007年第6期。

31.何增科：《民主化：政治发展的中国道路》，《中共天津市委党校学报》2004年第2期。

32.何增科：《市民社会概念的历史演变》，《中国社会科学》1994年第5期。

33.胡伟：《合法性问题研究：政治学研究的新视角》，《政治学研究》1996年第1期。

34.黄伯平：《分层视野下的政策民主》，《中国行政管理》2013年第10期。

35.贾西津：《参与式预算的模式：云南盐津案例》，《公共行政评论》2014年第5期。

36.蒋招华、何包钢：《民主恳谈：参与式重大公共事项的决策机制》，《学习时报》2005年12月20日。

37.金冲及：《中华苏维埃共和国的历史地位》，《党的文献》1999年第6期。

38.景跃进：《行政民主：意义与局限——温岭"民主恳谈会"的启示》，《浙江社会科学》2003年第1期。

39.康晓光：《经济增长、社会公正、民主法治与合法性基础——1978年以来的变化与今后的选择》，《战略与管理》1999年第4期。

40.康晓光、韩恒：《分类控制：当前中国大陆国家与社会关系研究》，《开放时代》2008年第2期。

41.赖静萍：《包容性民主与政治共识：新中国成立初期中国共产党对民主选举的认知》，《中共党史研究》2012年第5期。

42.郎友兴：《公民文化与民主治理机制的巩固和可持续性：以温岭民主恳谈会为例》，《中共浙江省委党校学报》2012年第2期。

43.郎友兴：《民主政治建设的浙江经验》，《观察与思考》2012年第7期。

44.郎友兴：《中国式的公民会议——浙江温岭民主恳谈会的过程和功能》，《公共行政评论》2009年第4期。

45.雷颐：《改革与革命赛跑》，《中国改革》2010年第3期。

46.李凡：《步云乡是中国政治体制改革的"小岗村"吗？》，《中国社会导刊》1999年2月号。

47.李景鹏：《地方政府创新与政府体制改革》，《北京行政学院学报》2007年第3期。

48.李景鹏：《后全能主义时代：国家与社会合作共治的公共管理》，《中国行政管理》2011年第2期。

49.李俊：《推进农村基层民主政治建设的一个有效尝试》，《理论与改革》2004年第2期。

50.梁莹：《困境中的社区"参与式民主"——基层政府信任与居民参与社区社会政策的困境之思》，《学海》2009年第3期。

51.林慕华：《参与式预算中的群众议事员：舞台、角色与演绎》，《公共行政评论》2014年第5期。

52.林尚立：《基层民主：国家建构民主的中国实践》，《江苏行政学院学报》2010年第4期。

53.林尚立：《人民、政党与国家：人民民主发展的政治学分析》，《复旦学报》2011年第5期。

54.林尚立：《在有效性中累积合法性：中国政治发展的路径选择》，《复旦学报（社会科学版）》2009年第2期。

55.刘春萍：《私营企业主政治参与的现状、问题与对策——以浙江省台州市L区为例》，《南京林业大学学报（人文社会科学版）》2007年第2期。

56.刘洪军：《论政治企业家》，《经济评论》2002年第6期。

57.刘娜娜：《由环境群体性事件看我国参与式民主建设》，《福建省社会主义学院学报》2012年第2期。

58.刘思达:《职业自主性与国家干预——西方职业社,会学研究述评》,《社会学研究》2006年第1期。

59.刘晔:《公共参与、社区自治与协商民主——对一个城市社区公共交往行为的分析》,《复旦学报(社会科学版)》2003年第5期。

60.卢剑峰:《参与式民主的地方实践及战略意义——浙江温岭"民主恳谈"十年回顾》,《政治与法律》2009年第11期。

61.陆伟芳:《第一次世界大战中的英国妇女选举权运动》,《世界历史》2011年第2期。

62.罗文剑、吕华:《参与式预算的中国样本:"成长上限"的视角》,《现代经济探讨》2015年第8期。

63.马蔡琛、李红梅:《参与式预算在中国:现实问题与未来选择》,《经济与管理研究》2009年第12期。

64.马骏:《盐津县"群众参与预算":国家治理现代化的基层探索》,《公共行政评论》2014年第5期。

65.马骏、胡念飞:《"新河试验是中国式的公共预算"——访中山大学政治与公共事务管理学院副院长马骏教授》,《南方周末》2006年3月16日。

66.麦婉华:《1978年12月,十一届三中全会——拨乱反正全面改革开放》,《小康》2016年第7期。

67.梅丽红:《"公推直选"的由来与意义》,《学习与实践》2011年第5期。

68.倪迅:《协商民主第一次写进党代会报告》,《光明日报》2012年11月30日。

69.聂伟:《党政干部的协商民主认知与实践——基于全国12省2223位干部的实证分析》,《社会主义研究》2016年第3期。

70.宁崑君、崔玲:《中国政治现代化历程的思考》,《马克思主义学刊》

2015年第4期。

71.任剑涛：《政道民主与治道民主：中国民主政治模式的战略抉择》，《学海》2008年第2期。

72.荣敬本、高新军、何增科、杨雪冬：《县乡两级的政治体制改革：如何建立民主的合作新体制》，《经济社会体制比较》1997年第4期。

73.[美]托马斯·卡罗瑟斯：《转型范式的终结》，《比较政治评论》2014年第1辑。

74.[美]托尼·赛奇：《盲人摸象：中国地方政府分析》，邵明阳译，《经济社会体制比较》2006年第4期。

75.王国勤：《先富参政与民主恳谈的治理逻辑——乡村治理的结构与绩效研究》，《甘肃行政学院学报》2009年第5期。

76.王沪宁：《"文革"反思与政治体制改革》，《科学社会主义》1986年第11期。

77.王沪宁：《社会主义市场经济的政治要求：新权力结构》，《社会科学》1993年第2期。

78.王益：《社会资本与基层民主治理——以泽国镇2010年民主恳谈会为例》，《浙江社会科学》2011年4月。

79.王雍君：《中国的预算改革：评述与展望》，《经济社会体制比较》2008年第1期。

80.吴建南、马亮、杨宇谦：《中国地方政府创新的动因、特征与绩效——基于"中国地方政府创新奖"的多案例文本分析》，《管理世界》2007年第8期。

81.肖立辉：《中国民主化改革的困境与路径选择——"党内民主、基层民主理论与实践"学术座谈会综述》，《开放时代》2006年第6期。

82.谢庆奎：《基层民主政治建设的拓展——论温岭市的"民主恳谈"》，《浙江社会科学》2003年第1期。

83.幸宇:《参与式预算的评析——以四川省巴中市巴州区白庙乡财政预算公开及民主议事会为例》,《理论与改革》2013年第3期。

84.熊必军:《参与式民主理论对人民政协制度界别设置的启示》,《中央社会主义学院学报》2010年第1期。

85.徐湘林:《以政治稳定为基础的中国渐进政治改革》,《战略与管理》2000年第5期。

86.徐珣、陈剩勇:《参与式预算与地方治理:浙江温岭的经验》,《浙江社会科学》2009年第11期。

87.徐勇:《村民自治的成长:行政放权与社会发育——1990年代后期以来中国村民自治发展进程的反思》,《华中师范大学学报(人文社会科学版)》2005年第2期。

88.徐勇:《最早的村委会诞生追记——探访村民自治的发源地——广西宜州合寨村》,《炎黄春秋》2000年第9期。

89.燕继荣:《"中国式民主"的理论构建》,《经济社会体制比较》2010年第3期。

90.杨供法:《论台州行业协会运作模式的选择》,《台州学院学报》2010年第1期。

91.杨供法、丁素君、陈亮:《台州社会组织发展的现状与对策》,《台州学院学报》2011年第5期。

92.杨启新:《邓小平在拨乱反正工作中的重大贡献》,《福建党史月刊》1999年第5期。

93.杨雪冬:《简论中国地方政府创新研究的十个问题》,《公共管理学报》2008年第5期。

94.杨雪冬:《压力型体制:一个概念的简明史》,《社会科学》2012年第11期。

95.俞可平:《论政府创新的若干基本问题》,《文史哲》2005年第4期。

96.俞可平:《马克思的市民社会理论及其历史地位》,《中国社会科学》1993年第4期。

97.俞可平:《作为一种新政治分析框架的治理和善治理论》,《新视野》2001年5月。

98.张滨辉、李坚:《基层民主制度创新比较研究——以温岭制度外"民主恳谈"到制度内人大参与式决策实践为例》,《云南行政学院学报》2011年第1期。

99.张光辉:《参与式民主与我国民主制度结构的耦合——一种内在价值与逻辑的学理解析》,《东南学术》2010年第4期。

100.张光雄:《政府创新的动力分析》,《行政与法》2004年第8期。

101.张国军:《民主话语权:意识形态之争的新战场》,《社会主义研究》2012年第6期。

102.张宏平:《干部选任上不断拓宽的民主路径》,《四川日报》2008年12月12日。

103.张莉、风笑天:《转型时期我国第三部门的兴起及其社会功能》,《社会科学》2000年第9期。

104.张千帆:《主权与分权——中央与地方关系的基本理论》,《国家检察官学院学报》2011年第2期。

105.张翔:《政策民主:中国民主政治建设的突破口》,《天府新论》2013年第2期。

106.张小劲:《民主建设发展的重要尝试:温岭"民主恳谈会"所引发的思考》,《浙江社会科学》2003年第1期。

107.张玉:《地方政府创新的基本动因及其角色定位》,《云南社会科学》2004年第3期。

108.赵鼎新:《国家合法性和国家社会关系》,《学术月刊》2016年第8期。

109.赵鼎新、潘祥辉:《媒体、民主转型与社会运动》,《社会科学论坛》2012年第4期。

110.赵早早、杨晖:《构建公开透明的地方政府预算制度研究——以无锡、温岭和焦作参与式预算实践为例》,《北京行政学院学报》2014年第4期。

111.郑永年:《地方民主、国家建设与中国政治发展模式——对中国政治民主化的现实估计》,(美国)《当代中国研究》1997年第2期。

112.郑永年、吴国光:《论中央-地方关系:中国制度转型中的一个轴心问题》,(美国)《当代中国研究》1994年第6期。

113.中共四川省委组织部课题组:《关于公选、直选乡镇领导干部与党的领导问题的调查与思考》,《马克思主义与现实》2003年第2期。

114.周光辉、殷冬水:《政治民主化:当代中国的实践和经验——改革开放三十年中国民主化的进展、影响及经验》,《天津社会科学》2010年第1期。

115.周红云:《使农村民主运转起来——湖北广水"两票制"案例分析》,《马克思主义与现实》2003年第4期。

116.周黎安:《行政发包制》,《社会》2014年第6期。

117.周梅燕:《公共预算启动中国乡镇人大的制度改革——以温岭新河人大预算民主恳谈为例》,《公共管理学报》2007年第3期。

118.周庆智:《从地方政府创新看国家与社会关系的变化》,《政治学研究》2014年第2期。

119.朱德米:《当代西方政治科学最新进展——行为主义、理性选择理论和新制度主义》,《江西社会科学》2004年第4期。

120.朱圣明:《温岭恳谈文化之生成逻辑与本质特征》,《中共杭州市委党校学报》2010年第1期。

（四）学位论文

1.赵光勇:《治理转型、政府创新与参与式治理——基于杭州个案的研究》,浙江大学博士论文,2010年。

2.吴苗:《中国共产党发展民主的政策选择》,中共中央党校博士学位论文,2007年。

3.李济时:《英国民主制度建立的方式与条件研究》,山东大学博士论文,2002年。

二、外文文献

（一）学术著作

1.Commission on Global Governance:*Our Global Partnership*,Oxford University Press,1995.

2.Dali Yang,*Remaking the Chinese Leviathan:Market transition and the Politics of Governance in China*,Stanford University Press,2004.

3.David Potter,David Goldbaltt,Margaret Kiloh,Paul Lewis,eds.,*Democrization*,Polity Press,1997.

4.Giddens,A.,*A Contemporary Critique of Historical Materialism,Vol.1:Power,Property and the State*,London:Macmillan,1983.

5.Harry Harding,*China's Second revolution:Reform after Mao*,Washington,D.C.:The Brookings Institution,1987.

6.Kenneth G. Lieberthal&David M. Lampton,*Bureaucracy,Politics,and Decision Making in Post-Mao China*,Berkeley:University of California Press,

1992.

7.Merton R.K., *Social Theory and Social Structure*, New York：Free Press，1968.

8.Minxin Pei, *China's Trapped Transition：the Limits of Developmental Autocracy*, Cambridge，Mass，：Harvard University Press，2006.

9.Peter Emerson，ed.，*Designing an All-Inclusive Democracy：Consensual Voting Procedures for Use in Parliaments*, Councils and Committee，London：Springer. 2007.

10.R.McKeon.ed. *Democracy in a World of Tension：A Symposium Prepared by UNESCO*, Chicago：University of Chicago Press，1951.

11.Young，I.M. Inclusion and democracy，Oxford：Oxford University Press，2000.

(二)论文

1.Andrew J. Nathan，Authoritarian Resilience，*Democracy*，Vol.14，No.1(2003)，pp.6–17.

2.Brantley Womack，Modernization and Democratic Reform in China，*Asia Studies*，Vol.43，No.3. May，1984，pp.431–435.

3.Chen，F.，& Kang，Y.，Disorganized Popular Contention and Local Institutional Building in China：a case study in Guangdong. *Journal of Contemporary China*，2016，1–17.

4.Daniel Kelliher，The Chinese Debate Over Village Self-Government，*The China Journal*，No.37，January 1997.

5.Larry Diamond and Leonardo Morlino，The Quality of Democracy：An Overview，*Journal of Democracy*，Vol.15，No.4，2004.

6.Lianjiang Li, Political Trust and Petitioning in the Chinese Country-side, *Comparative Politics*, Vol.40, No.2, January 2008, pp.209–226.

7.Saxonberg Steven and Janos Linde, Beyond the Transitology −Area Studies Debate, *Problems of Postcommunism*, 2003, 50(3):4.

8.Sherry R. Arnstein, Ladder of Citizen Participation, *JAIP*, Vol.35, No.4, July 1969, pp.216–224.

9.Sujian Guo, The Totalitarian Model Revisited, *Communist and Post −Communist Studies*, 1998, 31(3):279–283.

10.Xu Chenggang, The Fundamental Institutions of China's Reforms and Development, *The Journal of Economic Literature*, 2011, 49–4.

11.Xufeng Zhu, Peipei Zhang, Intrinsic Motivation and Expert Behavior Roles of Individual Experts in Wenling Participatory Budgeting Reform in China, *Administration and Society*, 2016, Vol.48(7):851–882.

后 记

我一直自认为是一个理想青年，从小就怀着深沉的民族情感和家国情怀，思考着国家和民族的命运。情怀，并不是一个得到承认的学术要素。但不得不说，或许正是这种情怀，冥冥中引导甚至决定着我在人生道路上的许多关键时刻所做的选择。在一定程度上，可以说"情怀"正是驱使我走上中国政治研究并长期思索中国民主发展议题的初始动力。

本书是在我的博士论文基础上形成的，部分内容在《学术月刊》《经济社会体制比较》等刊物上发表过。博士论文可能是一个人一辈子写过的最长的一篇"文章"了。从篇幅来说，它明明就是一本书，但它却切切实实地被叫做"论文"。这意味着，作者需要就一个核心问题，写到目前最深刻的深度，甚至凭借这篇文章，成为某一领域的专家。所以博士论文应当是广博和精深的结合体，其创作的难度，自然非一般的论著或文章可以比拟。实际上，不少学术界赫赫有名的人物，其成名作甚至职业生涯的学术巅峰就是他的博士论文。我无法保证本书有资格成为自己的"代表作"，但是思考并写作本书的过程确实是我人生中最为美妙的一段"巅峰"时光。

作为一个边工作边读书的在职博士生，时间对我来说弥足珍贵。在博士学业的前一年半里,我几乎每天来回奔波在家、单位、学校之间,白天上班,晚上上课,夜里看材料、写读书笔记和课堂报告,乐此不疲。从家里到单位距离将近二十公里,但我一般不乘坐更快捷的地铁,而是选择早一点出发乘坐公交车。在晃晃悠悠的公交车的尾部找一个位子,坐在那儿旁若无人地贪婪地阅读。从公交车站到单位,大约还有六里多路。记不清多少个忙碌的清晨和傍晚,我背着书包,在公交车站和单位之间箭步如飞。飞奔在这段路上,既是我整理思路的过程,也是保持运动量的好法子。一边乘车一边阅读,一边走路一边思考,让我觉得无比充实和快乐,这种喧闹中的安静、移动中的定止,至今想来都是一种颇为奇特而美好的体验。上车可以阅读,下车可以运动和思考,冗长忙碌的交通旅程竟因此变得让人无比愉快。实践证明,这种"文明心智,野蛮体魄"的做法确实卓有成效,虽然那时我几乎天天熬夜、睡眠不足,但并没有因为长期久坐电脑前而过度损伤健康,整个人的精神状态和气色反倒相当不错。特别是,在喧闹的街市中疾走,人的思维似乎也运转得更快,往往当我走得微微冒汗,到达目的地的时候,一个概念、一段表述的腹稿已经完成。学习与思考,写作和行走,是那么和谐地交织在一起,不知不觉中,我的论文也渐渐的丰满起来了。回想起来,这实在是一种无与伦比的内在体验,这是一种由于沉静和专注而产生的令人难忘的美。

思考本书的主题,前后长达十多年时间。若从个体层面的创作体验而言,说是"十年磨一剑"似乎也不为过。感谢我的导师林尚立教授。林师是一个有大格局大视野的人,他教会我们做学术要有"关怀",要敢于思考敢于挑战"大问题",林师的肯定和鼓励,使我更加坚定学术信念,迎难而上,挑战民主研究这块"硬骨头"。林师也告诫我:"做论文要有'根'","真正的学问不是六经注我,而是我注六经"。林师的提点,无疑极大影响了我写作的方法。还需要特别感谢我的导师刘建军教授,本书不仅因刘师指导而瓜熟，也因为纳入刘师主编的"社区中国与基层善治"丛书蒂落。我和刘师缘分颇深，若非林师工作调动，或许我无缘得进刘门，但刘师对我的关怀和鼓励，从博士课程期间就开始了。刘师是一个有"温度"的人，他的学术品性一如他的为人。他教会我们从品读人性中来品读政治、品读社会。

感谢陈明明教授。明明教授温文尔雅，宽若慈父，是他引导我打开了观察和研究中国政治之门。感谢浦兴祖教授、韩福国副教授、郭定平教授、桑玉成教授、臧志军教授、陈周旺教授、陈云教授等，感谢你们的帮助和指导。感谢我的同窗马彦银、程文侠、詹轶、吕红艳、赵大鹏等，很享受我们一起天马行空、激扬文字的日子。感谢《社会科学报》社和段刚总编辑对我的培养、锻炼和支持。感谢天津人民出版社编辑王玚、郑玥主任、王康总编，她们为本书的面世做了许多细致的工作。

感谢三位伟大的女性：我的母亲、岳母还有妻子，感谢她们对我的支持和照顾。在我构思、写作博士论文期间，我们的第一个孩子来到我们身边。是她们承担起照顾孩子的重任以及所有的家务，让我可以心无旁骛地投入到论文的写作中。在我修改书稿的过程中，我们的宝贝女儿也降临人世。我要感谢孩子们带给我巨大的快乐、安慰和希望。父亲和子女之爱，或许就和"家国情怀"一样，都是一种难以言说的人类情感。然而正是这些非理性的情感，让我们的理性活动变得充满温情和生命力。

汪仲启

2020 年 12 月 12 日于上海